清代『西域图志』研究

张瑛 著

蘭州大學出版社

图书在版编目（CIP）数据

清代《西域图志》研究 / 张瑛著. -- 兰州 : 兰州大学出版社, 2020.6
ISBN 978-7-311-05778-7

Ⅰ. ①清… Ⅱ. ①张… Ⅲ. ①西域－地方史－研究－清代 Ⅳ. ①K294.5

中国版本图书馆CIP数据核字(2020)第105952号

责任编辑　马继萌　王曦莹
封面设计　王曦莹

书　　名　清代《西域图志》研究
作　　者　张　瑛　著
出版发行　兰州大学出版社　(地址:兰州市天水南路222号　730000)
电　　话　0931-8912613(总编办公室)　0931-8617156(营销中心)
　　　　　0931-8914298(读者服务部)
网　　址　http://press.lzu.edu.cn
电子信箱　press@lzu.edu.cn
印　　刷　成都市金雅迪彩色印刷有限公司
开　　本　710 mm×1020 mm　1/16
印　　张　21(插页4)
字　　数　301千
版　　次　2020年6月第1版
印　　次　2020年6月第1次印刷
书　　号　ISBN 978-7-311-05778-7
定　　价　69.00元

张瑛，女，甘肃酒泉人。甘肃省社会科学院副研究员、博士，主要从事敦煌文化与西北历史研究。合作完成国家社科基金后期资助项目 1 项——“河西汉简所见西北民族关系研究”，主持国家社科基金项目 1 项。合著出版有《汉代居延地区社会生活史研究》《敦煌文化与敦煌学》《酒泉人口史》《酒泉民俗研究》《酒泉艺术史》等著作。在《中国史研究》《中国史研究动态》《甘肃社会科学》《西北师大学报》《西北民族大学学报》《西夏研究》《甘肃广播电视大学学报》《兰州文理学院学报》等期刊发表论文 20 余篇。

代序
《清代〈西域图志〉研究》的价值

在中国古代浩如烟海的历史文献中，“西域类”文献的数量是非常庞大的，典型的如正史中的《西域传》，旅行记、日记类的《穆天子传》《法显传》《宋云行记》《大唐西域记》《往五天竺国传》《悟空入竺记》《杜环经行记》《贾耽四道记》《高居诲使于阗记》《西州使程记》《西游录》《长春真人西游记》《北使记》《常德西使记》《西域行程记》《西域番国志》《伊犁日记》《天山客话》《万里行程记》《东归日记》《荷戈纪程》《莎车行纪》等等，都是研究西域历史文化及丝绸之路的珍贵资料。

在“西域类”文献中，以图、文结合形式记录西域情势的著作有多部。第一部是隋炀帝时期由能臣裴矩完成的《西域图记》。裴矩官至吏部侍郎，受隋炀帝派遣，亲至张掖，利用西域胡商纷至沓来河西的机会，采访了解到了西域44国的风俗、山川情况，撰成了《西域图记》3卷，上奏炀帝。按日本学者内田吟风的说法，《西域图记》约在大业二年（606）正月至七月间成书。内容分三部分：序言、人物图及题记、交通路线图。其中人物图及题记是全书的主要内容，内有人物图44幅（反映44国民风），图中既有国王，又有庶人。裴矩选取44国的标准主要有三点：一是户口在千户以上；二是出产奇珍异物；三是散居山区的民族部落。《隋书·裴矩传》记载了成书经过：“臣既因抚纳，监知关市，寻讨书传，访采胡人，或有所疑，即详众口。依其本国服饰仪形，王及庶人，各显容止，即丹青模写，为《西域图记》，共成三卷，合四十四国。仍别造地图，穷其要害。从西顷以去，北海之南，纵横所亘，将二万里。谅由富商大贾，周游经涉，故诸国之事，罔不遍知。”弥足珍贵的是，《西域图记》详细地描述了从敦煌通往地中海东岸、波斯湾、印度洋的三条重要通道，并强调：“其三道诸国……总凑敦煌，是其咽喉之地。”可惜的是，此书在后来流传的过程中佚失，仅在《隋书》《北史》中存其序言。

第二部是唐高宗李治时期完成的《西域图志》。《新唐书·艺文志》《通志·艺文略》中也称此书为《西域国志》，但大部分史书称其为《西域图志》。是书完成于显庆三年（658）。《唐会要》卷36《修撰》载：“（显庆三年）其年五月九日，以西域平，遣使分往康国及吐火罗等国，访其风俗物产，及古今废置，画图以进。令史官撰《西域图志》六十卷。许敬宗监领之，书成，学者称其博焉。”既然是使者“画图以进”，称作《西域图志》当更恰当。《西域图志》的撰修是在唐王朝实际控制西域之后进行的，并且其材料来自于诸使者的实地考察，其真实性、全面性、重要性是不容置疑的。但此书也已亡佚。

第三部是《西域图记》，也完成于唐高祖时期。学界对此书知之甚少。按《唐会要》卷73《安西都护府》的记载：“龙朔元年（661）六月十七日，吐火罗道置州县，使王名远进《西域图记》，并请于阗以西，波斯以东十六国，分置都督府，及州八十，县一百一十，军府一百二十六，仍以吐火罗立碑，以记圣德，诏从之。”从《唐会要》卷100《波斯国》、《新唐书》卷43下《地理志》、《旧唐书》卷198《西戎传》等史书记载可以看出，王名远此人在龙朔元年出使吐火罗之前地位并不高，仅为陇州南由县令。他能充使西域，奉命巡抚吐火罗诸国，并能撰写成《西域图记》以进，表明其有非凡的才能。

第四部是清代乾隆年间官修的史书《西域图志》。这部书全称《钦定皇舆西域图志》，共52卷，其详尽、准确程度超过了之前的所有“西域类”文献。乾隆二十年（1755），清廷平定准噶尔，天山南北尽入版图。次年二月，清高宗弘历下令编纂《西域图志》，以大学士刘统勋主办其事，派都御史何国宗等率西洋人分别由西、北两路深入吐鲁番、焉耆、开都河等地及天山以北进行测绘。资料工作在乾隆二十六年结束后，令交军机处方略馆进行编纂，于乾隆二十七年十一月完稿。乾隆四十二年（1777），高宗下令增纂《西域图志》，历时6年，于乾隆四十七年（1782）五月告成。是为研究自汉代至清代前期新疆民情、风俗、民族、物产、山水、文化的一部最重要的文献。

《钦定皇舆西域图志》的编纂，汇集了当时国家最强的团队，在其开列诸臣名单中，有傅恒、来保、舒赫德、阿桂、刘统勋、兆惠、阿里衮、刘纶、英廉、于敏中、福康安、刘墉、钱汝成等13人担任总裁，纂修官为褚延璋、何国宗、邱庭漋等3人。他们中有满腹经纶的大学士、才华出众的朝廷大员，也有久经沙场、身历边疆的朝廷战将，他们对边疆形势颇为熟悉，为《西域图志》的纂修做出了重大贡献。

《钦定皇舆西域图志》实际上是清代新疆第一部官修通志。由于其自身文献价值、史学价值、文学价值的重要性，学界已有不少人关注这部书，发表过一些重要的研究成果。定了“清代《西域图志》研究”这样一个题目作为张瑛博士学位论文的题目，本意是想让她从文献学角度对这部重要的官修方志做一番系统全面的研究。

选择研究《钦定皇舆西域图志》是有一定难度的。一方面固然是此书涉及的内容非常庞杂，尺度、细节把握上颇费功夫，对作者的学养要求很高；另一方面是学界已经有那么多研究成果了，要避开前人的已经研究清楚的内容并加以创新，其难度就成倍增加了。

功夫不负有心人。在3年的博士生学习期间，张瑛阅读了大量西域类历史文献和学界研究成果，知难而进，推陈出新，顺利完成了博士学位论文，并通过了外审和答辩。毕业后，她对论文进一步补充完善后，交由兰州大学出版社正式出版，值得祝贺！

本书中，作者依次探讨了《钦定皇舆西域图志》的编纂背景、资料来源、作者团队、成书过程、版本与体例、主要内容、学术价值等，重点剖析了该书中所反映的西域历史地理、民族文化、清朝治疆措施等。这些研究是成体系的，其中的闪光点是不少的，其学术价值是显而易见的。

当然，对《钦定皇舆西域图志》的研究，希望张瑛还可以继续进行下去。比如说，对其后的《回疆通志》《新疆识略》《西域水道记》《西陲总统事略》《新疆图志》诸书的影响，就很值得挖掘、梳理。

作为甘肃省社会科学研究院有发展潜质的青年研究人员，张瑛未来的学术道路必将会越走越宽。我们拭目以待！

是为代序。

尹伟先

2020年2月24日

目　　录

绪 论

一、研究意义

西域是中国史籍中使用的一个地理概念，“泛指阳关、玉门关以西广大地区”[①]。关于西域的具体范围，学界历来表述不一。一般说来，广义的西域是指阳关、玉门关以西的古代中亚、西亚、南亚地区；狭义的西域指包括新疆在内的中亚地区。余太山先生在《西域通史》中指出：“尽管各史所记西域的范围大小不一，其核心部分均为包括新疆在内的中亚地区。”[②]荣新江先生也认为：“依现代的地理概念来看，狭义的西域是中亚的核心部分，而广义的西域所指，大多数也在中亚的地理范围内。所以，中国学术界往往就把西域和中亚等同起来，把西域史等同于国际学科划分中的中亚史。严格说来，这样做是不科学的，但我国从事中亚史研究的学者，主要的研究对象是狭义的西域，所以也就约定俗成地把中亚叫作西域。”[③]国外对西域史的研究，一般称为中亚史研究。本书研究的“西域”，既包括现在的新疆地区，也包括18世纪中期清政府管辖的霍罕诸部、拔达克山诸部、东西布鲁特、左右哈萨克，以及爱乌罕、痕都斯坦、巴勒提诸部。

清乾隆四十七年（1782）撰成的《西域图志》，是西域第一部官修地方志，也是历史上第一次对西域历史、地理、民族、经济、文化全面记载和

①余太山著：《西域通史》，中州古籍出版社，2003年，第1页。

②余太山著：《西域通史》，中州古籍出版社，2003年，第1页。

③荣新江：《西域史研究的回顾与展望》，载《历史研究》，1998年第2期，第132页。

研究的专著，具有很高的社会价值和学术价值。

1.探寻新疆民族历史和文化的渊薮

清《西域图志》，定本全称《钦定皇舆西域图志》，是清代自顺治至乾隆朝逐渐统一和开发西域第一手资料的汇集。该书共52卷，卷前为乾隆皇帝的序、谕旨、两次进书表、凡例、提要等；卷首4卷为天章，汇录了乾隆皇帝御制诗文；后48卷，分列图考、列表、晷度、疆域山水、官制、兵防、屯政、贡赋、钱法、学校、封爵、风俗、音乐、服物、土产、藩属、杂录19门；绘有疆域、山水、藩属图21幅，历代西域图12幅。内容涵盖了新疆政治、军事、经济、地理、民族、文化和社会生活的各个方面，是新疆历史文化的集大成之作。书中对历史上的西域民族，尤其是18世纪新疆各地的民族分布、民族特点和民族文化进行了全面的记载和研究，许多内容为其他史书所不载，是新疆历史和民族文化的渊薮，也是研究、传承新疆历史文化、民族文化不可或缺的重要文献。

2.新疆历史文化研究和地方史志编纂的典范

《西域图志》从浩繁的西域文献史料中脱颖而出，归因于两个方面：

从学术研究来看，《西域图志》是研究新疆历史、地理、文化的一部重要文献，也是清代第一部完整、系统的新疆史地学著述。书中通过对历代史书记载的汇总考证，对地理、山水、疆域的科学测量，对地名、历史、民族和文化现象的实际调查、了解和考证，全面记载了新疆地区的历史文化，具有很高的史料价值与学术价值，是研究新疆历史文化的经典文献。

从文献分类来看，《西域图志》还是一部志书，而且是古代新疆首部官修通志，更是中国历史上编纂规格最高的一部新疆志书。体例完备，门类独特，配以图说，科学测绘，实地考察和文献资料考订并重，为地方志事业发展提供了可资借鉴的宝贵经验。

3.新疆经济社会可持续发展的重要借鉴

新疆地区地处祖国边陲，总面积160万余平方公里，有维吾尔、哈萨克、柯尔克孜、蒙古、乌孜别克等十几个少数民族。新疆地区的社会安定、经济发展、民族团结、领土安全，以及其与东边诸省和西边邻国的关系，始终是国家政治、经济、国防、外交、领土安全的重大问题，在当前国家“一带一路”建设上更占有极为重要的地位。通过对《西域图志》进行研究，可以厘清18世中期的西部边界情况，吸取清代新疆治理的经验教训，为制定新疆民族政策，促进经济社会发展，提供有益的借鉴。同时，新疆历来是丝绸之路经济、文化交流的重要枢纽。新疆的繁荣稳定，直接影响着丝绸之路的兴衰。准确地研究、把握新疆地区经济社会文化的发展历程与特点，对国家制定“一带一路”建设相关政策，新疆参与丝绸之路经济带建设，也具有重要的现实意义。

二、研究现状

清《西域图志》问世后产生了广泛的影响，但缺乏深入系统的研究。到目前为止，尚无《西域图志》研究专著，研究成果主要以论文为主。笔者对这些研究成果进行了辨析梳理，大致归纳为题引类、综述类、专题研究类、对比论证类四种类型。

1.题引类

题引类是将《西域图志》作为引证的史例进行的研究。如：北京天文台主编的《中国地方志联合目录》（中华书局1985年）、余太山主编的《西域通史》（中州古籍出版社2003年）和《西域文化史》（中国友谊出版公司1996年）、范秀传主编《中国边疆古籍题解》（新疆人民出版社1995年）、吴丰培《吴丰培边事题跋集》（新疆人民出版社1998年）等。马大正《跬步集·新疆史探微》（兰州大学出版社2003年）对《西域图志》的版本、编纂者、主要内容做了简介。王广荣在《清代新疆方志与西域学之关系》（《新疆地方志》1993年第1期）、高健在《新疆方志文献研究》（南京师范大学2014年博士论文）上以《西域图志》为例做了简要述说。

题引类研究成果大多并不是以《西域图志》为主要研究对象，而是作为一个举例或是引证出现。

2.综述类

综述类主要是对《西域图志》的概括性研究。如：薛宗正《读〈钦定皇舆西域图志〉》（《新疆师范大学学报》[哲学社会科学版] 1983年第4期）从新疆地理、民族风俗、官制兵防三个方面阐述了《西域图志》的主要内容；侯德仁《清代西北史地学》（群言出版社2006年）对《西域图志》的编纂与修订、体例与卷数、主要内容和学术价值等做了简要论述；乔治忠、侯德仁《乾隆朝官修〈西域图志〉考析》（《清史研究》2005年第1期）对该书的编纂修订、体例安排、内容、学术价值四个方面做了综述。牛海桢《清代官修西北边疆史志述论》（《图书与情报》2000年第2期）对《西域图志》、《大清一统志》（西北部分）、《新疆图志》及各种“纪略”类资料分别进行了概述并指出了其价值和作用。

综述类研究成果一般侧重于对《西域图志》的综合述评，对后续研究有着重要参考价值，但存在研究不够深入的问题。

3.专题研究类

专题研究类是对《西域图志》的某项内容、某个方面，或其中记载事件进行的专门研究。如：盛刚《从〈西域图志〉看乾隆时期清廷与准噶尔的关系》（新疆大学2008年硕士论文），主要研究了《西域图志》中清廷与准噶尔的关系；顾红艳《〈西域图志〉中察合台地名研究》（新疆大学2006年硕士论文），研究了《西域图志》中一些少数民族地名；陈世明《清代〈西域图志〉维汉蒙汉合璧地名》（《民族语文》2007年第1期），就维吾尔语、汉语、蒙语及蒙汉语合璧地名等进行了讨论辨识；吕长颖在《〈西域图志〉编纂与成书研究》（新疆大学2012年硕士论文）中研究了《西域图志》的编纂成书过程；张莉《〈西域图志〉所载镇西府、迪化州地区户口资料考述》（《中国历史地理论丛》2008年第2期），对清代部分西域地区人口进行了分析。

专题研究类均对某些问题有独到的见解，但缺乏系统性。

4.对比论证类

对比论证类是将《西域图志》与其他文献进行对比的研究。如：黄祥生《〈西域图志〉与〈新疆图志〉比较研究》（《伊犁师范学院学报》[社会科学版] 2013年第1期），从修志背景、目的、编修人员、修志的资料来源、志书体例、成书经过、两本志书的版本七个方面进行了比较论证。戴良佐《乾隆与新疆地名研究及地图测绘》（《新疆地方志》1993年第4期），提到了乾隆皇帝对新疆地名的重视，并将《西域同文志》与《西域图志》中的地名和地图测绘等做了分析比较。牛汝辰《新疆地名研究史概略》（《中国边疆史地研究》1992年第4期），把《西域图志》和其他研究新疆地名的文献如《嘉庆重修一统志》、祁韵士《西域释地》和《西陲要略》、张穆的《西域释地序》等大量文献作对比，提出《西域图志》对新疆地名研究具有重要参考价值。陈海龙《〈钦定皇舆西域图志〉阿斯腾阿喇图什和玉斯屯阿喇图什考》（《历史地理》第27辑）就《西域图志》与《皇朝文献通考》两书所记载的阿喇图什的方位进行了对比考证。

对比类研究可以从某种角度更直观明晰地了解到文献资料的优点和不足缺漏。但对比考证需要对这些古籍文献进行系统研究，讹误修订，非一时之功。从已问世的对比类研究成果来看，均缺乏深入系统的考证研究。

纵观《西域图志》的研究成果，主要存在以下两个方面的缺憾：

（1）缺乏全面系统研究。《西域图志》研究总体薄弱，研究成果不多，文献所具有的学术价值和社会价值发掘不够。

（2）研究不够深入。已有研究成果各有侧重，多为引用、综述和对比类研究，缺乏深度，尚有很大的拓展空间。

通过大量检索、翻阅，目前尚未发现国外研究《西域图志》的相关成果。

三、研究方法

本课题属于古典文献学的研究范畴，同时涉及民族学、历史学、地理学、文学、民俗学等多个学科。在研究过程中，我们以文献学研究为主，辅之以跨学科的综合研究法、历史考察法等方法，从多层面、多角度对《西域图志》进行系统研究。

1.文献研究法

文献研究法是指搜集文献、鉴别文献、整理文献以形成科学认识的过程。为了寻找本课题写作所需要的文献资料，笔者以《西域图志》为基础，全面搜集整理清代地理、方志及有关西域少数民族历史文化的文献资料，同时结合其他各种资料进行研究；查找途径主要通过网上数据库搜索、购买阅读相关书籍、图书馆查阅稀见资料、实地考察等多种方式进行文献和资料搜集。对所收集的文献资料进行归类、考证，全面剖析《西域图志》的社会价值和学术价值，力争在前人研究的基础上力求有所突破和创新。

2.综合研究法

由于本课题涉及众多学科，在以文献学方法为主开展研究的同时，运用本文献所涉及具体问题的学科方法，进行综合研究。如在地图部分的研究上，运用地理学、测绘学的方法论证；在民族问题上，运用最新的民族学的方法分析；在对少数民族语言文字的认识上，运用语言学的研究方法来判定等；对书中收录的三百多首乾隆诗歌，则用文学的研究方法进行赏析。总之，在主要运用古典文献学方法进行研究的同时，对涉及的具体内容采用了相应专业方法进行研究，既保证研究成果的整体性、系统性，又确保不与具体问题所涉及的学科知识发生抵牾。

3.历史考察法

西域历史文化，是西域各族人民在长期发展过程中逐步积累形成的，在乾隆大一统的格局下又有了新的变化和特征。少数民族历史和文化的保护和传承，是在长期历史发展过程中形成的。研究和探讨少数民族历史和文化，从社会变迁中找寻少数民族发展的历史轨迹，才能正确认识并建立起经得住检验的传承与保护机制。本课题运用历史唯物主义的方法，全面考察、研究《西域图志》所反映的西域历史文化、民族问题和经济社会的发展变化，探寻其规律性，力求提出一些可资借鉴的建议。

四、研究目标

本课题以清代历史文化为背景，以《西域图志校注本》为研究载体，以清代西域社会生活及民族文化为研究内容，在充分借鉴历史文献和现有研究成果的基础上，对《西域图志》进行综合研究。力求突破条块分割、视角单一、研究细碎化等局限，拓宽少数民族文献和文化研究的领域。以文献见证文化，以文化反映社会，深入发掘《西域图志》的历史价值和社会价值，为西域历史文化、民族文化、地方志编修、经济社会发展和“一带一路”建设，提出可资借鉴的意见建议。

第一章
《西域图志》的编纂背景

康熙、乾隆统治时期，社会稳定发展，经济昌盛，文化繁荣，达到了清朝统治鼎盛时期，后世称“康乾盛世”。乾隆时期，平定了准噶尔部和回部的叛乱，收复了西域，完成了国家统一，将清王朝带向历史巅峰，为清朝创造了亘古未有的辉煌业绩。在这样一种国家疆域大一统的盛世背景之下，唯有一部记载西域历史与现实并记录版图、民族、文化的典籍，才可以真切地印证乾隆皇帝取得的胜利和辉煌。

第一节　历史背景

多民族割据政权交替更迭，是西域历史发展的一大特点。虽然中央政府早在汉唐时期就对西域进行过有效的管辖，但地方政权割据的时间总体上多于统一的时期。清初，西域地区形成了准噶尔部和叶尔羌两大部族政权，分别控制着北疆和南疆地区。清政府与这两大部族政权的斗争，构成了清初西域历史的主线。

一、清初西域两大部族政权

1.准噶尔汗国

准噶尔汗国是在厄鲁特四部的基础上形成的部族政权。厄鲁特是蒙古斡亦剌忒部后裔，明代汉籍中称“瓦剌”。明代中叶后，瓦剌势力衰落，逐步西迁。明末，西迁瓦剌形成准噶尔、杜尔伯特、和硕特、土尔扈特四部[①]，清代史籍统称为额鲁特，也称厄鲁特或卫拉特。[②]厄鲁特四部族系不一，各有渊源：准噶尔、杜尔伯特贵族为元臣孛罕裔，绰罗斯氏；和硕特首领为元太祖弟哈布图哈萨尔裔，孛尔只斤氏；土尔扈特为克烈布首领王罕后裔。

厄鲁特四部有相对固定的游牧区域，“分牧而居”[③]。四部首领，“各统所部，不相属”[④]。但为抵御外敌和协调各部关系，四部结成了联盟。这种联盟称为“呼拉尔”或“丘尔干”，盟主称“丘尔干·达尔加”，由各部首领推举产生。16世纪中期以后，厄鲁特四部盟主长期由出自元太祖系，在四部祖系中最为显贵的和硕特部首领担任。明末清初，四部盟主为和硕特部首领拜巴嘎斯。

17世纪20—30年代，准噶尔部首领哈喇忽剌的势力日益增长，开始与和硕特部首领、盟主拜巴嘎斯相抗衡。40年代初期，哈喇忽剌死后其子巴图尔珲台吉继位，逐步加强对天山北路厄鲁特其他部落的控制。尽管当时和硕特部首领名义上仍是厄鲁特四部盟主，但“丘尔干·达尔加”的权力却由巴图尔珲台吉行使。准噶尔部逐步成为厄鲁特蒙古诸部的政治中心和实际盟主。史书记载，“四部虽各有牧地，而皆以伊犁为会宗地”[⑤]。

在准噶尔部兴起过程中，其首领“恃其强，侮诸卫拉特”[⑥]。土尔扈特、和硕特二部开始寻找新的牧地。1627—1628年，土尔扈特部首领和鄂尔勒克率领土尔扈特部众及部分和硕特、杜尔伯特牧民西迁至额济勒河（今伏尔加河）下游草原游牧。1637年，受藏传佛教格鲁派首领达赖五世之

①余太山著：《西域通史》，中州古籍出版社，2003年，第411页。

②余太山著：《西域通史》，中州古籍出版社，2003年，第411页。

③余太山著：《西域通史》，中州古籍出版社，2003年，第411页。

④［清］张穆著：《蒙古游牧记》卷一四《额鲁特蒙古新旧土尔扈特部总叙》，商务印书馆影印本，1939年，第178页。

⑤［清］何秋涛著：《朔方备乘》卷三八《土尔扈特归附始末叙》，清咸丰十年（1860）刻本，第386页。

⑥［清］张穆著：《蒙古游牧记》卷一四《额鲁特蒙古新旧土尔扈特部总叙》，商务印书馆影印本，1939年，第178页。

请，和硕特部首领拜巴嘎斯之弟固始汗率部众南征青海，后进据西藏；拜巴嘎斯之子鄂齐尔图则率部众东迁至河套以西阿拉善地区游牧。

准噶尔在巴图尔珲台吉统治时期，先后打败周围的哈萨克、布鲁特，统治北从额尔齐斯河和鄂毕河中游，南至天山，包括巴尔喀什湖以东以南的广大地区，成为中国西北边疆地区一个重要的地方政权，学术界称之为“准噶尔汗国”。[1]崇德五年（1640），经巴图尔珲台吉和喀尔喀扎萨克图汗的积极活动，在塔尔巴哈台召开了有厄鲁特、喀尔喀各部的44名代表参加的会盟。会盟首领制定并通过了“察津·必齐克”（法规），即1640年蒙古《卫拉特法典》。[2]这部法典涉及政治、经济、军事、文化、宗教、社会习俗等各个领域，为准噶尔汗国封建经济的发展创造了条件。

顺治十年（1653），巴图尔珲台吉去世，第五子僧格（？—1670年）继位。僧格之异母兄不服，发难内讧。康熙九年（1670），僧格被其异母兄车臣、卓特巴巴图尔杀死。时僧格之同母弟噶尔丹（1644—1697年）在西藏从五世达赖学经。僧格被杀的消息传到西藏，在达赖的支持下，噶尔丹返回天山北路，投入夺权斗争。在僧格旧部支持下，噶尔丹很快就击败政敌，出任准噶尔首领，自称博硕克图汗。

噶尔丹夺取汗位后，把准噶尔政治中心从塔尔巴哈台（今塔城）的和布克赛尔迁移到伊犁河谷，并对厄鲁特各部和邻近的蒙古部落发动了一系列兼并和掠夺战争，势力扩展到了天山以北广大地区。康熙十八年（1679），噶尔丹领兵3万，占领了哈密和吐鲁番，遂以“西域既定，诸国咸赖奉为汗及请命达赖喇嘛，始行博硕克图汗事，厄鲁持雄长于西”[3]。康熙十九年（1680），噶尔丹军攻占叶尔羌城，控制了天山南路地区。此时的准噶尔汗国基本上已经统治了整个西域。

康熙二十七年（1688），噶尔丹趁喀尔喀蒙古内乱外患之机，率军3万

---

①苗普生、田卫疆著：《新疆史纲》，新疆人民出版社，2004年，第321页。

②马大正、成崇德著：《卫拉特蒙古史纲》，新疆人民出版社，2006年，第82-83页。

③杨建新主编，杨志娟、牛海祯著：《中国西北少数民族通史·清代卷》，民族出版社，2009年，第383页。

进攻喀尔喀蒙古谢图汗部、扎萨克图汗部和车臣汗部三部。三部溃败，举族南迁。康熙二十九年（1690）六月，噶尔丹率军进入内蒙古乌尔会河以东，击败清军后，深入距京师只有700里的乌兰布通，对清朝的统治形成严重威胁。经过康熙二十九年（1690），三十五年（1696），三十六年（1697）三次亲征，噶尔丹大败病亡。

康熙三十六年（1697）后，策妄阿拉布坦和其子噶尔丹策零先后出任准噶尔汗国大汗。父子二人吸取噶尔丹失败的教训，重视社会生产的发展，体恤民力，勤政爱民，社会经济得到了一定的发展，准噶尔汗国进入全盛时期。这一时期，准噶尔部与清朝保持着密切的政治、经济联系，以和为主流。虽然有过战事，但都是先战后和。

乾隆十年（1745），噶尔丹策零病故后，准噶尔封建主为争夺统治权，互相倾轧，内战纷起。乾隆下决心乘势出兵西域，完成统一大业。经过乾隆二十年（1755），乾隆二十一年（1756）清廷两次进军西域，准噶尔汗国灭亡。

清朝统一西域之前，准噶尔部有24鄂拓克、21昂吉。在21昂吉牧地，“别设台吉居住，以统领游牧，谓之六游牧台吉焉”①。

准噶尔汗国统治时期，西域社会经济的格局是：天山北路的准噶尔部及其属民布鲁特、哈萨克等民族都是逐水草而居，以畜牧业为主，衣食住行皆取于牲畜，“饥食其肉，渴饮其酪，寒衣其皮，驰驱资其用，无一事不取给于牲畜”②。天山北路也兼有农业，主要分布在和布克赛尔河谷、额尔齐斯河谷、伊犁河谷、珠勒都斯、乌鲁木齐、昌吉等地区，以伊犁河谷的农业规模最大。天山南路以种植业为主，主要劳动者是维吾尔人，也有准噶尔部人、中亚布哈拉人、布鲁特人、哈萨克人、察哈尔蒙古人和汉人。③“百谷皆可种植，而以小麦为细粮，梗棉次之。大麦糜子用以烧酒及充牲畜

---

①钟兴麒等校：《西域图志校注》卷二九《官制》，新疆人民出版社，2002年，第415页。

②钟兴麒等校：《西域图志校注》卷三九《风俗》，新疆人民出版社，2002年，第512页。

③余太山著：《西域通史》，中州古籍出版社，2003年，第422页。

栈豆而已。余如豆、粟、芝麻、蔬菜、瓜、茄之类，无不可以成熟。”[①]农业生产中已广泛使用铁制和钢铁合制的农具。但总的来说，农业生产技术与内地相比，还有一定差距，如田地大多不予施肥和种耕，还处于粗放农业水平。[②]

准噶尔部的手工业发展具有一定的规模和水平，生产分为两个部类：一是生活用品的生产。如皮革、皮衣、皮帽、皮靴、皮褥、毡、马鞍等制作，是准噶尔部传统的手工业。此外，准噶尔人从战争中俘虏的欧洲人那里学会了制作呢绒的技术，从维吾尔人那里学会了纺织布匹的技术。二是武器和铁质农具的生产。准噶尔部的手工业不能满足本部的需要，尤其是一些生活用品，必须通过贸易来换取。

准噶尔部长期与外界保持着贸易关系。除了北部的雅梅什湖畔和中亚塔什干等贸易商场外，与内地的贸易是准噶尔部贸易的重要方面，这一贸易以两种形式进行：一是以贡使的名义经喀尔喀或河西赴北京，商队把携带的牲畜和畜产品等货物在沿途或北京出售，向清朝进献方物，领取赏物并购买绸缎、布匹、茶叶、药材等货物后返回。这种形式的贸易在无战事时非常频繁，“贡献方物，问安之使，不绝于道”[③]。二是在肃州和青海东科尔市场上的“互市”。准噶尔商队把货物运到这两处市场上出售，然后购买所需的物资运回。乾隆十五年（1750），准噶尔贸易商队运到肃州等市场上的牲畜，有牛2200余头，羊15.69万余只，马1900余匹，驼1000余峰，总贸易额达白银19.4万两。[④]准噶尔部的贸易活动，对沟通西域和内地，西域和中亚、印度等地的经济交流发挥着主要作用。

厄鲁特蒙古中最早与清朝建立联系的是和硕特部首领固始汗。崇德二年（1637），固始汗向清太宗皇太极通贡。顺治三年（1646），以固始汗为首的厄鲁特首领22人，联名向清朝奉表进贡，其中“附名以达”的大台吉

① ［清］椿园七十一著：《西域闻见录》卷二，国学文献馆复印本，第39页。

②余太山著：《西域通史》，中州古籍出版社，2003年，第423页。

③《清圣祖实录》卷一五八“康熙三十二年二月庚子”条，中华书局影印本，1985年，第189页。

④余太山著：《西域通史》，中州古籍出版社，2003年，第421页。

中包括巴图尔珲台吉。由于固始汗居于藏传佛教格鲁派的护法王地位，清朝承认了他在厄鲁特蒙古中的盟主地位，给他“赐甲胄弓矢，俾辖诸卫拉特”[①]。顺治九年（1652），固始汗遣使“进贡方物”[②]。

2.叶尔羌汗国

叶尔羌汗国源于察合台汗国。1225年，成吉思汗分封诸子，次子察合台得到从畏兀儿地到河中的草原地区，史称察合台及其后裔统治的领地为“察合台汗国”。[③]

察合台汗国是蒙古四大汗国之一。14世纪中叶，察合台汗国分裂为东察合台汗国与西察合台汗国。1369年西察合台汗国亡于帖木儿帝国。1514年9月，东察合台汗国可汗速檀阿黑麻三子赛亦德登上汗位，定都叶尔羌，史称“叶尔羌汗国”[④]。

明末清初，叶尔羌汗国政权统治着天山南路大部分地区。其疆域为：“东至嘉峪关前，与明朝邻接；南以昆仑山、阿尔金山为界，与西藏、蒙古属部相邻；西南以喀喇昆仑山为界，与西藏之拉达克、博洛尔相邻；西部包括整个帕米尔及希瓦和瓦罕地区，与莫卧尔帝国所属地区相邻，与乌兹别克以阿赖山为界；北以天山山脉为界，与哈萨克、吉利吉思、瓦剌相邻。”[⑤]

16世纪中期以后，随着伊斯兰教的传播和发展，叶尔羌汗国的社会发展发生了重大变化。16世纪70年代，中亚伊斯兰教苏菲派依斯哈克·瓦里和卓来到叶尔羌汗国传教，其派系被称为“黑山派”或“黑山宗”。17世纪20年代初期，玛木特·额敏和卓之子玛木特·玉素布和卓也进入叶尔羌汗国传教，与黑山派相对峙，这一派系被称为“白山派”或“白山宗”。黑山、白山二派为掌握世俗政权，分别支持叶尔羌汗王阿布都拉哈和其子尤

---

①［清］祁韵士著：《清朝藩部要略稿本》卷九《厄鲁特要略一》，黑龙江教育出版社，1997年，第376页。

②《清世祖实录》卷六五“顺治九年十二月”条，华文出版社，1988年，第456页。

③余太山著：《西域通史》，中州古籍出版社，2003年，第367页。

④余太山著：《西域通史》，中州古籍出版社，2003年，第382页。

⑤余太山著：《西域通史》，中州古籍出版社，2003年，第388页。

勒巴尔斯。两大教派之间为了争夺权位，进行了长期的流血斗争。双方互相攻伐，征战不休，频繁的战乱给南疆人民造成了深重的灾难。康熙六年（1667），尤勒巴尔斯在白山派支持下击败黑山派支持的汗王阿布都拉哈，继任为叶尔羌王。尤勒巴尔斯统治时间不长，康熙九年（1670）即被黑山派支持下的阿布都拉哈汗之弟伊思玛业勒汗取代。

1670年4月2日，伊思玛业勒在卫特拉军队和黑山派和卓生徒的支持下攻占叶尔羌，宣布为全国的大汗。白山派首领阿帕克和卓逃出喀什噶尔，潜入克什米尔，后又进入西藏，晋见了达赖喇嘛，博得了这位佛教首领的欢心。达赖答应了他的请求，写信给准噶尔部首领噶尔丹，信中称阿帕克和卓“是一位伟大的人物”，要求噶尔丹派遣军队，帮助阿帕克和卓恢复地位。[①]噶尔丹早在1678年已占领叶尔羌汗国的东部地区哈密、吐鲁番，准备归并整个叶尔羌汗国。他接到达赖喇嘛的信后，于1680年派出骑兵12万，经阿克苏、乌什直取喀什噶尔和叶尔羌。噶尔丹的军队在白山派和卓生徒的全力配合下，经过激烈的战斗，攻下了叶尔羌城，天山南路完全处于准噶尔部控制之下。[②]此后，虽然叶尔羌汗室成员苟延残喘十余年，但完全成了准噶尔部的附庸。凡是实力派人物，包括准噶尔部扶持的傀儡，都被长期囚禁伊犁。[③]因此，学界多认为噶尔丹军占领叶尔羌后，叶尔羌汗国实际上已经灭亡。

叶尔羌汗国历时126年，历任12位大汗。（附：《叶尔羌汗国统治者世系图》《叶尔羌汗国统治者在位年表》[④]）

①穆罕默德·萨迪克·喀什噶里著：《和卓传》，喀什维吾尔文出版社，1988年，第147页。

②余太山著：《西域通史》，中州古籍出版社，2003年，第415页。

③余太山著：《西域通史》，中州古籍出版社，2003年，第415页。

④余太山著：《西域通史》，中州古籍出版社，2003年，第393页。

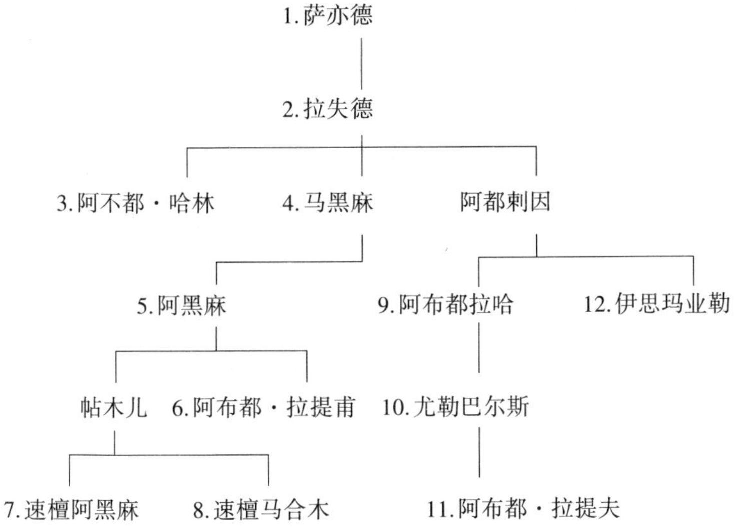

图 1–1　叶尔羌汗国统治者世系图

表 1–1　叶尔羌汗国统治者在位年表

顺序	统治者	在位年代(伊斯兰历/公元)	备注
1	萨亦德	920/1514—940/1533	
2	拉失德	940/1533—967/1559-1560	
3	阿不都·哈林	967/1559-1560—1000/1591-1592	
4	马黑麻	1000/1591-1592—1018/1609-1610	
5	阿黑麻	1018/1609-1610—约 1028/1618-1619	
6	阿布都·拉提甫	约 1028/1618-1619—约 1040/1630-1631	
7	速檀阿黑麻	约 1040/1630-1631—1042/1632-1633	
8	速檀马合木	1042/1632-1633—1045/1635-1636	
	速檀阿黑麻	1045/1635-1636—1048/1638-1639	复辟
9	阿布都拉哈	1048/1638-1639—1078/1667	
10	尤勒巴尔斯	1078/1667—1080/1670	
11	阿布都·拉提夫	1080/1670	
12	伊思玛业勒	1080/1670—1091/1680	

叶尔羌汗国的体制，由成吉思汗建立的蒙古国体制演变而来。“蒙古国的最高统治集团是成吉思汗的‘黄金家族’，全蒙古百姓都是他们的臣民。按照分配家产的体例，成吉思汗将百姓分配给诸子、诸弟。”[①]“蒙古国对华北的统治方式，是草原贵族原有的统治体系在他所征服的定居农耕地区的延续。汉地户口的一部分直接领属于大汗；一部分被大汗分封给诸王、宗戚和勋臣。”[②]叶尔羌汗国是由察合台汗国演变而来，而察合台汗国到东察合台汗国在中亚存在近300年，特别是其统治农业地区和接受伊斯兰教后，受到当地农业文化和伊斯兰教法的影响日益加深。[③]

叶尔羌汗国体制最根本的特点是兵民合一，平时放牧，战时出征。部落、氏族的首领平时治民，战时领军。这些部落和氏族的首领，蒙古部族原称为那颜，但是随着时间的推移，进入中亚的蒙古部族的突厥化和伊斯兰化，逐渐被异密、别吉、伯克等称号代替。

叶尔羌汗国实行分封制，各地区大都分封给汗室成员，他们成为该地区的总督，拥有全权。但是随着统治民族由游牧生活方式向定居农业生活方式的过渡，经济基础的变化引起上层建筑的变化：中央集权日趋加强，除吐鲁番和焉耆外，其余地区的总督已是虚名，只能“衣食租税”，行政和军事大权由大汗委派的阿奇木掌握。阿奇木（hakim）是阿拉伯语，意为“地方执政者”，相当于清朝的“总督”，既管军队，又主持行政。在叶尔羌汗国，阿奇木是地区的最高长官。[④]

叶尔羌汗国的总人口，史籍上没有确切记载。余太山推测，叶尔羌汗国中期约50万人。[⑤]

《拉失德史》记载，叶尔羌汗国的居民分为四类：

（1）原有定居居民。主要是农民，也包括手工业者及其他定居人口。

---

①韩儒林著：《元朝史》（上册），人民出版社，2008年，第86页。

②中国大百科全书编辑部：《中国大百科全书·中国历史·元史》“元朝”条，中国大百科全书出版社，1985年，第24页。

③余太山著：《西域通史》，中州古籍出版社，2003年，第394页。

④余太山著：《西域通史》，中州古籍出版社，2003年，第399页。

⑤余太山著：《西域通史》，中州古籍出版社，2003年，第406页。

这些定居居民称为“秃曼”。

（2）游牧民。叶尔羌汗国前期及中期的蒙古人依然过游牧生活，仍以部落组织形式出现，故称为爱马。爱马，蒙古语意为“部落”，其成员平时放牧，战时出征，所以汗每年付给他们“一定量的谷物和衣服等薪给”。随着蒙古部族由游牧生活方式向农业定居生活方式的过渡，氏族部落组织形式逐渐解体，到叶尔羌汗国晚期，蒙古人的爱马基本已不存在，大部分融入土著维吾尔族农业居民中。

（3）士兵。这是专指称为“忽钦”的士兵，他们是已从蒙古部族的爱马组织形式中分离出来的那部分人。忽钦不再是平时游牧、战时出征的牧民，而是专以斗杀为职业的士兵。忽钦组成汗的或某个异密的常备武装军队，通常是汗的侍卫军或某个异密的卫队。他们是汗的或某个异密的权势的“柱石”，因此享有一定的特权。

（4）官吏和宗教人士。《拉失德史》所说的“官吏”是专指司法部门和清真寺等财产的管理人，这些官吏多由朵豁剌惕部异密家族成员担任。汗国的中后期，汗权加强，官僚机构日趋完善，官吏成为一个人数众多的阶层。同一时期，伊斯兰教在政治上和社会上的影响也日益加强，司法官员已由宗教人士担任。黑山派和卓和白山派和卓上联王侯，下入民间，广收生徒，组成武装，并拥有巨额财产，形成一个具有强大政治和经济实力的特殊阶层。官吏阶层和宗教人士阶层同属于统治阶级，他们往往又从事工商业活动，特别是国际贸易和采矿业，利用其特权牟取利益。[①]

关于叶尔羌汗国社会经济状况情况的汉文和西方史料很少，穆斯林史籍只留下极少的片断记载，《西域图志》第一次系统收集了这方面的资料。余太山在《西域通史》中根据这些资料，将西域统一前叶尔羌汗国的农业和畜牧业概括为以下几点：

> （一）总况：山南诸回部，有城郭宫室，故居处有恒；有沟塍陇亩，故田作有时；男识耕耘，女知纺织。《汉书》言“自且末以东（应为“往”，见《汉书·西域传》），皆种五谷”。由今观之，不异于古所

①余太山著：《西域通史》，中州古籍出版社，2003年，第401页。

云也。

（二）农作物种类：小麦、稻米、黍、稷、高粱、青稞、豌豆、扁豆、小豆、绿豆、棉花、麻，西瓜、甜瓜，茄、葫芦、红萝卜、白萝卜、韭、洋葱、辣椒、胡椒、青菜、向日葵、苜蓿等。品种繁多，可说“桑麻黍禾，宛然中土”。

（三）园林业：《明史》卷三百二十九《柳城传》说，该城“四面其田园，流水环绕，树木阴翳。土宜稷麦豆麻，有桃李枣瓜葫芦之属。而葡萄最多，小而甘，无核，名锁子葡萄”。中亚地区诸城大致如此，早在耶律楚材的《西游录》和李志常的《长春真人西游记》中就有记述。《钦定西域图志》具体记载了“回部”园林所产之果品，除无核的绿葡萄外，还有石榴、苹果、木瓜、梨、樱桃、杏、柿、核桃、李、桃、沙枣等；通常还栽一些树木和花草，如柳、大叶杨、小叶杨、松、柏、桐、玫瑰、吉祥草、鸡冠花、大蜀葵、千日红、凤仙花、狗尾花等。

（四）生产工具：犁，木辕铁铧，二牛抬杠，以绳牵引，用于翻松土地。犁耙，“播之后，用以覆土”。恰特满（kantman，今译“砍土镘”），“形似铁镢，其头甚圆，以枣木为直柄，用以垡土开沟，并引水以灌田”，这种工具今天犹盛行于新疆农村。镰刀，“形如曲刀，纯钢为之，头柄皆铁，用以刈稻麦之属”。木叉，“以木为杈，五齿或四齿、三齿，以匀谷麦，承曝令干”。总的说来，农业生产工具简单，而且长期沿用未变，如二牛抬杠的犁和砍土镘，早在克孜勒千佛洞的壁画中已经出现。

（五）生产技术：永贵编撰的《回疆志》卷二《耕种》说：“播种时无耩耧，惟凭手撒。无锄，不知芟艺。”纪昀在《乌鲁木齐杂记》中也说，“播种时以手撒之，疏密无定，不知南插北沟”，“田惟拔草，不知锄治”。天山南路，地多人少，多“轮年歇种”。“一歇一种”或“歇二种一”，以增加地力。但是也有粪肥的使用，“以牛马者为良，粪田可倍收”。总起来讲，在清朝统一天山南北前，当地的农业是粗放的，技术是比较落后的。

（六）粮食产量：叶尔羌汗国的农业基本上是粗放经营，广种薄收、土地歇种。所以地亩的计算不是以面积，而是以籽种播种量，称作“籽种地亩”。但是天山南路，田地多为水浇，很少旱涝，如以籽种计算，其收成还是不少的，“丰年可收七八倍，即荒年亦可二三倍”。但是，如果按单位面积产量计算，则是相当低的。农业产量的低下，长期徘徊不前，这不仅制约了叶尔羌汗国的发展，而且是西域社会发展迟缓和长期战乱不已的根本原因。①

维吾尔人善于经商，各城均有贸易集市，称为“八栅尔”。定期交易，“每七日一集，五方六货，服食所需，均于八栅尔交易”②。各城中，叶尔羌是最大的贸易中心，每逢集市，“商贾如卿，百货交汇，屹然是著名商场”③。除当地的商场外，维吾尔人商队还与中亚、内地保持着密切的贸易联系。

玉石是叶尔羌汗国的主要输出商品，葡萄牙人鄂本笃记载：“玉有两种。第一种最良，产和田河中。距国都不远。泅水者入河捞之。与捞珠相同。磨琢后，有大如大燧石者。第二种品质不佳，自山中开出。大块则劈成片。宽约二爱耳（elli）。以后再磨小，俾易车载。产玉之山，名曰石山。土人称曰康桑吉喀修（Cansanghi Cascio），距叶尔羌约二十日程。此国地理书所载玉山，或即此也。石山远距城市，地处僻乡。玉璞坚硬。故采玉事业，不易为也。土人云，纵火焚烧，则石可疏松。采玉之权，国王亦售诸商人。售价甚高。租期之间，无商人允许，他人不得往采。工人往作工者，皆结队前往，携一年粮。盖于短期时间，不能来至都市也。”④

叶尔羌汗国的手工业生产有“棉纺织业（主要用于做衣帽）、毛纺织业（毯、毡、织品）、丝绸业（衣饰）、皮革业（靴鞋及其他用具）、锻造业

①余太山著：《西域通史》，中州古籍出版社，2003年，第403页。

②［清］椿园七十一著：《西域闻见录》卷七，国学文献馆复印本。

③见《鄂本笃访契丹记》，转引自张星烺编注，朱杰勤校订：《中西交通史料汇编》第2册，中华书局，2003年，第496页。

④见《鄂本笃访契丹记》，转引自张星烺编注，朱杰勤校订：《中西交通史料汇编》第2册，中华书局，2003年，第496页。

(农具及日常用品)、木器业(工具及饮食用具)、兵器业(刀、枪、斧、剑、锁子甲、弓、箭等)、冶炼业(主要为铁、铜)、玻璃业及陶瓷业等”[①]。维吾尔人善经营,商业贸易活跃,有两条横贯叶尔羌汗国的国际商路。一条是由肃州经哈密、吐鲁番、焉耆、库车、阿克苏城,至喀什噶尔,然后由喀什噶尔至撒马尔罕,再由撒马尔罕至呼罗珊境内各城。[②]另一条是从阿克苏经叶尔羌、拔达克山、克什米尔去印度斯坦的商路。[③]

叶尔羌汗国在文化上的最大成就,是《十二木卡姆》的整理和定型。传说叶尔羌汗国拉失德汗与妻子阿曼尼莎汗邀集汗国各地熟悉木卡姆的民间艺人,在音乐家喀迪尔汗·叶尔羌的主持下,对当时散失在民间的木卡姆,进行了一次系统的加工和整理。[④]

“木卡姆”,为阿拉伯语,意为规范、位置、聚会、登上等等;在这里转意为大曲,是穆斯林诸民族的一种音乐形式。十二木卡姆,就是十二套大曲。木卡姆是集音乐、舞蹈、诗歌三位一体的古典文艺。它发源于西域土著民族文化,而深受伊斯兰文化的影响。十二套大曲的名称和排列顺序如下:

1.拉克	2.且比亚提	3.木夏乌热克	4.恰尔尕
5.潘吉尕	6.乌扎勒	7.艾介姆	8.乌夏克
9.巴亚提	10.纳瓦	11.西尕	12.伊拉克

十二木卡姆是有歌词、有诗篇、有演唱者的即兴创作。歌词多以爱情为题材,反映了人民群众对幸福生活的追求。“在婚礼的晚会上,民间乐师二三人合作,主唱者自奏沙塔尔,帮唱者打手鼓相和,向新婚夫妇祝福。在节日盛会上,乐师们集聚一起,敲击铁鼓,吹起唢呐,弹起各种乐器,大家歌唱、跳舞,场面热烈,节奏欢快,充分表现出维吾尔族人民勤劳、

①余太山著:《西域通史》,中州古籍出版社,2003年,第404页。

②见《与哈智摩哈美德谈话记》,转引自张星烺编注,朱杰勤校订:《中西交通史料汇编》第2册,中华书局,2003年,第401页。

③余太山著:《西域通史》,中州古籍出版社,2003年,第405页。

④余太山著:《西域通史》,中州古籍出版社,2003年,第422-423页。

聪明、乐观、能歌善舞的特点。”[①]

叶尔羌汗国时期，史学得到空前的发展。最著名的著作有三部：

一是《拉失德史》。《拉失德史》（*Tarikh-i-Rashidi*），作者米儿咱·马黑麻·海答儿（1499—1551年），由两编组成：第一编为东部察合台汗国的编年史，第二编写作者的经历和他的时代的历史。这部著作内容非常丰富，记述了许多政治斗争、军事活动及社会生活的生动画面，在中亚地区广为流传。

二是《编年史》。这是一部专门写叶尔羌汗国的史书，作者沙·马合木·楚剌思。前半部摘编《拉失德史》，后半部是作者著述的部分。《编年史》的下半部，基本史料是口头材料——作者家族中留下来的情报和传说，他从一些事件的参与者那里听来的情报，以及他自身的经历。因此，这一部分基本上是第一手史料，极为宝贵。但《编年史》作为一部历史著作，缺乏准确的时间观念，它所叙述的事件绝大部分都没有年代和月日，必须参考其他史书才能确定事件发生的时间。[②]

三是《寻求真理者之友》，作者是沙·马合木·楚剌思，主要记述了叶尔羌汗国的一些伊斯兰教宗教首领的业绩，以及黑山派与白山派斗争的情况。由于这些“圣者”与尘世有密切的关系，从而也直接或间接地反映了当时的政治和社会生活情况。[③]

二、康熙雍正时期与准噶尔部的斗争

噶尔丹征服厄鲁特各部后，“一方面反其父兄抗击俄国侵略的严正立场，与沙俄互相勾结，遣使到莫斯科向沙皇表示要为其效劳，欢迎沙俄向其属民收税，甚至煽动沙俄入侵我国黑龙江，以取得对他的信任和支持；另一方面，又把进攻的矛头直指喀尔喀蒙古”[④]。

①余太山著：《西域通史》，中州古籍出版社，2003年，第409页。

②余太山著：《西域通史》，中州古籍出版社，2003年，第407页。

③余太山著：《西域通史》，中州古籍出版社，2003年，第407页。

④杨建新主编，杨志娟、牛海祯著：《中国西北少数民族通史》（清代卷），民族出版社，2009年，第383页。

喀尔喀蒙古主要有土谢图汗部、车臣汗部和扎萨克图汗部，分布在“东界黑龙江，西界厄鲁特，北接俄罗斯，南尽瀚海”[①]。康熙二十七年（1688），噶尔丹趁喀尔喀蒙古内乱外患之机，率军三万进攻喀尔喀蒙古谢图汗部、扎萨克图汗部和车臣汗部三部。三部溃败，举族南迁。噶尔丹乘得胜之势，以与俄国借兵，采取联合军事行动威胁清朝，向康熙帝提出“圣上居南方，我长北方”[②]的要求。康熙二十九年（1690）六月，噶尔丹率军进入内蒙古乌尔会河以东，击败清军后，深入距京师只有700里的乌兰布通，对清朝的统治形成严重威胁。康熙二十九年（1690）七月，康熙对噶尔丹进行第一次亲征。八月初一，两军会战于乌兰布通，清军以火器破噶尔丹驼阵，击溃准军，噶尔丹率主力逃走。

康熙三十四年（1695），噶尔丹率军两万东进巴颜乌兰地区，扬言借有俄国炮手鸟枪数万，率军侵入克鲁伦河。康熙三十五年（1696），康熙发兵十万分三路亲征。清军中路军进抵克鲁伦河，噶尔丹未敢迎战，弃辎重西奔。五月十三日，将军费扬古、孙思克等率西路军在昭莫多截击噶尔丹成功，两军激战一日，准军主力被歼，噶尔丹西窜至塔米尔河流域。噶尔丹虽部众尽失，但仍不愿接受清廷的招抚。

康熙三十六年（1697）初，康熙到宁夏进行第三次亲征。清军进至狼居胥山时，噶尔丹众叛亲离，部众不足百人，驼马牛羊、饮食皆无，最后走死阿察阿穆塔台。[③]

当噶尔丹东侵喀尔喀时，僧格子策妄阿拉布坦返回伊犁，召集旧部，扩展势力。他接受清朝的招抚，配合清军的行动，在阿尔泰山一线设防，截断噶尔丹归路，加速了噶尔丹政权的败亡。策妄阿拉布坦掌权后，准噶尔部进入全盛时期。后来，随着势力的增长，策妄阿拉布坦与清朝的关系开始恶化，双方围绕对哈密的控制展开了斗争。

---

①［清］魏源著：《圣武记》卷二《国朝绥服蒙古记》，中华书局，1984年，第185页。

②［清］温达等著：《亲征平定朔漠方略》卷七，中国藏学出版社，1994年，第437页。

③《清圣祖实录》卷一八三“康熙三十九年七月庚子”条，中华书局影印本，1985年，第264页。

哈密地处天山南路东部，是西域的门户。康熙三十五年（1696）九月，哈密维吾尔人摆脱准噶尔部控制，在当地首领达尔汉伯克额贝都拉率领下归顺清朝，得到清的赏赐。是年冬，噶尔丹子色布腾巴尔珠尔赴巴里坤觅食，额贝都拉遣子郭帕伯克将其擒拿，解送肃州。为此，清朝封额贝都拉为头等扎萨克，仍“达尔汉”号，准其世袭，所部维吾尔人众按蒙古扎萨克旗制设领。康熙五十四年（1715）初，策妄阿拉布坦遣军突袭哈密，侵掠五寨，被驻防哈密游击潘之善率哈密军民击败。这次事件标志着清廷与准噶尔部再次处于敌对状态。

康熙五十六年（1717）夏，清军分两路进军准噶尔部。康熙五十九年（1720），西路清军攻占吐鲁番，驻军兴屯。正当西路清军大力经营吐鲁番军事基地之际，康熙帝去世。雍正帝即位后，策妄阿拉布坦遣使求和，“言辞敬顺”[①]。雍正帝忙于巩固统治，即答应策妄阿拉布坦提出的与喀尔喀蒙古划界，通商贸易及划给吐鲁番的要求。雍正四年（1726）清军回师，曾协助清军防守吐鲁番军事基地的吐鲁番维吾尔人头目托克忒玛木特担心准噶尔军报复，率部众650户随清军东撤，清政府将这部分维吾尔人安置于肃州虏堡。

雍正五年（1727），策妄阿拉布坦去世，其长子噶尔丹策零即位。雍正七年（1729）秋，清朝因讨还逃奔准噶尔部的青海和硕特反清首领罗卜藏丹津的交涉久无结果，再次派大军屯驻科布多、巴里坤。雍正八年（1730）冬，准噶尔军先发制人，突袭西路清军防守的阔舍图卡伦，掠取清军马驼，总兵官樊廷拼死杀退敌军。雍正九年（1731），噶尔丹策零兵分两路出击：一路由大将色布腾率领，牵制清军，侵扰清军驻防的吐鲁番地区；另一路由大、小策凌敦多布率领主力军，进攻北路清军。六月，大将军傅尔丹率北路清军迎敌，在和通淖尔被准噶尔军击败，损失惨重，清军回撤固守。九月，准噶尔军进击鄂登楚勒受挫。雍正十年（1732）初，小策凌敦多布率军东进，深入克鲁伦河流域，额驸策凌牧地被袭，妻孥、牛羊掳掠一空。

---

①《清世祖实录》卷三二“雍正三年五月”条，华文出版社，1988年，第296页。

策凌闻讯大怒，“割辫发及所骑马尾，誓以复仇”[①]，在额尔德尼昭（光显寺）重创准噶尔军。小策凌敦多布大败而归，辎重丢失，牛羊尽弃，损兵近万人。同一时期，色布腾率军四次围攻吐鲁番，当地清军8000人，分驻鲁谷庆、哈喇火州等7城，兵力分散，“声势不能联络”[②]。巴里坤大营几次出兵救援，往返奔驰，亦已疲惫不堪。雍正十年（1732）上谕云：“吐鲁番部落，远在边境之外，去巴里坤军营，尚有七八百里，易为贼人所窥伺，我师难以庇护。”[③]决定放弃吐鲁番，并同意当地维吾尔人东迁内徙的请求。是年十月，在大阿訇额敏和卓的率领下，吐鲁番16城1万余维吾尔人启程东行，在清军护送下，先抵达哈密军屯区塔勒纳沁。次年，再从塔勒纳沁东行，于八月间到达安西瓜州。由于沿途的伤病损失，抵瓜州时只有“男妇大小八千一十三口”[④]。这批维吾尔人被安置在瓜州五堡，清朝给他们提供了田地、牛具、籽种、住房，并蠲免赋税。额敏和卓被封为扎萨克辅国公，按蒙古扎萨克旗制编设佐领。

雍正八年（1730）开始的清准战争持续了三年之久，双方都有很大损失，但胜负未决，各有厌战之意。雍正十一年（1733），噶尔丹策零首先请和。次年，清朝派侍郎傅鼐、学士阿克敦赴伊犁，与噶尔丹议定划界、贸易事宜，双方再次开始正常的贸易往来。

三、乾隆平定西域

乾隆时期平定西域的斗争，主要是平定准噶尔部和大小和卓。

1.平定准噶尔部

乾隆时期，全国形势已趋统一，只有西域处在准噶尔部统治之下。乾隆十年（1745），噶尔丹策零病故后，准噶尔封建主为争夺统治权，互相倾轧，内战纷起。乾隆十七年（1752），沙俄派人欲收买和硕特拉藏汗之孙阿

---

①［清］何秋涛著：《朔方备乘》卷四《荡平准噶尔述略》，清咸丰十年（1860）刻本，第56页。

②《清世祖实录》卷一二三“雍正十年九月”条，华文出版社1988年，第1036页。

③《清世祖实录》卷一二五“雍正十年十一月”条，华文出版社1988年，第1114页。

④《清世祖实录》卷一二四“雍正十一年八月”条，华文出版社1988年，第1023页。

睦尔撒纳和准噶尔部大策凌敦多布之孙达瓦齐来推翻喇嘛达尔扎取而代之，失败后达瓦齐和阿睦尔撒纳逃至哈萨克。同年底阿睦尔撒纳唆使达瓦齐选精兵1500人，采取买通内奸和突然袭击的手段，杀死喇嘛达尔扎，篡夺了汗位。但达瓦齐为人荒淫无度，准噶尔人人嗟怨，故归降的纳默库济尔噶乘机起事，欲取而代之。达瓦齐在阿睦尔撒纳的帮助和策划下，粉碎了夺权活动。乾隆十八年（1753），阿睦尔撒纳公开向达瓦齐提出要求与他划分厄鲁特诸部，遭拒绝后，开始进行掠夺自立。乾隆十九年（1754），达瓦齐亲率兵马直至额尔齐斯河进行征伐，阿睦尔撒纳不敌，陷于绝境，被迫投向清朝。[①]面对准噶尔统治集团的内讧和残暴统治，天山南北各民族人民纷纷进行反抗，或反叛逃亡，或投奔清朝。大批厄鲁特部众离开了准噶尔地区。[②]

准噶尔的内乱使乾隆下定决心乘势出兵西域，完成统一大业。乾隆十九年（1754），乾隆亲自拟定了讨伐准噶尔的檄文，阐明了出兵准部的原因和目的：

诞告尔准夷有众，昔尔台吉噶尔丹策零，祗服朕训，恭顺无失，朕嘉其诚笃，30年来，叠沛恩施，俾尔有众，各得休息。逮策妄多尔济那木扎勒，赋性暴戾，不恤其众，喇嘛达尔扎，因而篡弑，于时曾欲代天申讨，歼此逆乱，念噶尔丹策零后嗣，唯有喇嘛达尔扎人，用是恩施格外，未加剿除。达瓦齐以噶尔丹策零臣仆，敢行篡弑，致噶尔丹策零后嗣灭绝，且又残害同人，酷虐其下，败坏黄教，悉令还俗。朕念噶尔丹策零，恪恭敬顺，事朕有年，安忍视其宗灭地亡，使衽席黎元，流归左道。又值杜尔伯特台吉车凌、车凌乌巴什、辉特台吉阿睦尔撒纳等，不胜其虐，率部投诚。朕君临天下视同，车凌等沥诚祈请，朕焉有不收留抚养之理。是以特沛殊恩，悉皆加爵晋秩，其属下宰桑，亦予官职及

①参见杨建新主编，杨志娟、牛海祯著：《中国西北少数民族通史》（清代卷），民族出版社，2009年，第391–392页。

②参见杨建新主编，杨志娟、牛海祯著：《中国西北少数民族通史》（清代卷），民族出版社，2009年，第393页。

银缎产畜，俾得安居。然使安置于喀尔喀地方，不免侵占游牧，互有杂处，殊为无益，不若仍居旧地为尤善也。今为尔众两路兴师，北路命将军班第、阿睦尔撒纳，西路命将军永常、萨喇尔，率兵前进，平定准部，以为车凌阿睦尔撒纳人众复业之所。尔夷众有车凌、阿睦族属，欲行内附者，朕亦一体施恩，其余有众，如谓达瓦齐既弑其主，又绝人嗣，思念大义，不甘为诚来降者，朕亦同车凌、阿睦尔撒纳等一体抚恤，使居民游牧处，不他徙，总之先来者先受朕恩，后来者后蒙朕惠，即使达瓦齐能痛改前非，输诚投顺，朕亦一体封爵，不令失所，尔等如不晓朕怜念夷众丧亡，溺于左道，拯诸水火之意，不知大义所在，仍怀观望或敢抗拒者，大兵所至，必尽歼除，尔等其详求朕谕，熟思利害，擅自裁择，无遗尔悔，为此延告。①

乾隆二十年（1755）二月，清军兵分两路，北路由班第为定北将军，阿睦尔撒纳为定边左副将军，由乌里雅苏台进军；西路命永常为定西将军，萨喇尔为定边右副将军，由巴里坤向伊犁地区进发。由于厄鲁特和西域各族人民对准噶尔贵族的内讧和残暴统治十分不满，清廷统一西域的行动，受到牧民和各族人民的支持和拥护。准噶尔“大者数千户，小者数百户，携酮酪，献羊马，络绎道左，行数千里，无一人抗颜者”②。达瓦齐因部下多不战而降，仅带亲信70余人逃往天山以南投奔乌什，结果为乌什城阿奇木伯克霍集斯擒获送交清军。清廷留将军班第、参赞鄂容安率兵500善后，大军班师回朝。

清廷顺利统一西北后，论功封赏阿睦尔撒纳为双亲王，食双俸。但阿睦尔撒纳“自用珲台吉菊形篆印”③，私自占有达瓦齐的马驼牛羊，擅杀投奔清朝的台吉宰桑，逼迫不听指使的宰桑远离伊犁，同时四处招兵买马，密谋叛乱。乾隆二十年（1755）八月，阿睦尔撒纳分裂割据的野心日益暴

---

①《清高宗实录》卷四七七“乾隆二十一年六月癸丑”条，中华书局影印本，1985年，第1002页。

②［清］魏源著：《圣武记》卷四《乾隆荡平准部记》，中华书局，1984年，第278页。

③［清］赵翼著：《皇朝武功纪盛》卷二《平定准噶尔前编述略》，中国藏学出版社，1995年，第131页。

露，清廷采取相应对策，命其入觐热河避暑山庄，企图消患于未萌。不料阿睦尔撒纳在半道上把定边左副将军印交给同行的喀尔喀亲王额琳沁多尔济后，逃回塔尔巴哈台，唆使同党袭击清军台站哨所，围攻驻军将领，将军班第、鄂容安兵败自杀。

阿睦尔撒纳发动叛乱不久，喀尔喀封建主青衮杂卜也自军营逃归，利用清廷在平准战争中向喀尔喀百姓征丁征马引起的不满情绪，以及喀尔喀大活佛呼图克图的兄弟额琳沁多尔济以放走阿睦尔撒纳的罪名被清廷赐死而引起的封建领主的疑虑与不安发动了叛乱。受清朝册封的准噶尔绰罗斯汗、辉特汗、杜尔伯特汗也因为家属被留热河，实际上成为人质而心怀不满，也相继为乱。[①]在阿睦尔撒纳煽动下，各部上层“喇嘛、宰桑蜂起应之”。[②]刚刚平定的天山北路又陷入战乱之中。

乾隆二十一年（1756）二月，清军再次兵分两路进军西域。三月，清军进入伊犁。这次进军，清朝总结前次教训，令大军步步为营，渐次进剿。同时利用藏传佛教稳定喀尔喀局势。[③]阿睦尔撒纳掀起的叛乱，违背了历史发展的趋势和各族人民的共同愿望，使准噶尔地区重新陷入内乱频仍、生灵涂炭的境地，加上当时准噶尔地区“瘟疫盛行，死亡相望”[④]，准噶尔部已无力抵抗清军。阿睦尔撒纳只好再投哈萨克中帐汗。七月，清军进至爱呼斯河（今阿亚古斯河），与哈萨克中帐汗阿布赉相会，阿布赉愿率部臣服，派头目奉表进贡，并遣人捉拿阿睦尔撒纳。消息走漏，阿睦尔撒纳率8人连夜逃往俄国谢米巴拉丁斯克要塞。为取得沙俄支持，实现自己的政治野心，要求沙俄出兵保护和进攻清军，为其网罗残余势力，承认其为准噶尔总汗。沙皇也为其出谋划策，要他加入俄国国籍，保证支持他当准噶尔总汗。清廷对他的政治野心早有所察觉和防范，一方面对其后台沙俄采取坚决斗争的态度，另一方面又果断地进行严厉的军事征伐。俄国地方当局

①杨建新主编，杨志娟、牛海祯著：《中国西北少数民族通史》（清代卷），民族出版社，2009年，第393页。

②［清］魏源著：《圣武记》卷四《乾隆荡平准部记》，中华书局，1984年，第278页。

③［清］昭梿著：《啸亭杂录》卷十《章嘉喇嘛》，中华书局，1980年，第1135页。

④［清］魏源著：《圣武记》卷四《乾隆荡平准部记》，中华书局，1984年，第278页。

先将他送往亚梅舍沃要塞，接着又转送到托博尔斯克。在亚梅舍沃时阿睦尔撒纳已身染天花，到托博尔斯克仅一个月，他就去世了。[①]准噶尔部被彻底平定。

2.平定大小和卓

“和卓”是阿拉伯语的音译，意为“圣裔”，是指伊斯兰教创始者穆罕默德的后裔，也是伊斯兰教中的上层人物自我标榜的称呼。大、小和卓是乾隆时期西域两位伊斯兰教领袖。大和卓是指波罗尼都，新疆喀什噶尔人，伊斯兰教白山派和卓玛罕木特的长子。小和卓指霍集占，伊斯兰教白山派和卓玛罕木特的幼子。

大小和卓“自祖父三世，皆被准噶尔囚禁”[②]。波罗尼都、霍集占随父玛罕木特在伊犁河谷率维吾尔人为准噶尔贵族垦田纳赋。

乾隆二十年（1755）四月，大小和卓趁准噶尔部崩溃之机，率30余户归降清朝。清朝希望通过大小和卓的宗教影响和平统一南疆。五月，“释大和卓木，以兵送归叶尔羌，使其统其部，而留小和卓木，使掌伊犁回务”[③]，并派侍卫托伦泰、副都统阿敏道等率厄鲁特兵1000名、清军400名分赴南疆各城宣抚、议定贡赋章程。波罗尼都带着给他配备的一支军队，利用白山派在天山南路的影响，很快就完成了招抚任务。[④]小和卓霍集占曾参与乾隆二十年（1755）阿睦尔撒纳叛乱。叛乱被清政府镇压后，他寻机潜往南疆。到达南疆后，小和卓霍集占以宗教为号召煽动信徒反对清廷，同时反对大和卓“召集回人投顺天朝”[⑤]的主张，劝诱其兄波罗尼都叛清自立，自己“僭称巴图尔汗”，并“传示各城回目，整备鞍马、器械”，在大

---

① ［苏联］兹拉特金著，马曼丽译：《准噶尔汗国史》，商务印书馆，1980年，第433页。

② ［清］傅恒等著：《平定准噶尔方略》正编卷三三，台湾商务印书馆影印本，1986年，第79页。

③ ［清］魏源著：《圣武记》卷四《乾隆勘定回疆记》，中华书局，1984年，第296页。

④《俄国皇家地理学会通报》，一八六四年，第三卷，第41页载：这支军队由五千穆斯林和多兰人，千余加尔梅克人和四百中国人组成。引自库罗帕特金《喀什噶尔》汉译本，第99页。

⑤ ［清］和宁著：《回疆通志》卷一二，兰州古籍书店，1990年，第36页。

小和卓的操纵下，“由是叶尔羌、喀什噶尔、和田所属之十万回户皆从之起事”[①]。乾隆二十二年（1757）三月，霍集占将清朝派来进行招抚工作的副都统阿敏道及随行兵丁100余人俱行杀害，正式发动了分裂叛乱。

阿敏道被杀后，乾隆决心以武力统一天山南路，乾隆二十三年（1758）正月，清廷正式派兵征讨大小和卓木。清朝命兵部尚书觉罗雅尔哈善为靖逆将军，额敏和卓、哈宁阿为参赞大臣，顺德纳、爱隆阿、玉素布为领队大臣带兵征讨大小和卓。乾隆于二十六日颁发谕旨，宣谕霍集占罪状：

> 布拉尼敦、霍集占兄弟，在噶尔丹策零时被拘于阿巴噶斯、哈丹鄂托克，我兵初定伊犁，释其囚絷，令为回人头目。方欲加恩赐爵，授以土田。乃乘厄鲁特变乱，率伊犁回人逃往叶尔羌、喀什噶尔。朕以其或惧厄鲁特骚扰，暂避以图休息，尚未加兵。第遣使招抚，不料竟敢戕害使臣，僭称巴图尔汗，情尤可恶，若不擒获正犯，则回众终不得安生。用是特发大兵，声罪致讨。但闻霍集占起义倡乱，布拉尼敦被迫从行，已命分别办理。夫伊等以兄弟至亲，朕尚较其情罪轻重，期无枉抑。何况尔等回众，全无干涉，岂有株连扰害之理？惟是霍集占颇称奸狡，自知身犯重辟，或图苟延残喘，造言惑众，以厄鲁特多被剿杀为比。殊不思尔等皆无罪之人，朕何忍与叛逆之徒，一体诛戮。此次兴师，特为霍集占一人。尔等若将霍集占缚献，自必安居如旧，永受殊恩。如执迷不悟，听从逆酋指使，大兵所至，即不复分善恶，悉行剿除，悔之何及。尚其熟思利害，毋自贻误。[②]

在这道谕旨中，乾隆皇帝把矛头对准霍集占一人，而不像平准战争那样伤及无辜。事实证明，这一方针对于分化敌军营垒、争取下层民众起到了积极的作用。《西域图志》记载：“我师方自阿克苏进兵，指喀什噶尔。喀什噶尔之旧伯克人民，及从逆酋行脱归者，迎谒途次，以其城降。大军未至城百里外，回民扶老携幼跪迎，争献牛酒。且言曰：吾遭受准噶尔残虐数十年，赋繁役重，民不聊生，久思归圣化。而两和卓木，负恩背叛，

---

① ［清］和宁著：《回疆通志》卷一二，兰州古籍书店，1990年，第36页。

②《清高宗实录》卷五五五，中华书局，1986年，第1236页。

钳制我等，莫由自通，使我田不得耕种，畜不得游牧，小大惴惴，罹于锋镝。今一旦去汤火，得安衽席，世世子孙，为大皇帝编氓，更生之幸，实过愿望。”①

清军首先进击库车，霍集占率军来援，被清军击退。霍集占逃出库车后，打算退据阿克苏、乌什。二城维吾尔人头目闭城相拒，并派人迎接清军。清军兵不血刃，连得二城。霍集占遂退保叶尔羌，波罗尼都则据守喀什噶尔，二人相为掎角，抗击清军。乾隆二十三年（1758）十月，兆惠率军4000进击叶尔羌，霍集占纠众万余，围攻清军。兆惠以兵少不能攻城，于城东黑水河畔有水草处结营固守。乾隆二十四年（1759）初，清将富德率援军至黑水河，清军里外夹击，大败霍集占。大小和卓见大势已去，率部众逃亡帕米尔。清军乘胜追击，在伊西洱库尔淖尔再次大败大小和卓，“凡降回众万有二千，牲畜万计。两和卓携其妻孥旧仆三四百人走拔达克山”②。清军遣使者至拔达克山，要求交出和卓兄弟。拔达克山首领素勒坦沙将二人擒杀，并交出霍集占首级。

大小和卓叛乱的平定，成为清朝完全统一西域地区的标志性事件。乾隆皇帝于二十四年（1759）十月二十四日以平定西域已成，宣谕中外③，南疆历史进入了清王朝统治时期。

四、清乾隆时期对西域的治理

乾隆时期，清政府对西域实施了一系列治理措施。

1.建立行政管理体系

收复西域后，清政府实行了军府制。1762年设置总管伊犁将军，统管西域军政事务。伊犁、塔城、喀什噶尔各设参赞大臣，统辖当地军政；乌鲁木齐设都统，辖北疆各地及吐鲁番；喀什噶尔的参赞大臣辖喀什、英吉

---

①钟兴麒等校注：《西域图志校注》卷一七《疆域》，新疆人民出版社，2002年，第265页。

②［清］魏源著：《圣武记》卷四《乾隆荡平准部记》，中华书局，1984年，第278页。

③《清高宗实录》卷五九九，中华书局，1986年，第1344页。

沙尔、叶尔羌、和阗、乌什、阿克苏、库车、焉耆八城。本着因地制宜、因俗设治的原则，清廷在新疆分别实行了府县制、扎萨克旗制和伯克制三种管理制度，形成了清朝对新疆的统治体系，为新疆经济社会发展奠定了组织基础。

2.加强驻军布防

西域统一后，清廷不断加强西域驻军，进行了较为严密的布防，有效地保障了边防安全，也为新疆的发展创造了安定的社会环境。（具体布防情况在第七章第二节中论述。）

3.大力发展经济文化

西域统一后，清政府实施了一系列推动经济文化发展的政策措施。

一是有计划地组织移民。为解决西域地广人稀、劳动力缺乏的问题，也为了改善新疆的人口结构，清政府有计划地组织移民新疆，使新疆人口得到了快速增长。清朝统一新疆的初期，天山南路维吾尔人有25万左右，加上北路的厄鲁特蒙古人口，总计不会超过30万人。至乾隆四十二年（1777），北路人口已有27万左右，南路也已增加到32万人左右，总人口将近60万。道光六年（1826）前后，北路人口增至43万左右，南路增至65万左右，加上各地游牧的蒙古、哈萨克、柯尔克孜等族人口，总人口不低于110万。其增长速度之快，超过了内地人口的增长速度。[①]人口的增加，不仅为新疆经济社会发展提供了大量劳动力，也改变了清初以准噶尔部和回部为主的民族结构，形成了多民族分布的格局。

二是大规模屯田。西域统一后，实施移民屯垦戍边政策，动员、组织锡伯、索伦、察哈尔蒙古、汉等各族官兵数万人携带家眷，在天山南北大规模屯田。屯田形式有兵屯、旗屯、犯屯、民屯、回屯五种，人数、规模、范围、数量都超过历代。数十万内地军民来新疆屯田，使内地先进的农业生产工具和技术在新疆得到了广泛应用，促进了农业生产的发展。乾隆年间，纪昀在乌鲁木齐看到的已是“绿野青畴界限明，农夫有畔不须争”“鸡栅牛栏映草庐，人家各逐水田居”“鳞鳞小屋似蜂衙，都是新屯遣户家”，

①余太山著：《西域通史》，中州古籍出版社，2003年，第453页。

这些是纪昀在《乌鲁木齐杂诗》中描绘的景象。至宣统三年（1911），新疆垦田1000多万亩，额征斗粮30余万石[①]。耕地面积和额征赋粮均达到历史最高水平。农业经济在天山北路的大规模发展，改变了天山北路原以畜牧业为主体的经济布局，天山北路出现了农业、畜牧业并存发展的新的经济格局。

三是兴修水利，改善农业生产条件。为恢复发展新疆经济，清政府颁布了一系列发展生产的措施，掀起了大规模兴修水利的活动。英国人包罗杰曾评述说，由于清朝重视兴修水利灌溉工程，“耕种地区慢慢地、稳固地在更大的面积上扩展开来。喀什噶尔、英吉沙尔和叶尔羌三城的附近地区变成驰名的亚洲的花果园。谷物和水果出产丰富。从叶尔羌到天山南麓，旅行者可以一直在天边的果园中行进。看见的都是富裕和满足，平静的农舍和微笑的居民，这些都是中国人治理下的成果”[②]。

四是整顿财税，大力发展工商业。乾隆统一西域后，采取了多种措施，统一货币，整理财政税收，发展城市、交通及商业贸易，促进了城镇经济的发展和兴起。史料记载，哈密城“商贾云集，百货俱备”[③]。吐鲁番之辟展城，“周里许，居民鳞接，商贾辐辏”[④]。阿克苏城“街市交错，茶房、酒肆、旅店莫不整齐，‘八栅尔’街长五里”，“内地商民，外藩贸易，鳞集星萃，街市纷纭，每逢‘八栅尔’会期，摩肩雨汗，货如雾拥”[⑤]。叶尔羌城“规模宏敞，甲于回部”[⑥]，是维吾尔人所在地区最大的商业城市和贸易中心，“中国商贾山、陕、江、浙之人不辞险远，货贩其地，而外藩之人，如安集延、退摆特（西藏）、郭酣（浩罕）、克什米尔等处，皆来贸易。‘八

①成崇德著：《清代西部开发》，山西古籍出版社，2002年，第128-157页。

②［英］包罗杰：《阿古柏伯克传》章五《中国人民在喀什噶尔的统治》，商务印书馆，1976年，第146页。

③［清］椿园七十一著：《西域闻见录》卷一，国学文献馆复印本，第8页。

④钟兴麒等校注：《西域图志校注》卷一四《疆域七》，新疆人民出版社，2002年，第230页。

⑤［清］椿园七十一：《西域闻见录》卷一四，国学文献馆复印本，第33页。

⑥钟兴麒等校注：《西域图志校注》卷一八《疆域十一》，新疆人民出版社，2002年，第279页。

栅尔’街长十里，每当会期，货若云屯，人如蜂聚。奇珍异宝，往往有之。牲畜果品，尤不可枚举”①。

五是建学校，开科举，育人才，逐步在西域居民和驻军子弟中推行儒学教育，增强中国传统文化向心力。

第二节　文化背景

《西域图志》的编纂，有其深刻的文化背景。概括起来讲，主要有以下四个方面。

一、编纂《西域图志》的目的之一是彰显乾隆皇帝的丰功伟绩

收复西域，完成中国领土的完全统一，是中国历史上边疆治理的一大盛事。从康熙二十七年（1688）到乾隆二十四年（1759），清廷历经三朝完成的西域统一大业，是中国历史上的一大壮举，是对巩固维护多民族国家统一的巨大贡献，梁启超曾说："康乾用兵西北，辟地万里，幅员式廓，既感知之必须交通频繁，复觉研求之有借。"②志书是重要的历史文献，也是国家对该地区的主权宣示和确认的一种独特方式。即所谓："国家抚有疆宇，谓之版图。版言乎其有民，图言乎其有地。"③正是为了将收复西域这一历史功绩载入史册，彰显统治者的丰功伟略，乾隆皇帝亲自督导并参与纂修了《西域图志》。《西域图志》对西域历史、地理、经济、文化、疆域的记载，表明西域自古以来就是中国领土不可分割的部分。《西域图志》通过西域历代版图的记载，表明乾隆时期西域的实际管辖范围超过了历代。

①［清］椿园七十一：《西域闻见录》卷二，国学文献馆复印本，第15页。

②［清］梁启超著：《中国近三百年学术史》，复旦大学出版社，1985年，第464页。

③［清］赵尔巽等著：《清史稿》卷二八三《何国宗传》，中华书局，1977年，第10186页。

二、编纂《西域图志》是治理西域与长远发展的需要

西域的历史缺乏系统研究与记载。在收复西域的过程中，乾隆皇帝深感历代史书对西域的记载错误较多。“自军营至伊犁，以抵哈萨克，率汉唐来匈奴西域地。其山川部落，前史类多舛误。”[①]如把楼兰记载为“落克兰”，把伊犁称为“屈里”等等，导致对新疆的治理极为不便。西域统一后，应当“乘势修志”，否则“时代迁移，益难追考”[②]。

西域收复以后，如何进行有效统治，促进经济社会持续发展，是清政府面临的严峻问题。要全面治理新疆，必须先准确把握西域历史与现状，以便为各种治理政策的制定提供依据。正是出于对这一问题的远见卓识，乾隆皇帝打破由省及政府编修省志的常规，亲自组织朝廷的精兵强将，编修《西域图志》。从《西域图志》的编纂效果来看，书中对西域发展历史、民族状况、民族文化、经济区划、自然地理进行了全面记载，确实对全面了解西域社会、制定治理方略，提供了宝贵资料与可靠依据。正如乾隆帝所言：“咨询睹记，得自身所经历，自非沿袭故纸者可比。数千年疑误，悉为是正，良称快事，必当成于此时，亦千载会也。”[③]

三、西方测绘科学的引进为西域地图的编纂奠定了基础

18世纪是中西文化交流的一个高潮时期。大批西方传教士纷纷来华，在传播天主教的同时，把欧洲的天文学、地理学、数学、机械学以及各种技艺带到中国。尤其是西方传教士传播了先进的地理观念和先进的测绘制图方法，对乾隆皇帝和《西域图志》的编纂者影响巨大。《西域图志》开篇指出：“中华当大地之东北，西域则中华之西北，为大地之北境也”[④]。这

①钟兴麒等校注：《西域图志校注》卷前《谕旨》，新疆人民出版社，2002年，第3页。

②［清］傅恒、英廉等著：《西域图志》卷前《谕旨》，文海出版社，1970年，第1页。

③［清］傅恒、英廉等著：《钦定皇舆西域图志》卷前《谕旨》，乾隆四十七年（1782）本，第1页。

④钟兴麒等校注：《西域图志校注》卷一《图考 · 皇舆全图说》，新疆人民出版社，2002年，第59页。

种地理位置观念，显然改变了曾经自以为是的“中国中心论”思想，透射出统治者用科学思想认识世界的气度。《西域图志》正是在这种科学观的指导下，引进西方先进的测绘技术而完成的。

康熙年间，清朝曾经在西洋传教士雷孝思、杜德美等的帮助下，绘制了《皇舆全览图》。其时，西域地区除哈密外尚在准噶尔部控制之下，未能载入。清廷收复西域以后，乾隆皇帝下令全面测绘西域地图：

> 西师奏凯，大兵直抵伊犁，准噶尔诸部，尽入版图。其星辰分野、日月出入、昼夜节气时刻，宜载入《时宪书》，颁赐正朔，其山川道里，应详细相度，载入《皇舆全图》。以昭中外一统之盛。左都御史何国宗，素谙测量。著带同五官正明安图、并同副都统富德，带西洋人二名，前往各该处。测其北极高度、东西偏度，及一切形胜，悉心考订，绘图呈览。所有《坤舆全图》，及应需仪器。俱著酌量带往。①

乾隆皇帝的这一御旨，明确指示要用西方先进测绘技术，全面勘测西域地理，准确绘制西域地图。

第一次测绘，乾隆皇帝任命清朝的测绘专家何国宗为测量队负责人，同时又令精通西方测绘技术的两名耶稣会教士，葡萄牙人傅作霖（F.de Rocha）、高慎思（Joseph d' Espinha）参与测绘工作。

第二次测绘，乾隆二十四年（1759）五月，平定大小和卓叛乱后，乾隆帝又谕令明安图率队测绘天山以南舆图，仍然命耶稣会传教士，时任钦天监右监傅作霖和高慎思参与测绘。

在上述两次大规模的测绘中，都有西方传教士参与，也采用了当时西方先进的测绘技术，从而保证了西域地图的准确性和科学性。

西域地图的科学测绘，是对中国以“分野”之说为代表的传统地理观念的纠正。“分野”之说始于《周礼》，源远流长，颇具权威性。主要是用天空的星区比附各个地区，有统合天地、宇宙一体的意识。《西域图志》初修本仍以“分野”立例，存在新知识与旧框架的冲突与困扰。《西域图志》

---

①《清高宗实录》卷四九〇“乾隆二十一年六月癸丑”条，中华书局影印本，1986年，第972页。

定本摈弃“分野”，设立《晷度》二卷，在科学性上迈进了一大步。正如作者所言：

> 若分野之法，始于周礼，以星分辨九州之地，而不及九州之外，其在四裔外藩，即以附近分野之星，牵连统属。……今西域拓地二万余里。欲以秦属井鬼之说统之，则井鬼之次，晰之至于无可晰，非通论也。伏读御制毛晃禹贡指南诗注，阐论雍州两星之难概伊犁叶尔羌诸境，睿裁超卓，旷若发蒙，因灼然于古来分野之说之不可信。既数有所穷，亦理原难据，未敢因仍傅会，致滋歧误。①

这种从“分野”向“晷度”的转变，是《西域图志》的一大闪光点，也显示了清代官方科学思想的巨大进步。

四、《皇舆全图》的编纂和《大清一统志》的增修为《西域图志》编纂提供了良好机遇

清代在全国范围内进行大面积实地测绘，先后完成了康熙《皇舆全览图》、雍正《皇舆十排全图》和乾隆《皇舆全图》。从逻辑关系上讲，《皇舆全图》是《皇舆全览图》《皇舆十排全图》的发展和完善。乾隆皇帝原意是将新收复的，康熙、雍正《皇舆全览图》《皇舆十排全图》中未记载的西域地图进行补充，绘成完整的疆域图册——《皇舆全图》。为此，他两次组织了西域地理测绘工作。随着测绘工作的开展和对西域地区治理认识的深化，乾隆决定编纂《皇舆全图》的同时，运用西域地理测绘成果，编纂一部全面记载西域历史与现状的《西域图志》。这样，西域地理测绘，不仅满足了《皇舆全图》的编纂需求，客观上也为《西域图志》的编修奠定了基础。

（一）西域地理测绘是《皇舆全图》的编纂需求，也是《西域图志》编修的前奏

1.康熙《皇舆全览图》

康熙帝在统一全国的战争中，发现所用地图存在模糊不清、测绘不精、

---

①钟兴麒等校注：《西域图志校注》卷六《晷度序》，新疆人民出版社，2002年，第147页。

内容错误等问题，深感“疆域错纷，幅员辽阔，方舆地理，又今昔互异”[①]。今后要想治理全国，没有详细而准确的地舆图志，是十分困难的。

康熙二十八年（1689）在中俄签订《尼布楚条约》中，康熙帝命进有关地图呈览。当时担任翻译的法国传教士张诚乘机把早已绘好的亚洲地图送上，并指图说明中国的东北部分地区，因地理知识缺乏无法绘制，请求皇帝进行一次全国大地测量。康熙帝认为很有必要。

康熙三十七年（1698）法国传教士巴多明来华传教，沿途细察各省地图，发现府县城镇的位置与实地不符甚多，他将此事上奏康熙皇帝，再次建议重新测绘全国各省地图，这就更加坚定了康熙皇帝测绘全国省级新图的决心。于是命大臣白晋返回法国，又挑选十几位精通天文、地理和数学的教士来华，参与皇朝地图的测绘工作。由于这次绘图准备使用西方经纬度制图法绘制，为了慎重从事，康熙皇帝于四十六年（1707）十二月，命白晋等传教士先在北京附近进行小块试验性的测量，以与旧图相比较。经半年的努力，地图绘制完工，上呈康熙帝。“帝亲自校勘，认为远胜旧图”[②]，这样才开始测绘各省地图。这次测绘，康熙帝除聘用外国传教士外，还命中国有关官员、精通算法人员和钦天监等有关机构人员，共同到各地进行测量。这次测量工作从康熙四十七年正式开始，康熙五十七年完工，历时十年，最终将测绘成果编入并完成了《皇舆全览图》。

《皇舆全览图》采用经纬图法，梯形投影，比例为1∶1400000。经纬网以北京为中心，并通过天文测量和三角测量的方法在全国实测出641个经纬点，这是我国第一次引入西方测绘技术的大地测量，虽然还有不准确之处，但已经是当时世界上测绘规模最大、精度极高的地图。

2.雍正《皇舆十排全图》

雍正《皇舆十排全图》是清雍正三年（1725）在康熙《皇舆全览图》基础上，结合新辟苗疆、改土归流及海外舆图新资料补充修订而成的全国

① ［清］玄晔著：《康熙御制文集》（二）卷四，1966年4月初版，第28页。

② ［清］赵尔巽等著：《清史稿》卷二八三《何国宗传》，中华书局，1977年，第10186页。

地图。该图由北向南排列，共分十排，故称雍正《皇舆十排全图》。纸本木刻色印，纵525厘米，横各排不等，计里画方，每方折地200里。该图成图区域广阔，北起北冰洋，南到海南岛，东北濒海，东南至台湾，西抵里海。雍正时期，对传教士采取禁止措施，没有用西洋人进行绘图工作。该图采用了以北京为经、纬线中心的方格绘法，范围大大超过了康熙图。

3.乾隆帝《皇舆全图》

《皇舆全览图》和《皇舆十三排图》是在西域尚未统一时完成的，最大的缺憾就是西域部分只有哈密地区绘入。乾隆平定天山南北后，命何国宗与明安图两次率精通西方测绘技术的传教士傅作霖、高慎思及中国测绘专家，对西域地区进行了全面、系统的实地考察和科学测量，绘制了精确的地图，完成了真正意义上的《皇舆全图》。《皇舆全图》为《西域图志》地图的编纂奠定了基础，成为《西域图志》地图部分的主要来源。因此，西域地图测绘，是《西域图志》编修的前奏。

（二）《大清一统志》的编纂及增修为《西域图志》提供了历史机遇

《大清一统志》是清朝官修的全国性志书。从清康熙二十五年（1686）至道光二十二年（1842），曾经先后三次纂修，完成了3部著作，即康熙《大清一统志》，乾隆《钦定大清一统志》，《嘉庆重修一统志》。乾隆二十九年（1764）开始的第二次纂修，其主要目的就是增纂《大清一统志》之西域部分。

1.《大清一统志》的编修

康熙十一年（1672）七月一日保和殿大学士卫周祚上书康熙皇帝，建议各省修通志，汇为《大清一统志》。七月二十七日，康熙御旨“依议”，《大清一统志》编修开始。根据史料记载，这项大型的编纂工程，自下而上，逐级成书。即由府州县编纂府州县志，汇辑为省通志，再由各省通志汇为《一统志》。府州县志由各级地方长官负责，省通志由督抚主持，礼部负责督促，收掌保管，待齐集后，一并移送翰林院，由翰林院编辑成《一统志》。如此浩大的工程，从卫氏上疏到论议、决策与实施，前后不到两个月，反映了康熙对编修《一统志》的高度重视，也说明这一时期朝廷确实是政令畅通。

康熙二十五年（1686），清廷设立《一统志》馆，负责《一统志》纂修。到康熙二十八年（1689），《一统志》编修进展缓慢，主要存在困难：一是各地志书编修缺乏史料；二是纂修官对如何“例载本朝人物”举棋不定；三是《一统志》与《明史》等纂修工程同时进行，影响了进度。直至康熙四十三年（1704），《一统志》还未修成。

雍正三年（1725），清廷“以《一统志》历久未成，特简重臣敦率就功”①，重开《一统志》馆，大学士蒋廷锡任总裁，陈德华为副总裁。雍正六年（1728），皇帝为纂修《一统志》，诏谕各省重修《通志》，对于人物采访、撰录、时限、奖惩等，要求公当详明。此后虽然编纂进度有所加快，但至雍正十三年（1735）仍未成书。

乾隆即位后，下令继续进行《一统志》编修工作。乾隆八年（1743）才最后成书，因为该志记载时间至康熙时期，故俗称康熙《大清一统志》。全书共342卷。康熙《大清一统志》是一部涵盖全国的志书，具有重大的历史文献价值。

2.《大清一统志》的增修

雍正元年（1723）至乾隆时期国内情况发生了很大变化。雍正二年（1724），清政府收复了青海北部厄鲁特蒙古诸部；雍正五年（1727），又平定西藏阿尔布巴之乱；乾隆十五年（1750）设驻藏办事大臣和帮办大臣，统领西藏事务。乾隆二十年（1755），平定准噶尔。乾隆二十二年（1757），再平阿睦尔撒纳叛乱。乾隆二十四年（1759），又平大、小和卓之乱，统一了西域。乾隆二十九年（1764）御史曹学闵提议重修《一统志》，以全面反映变化了的清朝疆域。

乾隆二十九年（1764），高宗下令续修《大清一统志》。“舆图日廓，户口日蕃，田赋日殷，府州厅县建置分并及人官物土之盛日著。”②由于资料

① ［清］黄之隽等著：《乾隆江南通志·序》，江苏广陵书社有限公司，2010年，第2页。

②《钦定大清一统志·凡例》，文渊阁四库全书本，台湾商务印书馆，1982年，第3页。

严重缺乏，方略馆在利用现有资料的同时，请求朝廷要各省进呈方志。“乾隆三十年乙酉岁，圣天子以西陲底定，疆域式廓，乃命臣工重修《大清一统志》，将以垂示奕叶，为千古未有之典章。部牒至黔，分行下独阳，克期待复。”[①]经过20年的增修，乾隆四十九年（1784）《钦定大清一统志》完成。全书共500卷，体例与康熙《大清一统志》相同。

乾隆《钦定大清一统志》与康熙《大清一统志》相比，内容上最大的变化是增加了西域部分。完成西域部分的增修，如同编纂康熙《大清一统志》的要求一样，必首先编纂、报呈《西域图志》。这样，《大清一统志》的增修，客观上为《西域图志》的编纂提供了历史机遇。

① ［清］刘岱：《（乾隆）独山州志·序》，转引自龙尚学：《贵州地方志序跋凡例选录》，贵州省地方志办公室，1984年，第56页。

第二章
《西域图志》的资料来源

《西域图志》共52卷90余万字，图文并茂，内容丰富，是研究清代新疆历史及民族文化的重要文献。其资料来源大致可分为三方面：一是古籍文献资料；二是测绘调查、奏章档案；三是乾隆皇帝御制诗文。

第一节　古籍文献资料

地理方志的撰述，不能空穴来风，而要凭借历代对本地的相关记载。《西域图志》的撰述也不例外。正如乾隆皇帝在该书序言中所说“耕当问仆，织当问婢。志广舆者，不稽之历代建置沿革，将无从数典”[①]。《西域图志》问世之前，已经有大量与西域有关的著述存在。然而这些著述存在着各种各样的问题，正如乾隆二十一年（1756）二月十三日谕旨所说：“率汉唐来匈奴西域地。其山川部落，前史类多舛误。盖外蕃本无载籍，史官无所征信，又未尝亲履其地，惟藉传闻。而方言口授，轻重缓急间，语音顿异，况复时代迁移，益难追考。”[②]在《西域图志》编修过程中，引用、参考了大量历代古籍文献，并进行了辩证考析。例如，其卷二十四考证玉门县之石油河：

石油河，在玉门县南九十里南山中，东南流三十里，西有龙王庙。

①钟兴麒等校注：《西域图志校注》卷前《御制皇舆西域图志序》，新疆人民出版社，2002年，第2页。

②钟兴麒等校注：《西域图志校注》卷前《谕旨》，新疆人民出版社，2002年，第3页。

《刘昭郡国志》:“延寿县南有山石出泉，注地为沟。其水肥如煮肉洎(自注：肉汁也。)凝膏然之极明，不可食。谓之石漆。”《元和志》:“石脂水，在玉门县东南一百八十里，泉中有苔如肥肉，然之极明。水上有黑脂。人以草蓋取，用涂鸱夷酒囊，及膏车。周武帝宣政中，突厥围酒泉，取此脂然火，焚其攻具，得水愈明，酒泉赖以获济。”《明一统志》:“石油出肃州南山。”

按：石脂水在玉门县东南，与今石油河方位适合，且石漆、石脂、石油义本相同，其为然膏旧迹，无可疑者。①

书中引用《刘昭郡国志》《元和郡县图志》和《明一统志》对玉门石油河的记载，再加按语，说明古籍记载与本书判断的方位是完全一致的。由此可见，古籍文献是《西域图志》的重要资料来源。

从引用目录和引用次数看，《西域图志》文献来源主要是史部书籍，也有经部、子部和集部书籍。

一、史部古籍

史部古籍是《西域图志》引用量最大的古籍文献。本课题对《西域图志》所引用的史部文献做了具体考察，又细分为三类。

(一)“正史”类古籍

(1)《史记》，原名《太史公书》，后世通称《史记》，是西汉时期历史学家司马迁编写的中国第一部纪传体通史。《史记》中的《武帝纪》《李将军列传》《匈奴列传》《卫将军骠骑列传》《大宛列传》都有关于西域的记载，《大宛列传》是司马迁根据张骞出使西域的报告写成的，是中国最早的边疆和域外地理专篇。《西域图志》中有13卷25处引用该书，考证史事和地名。如，在霍罕诸部图说中，引用了《史记》的记载，说明清代的霍罕

①钟兴麒等校注：《西域图志校注》卷二十四《水一》，新疆人民出版社，2002年，第352-353页。

诸部是汉代的大宛地区。[①]在《历代西域图说》中，引用了《史记》关于张骞出使西域的记载："《史记·大宛列传》张骞使月氏，经匈奴，身所至者大宛、大月氏、大夏、康居，而传闻其旁大国五六，具有天子言之。是后天子数问骞大夏之属，以骞为中郎将，使乌孙，分遣副使使大宛、康居、大月氏、大夏、安息、身毒、于阗，及诸旁国。骞还，乌孙乃益重汉。其后岁余，骞所遣使通大夏之属者，皆颇与其人俱来。于是西北国始通于汉矣。"[②]

（2）《汉书》又名《前汉书》，东汉班固所著中国第一部纪传体断代史。全书包括纪12篇、表8篇、志10篇、传70篇，共100篇，记载了上自汉高祖元年（前206），下至王莽地皇四年（23），共230年历史。《西域图志》中有40卷142处引用该书，考证史事和地理等。如，《西域图志》卷八《疆域一·安西南路》中，引用了《汉书·地理志》关于酒泉郡、敦煌郡设置的时间，所领各县的名称；《汉书·郡国志》关于酒泉郡、敦煌郡距洛阳的里程。[③]

（3）《汉书颜师古注》，是唐代颜师古对班固《汉书》的注释。《西域图志》中有4卷5次引用该书，考证史事和地理。如，在《御制阳关考》中引到"《汉书颜师古注》流沙在敦煌西八十里"[④]。

（4）《后汉书》，是南朝范晔著的一部记载东汉历史的纪传体史书。书中分10纪、80列传和8志（司马彪续作），记载了从王莽起至汉献帝的195年历史。《西域图志》有30卷73次引用该书，考证史事和地名。如，《西域

①钟兴麒等校注：《西域图志校注》卷二《图考二》，新疆人民出版社，2002年，第100页。

②钟兴麒等校注：《西域图志校注》卷二《图考三》，新疆人民出版社，2002年，第118页。

③钟兴麒等校注：《西域图志校注》卷八《疆域一》，新疆人民出版社，2002年，第164页。

④钟兴麒等校注：《西域图志校注》卷八《疆域一》，新疆人民出版社，2002年，第173页。

图志》卷九《疆域二》，引用了《后汉书·西域传》关于哈密的记载[①]，指出哈密是西域的门户，汉王朝与匈奴经常争夺，汉永平、永元、元初年间，汉王朝多次攻占哈密，保障了西域通达。

（5）陈寿著《三国志》，是一部魏、蜀、吴三国鼎立时期的纪传体国别史，详细记载了从魏文帝黄初元年（220）到晋武帝太康元年（280）60年的历史。《西域图志》有5卷7次引用该书，考证史事和地名。如《西域图志》卷八《疆域一》引《三国志》"魏初河右扰乱，敦煌功曹张恭，遣从弟华，攻沙头县"[②]。

（6）房玄龄等著《晋书》，130卷，包括帝纪10卷、志20卷、列传70卷、载记30卷，记载了从司马懿开始到晋恭帝元熙二年（420）为止，包括西晋和东晋的历史，并兼述了十六国割据政权的兴亡。《西域图志》有10卷23次引用该书，考证史事和地名。如，《西域图志》卷八《疆域一》，引《晋书·地理志》"敦煌郡，统阳关县"[③]。

（7）魏收著《魏书》，是一本纪传体史书，记载了公元4世纪末至6世纪中叶北魏王朝的历史。共124卷，其中本纪12卷、列传92卷、志20卷。《西域图志》有24卷86次引用该书，考证史事和地理。如，《西域图志》卷八《疆域一》，引《魏书·西域传》"且末国，都且末城。在鄯善西，后役属鄯善，西北方流沙数百里"[④]。

（8）《周书》，唐代令狐德棻主编，共50卷，本纪8卷、列传42卷，记载北朝宇文氏建立的周朝（557—581）的纪传体史书。《西域图志》有7卷10次引用该书，考证民族、地理和史事。如，《西域图志》卷八《疆域一》，

①钟兴麒等校注：《西域图志校注》卷九《疆域二》，新疆人民出版社，2002年，第178页。

②钟兴麒等校注：《西域图志校注》卷八《疆域一》，新疆人民出版社，2002年，第170页。

③钟兴麒等校注：《西域图志校注》卷八《疆域一》，新疆人民出版社，2002年，第172页。

④钟兴麒等校注：《西域图志校注》卷八《疆域一》，新疆人民出版社，2002年，第172页。

引《周书·异域传》："鄯善，古楼兰也。所治城方一里。地多沙卤，少水草，北即白龙堆，西北有流沙数百里。大统八年，率众内附。"①

（9）《北史》，唐朝李延寿撰。共100卷，含本纪12卷、列传88卷，上起北魏登国元年（386），下迄隋义宁二年（618），记北朝北魏、西魏、东魏、北周、北齐及隋六代230多年史事。《西域图志》有19卷66次引用该书，考证民族、地理和史事。如，《西域图志》四十七《杂录一》，引《北史·高车传》："高车属今准部境，旧与匈奴接壤，故语言略同。即今准部与蒙古语言相似之概也。"②

（10）梁沈约撰《宋书》，是一部记述南朝刘宋一代历史的纪传体史书，含本纪10卷、志30卷、列传60卷，共100卷。《西域图志》有1次引用该书，考证乐舞之事。

（11）《隋书》，唐魏征主编，85卷，其中帝纪5卷、列传50卷、志30卷。《西域图志》有17卷46次引用该书，考证地理和史事。如，《西域图志》卷十二《疆域五》，引《隋书·突厥传》："突厥阿史那以五百家奔茹茹。……当后魏之末，有伊利可汗，击铁勒，败之。"③

（12）《唐书》，有《旧唐书》、《新唐书》之分。五代后晋时刘昫、张昭远等撰修的《唐书》，记载了唐朝自高祖武德元年（618）至哀帝天祐四年（907）共290年的历史，共200卷。宋仁宗认为《唐书》浅陋，下诏重修。由欧阳修、宋祁撰，共225卷，包括本纪10卷、志50卷、表15卷、列传150卷。重修后的《唐书》称为《新唐书》，刘昫、张昭远等撰修的《唐书》称为《旧唐书》。《西域图志》引用中，只说《唐书》，没有说明是《旧唐书》还是《新唐书》。我们从引用内容来分析，应出自《新唐书》。一是经过修订后的《新唐书》质量远高于《旧唐书》，《西域图志》的撰修者均为

①钟兴麒等校注：《西域图志校注》卷八《疆域一》，新疆人民出版社，2002年，第174页。

②钟兴麒等校注：《西域图志校注》卷四七《杂录一》，新疆人民出版社，2002年，第600页。

③钟兴麒等校注：《西域图志校注》卷一二《疆域五》，新疆人民出版社，2002年，第211页。

朝廷的大学问家，不会不知道这些情况；二是引用的许多内容是《旧唐书》中没有的，《仪卫志》《兵志》《地理志》等。《西域图志》有42卷287次引用《唐书》，考证史事、民族和地理。如，《西域图志》卷十四《疆域七》，引《唐书·地理志》："西州交河郡，领县前庭，本高昌，宝应元年更名。"①

(13)《新五代史》，欧阳修撰，原名《五代史记》，后世为区别于薛居正等官修的五代史，称为《新五代史》。全书共74卷，本纪12卷、列传45卷、考3卷、世家及年谱11卷、四夷附录3卷，记载了自后梁开平元年（907）至后周显德七年（960）共50多年的历史。《西域图志》有8卷9次引用该书，考证史事和地理。

(14)《宋史》，脱脱、阿鲁图等修撰。全书有本纪47卷、志162卷、表32卷、列传255卷，共计496卷，约500万字。《西域图志》有14卷20次引用该书，考证地名和史事。如，《西域图志》卷十四《疆域七》，引《宋史·外国传》："王延德使高昌，至鬼谷口避风驿。凡八日，至田泽寺。高昌闻使至，遣人来迎。次历地名宝庄。又历六种，乃至高昌。高昌即西州也。"②这段引证说明，高昌就是西州。

(15)《元史》，成书于明朝初年，宋濂、王祎主编。全书210卷，包括本纪47卷、志58卷、表8卷、列传97卷，记述了从蒙古族兴起到元朝建立和灭亡的历史。《西域图志》有14卷25次引用该书，考证地名和史事。

(16)《明史》，张廷玉等撰，共332卷，包括本纪24卷、志75卷、列传220卷、表13卷。记载了自朱元璋洪武元年（1368）至朱由检崇祯十七年（1644）200多年的历史。《西域图志》有25卷56次引用该书，考证地名和史事。如，《西域图志》卷十四《疆域七》，引《明史·西域传》："土尔番，在哈喇和卓西百里，去哈密千余里。唐置西州交河县，此则交河县安乐

---

①钟兴麒等校注：《西域图志校注》卷一四《疆域七》，新疆人民出版社，2002年，第234页。

②钟兴麒等校注：《西域图志校注》卷一四《疆域七》，新疆人民出版社，2002年，第233页。

城也。”[①]

（二）地理类古籍

（1）《山海经》，是中国古代最早的地理著作。《西域图志》中有5卷19处引用该书，考证史事和物产。

（2）《山经》，古代专记山脉的地理著作。《西域图志》计有3卷9次引用该书，考证地理和史事。

（3）《禹本纪》，是一本失传了的古书，可能为战国时楚国人所著，书中着重记载了大禹治水的丰功伟绩，其中有许多关于山河湖泊地形地貌等记载。《西域图志》有2处引用该书，考证地理。

（4）《尚书·禹贡》，是战国时魏国人士托名大禹的著作。此书将全国划分为9个区（即“九州”），记述了各区的疆域、山脉、河流、植被、土壤、物产、贡赋、民族、交通等自然和人文地理。《西域图志》共有13卷16处引用该书，考证地理和史事。

（5）《郡国志》，《西域图志》中称《刘昭郡国志》，其实《郡国志》是晋司马彪所著《续汉书》中八志之一，南朝梁刘昭注范晔《后汉书》时，因其中无志，故将司马彪书中的八志都移入该书中，馆臣撰《西域图志》时称其为《刘昭郡国志》显系张冠李戴。《西域图志》有1处引用该书，考证地理和史事。

（6）《水经》，传为汉桑钦撰，是中国古代第一部专记江河水道的书。记有河流水道137条。《西域图志》计有7卷27次引用该书，考证地理和史事。

（7）《水经注》，共40卷，北魏郦道元著。全书三十多万字，详细介绍了我中国一千多条河流以及相关郡县、城市、物产、风俗、传说、历史，还记录了一些碑刻墨迹和渔歌民谣，是一部历史、地理、文学价值都很高的综合性地理著作。《西域图志》中有11卷30次引用该书，考证地理和史事。

①钟兴麒等校注：《西域图志校注》卷一四《疆域七》，新疆人民出版社，2002年，第235页。

（8）《西域图记》，或作《裴矩西域记》，隋裴矩著，原书共3卷，记录西域44国民族、地理和人文资料，是我国古代有关中西交通的重要文献。原书早已散佚，《隋书·裴矩传》收录了该书序言，唐宋丛书中收有其零星内容。《西域图志》有4卷7次引用该书，考证地理和史事。

（9）《大唐西域记》，简称《西域记》或《唐西域记》，唐著名高僧玄奘口述，门人辩机奉唐太宗之敕令笔受编集而成。为玄奘游历印度、西域旅途19年间之游历见闻录。《西域图志》有6卷15次引用该书，考证史事和地理。

（10）《游天竺记》，唐释法明撰。《西域图志》有1处引用该书，考证史事和地名。

（11）《经行记》，唐杜环著。唐天宝十年（751），杜环随高仙芝在怛逻斯（又名呾逻私城，今哈萨克斯坦江布尔）战役中被大食军俘虏，后曾游历西亚、北非，成为第一个到过非洲并有著作的中国人。宝应元年（762）乘商船回国，写成《经行记》一书，记录其在亚非诸国所见所闻。该书惜已失传，唯杜佑的《通典》中引用此书，有1500余字保留至今。《西域图志》有1次引用该书，考证西域地名。

（12）《括地志》，是唐朝时官修的一部全国地理总志。正文550卷、序略5卷。原书久佚，今有《括地志辑校》4卷，约13万字。《西域图志》有2卷4次引用该书，考证地理和史事。

（13）《元和志》，全称《元和郡县图志》，唐李吉甫撰，为现存最早的全国地理总志。《四库全书总目提要》说："舆地图经，隋唐志所著录者，率散佚无存；其传于今者，惟此书为最古，其体例亦为最善，后来虽递相损益，无能出其范围。"《西域图志》有4卷35次引用该书，考证地理和史事。

（14）《高居诲记》，又名为《于阗国行程记》，是五代时期张郧、高居诲于公元938—942年出使于阗留下的记录，该记录见于《新五代史》卷七十四《四夷附录第三》。《西域图志》有9卷12次引用该书，考证史事和地理。

（15）《高昌行纪》，宋王延德撰，共1卷。《西域图志》有2次引用该书，考证地名和史事。

（16）《寰宇记》，即《太平寰宇记》，为北宋太平兴国年间官修的全国地方总志。《西域图志》中有3卷9次引用该书，考证地名和史事。

（17）《明一统志》，明英宗天顺年间官修成的全国地理总志，共90卷。《西域图志》中有1卷3次引用该书，考证地名和史事。

（18）《大清一统志》，是清朝官修全国地理总志。从清康熙二十五年（1686）至道光二十二年（1842），前后编辑过3部，即康熙《大清一统志》、乾隆《大清一统志》、《嘉庆重修一统志》。《西域图志》里引用的《皇朝一统志》是指乾隆年间编写的一统志。《西域图志》中有10卷21次引用该书，考证地名和史事。

（19）《旧一统志》，似即上述康熙《大清一统志》。《西域图志》中有3卷4次引用两书，考证地名和史事。

（20）《肃州旧志》和《肃州新志》。经考，《西域图志》里提到的《肃州旧志》指的是《肃镇华夷志》，大约纂修于明万历四十四年（1616），清顺治十四年（1657）重刊。该志主要记载和保存了明洪武五年（1372）进军河西以迄万历后期200多年来肃州及其周边地区的民族关系、长城兵防、丝绸之路贸易等政治、经济、地理等方面的资料。而《肃州新志》指的是清乾隆二十七年（1762）由黄文炜、沈青崖纂修的《重修肃州新志》。《西域图志》中有7卷13次引用两书，考证地名和史事。

（三）其他历史类古籍

（1）《逸周书·王会解》，古人以为《逸周书》系周书之佚篇结合而成。《王会解》是关于洛邑王城筑成以后，周成王大会天下诸侯及四夷的篇章。其中记载了稷慎、秽人等数十国族名称及其贡物。《西域图志》有1处引用该书，考证族名。

（2）《续汉书》，晋司马彪著东汉一朝史书。《西域图志》有1处引用该书，考证地名。

（3）《十六国春秋》，是记载十六国（304—439）历史的纪传体史书，作者是北魏的崔鸿。全书共100卷，另有序例1卷、年表1卷。《西域图志》有1次引用该书，考证史事。

（4）《西河旧事》，河西走廊历史、民谣、风俗记录，有清张澍辑本。《西域图志》有2次引用该书，考证史事。

（5）《敦煌耆旧记》，作者及时代不明，或为魏晋时著作，记载敦煌地区的历史、人物。《西域图志》有1次引用该书，考证史事。

（6）《魏略》，北魏郎中鱼豢私撰，《史通·古今正史》谓“魏时京兆鱼豢私撰《魏略》，事止明帝”。然据《三国志》卷四《三少帝纪》注引《魏略》记有嘉平六年（254）九月司马师废少帝曹芳及郭太后议立平帝事甚详，则知《魏略》记事非只止于明帝，而是止于元帝时。《西戎传》为其列传之一。《西域图志》计有11卷25次引用该书，考证史事和地名。

（7）《通典》，唐代杜佑撰，200卷，是中国历史上第一部体例完备的政书，是记述唐天宝以前历代经济、政治、礼法、兵刑等典章制度及地志、民族的专书。《西戎》为其卷章之一。《西域图志》有5卷9次引用该书，考证典制、地理和史事。

（8）《通志》，南宋郑樵撰，典制体专书。《西域图志》有3卷4次引用该书，考证西域地名、史事、音乐。

（9）《文献通考》，简称《通考》，是宋元间马端临编撰，为上古到宋朝宁宗时期的典章制度通史。《西域图志》有13卷21次引用该书，考证史事和地理。

二、经部古籍

（1）《周官》，即《周礼》，儒家十三经之一，相传为周公所作。该书定型于战国时期，全书6篇，分载天、地、春、夏、秋、冬六官，记古代理想官制。《西域图志》有8卷9处引用该书，考证史事。

（2）《尚书》，儒家十三经之一，为中国古代历史文献和部分追述古代事迹著作的汇编。今文《尚书》共58篇，包括《虞书》《夏书》《商书》《周书》。《西域图志》有7处引用该书，考证史事。

（3）《左传》，又名《左氏春秋》《春秋左氏传》，儒家十三经之一。中国第一部叙事详备的编年体史书，相传是春秋末年鲁国史官左丘明根据鲁国国史《春秋》编成，全书60卷，以《春秋》为纲，按照鲁国君主的次序，记载了自鲁隐公元年（前722）至鲁哀公十四年间（前481）春秋各国的历史，保存了许多当时社会文化、自然科学等方面的珍贵史料。《西域图志》有1处引用该书，考证史事。

（4）《说文》，即《说文解字》，东汉许慎撰，中国第一部汉字辞典。《西域图志》有2处引用该书，考证史事。

（5）《广韵》，全称《大宋重修广韵》，是宋真宗大中祥符元年（1008）陈彭年、丘雍等人奉诏根据前代《切韵》《唐韵》等韵书修订而成的一部韵书。《西域图志》有1处引用该书，考证史事。

（6）《钦定同文韵统》，6卷，乾隆十五年（1750）奉敕撰，是将相关民族文字译以汉语音的韵书。《西域图志》有1处引用该书，考证古人翻译之误。

（7）《孔安国传》，是汉代学者孔安国所注的《古文尚书》。《西域图志》有1处引用该书，考证地名。

（8）《孝经钩命诀》，汉代纬书。《西域图志》有1处引用该书，考证古代音乐。

（9）《毛苌诗传》，又名《诗经诂训传》，30卷，系西汉毛苌所传《诗经》的注释和解读。《西域图志》有1处引用该书，考证古代音乐。

三、子部古籍

（1）《白虎通义》，汉班固著，是依据白虎观儒学会议撰写的对《五经》的解释。《西域图志》有1处引用该书，考证古代音乐。

（2）《本草》，古代药学著作。《西域图志》有2处引用该书，考证西域矿物。

（3）《广志》，晋郭义恭著，是我国古代的一部优秀的博物志书。内容涉及农业物产、野生动物、香草药材、珠宝玉石、日用杂物、地理气候以及异族异俗等众多方面。《西域图志》有2次引用该书，考证物产和史事。

（4）《博物志》，晋张华撰，记载各种矿产、动物、植物等。《西域图志》有1次引用该书，考证西域矿产。

（5）《高僧传》，中国历史上以《高僧传》命名的佛教典籍有四种：一是梁代慧皎所编《高僧传》14卷，又称《梁高僧传》，简称《梁传》《皎传》；二是唐代道宣所编《高僧传》30卷，又称《续高僧传》或《唐高僧传》；三是宋代赞宁所编《高僧传》30卷，又称《宋高僧传》或《大宋高僧传》；四是明代如惺所编《高僧传》8卷，又称《明高僧传》或《大明高僧传》。南京金陵刻经处分别编为《高僧传》初集、二集、三集、四集出版发行。《西域图志》有1次引用梁代慧皎所编《高僧传》，考证史事。

（6）《翻译名义集》，为佛教辞书，南宋僧法云编。7卷，64篇，各篇开头为总论，叙述本篇大意。对音译梵文，一一举出异译、出处并进行解释。共引用书400余种，作者百余人。《西域图志》有1卷2次引用该书，考证译音和文字。

（7）《辍耕录》，20卷，元明之际学者陶宗仪著，学术笔记。《西域图志》有1次引用该书，考证动物。

（8）《筠廊笔记》，四库全书存目有《筠廊偶笔》2卷、《二笔》2卷，即指此书，清康熙朝学者、官僚宋荦撰，学术笔记。《西域图志》有1次引用该书，考证动物。

（9）《敦煌随笔》，2卷，清常钧撰，常钧曾于安西任职三年，本书系其见闻记录。《西域图志》有1次引用该书，考证地理。

四、集部古籍

（1）《楚辞》，战国时楚国诗人屈原所作。《西域图志》有1处引用该书，考证史事。

（2）《乐苑》，古代音乐著作，尤以民族音乐资料为长。《西域图志》有2次引用该书，考证民族音乐。

（3）《乐府杂录》，又名《琵琶录》《琵琶故事》，唐段安节撰，是一部古代音乐史料论著。《西域图志》有1次引用该书，考证乐舞史事。

（4）《乐府诗集》，北宋郭茂倩编撰，现存100卷，是中国古代乐府歌辞总集。《西域图志》有2次引用该书，考证民歌和史事。

《西域图志》中还全文引录了一些西域发现的古碑，如“汉敦煌太守裴岑祠碑”“唐左屯将军姜行本勒石□□”“唐凉州司马检校国子祭酒兼御史中丞□□碑”“唐朝散大夫郑王府咨议陇西李太宾碑”等，不仅为该书的撰写提供了历史资料，而且录存了这些碑发现初的全部碑文，极为珍贵。

第二节　测绘调查、奏章档案

从清初到乾隆间，清朝统治者为了安定地方、维护领土主权和有效治理新疆，曾安排官员和地理测绘的专业人员对地方进行测量，还有许多学者、将领、官员的游记，对当地进行实地调查，报告民族纠纷的处理和平定反叛的奏章，以及在施政和管理过程中形成的大批奏章和档案，这些都是撰修《西域图志》时必须大量参考和使用的资料。

一、勘察测绘

古代皇朝历来都有以正史《地理志》和全国一统志记载皇朝疆域地理的传统。但西域地区历来记载粗疏，尤以其地理疆域简略不详。

康熙年间，清廷曾绘成《皇舆全览图》，但哈密以西地区准噶尔部割据的实际情况没有记载。乾隆皇帝在平定准部叛乱的同时，下令对西域地区进行地理勘测和地图绘制。“分命工传乘履勘方舆晷度，并得诸目击身亲远近翔实，订证旧图，务俾无毫发爽。”“驻防大吏各就所辖，分绘互勘，形势倍显。”[①]乾隆皇帝在这道谕旨中，明确要求用先进的“晷度”测定方法测绘西域地图，考证旧图；并要求驻西域大吏分别对自己辖区进行测绘。

①钟兴麒等校注：《西域图志校注》卷一《图考一》，新疆人民出版社，2002年，第57页。

乾隆二十年（1755）六月，清高宗下旨将准噶尔诸部载入《皇舆全图》，成为编纂《西域图志》的嚆矢。谕旨要求何国宗带领两个西洋人测量的是北极高度和东西偏度，也就是经度和纬度，而这个纬度是以京师也就是北京为起点的。

清军收复伊犁后测绘工作全面展开。乾隆二十一年（1756）二月十三日，乾隆谕旨：

> 自军营至伊犁，以抵哈萨克，率汉唐来匈奴西域地。其山川部落，前史类多舛误。盖外蕃本无载籍，史官无所征信，又未尝亲履其地，惟藉传闻，而方言口授，轻重缓急间，语音顿异，况复时代迁移，益难追考。然即今留意核之，如落克兰，急呼之则为落兰，当即楼兰，其声转耳。《汉书》屈里，计其地即今伊犁。以此证之，往往可通。前曾以此谕鄂容安，据奏，既无可考。盖必求之图志碑碣，自非荒陬绝徼所可得。彼时伊以军务为急，无暇分营，因姑置之。今已擒贼奏功，刘统勋在军营无所职掌，当专办此事。现命何国宗赴伊犁一带测量，亦经面谕。著传谕刘统勋，即会同何国宗前往，所有山川地名，按其疆域方隅，考古验今，汇为一集。咨询睹记，得自身所经历，自非沿袭故纸者可比。数千年疑误，悉为是正，良称快事，必当成于此时，亦千载会也。①

明确要求刘统勋带领何国宗对伊犁等处的山川疆域等进行认真测量，并汇为一集。

乾隆二十一年（1756）四月初九日乾隆皇帝再一次对何国宗等在新疆的地理测量下旨道：

> 何国宗原系奉差前往伊犁一带测量晷度，并令绘画地图，现在即由巴里坤一带及额林哈必尔汉等处，已尽足伊等今岁办理。至冬间冰雪凝寒，或回至巴里坤或哈密居住。俟明春草长，再行前进。现今厄鲁特当残敝之后，人多穷困，既无可交易，兼恐中途攘夺。伊等所赏资斧本自宽裕，可即从巴里坤自行备裹干粮，从容前往。刘统勋亦即会同何国宗

①钟兴麒等校注：《西域图志校注》卷前《谕旨》，新疆人民出版社，2002年，第3页。

一路行走，遵照前旨，将所有山川地名考验纂录进呈。并传谕刘统勋知之。[①]

首次西域实地测绘从乾隆二十一年（1756）春起十月份为止，持续半年时间。测量队由何国宗带领，主要成员是：明安图、那海、努三、富德、哈清阿。参加测绘队的还有两名西洋人：葡萄牙人傅作霖和高慎思。分南北两路，对西域地区进行了全面测绘。

乾隆二十四年（1759）五月，天山南北统一后，开始了第二次测绘西域的活动。乾隆皇帝复遣明安图率领测绘回部舆图。《西域图志》记述此事："乾隆乙亥平定准噶尔各部、即命何国宗等分道测量、载入舆图，己卯诸回部悉隶版籍，复遣明安图等前往按地以次厘定，上占辰朔，下列职方，备绘前图，永垂征信。"[②]"按地以次厘定"，就是把测好的地图实地再测量校正。这次测量工作由明安图主持，成员有乌林太、德保和耶稣会传教士傅作霖、高慎思。测绘工作主要在天山南路开展，乾隆二十五年（1760）三四月间完成。

测绘工作首次对西域各地的地理位置范围等进行准确定位，中央政府也首次获得了准确的西域舆图。测绘获得的90多个测量点的经纬度、时刻、晷度、北极高度、东西偏差及昼夜节气等第一手数据，具有很高的科学价值，也是清代新疆地图的蓝本。

实地勘察和科学测绘，为编纂《西域图志》打下了坚实的基础。使《西域图志》的编修出现了两大创新：一是书中配有大量地图。《西域图志》全书绘有33幅地图，集中三卷记载。第一卷为行政图，第二卷为地形图以及藩属图，第三卷为历代西域图，各图都附有简短的文字解说。二是标注了晷度。

---

①钟兴麒等校注：《西域图志校注》卷前《谕旨》，新疆人民出版社，2002年，第3页。

②钟兴麒等校注：《西域图志校注》卷一《图考一》，新疆人民出版社，2002年，第57页。

二、奏章档案

自康熙朝起，西域准噶尔部首领噶尔丹就进犯清土，康熙帝多次亲自统兵西征，平定反叛。此后，其侄策妄阿拉布坦、噶尔丹策零父子公开对抗清廷，经过雍正、乾隆两朝的艰苦作战，乾隆二十四年（1759），才终于平定准噶尔部的叛乱，结束了西域长期以来的分裂局面。在平定西域的过程中，统军将领和地方官员向朝廷进呈了大量奏章、军书，并于乾隆二十年（1755）启动，至三十七年（1772）编成了《御定平定准噶尔方略》，172卷。该书前编54卷，是从康熙三十九年（1700）七月至乾隆十七年（1752）九月的章奏谕旨，主要是关于准部反叛事件的缘起。正编85卷，是从乾隆十八年（1753）十一月至二十五年（1760）三月的章奏谕旨，完整地记载了平定准部叛乱的前后经过。续编33卷，是从乾隆二十五年（1760）三月至三十年（1765）八月的章奏谕旨，收录了其间在新疆实行军事驻戍，开设屯田，设置各种官职，确定各地赋役，对新疆地区管理的长远规划等，以及讨定乌什反叛和各民族向清廷输诚纳贡的情形。

方略，或称纪略，为清代独创的著史体裁，是在重大军事政务行动结束后，经奏请皇帝批准，将该事件过程中的有关诏令奏议按时间顺序整理刊刻而成的资料书。原来，清代官员的奏折，经皇帝批示后，每日寅、卯二时，发军机处抄副本存档，以备查阅，而把原折封发奏事官员遵办。录副谕奏每日汇为一束，每半月合为一包，并及时整理汇订成册。据庄吉发《清代宫中档的史料价值》[①]言，台湾故宫博物院收藏有乾隆至宣统朝的录副谕奏约19万件。撰修方略，是方略馆臣的专门性工作。每遇撰集，由皇帝钦派方略馆总裁，一般由满汉军机大臣任之。而方略馆之提调、收掌、纂修，则以满汉章京兼充。他们从存档中取出这一事件过程中形成的全部档案，包括文武官员的奏折和有关谕旨军书，进行一些删节和文字订正，按文件形成之年月日编录出来，奏请皇帝钦定，再交内府刊印。

这些奏折、军书都是对相关问题的详细报告或战况的具体描述，极具

①庄吉发著：《清代史料论述》（二），文史哲出版社，1980年，第12页。

史料价值，无疑是《西域图志》最重要的资料来源。方略馆《西域图志》的编纂人员充分利用了这些存档的章奏谕旨军书，例如其“辟展”（今鄯善县城）条云：

乾隆二十一年十一月，将军和起追擒叛贼巴雅尔至此。公额敏和卓以兵四百及莽噶里克、呢吗、扎哈沁诸部兵来会，莽噶里克、呢吗兵叛，夜掠和起营。和起背腹受敌，被创数处，顾其部兵努固德、彰金布云：我今力竭，必死此地。拔所戴翎，命持缴巴尔库勒参赞大臣营。努固德曰：偕将军力战突出即免矣。起曰：身为大臣不能擒叛贼，反逃死乎。努固德等行。乃死。叛贼等寻即擒诛，辟展复定，设兵驻防，为回部东境门户云。①

这样丰富生动的内容，实际来自《平定准噶尔方略》正编卷三十五、三十六所载的相关文字，只是后者之“努固德”书写为“努古德”而已。当时，乾隆皇帝曾亲自“询问伊等被围情形”，从而才了解到将军和起与叛贼力战而死的英雄事迹。

至于《西域图志》所书各地官制、兵防、屯政、贡赋、钱法等，更是取自平定准部后的大臣奏议和乾隆皇帝谕旨。

第三节　乾隆皇帝御制诗文

在清军平定西域的战争中，乾隆皇帝对西域给予了很大的关注，除了发布谕旨，指挥作战，接见前来纳贡觐见的民族首领，处理规划相关事务外，还写下了大量与此有关的诗文作品。在编纂《西域图志》的过程中，乾隆皇帝也发多条谕旨。这些“御制诗文”成为撰写《西域图志》的重要资料，多数都被直接纳入相关章节，既用以昭示大皇帝“睿略高深，神谟邃密”的智慧和平定西域的丰功伟绩，又用以说明大皇帝对该书撰述的重视。

①钟兴麒等校注：《西域图志校注》卷一四《疆域七》，新疆人民出版社，2002年，第230页。

乾隆皇帝所作西域诗文涉及“地利兵机，包罗融贯”，大体可分为四类。

一、御制碑文、祭文

《西域图志》收录了大量乾隆皇帝关于西域的碑文、祭文，在西域史上极具史料价值。如卷二十二收录的《御制平定准噶尔勒铭格登山碑文》：

格登之崔嵬，贼固其垒。我师堂堂，其固自摧。格登之巇嶭，贼营其穴。我师洸洸，其营若缀。师行如流，度伊犁川。粤有前导，为我具船。渡河八日，遂抵格登。面淖背岩，藉一昏冥，曰捣厥虚，日歼厥旅，岂不易易。将韬我武，将韬我武，讵曰养寇，曰有后谋，大功近就。彼众我臣，已有成辞。火炎昆冈，惧乖皇慈。三巴图鲁，二十二卒，夜斫贼营，万众股栗。人各一心，孰为汝守。汝顽不灵，尚窜以走。汝窜以走，谁其纳之。缚献军门，追悔其迟。于恒有言，曰杀宁育。受俘赦之，光我扩度。汉置都护，唐拜将军。费赂劳众，弗服弗臣。既臣斯恩，既服斯义。勒铭格登，永诏亿世。[①]

此碑文阐扬了清朝军队之威武和功勋，以诗记事，文字优美，具有史学与文学价值。

乾隆皇帝御制祭文很多，多为祭西域山川、神灵的。如《告祭博克达鄂拉文》《敕建助顺诏灵龙神庙岁祭文》《告祭额林哈毕尔噶鄂拉文》《告祭阿勒坦鄂拉文》《岁祭察罕赛喇木淖尔文》等。

如卷三十五收录的乾隆三十一年（1766）御制《岁祭额彬格逊淖尔文》，称：“惟神德滋边土，润被遐陬。接葱岭以环流，绕天山而表胜。澄光不动，渊停受众壑之归。湛影惟清，派合溥流泉之利。灌平原而布惠，早看沃泽兴屯。通远碛以效灵，益庆恬波利涉。宜崇禋祀，用答神庥。”[②]额彬格逊淖尔就是位于和布克赛尔蒙古自治县的玛纳斯湖，祭文描述了该

①钟兴麒等校注：《西域图志校注》卷二二《山三》，新疆人民出版社，2002年，第334页。

②钟兴麒等校注：《西域图志校注》卷二五《水二》，新疆人民出版社，2002年，第366页。

湖的形胜和对平原的灌溉之利，提出在当地兴屯的意见，从而祭其湖之神。

二、御制历史考据文

《西域图志》中记载了乾隆皇帝所作的关于西域历史的考据文章，主要有《御制阳关考》《御制翻译名义集正讹》《御制大宛马识语》（卷前）等数篇。

卷十九所录《御制翻译名义集正讹》，考证了《华严经》[①]和《翻译名义集》[②]中“于阗国三藏沙门实叉难陀译”，认为于阗居民信仰回教（即伊斯兰教），不宜有名僧译经之事。遂请教著名的章嘉国师，知实叉难陀乃梵僧。他又从《同文韵统》考察，实叉难陀应为“施嘎刹纳纳低”，而直书之则为“施刹难低”。“施刹难低生于鄂籙答，直书之则为鄂等答，乃天竺之西印度也。唐时此僧自天竺至中国译经，实见于梵经、番经及汉经《高僧传》。此鄂等答所由讹为于阗，而其讹乃不啻鲁鱼亥豕矣。于是霍然去疑。”[③]

乾隆皇帝所作诗歌或祭文多有序或按语，不少就是历史考证的文字。如《告祭阿勒坦鄂拉文》按语：

> 蒙古语谓金为阿勒坦，与阿尔泰音相近。更以方位考之，阿勒坦鄂拉，即古金山无疑也。蠕蠕主那盖，西出金山而立国，应在今阿勒坦鄂拉之西。更以《高车传》弥俄特与伏图战于蒲类海北之文证之，则自阿勒坦鄂拉西南，迄天山之北，皆其境壤。突厥世居金山，因兜鍪之状，以为国号。而逻便越金山之西，车鼻窜金山之北，皆以金山为望镇者。至葛逻禄三姓，本处金山西境，因其内附，徙众居之。薛延陀乙失钵未迁之前，本处金山西南，是以西役叶护。至夷男东徙，乃与回纥均以金

①大乘佛教重要经典之一，简称《华严经》，或称《杂华经》。

②南宋法云编著的佛教辞书，7卷，64篇。该书是将散见于各经论中的梵文名字分类解释、编集而成的。另有别行本在《阅藏知津》中作14卷，明代藏经作20卷。该书共收音译梵文2040余条。

③钟兴麒等校注：《西域图志校注》卷一九《疆域十二》，新疆人民出版社，2002年，第295页。

山为西界焉。[①]

此条按语就考证了阿尔泰山的历史，极为精到。

《西域地名考证叙概》是乾隆皇帝考据文中的代表作：

《禹贡》称析支之叙，《周书》纪西旅之贡。自是而外，西域之志，经书莫详。详西域，实权舆司马氏。然司马氏实未身涉其地，而询诸其人也。徒以汉武勤远，使张骞辈持赂凿空，继以贰师兴师，一狼千羊，所得不偿所失。迁之所记，出于传闻。夫鲁鱼亥豕，以华言传华言，尚不能无讹，而况语音殊、衣服异、嗜好不同之绝域哉。其不能无讹，不待烛照而龟卜矣。

今我师平西域，伊犁之地，屯牧者我人；回部之城，蕃宣者我臣。且国语切音，实能尽各部转韵曲折之妙。是则传万里幅员之悉，正千古记载之舛，实惟此时。

汉唐以前无论，即如《朔漠方略》所载，初征噶尔丹时，有回回国王阿卜都里什特者来降，称其地为叶尔钦、哈斯噶尔，后尽归准噶尔。我之使臣，不过至伊犁而止，不能至回部诸城也。乙亥兴师以来，执讯获丑，屡询其人，称为叶尔奇木，哈什哈尔，今则二城之人住京师者有之，细询其音，乃定为叶尔羌，喀什噶尔。盖回语谓地为叶尔，宽为羌；谓各色为喀什，谓砖房为噶尔。合而言之，则叶尔羌者地宽也；喀什噶尔者，各色砖房也。其它类此皆有名义。然彼地自隆古以来，其名义，未之或易，徒以阻隔幅员，不通音问，遂致屡易文，而始得其正，夫以国语近各部之转韵，而一译汉音，必待再三详考，始能无讹。则史迁之不免阙漏，益不待烛照而龟卜矣。

兹为方略之书，恐分纂之人，无所取裁，滥觞者，毫厘之差，承流者，且致千里之谬。因取各部山川、疆域、部落、姓氏，命军机诸臣，详考确证，归于一是，如《提要》《凡例》之作，而叙其概如右。自是

①钟兴麒等校注：《西域图志校注》卷二二《山三》，新疆人民出版社，2002年，第328页。

之后，统以新证之名为指南云尔。[①]

此文似专门为《西域图志》中所做西域地区地名考证而撰写的关于以满文拼写释读西域少数民族文字的论文。文中首先指出司马迁等古代史家所记西域之事多得以传闻，故而其中难免有讹误之处。现在清朝一统西域地区，而且满语也是以字母拼写的文字，更有一套拼写外来语的特定字母，故而以之能“尽各部转韵曲折之妙”，以其切音，就能解决西域民族文字或古语的转译和释读问题。且举叶尔钦、哈斯噶尔为例，证实即叶尔羌、喀什噶尔二地。要求军机处各位臣工，依法对西域诸地名、姓氏、民族、部落进行精心考证，规范西域诸名词的译文。自此以后，新证之名皆以此为指南。

三、御制纪事文、论说文

《西域图志》中收录了部分乾隆皇帝的纪事文，如《准噶尔全部纪略》《御制铁章记》《御制哈萨克使臣至令随围猎并成是什》等等。其中，卷三十七所收录的《御制土尔扈特部纪略》，记述了乾隆皇帝通过亲自询问，了解了土尔扈特部的世系，进入俄罗斯的时间，以及该族内部之纠纷等。特别指出：“事不再三精核，率据耳食以为实，君子弗为也。言不求于至是，已觉其失，护己短而莫之改易，君子弗为也。必知斯二者，然后可以秉史笔以记千载之公是公非。”[②]这是对从事历史著述者的学风警示。

乾隆皇帝御制西域问题的论说文有《开惑论》《故大学士黄廷桂挽辞》等。

卷首一收录的《开惑论》，是一篇2600余字的长篇论文。文章假设为信天主人与硕儒和大夫的对话，通过对西域平叛战争的分析，驳斥“是古非今”硕儒的怀疑之论，指出：

> 两大部落不为不强，周二万余里不为不广，五年成功不为不速，前

①钟兴麒等校注：《西域图志校注》卷首《天章一》，新疆人民出版社，2002年，第8-9页。

②钟兴麒等校注：《西域图志校注》卷三七《封爵一》，新疆人民出版社，2002年，第498页。

歌后舞不为不祥，子徒见始事之秋，选懦畏葸者之腾口，是所谓人然亦然，人否亦否者也。且师旅征伐之于国，犹雷霆霜雪之于天，非霜雪则万汇烦嚣之气不荡涤，非雷霆则四时湮郁之气不鬯宣，非师旅征伐则梗我王化者无以詟伏惩创，不敢抗干。是以诘戎扬烈，益当廑于重熙累洽之年也。子独不见达瓦齐之懵懵乎。达瓦齐献俘后，赦不诛，且优赐王爵，以善终。设云事慎首祸，礼不纳叛，是俨然以外夷弑君者为敌国，岂不咢我君哉。[①]

该文理直气壮地宣扬了平叛战争的正义，驳斥了各种错误或怀疑言论。

乾隆皇帝的一些诗前之序，往往也是记事。如乾隆二十四年（己卯，1759）所作《御制和阗贼遁诗以志事》，就是一篇战事的简要记录。

四、御制歌诗、像赞

在卷首《天章》和后边的正文中收录了大量乾隆皇帝御制关于西域的古今体诗歌，如《御制舒布图铠巴图鲁奇彻布歌》《御制三巴图鲁歌》《御制大宛马歌》《冬夜怀军前十四韵》《二月廿七日郊劳出征将军兆惠富德及诸将士礼成纪事》《伊西洱库淖尔之战》《御制哀伊犁》《御制至避暑山庄日辉特台吉阿睦尔撒纳等接见》等古今体歌诗325首。这些诗赋，有吟花状物的，更多是抒怀壮志、描述战事、随事颂旨的。

卷十二收录的《御制花门行》诗：

花门杂种其类繁。玉关迤西西海连。
或居城郭或游牧，牧滋畜猎城者田。
其性均能殖货产，刚勇善战则鲜焉。
部落虽殊形貌似，皙面绿瞳赤发鬈。
……[②]

这首诗，以简洁的笔法描绘了西域民族的居地、经济、特点、相貌，

①钟兴麒等校注：《西域图志校注》卷首一《天章一》，新疆人民出版社，2002年，第7页。

②钟兴麒等校注：《西域图志校注》卷一二《疆域五》，新疆人民出版社，2002年，第210页。

高度概括，形象生动。

卷首三收录的《军书》诗：

军书清晓到，两回城已定。
赋役及建置，惟将军所令。
逋逃虽有挈，舍而来相迎。
询以所去方，乃无可投境。
逻骑遮其前，大军逐以竞。
此举或成余，载戢载櫜咏。
佳兵讵得已，讨逆惟义胜。
藉众集大勋，盟独钦天命。①

诗句中有200余字的注，说明了清晨送来将军兆惠奏报收复叶尔羌和喀什噶尔两城的告捷军书，其中有对新收复地区赋役和建置的建议，遂降旨，如其所请。其间获得准噶尔部民询问贼首行踪，知其无地可去，只好藏匿附近塔什库尔地方。可能再窜往塞尔古尔土城以苟延残喘，只要大军前往包围，就可俘获。这首诗，实在没有多少文采，但其内容的扎实和情感的丰富，无疑可视为诗史，对编纂《西域图志》这类地方志极有帮助。

卷首四中录有紫光阁五十功臣像赞，是为平定西域叛乱立功的将领的赞词。如《原定北将军一等诚勇公兵部尚书班第》赞：

元戎率师，平定伊犁。
而何阿逆，叛乱乘危。
变出不期，投躯西漠。
故里榇归，痛哉酹酌。②

《原领队大臣甘肃提督总兵官高天喜》赞：

爪牙之将，用不拘资。
感予特达，效命何辞。

①钟兴麒等校注：《西域图志校注》卷首三《天章三》，新疆人民出版社，2002年，第29-30页。

②钟兴麒等校注：《西域图志校注》卷首四《天章四》，新疆人民出版社，2002年，第43页。

百战百进，义弗旋踵。

怒则面赤，是谓血勇。①

这两首诗形象地描绘了功臣的丰功伟绩和牺牲精神。在像赞序中总结西域平定的原因时，言："西师之役，赖天佑、乘时运、资众力，拮据擘画，幸底厥绩，固非予一人所敢逆料敢期必也。然稍可以谢众论、惬深衷者无他，则以赏罚信而应机速耳。"道出了一代英主在指挥重大军事行动时所应该掌握的两条根本经验——赏罚信和应机速。前者是用人的经验，后者是指挥战争的要诀。这种总结，比数万字的总结报告更为准确，更中要害。难怪在撰写《西域图志》时史臣们要将乾隆皇帝的诗文置于重要位置。

①钟兴麒等校注：《西域图志校注》卷首四《天章四》，新疆人民出版社，2002年，第45页。

第三章
《西域图志》的作者及成书

中国的地方志，一般都是由官方组织进行的。到了清代，地方志编纂形成了固定模式，即府州县长官负责组织编修府州县志，督抚组织纂修一省通志。而《西域图志》作为一部省志却是由乾隆皇帝亲自批示，由中央政府军机处下属的方略馆直接编纂，乾隆亲自御批督办和审定完成的。编纂规格之高在中国方志编修史上是绝无仅有的。

从乾隆二十一年（1756）二月乾隆下谕旨开始编纂西域志书，指示大学士刘统勋带领御史何国宗负责测量西域舆地；乾隆二十六年（1761）正式交军机处方略馆进行编纂，乾隆二十七年（1762）十一月完成初稿；到乾隆四十七（1782）编纂定稿，并收入《四库全书》，《西域图志》编修历时27年。

第一节　编纂团队

《西域图志》在乾隆皇帝的主导下，由总裁、纂修官、提调官、收掌官、誊录官等36人组成的编纂团队共同完成。

一、《西域图志》的主导者乾隆皇帝

乾隆是中国古代历史上颇有作为的皇帝之一。他自幼聪慧，又受到良好教育，知识广博，在政治上勤于政事，有谋有识。在其执政期间，中国

政治、经济、文化发展达到了古代社会的顶峰，人口和农业产量也达到了历史高峰，造就了名副其实的“太平盛世”。乾隆皇帝爱好广泛，富有才华。这位左右中国60余年的“十全老人”[①]，彻底平定了西域，将西域地区纳入了清朝的直接统治之下。清朝在西域派驻大军，设置以军府制为主的管理系统，加强了对西域地区的管理。还在平定准噶尔叛军的过程中，乾隆皇帝就开始筹划编纂西域地区的地方志，以后则直接委派人员，在方志馆中组织班子，花了总共27年时间，终于撰成了历史上第一部西域地区志书——《西域图志》。

从《西域图志》编修设想的提出，实地勘察的前期工作，到志书编修、审定、刊印，乾隆皇帝曾下过七次谕旨。这些显示了乾隆皇帝不仅提出编撰《西域图志》的设想，而且极为关心编纂进展情况，不断发布谕旨，对编纂工作予以指导，为其排忧解难，以保证编书的质量。乾隆皇帝是该书的实际主编。

乾隆二十一年（1756）二月十三日，乾隆皇帝首次谕示开展《西域图志》编修的前期工作，要求：“自军营至伊利，以抵哈萨克，率汉唐来匈奴西域地。其山川部落，前史类多舛误。……今已擒贼奏功，刘统勋在军营无所职掌，当专办此事。现命何国宗赴伊利一带测量，亦经面谕。著传谕刘统勋，即会同何国宗前往，所有山川地名，按其疆域方隅，考古验今，汇为一集。”[②]不仅要求刘统勋等开展西域测量工作，更要“考古验今”，将这些成果“汇为一集”，也就是正式提出了编修西域地方志的要求。

乾隆二十一年（1756）四月九日，乾隆皇帝第二次下旨。除了对刘统勋、何国宗等人的测量工作予以具体指示外，还提出“刘统勋亦会同何国宗一路行走，遵照前旨，将所有山川地名考验纂录进呈。并传谕刘统勋

①乾隆四十九年（1784）尚书彭元端等编成《钦定十全集》，以纪高宗皇帝武功十全，为初定金川，初定准噶尔，再定准噶尔，平定回部，再定两金川，平定台湾，平定缅甸，平定安南，初定廓尔喀，再定廓尔喀。

②钟兴麒等校注：《西域图志校注》卷前《谕旨》，新疆人民出版社，2002年，第3页。

知之”[①]。

其间，刘统勋、何国宗职务屡更，无法专注于《西域图志》的编纂，于是乾隆二十六年（1761）六月十八日，乾隆皇帝谕旨确定编纂《西域图志》的机构由军机处方略馆负责：“刘统勋、何国宗所办《西域图志》著交军机处方略馆办理。”[②]这是乾隆皇帝为《西域图志》编修所下的第三道谕旨。

由于已经有多年的撰修基础，方略馆仅用一年半时间，就修出《西域图志》的初稿。乾隆二十七年（1762）十一月二十九日，大学士傅恒等以奉敕纂辑《西域图志》告成，奉表恭进。同日奉旨。“书留览。钦此。”[③]这一记载表明，乾隆皇帝在收到《西域图志》书稿的当天就做了批示，并表示要亲自审阅。

当年十二月初一日[④]，乾隆皇帝撰成《御制皇舆西域图志序》，云：

语云：耕当问仆，织当问婢。志广舆者，不稽之历代建置沿革，将无从数典。而志西域则有不能尽稽之历代者，实以幅员所限，言语不通。虽汉唐盛时，亦颇能威行天山迤南，建官设都，而天山迤北，本不能至也。即有一二羁縻之国，然叛服不常，征调弗应，又安能履其地而疆索之哉！且汉唐之程督异域者，仍汉唐人而已。其与准噶尔、回部人语，奚啻粤问而燕答，则其所记鲁鱼亥豕之纷，又不待言而可知。兹者叨天佑，藉群力，凑时会，幸成是役。准噶尔、回部之人皆在廷执事，而国语切音译外蕃语又甚便且易。我诸臣驰驱往来其间，目睹身历，非若耳闻口传者比，俾司校勘而正其讹，传其真，较仆婢耕织之问为尤详。且厄鲁特语及回语，朕亦因暇而习焉，时御丹椠为之改正。是西域志之书，必应及是时成之，用开历代之群疑，垂千秋之信录，间亦涉及诸史，以存述古。总计分部二十，分卷五十有二，绘图系说，蔚为

①钟兴麒等校注：《西域图志校注》卷前《谕旨》，新疆人民出版社，2002年，第3页。

②钟兴麒等校注：《西域图志校注》卷前《谕旨》，新疆人民出版社，2002年，第3页。

③钟兴麒等校注：《西域图志校注》卷前《谕旨》，新疆人民出版社，2002年，第3页。

④文渊阁本《钦定皇舆西域图志》卷前《御制皇舆西域图志》末署“乾隆二十七年十二月初一日”，说明乾隆的序作于此时。

完书。若夫辟地蒇功，文臣或有过颂，朕所不取。惟是筹耕牧计久长图，所以永乾贶奠丕基，思日孜孜，持盈益懔，予安得有功成无事之说哉？[①]

此序对该书的编纂过程进行了大体的叙述，总结了其内容，对其予以高度评价，表示自己在整个过程中确实有认真的思考和筹划。其中“总计分部二十，分卷五十有二”，与《西域图志》初稿的分门及卷数不符，初稿仅分为十八门凡四十六卷，解说见本章第二节“成书经过”所辨。推测这是总裁们在该书最后成书清抄进呈稿时所改。

《西域图志》初稿完成后，由于“迩年新疆规度日详，随事增辑进御”[②]，故而有过不断的增订修改。其间有一些比较重要的相关部署，如乾隆二十九年（1764），因御史曹学敏奏请将西域新疆内容增入乾隆八年已撰成的《一统志》以及增修《一统志》之事，军机大臣认为：“《西域图志》须俟现在所纂之《同文志》告竣，再行增改。”乾隆皇帝下诏称：“可即令方略馆按照各条，厘订纂辑。一俟纂出稿本，悉照《续文献通考》例，随缮随进，候朕裁定。”[③]随着《四库全书》编纂的开展，乾隆四十二年（1777），因军机大臣奏请“《西域图志》（等未办竣书籍）未经特派，应派专管之员，责成定限速纂，并统交稽查上谕处稽查”[④]。于是乾隆皇帝下诏“《西域图志》总裁，著派福康安、刘墉。钦此”[⑤]。乾隆四十二年（1777）六月二十八日乾隆皇帝又谕令文华殿大学士于敏中、东阁大学士英廉、刑部左侍郎钱汝诚为《西域图志》总裁，对该志进一步修订：“《西域图志》总裁，著派于敏中、英廉、钱汝诚。钦此。”[⑥]这些新增总裁的主要

①钟兴麒等校注：《西域图志校注》卷前《御制皇舆西域图志序》，新疆人民出版社，2002年，第2页。

②钟兴麒等校注：《西域图志校注》卷前《凡例》，新疆人民出版社，2002年，第7页。

③《清高宗实录》卷七二二“乾隆二十九年十一月戊申”条，中华书局影印本，1985年，第1569页。

④《清高宗实录》卷一〇二九“乾隆四十二年三月乙未”条，中华书局影印本，1985年，第2335页。

⑤钟兴麒等校注：《西域图志校注》卷前《谕旨》，新疆人民出版社，2002年，第3页。

⑥钟兴麒等校注：《西域图志校注》卷前《谕旨》，新疆人民出版社，2002年，第3页。

工作是负责领导修订原有记载的讹误、统一地名及人名以及增补十五年来西域变化的相关史料。

在《西域图志》编纂过程中，乾隆皇帝事无巨细，无不过问，且能经常有所指示，或查出校书中的一些失误之处。正如初稿《进书表》所言：

钦庙略之渊深，颂奎章之炳焕，神机独写，萧曹莫赞高深；睿什亲裁，褒鄂遥承经纬，藉仰窥夫宵旰，谨录冠乎缥缃。①

乾隆四十五年（1780）增纂《西域图志》进书表称：

加以阐谬订讹，发凡起例，既译音之务确，亦考义之惟精。阳关非巴噶逊之遗，共识嘉名难附；于阗为鄂等答之舛，群知佛教多诬；辨星躔于九服之余，悟分野难该井鬼；探宿海于重源之外，信导河必始昆仑。敬秉训于丹毫，一字都悬绳臬；勉殚能于汗简，千秋长备规程。蔚然东观鸿编，伟矣西蒙盛典。②

因此，《西域图志》的编纂无论是从文献学角度来看，还是从思想史角度考察，乾隆本人都起着很大的作用。

乾隆四十七年（1782）五月最终完成，定名为《钦定皇舆西域图志》，且将乾隆二十七年（1762）十二月《御制皇舆西域图志序》抄入其首，将全书呈进，乾隆皇帝谕示："知道了。著交武英殿刊刻并写入《四库全书》。"③

至此《西域图志》的编纂全部完成，从开始提出设想到最终告成历时27年。

二、总裁

总裁是《西域图志》编纂的最高负责人，其人选由皇帝亲自任命，直接向皇帝负责，总理馆内一切事务，包括拟定章程、制定凡例、选拔人员、

①钟兴麒等校注：《西域图志校注》卷前《初稿进书表》，新疆人民出版社，2002年，第4页。

②钟兴麒等校注：《西域图志校注》卷前《增纂进书表》，新疆人民出版社，2002年，第5页。

③钟兴麒等校注：《西域图志校注》卷前《谕旨》，新疆人民出版社，2002年，第3页。

确定编纂办法、裁正编纂中的问题、抽阅验看审查全书、监察督促、后勤事务的管理，尤其是与皇帝沟通，上奏馆务，呈交书稿，听其谕示并在馆内贯彻执行等。从乾隆所选用人员看，总裁大体都是朝廷重臣，由大学士、尚书、总督、侍郎等兼任。从品秩上看，总裁入馆时均为正一品或从一品，只有钱汝诚为从二品。从总裁与乾隆皇帝关系来看，这些人都是倍受乾隆皇帝信任的高级官员，刘统勋原来一直负责编修该书，后来则任为总裁，乾隆皇帝视刘统勋为“股肱”，并称赞他“不愧真宰相”。[①]由于总裁多由高官兼任，行政事务繁忙，多数并未真正修书。

当然，《西域图志》总裁并非该书纂写中最高权力的行使者，他们对该书的事情多是负责上报下达，起到中介的作用。真正意义上的总裁其实是乾隆皇帝本人。《西域图志》的总裁有傅恒、来保、舒赫德、阿桂、刘统勋、兆惠、阿里衮、刘纶、英廉、于敏中、福康安 、刘墉、钱汝诚，共13人。

傅恒（1720—1769）　字春和，清朝名将、满洲镶黄旗人。乾隆时曾任总管内务府大臣、户部尚书等职，授一等忠勇公、领班军机大臣加太子太保、保和殿大学士、平叛伊犁统帅。乾隆十九年（1754）力主清军攻伊犁，平息准噶尔部叛乱。后任《平定准噶尔方略》《西域图志》总裁。他还撰写过《钦定旗务则例》《御批历代通鉴辑览》等书。

来保（1681—1764）　喜塔腊氏，字学圃，满洲正白旗人。雍正初年，任内务府总管，后任太子太保、武英殿大学士等职。乾隆二十九年（1764）去世，终年84岁，谥“文端”。乾隆四十四年（1779），御制诗文怀念之，列五阁臣中。[②]

舒赫德（1710—1777）　字伯容，满洲正白旗人。乾隆三十六年（1771）任伊犁将军，总理新疆事务。乾隆三十八年（1773），奉旨回京。

---

① ［清］赵尔巽等著：《清史稿》卷三〇二《刘统勋传》，中华书局，1977年，第10466页。

② ［清］赵尔巽等著：《清史稿》卷三〇二《来保传》，中华书局，1977年，第10460页。

乾隆四十二年（1777），卒，谥“文襄”。[①]《清史列传》曰：“大学士舒赫德，老成端正，练成有为。朕御极之初，即膺任使，宣猷中外，四十余年。前此平定回城，激著劳绩，嗣于西唾，抚辑归顺远藩。东省剿捕逆匪众，悉心筹画，动合机宜，实为国家得力大臣。自简任给扉，日直内廷，兼综部务，勤劳匪懈，倚毗良深。”[②]

阿桂（1717—1797）　字广庭，满洲正蓝旗人。因阿桂平定准噶尔回部、治理伊犁有功，后改为正白旗。阿桂屡任统帅用兵大小金川和准噶尔部。曾任伊犁参赞大臣和伊犁将军，对伊犁地区的屯田事业贡献较大。阿桂于嘉庆二年（1797）八月病逝。赠太保，谥“文成”。

兆惠（1708—1764）　字和甫，满洲正黄旗人，孝恭仁皇后族孙。平定准噶尔期间，负责办理北路军务总理粮饷。乾隆二十一年（1756），授定边右副将军，筹办伊犁善后事宜。乾隆二十二年（1757），率军至乌鲁木齐。阿睦尔撒纳叛后，配合北路军肃清准噶尔回部叛乱势力。兆惠是清代著名战将，他屡立战功。乾隆二十九年（1764）去世，乾隆皇帝赠太保，谥“文襄”。[③]

阿里衮（？—1764）　字松崖，钮钴禄氏，满洲正白旗人。乾隆二十一年（1756），奉命以领队大臣赴西路军营，与定西将军达勒党阿擒宰桑南札布等。乾隆二十三年（1758），任参赞大臣。援助兆惠，击败霍集占。乾隆二十九年（1764）十二月卒，谥“襄壮”，后追加封号为果毅继勇公。[④]

刘纶（1711—1773）　字如叔，号绳庵，江苏武进人，翰林院编修。刘纶文采出众，尤其擅长古诗，有《绳庵集》传世。《清史列传》谕曰：

①［清］赵尔巽等著：《清史稿》卷三一三《舒赫德传》，中华书局，1977年，第10686页。

②王钟翰校：《清史列传》，中华书局，1987年，第1828-1829页。

③［清］赵尔巽等著：《清史稿》卷三一三《兆惠传》，中华书局，1977年，第10669-10674页。

④［清］赵尔巽等著：《清史稿》卷三一三《阿里衮传》，中华书局，1977年，第10679页。

“大学士刘纶品行端醇，学问博雅。久直禁廷，简畀阁务。勤劳夙著，倚任方殷。”[①]乾隆三十八年（1773）亡，终年63岁，谥号“文定”。[②]

刘统勋（1698—1773）　字延清，号尔钝，山东高密人。雍正二年（1724）进士，历任刑部尚书、工部尚书、吏部尚书、内阁大学士、翰林院掌院学士及军机大臣等要职。刘统勋官至宰相，为政四十余载清廉正直，敢于直谏，在吏治、军事、治河等方面均有显著政绩。乾隆十九年（1754），刘统勋升任太子太傅兼陕甘总督，受命巡视巴里坤和哈密驻兵，负责筹办军营、官兵和马驼粮饷。次年，刘统勋巡视至哈密时，正遇到回部首领阿睦尔撒纳反叛，伊犁将军班第战死，定西将军永常被迫退师巴里坤。刘统勋上奏请求舍弃巴里坤改为退守哈密，置空城以避敌锋。因此被革职押解回京，不久从宽免罪，补授刑部尚书。

乾隆二十一年（1756），乾隆下旨令刘统勋、何国宗率队测绘西域地图。乾隆二十六年（1761），刘统勋任东阁大学士兼礼部、兵部事务。

乾隆二十九年（1764）升任翰林院掌院学士、尚书房总师傅、殿试阅卷大臣。乾隆三十年（1765）任东阁大学士、国史馆总裁。乾隆三十八年（1773）出任《四库全书》总裁官，当年年底去世，谥“文正”。[③]

刘墉（1719—1804）　字崇如，号石庵，另有青原、香岩、东武、穆庵、溟华、日观峰道人等字号。清代书画家、政治家，刘统勋之子。官至吏部尚书，内阁大学士。乾隆四十一年（1776），任四库全书馆副总裁，并派任《西域图志》及《日下旧闻考》总裁。刘墉擅长书法，在当时是颇有名气的书法家。于嘉庆九年（1804）去世，享年85岁，谥“文清”。[④]

福康安（1754—1796）　字瑶林，富察氏，满洲镶黄旗人。清高宗孝贤皇后侄，大学士傅恒第三子。福康安身经百战，多次立战功。封贝子，历闽浙、两广、云贵总督。嘉庆元年（1796）病卒，谥“文襄”。[⑤]

---

①王钟翰校：《清史列传》，中华书局，1987年，第1540页。

②［清］赵尔巽等：《清史稿》卷三〇二《刘纶传》，中华书局，1977年，第10462页。

③［清］赵尔巽等：《清史稿》卷三〇二《刘统勋传》，中华书局，1977年，第10466页。

④［清］赵尔巽等：《清史稿》卷三〇二《刘墉传》，中华书局，1977年，第10468页。

⑤王钟翰校：《清史列传》，中华书局，1987年，第1965-1981页。

于敏中（1714—1779） 字叔子，一字重棠，号耐圃，江苏金坛人。出身簪缨世家，山西学政于汉翔之孙。乾隆二年（1737），于敏中一甲一名进士（即状元），授翰林院修撰，文华殿大学士兼军机大臣，后任四库全书馆总裁。乾隆四十四年（1779）卒，谥“文襄”。

钱汝诚（1722—1779） 字立之，号东麓，浙江嘉兴人。乾隆十三年（1748）进士。历任兵部左侍郎、顺天府府尹、户部左侍郎、刑部左侍郎、四库全书和三通馆副总裁。乾隆四十四年（1779）卒。[①]

英廉（1707—1783） 字计六，雍正十年（1732）举人，官至大学士。乾隆四十八年（1783）卒，谥“文肃”。[②]

三、纂修官

纂修官是《西域图志》的实际纂写人员，按清代修书惯例，该书的纂修官都是从翰林院中选取的。《西域图志》的纂修官有褚廷璋、何国宗、邱庭漋等3人。

褚廷璋（？—1797） 字左莪，号筠心，长洲（今江苏苏州）人。乾隆二十八年（1763）进士，翰林院庶吉士、编修。谙悉新疆山川风土，精通音韵学，参撰《西域图志》《西域同文志》，著有《筠心书屋诗钞》等。[③]

何国宗（？—1767） 字翰如，顺天大兴（今北京市）人。康熙五十一年（1712）进士，授编修。因其精通天文历算测绘，与其弟国栋等绘成《皇舆全览图》。乾隆初，充算学馆、律吕馆总裁。乾隆二十一年（1756），乾隆皇帝命国宗偕侍卫努克三、哈清阿率钦天监西洋人往伊犁，自巴里坤分西北两路，测天度绘图。乾隆二十二年（1757），授礼部尚书。乾隆二十

---

①王钟翰校：《清史列传》，中华书局，1987年，第1447页。

②［清］赵尔巽等著：《清史稿》卷三二〇《英廉传》，中华书局，1977年，第10769页。

③褚廷璋事迹，系综合《清高宗实录》《清仁宗实录》《清文献通考》《清会典事例》《郎潜纪闻》《焦轩随录》《冷庐杂识》《清秘述闻》等书而成。

六年（1761），迁礼部侍郎。[1]乾隆二十八年（1763），复授内阁学士。

邱庭漋 字叔大，号芝房，顺天宛平（今北京市）人。乾隆三十七年（1772）进士，由庶吉士升任翰林院编修，后长期在四库全书馆任职。曾任浙江、山西乡试副考官，嘉庆间任桂林知府、陕西提督学政、广东按察使、翰林院侍学士。嘉庆十年（1805）任山东布政使司，嘉庆十四年（1809）因滥支库银，被革职发往伊犁。[2]

四、提调官收掌官誊录官

1.提调官

提调官主要负责书籍的收发，检查纂写、誊录抄写的数量及质量，综合档案，还要兼顾书籍的装潢、人事的议叙等。按清代惯例提调官由总裁在翰林院、武英殿中选定，再上报皇帝批准，其品秩与纂修官相当。提调官往往是身负数职，重在决断是非，事务繁杂，稍有不慎，便容易出现问题。因此，在编纂过程中，提调官起着非常重要的作用。《西域图志》的提调官有珠鲁纳、庆桂、保成、伊江阿、顾云、王昶、刘谨之、汪日章8人。

2.收掌官

收掌官的主要任务是收掌档案文件和书稿，督率全馆人员不许潜带出外。《西域图志》收掌官有德成、敷伦泰、舒濂、张霁、吴熊光、蒋谢庭等。

3.誊录官

誊录官是负责将《西域图志》底稿誊写抄录为正本的官员。有江炯、陈基德、徐观海、佟克昌、蒋业谦、李维寅6人，皆为举人，可见当时誊录官主要从举人中遴选。

---

① ［清］赵尔巽等著：《清史稿》卷二八三《何国宗传》，中华书局，1977年，第10184—10186页。

②邱庭漋事迹，系综合《清高宗实录》《清仁宗实录》《清文献通考》《清经世文编》《清会典事例》《清秘述闻》等文献而成。

由于资料所限，《西域图志》编修工作的具体情况无从得知。但从编纂团队的组成来看，汇集了当时国家最强的编修力量，纂修者都是当朝重臣或饱学之士。重要编纂人员都是乾隆皇帝钦定的，其规格也是中国方志史上最高的。在13位总裁中，大学士有9人，侍郎以上大员4人。他们中有亲历西域、久经沙场的战将，有饱读诗书的学者，也有位高权重的朝廷大臣，甚至是皇亲国戚。傅恒、舒赫德、刘统勋等人不仅在平定西域的战争中立过大功，也曾是《平定准噶尔方略》正副总裁，长期在翰林院和四库全书馆任职，有丰厚的文化功底和著述实绩。选他们做《西域图志》的纂修官，确实是知人善任。事实证明，这些官员、学者不负重托，撰成了中国历史上学术水平最高的志书。

第二节　成书经过

《西域图志》的编纂大致经过三个阶段：

一是实地测量，汇集资料阶段（1756—1760）：

西域实地舆图测量的详情，已于第二章第二节有所论述，在此不再重复。值得注意的是，在乾隆二十一年（1756）的上谕中，乾隆皇帝明确提出了此次测量活动，标志着《西域图志》编修的前期工作正式开始。

乾隆二十五年（1760）五月十二日，大学士傅恒的一份奏折总结了西域测量事务：

> 臣允禄、臣傅恒等谨奏。钦惟我皇上德威遐播，武功大成。五年之间，辟地二万余里。准噶尔、哈萨克、布鲁特及诸回部尽归。特命何国宗、明安图暨西洋人傅作霖等前往测量绘图。复命臣允禄会同查办，入《时宪书》，永光钜典。臣等伏查，康熙年间圣祖仁皇帝命臣允禄监制地球，维时准噶尔、回部尚在版图之外。今皇上疆因式廓，臣允禄、臣傅恒等公同商酌，请将地球添画新辟土宇，以成昭代典章。再查内庭尚有铜板、木板地图，其间或有阙略，参差未能画一，并请敕令各该处查

出。臣等率同何国宗、明安图、刘松龄、鲍友管、傅作霖、高慎思等细心查办，稍有纤疑，再与亲在军前诸臣细加斟酌，务期允协。办成恭呈御览，伏候钦定。为此谨奏请旨。①

乾隆二十一年至二十六年（1756—1761）间两次西域实测，完成当时世界上最早、最完整的西域舆图，准备了西域地理的准确资料，这是《西域图志》编修的第一阶段。

二是方略馆编纂初稿阶段（1761—1762）：

在对西域地理测绘以后，刘统勋和何国宗虽已回朝任职，但仍在抽时间完成乾隆皇帝交给的撰述《西域图志》的任务。考虑到不交馆撰修，其质量和时间难以保证，于是乾隆二十六年（1761）六月十八日谕令“交与军机处方略馆办理”。②

方略馆是清朝主要负责撰修方略的机构，属军机处管辖。方略的撰修始于康熙二十一年（1682）敕撰《平定三逆方略》。康、雍间曾三次开方略馆，事毕即予撤销。乾隆十四年（1749）始将方略馆作为常设机构，与国史馆和武英殿修书处合称内廷三馆。方略馆又被称为军机处大库，在隆宗门外咸安宫之左，库内专门存放抄录的官员奏折和皇帝谕旨的副本。方略馆设有文移、纂修、誊录及校对四处和书、纸二库。“方略馆总裁，军机大臣兼充。掌修方略。提调、收掌，俱满、汉二人。纂修，满洲三人，汉六人。俱由军机章京内派充。汉纂修缺内由翰林院咨送充补一人。校对，无员限。六部司员、内阁中书兼充。有事权置，毕乃省。”③方略馆除编纂方略外，往往奉旨编修其他书籍。这次乾隆皇帝下令将《西域图志》交由方略馆办理，就是要由这个修史的专门机构来负责该书的修纂。

方略馆资料集中，又有较为齐全的舆图测量和相关资料，加之由刘统勋、何国宗提供的稿子也有一定的基础，所以在傅恒等总裁的指导下，经

①中国历史第一档案馆内务府档案，转引自秦国经《18世纪西洋人在测绘清朝舆图中的活动与贡献》，载《清史研究》，1997年第1期。

②钟兴麒等校注：《西域图志校注》卷前《谕旨》，新疆人民出版社，2002年，第3页。

③［清］赵尔巽等著：《清史稿》卷一一四《职官志一》，中华书局，1977年，第3271页。

过一年半时间，于乾隆二十七年（1762）十一月纂出了《西域图志》初稿。

初稿进书表叙述了该稿的情况：

幸际五周之盛烈，式恢九有之方舆。超周室之咸宾，迈禹王之即叙。汉史唐书之纪，真成坐井而观；山经水注之垂，宜可极陬而勘。爰乃陈诸圭臬，省厥风谣。测量首命，司天无间于星躔月朏；采访兼咨，珥笔不遗于瀚海冰崖。检点行縢，喜江山之放眼；编摩载籍，遂纸墨之经年。爰宣史馆以成书，更集枢臣而订义。分一十八门之纪载，备四十余帙之搜罗。虽制度加新，异日犹烦裒辑。而规模灿列，大端约可胪陈于焉。①

由此说明，该稿的撰成，首先归功于皇帝平定准部和回部反叛，收复西域的伟功；其次源自对西域地理的测量和情况的调查；再次由于皇上多年亲自对西域历史进行研究，在将编修书籍之事交由史馆操作后，还召集军机大臣们对书籍中的问题进行讨论。最后形成的书稿总计分为十八门，共四十余帙。

乾隆皇帝对呈送来的初稿显然有自己的看法，加以当时清廷在新疆的统治尚未稳定，更有沙俄在西部边境频频闹事，故而下旨道："书留览，钦此！"②

三是增纂定稿刊行阶段（1777—1782）：

乾隆四十二年（1777）三月，乾隆皇帝先后令福隆安、刘墉和于敏中、钱汝诚为《西域图志》总裁，对初稿进行修订、增补。其间，乾隆皇帝认真审阅了书稿，提出了许多修改意见，并补入其新撰的碑文、诗作和西域历史地理的考定成果，使书稿日臻完善。正如大学士英廉上增纂《西域图志》进书表所说："并际昌期而圣藻频邀。加以阐谬订讹，发凡起例，既译音之务确，亦考义之惟精。阳关非巴噶逊之遗，共识嘉名难附；于阗为鄂

①钟兴麒等校注：《西域图志校注》卷前《初稿进书表》，新疆人民出版社，2002年，第4页。

②钟兴麒等校注：《西域图志校注》卷前《谕旨》，新疆人民出版社，2002年，第3页。

等答之舛，群知佛教多诬；辨星躔于九服之余，悟分野难该井鬼；探宿海于重源之外，信导河必始昆仑。敬秉训于丹毫，一字都悬绳臬；勉殚能于汗简，千秋长备规程。蔚然东观鸿编。”[①]最后，再经英廉等总裁将书稿“统校画一”。乾隆四十七年（1782）五月初，《西域图志》增纂完成。乾隆皇帝颇为满意，谕令送交武英殿刊刻，并写入《四库全书》。

《四库全书总目》简单总结了费时27年撰成此书的情况，称：“钦定《皇舆西域图志》五十二卷，乾隆二十一年奉敕撰，乾隆二十七年创成初稿。嗣以昄章日辟，规制益详，进呈御览之时，随事训示，复增定为今本。”[②]文字不多，却极为精准。

武英殿位于北京故宫外朝熙和门以西，是明清宫廷的一组宫殿建筑，与位于外朝之东的文华殿相对应，即一文一武。武英殿建筑群落除用于政务、仪典等活动之外，更多的是用于文化活动。清朝武英殿是三大修史机构之一，设有“总裁，满、汉各一人。尚书侍郎内简。提调二人，纂修内奏充。纂修十有二人，协修十人，翰林官充。笔帖式四人”[③]。康熙二十九年（1690）将文书房设为武英殿修书处，掌管刊印装潢书籍之事。乾隆朝以后，武英殿修书处成为属内务府管辖的专司校勘、刻印书籍的机构。武英殿修书处设“正监造员外郎、副监造副内管领、六品库掌、委署主事各一人，七品衔库掌二人”[④]。曾将《永乐大典》中摘出的珍本138种排字付印，御赐名《武英殿聚珍版丛书》。武英殿刊本，使用铜版雕刻活字及特制的开化纸印刷，字体秀丽工整，绘图完善精美，校勘精审，书品甚高，版本学上即以刊刻地点称之为“殿本”。清朝凡官修的重要书籍，都交给武英殿刊刻，以用于收藏和赏赐大臣、外藩。将《西域图志》交给武英殿刊刻，

①钟兴麒等校注：《西域图志校注》卷前《钦定〈四库全书〉提要》，新疆人民出版社，2002年，第1页。

②［清］永瑢等著：《四库全书总目》卷六八，中华书局，1965年，第604-605页。

③［清］赵尔巽等著：《清史稿》卷一一八《职官志五》，中华书局，1977年，第3433页。

④［清］赵尔巽等著：《清史稿》卷一一八《职官志五》，中华书局，1977年，第3423页。

从一个角度说明乾隆皇帝对该书的肯定。

《四库全书》是清朝乾隆年间实施的一个大型文化工程。乾隆三十八年（1773）乾隆皇帝正式下诏开“四库全书”馆，组织学者全面系统地整理中国历代典籍，编纂大型丛书《四库全书》。四库馆由永瑢等三位皇子和众多朝廷重臣任总裁，纪昀、陆锡熊等为总纂官，具体负责编纂事宜。前后参与编修的著名学者三百多人，动用学人四千余名。乾隆四十六年（1781）底第一份《四库全书》抄成，修书活动历时九年。其后又陆续誊抄出多份，分储京师皇宫和南北书库。同时，对已抄成的《四库全书》数次撤改、复校、补遗，到嘉庆十一年（1806），整个《四库全书》的纂修工作才告结束。四库馆撰成的《四库全书》，是我国古代最大的一部丛书，基本上囊括了除戏曲、小说以外我国18世纪以前的重要著作，尤以元以前的书籍收辑更为完备，是我国古代图书前所未有的大结集。据统计，这一丛书共抄录书籍3461种，79309卷；存目书籍6793种，93551卷。[①]全部书籍按经、史、子、集四部四十四个大类，分类编排抄录。每份《四库全书》约七亿三千八十一万九千字，[②]装订为三万六千余册。

每份《四库全书》的史部地理类中都抄入《西域图志》。四库馆抄书十分认真，有严格的制度保障。文渊阁本《四库全书》收录的《西域图志》，其扉页有抄书官记录。其总校官为候补中允王燕绪，校对官为中书吴树萱，誊录者为监生褚兆麟。署名者还有详校官通政使梦吉和复勘者检讨德生。前者是先由监生褚某对该书进行誊抄，再由中书吴某进行校对，再由候补中允王燕绪对抄校质量予以总负责，至少会对抄出的书进行抽查。复勘是在抄好的书交馆后，由一位官员进行详校，再由一位官员进行复查。而且所有经手者都要将其姓名和相应职责记录在书前，以备随时查询追究。制度严密，工作细致，质量非常高。将《西域图志》录入《四库全书》，也说

①中华书局影印组《出版说明》，见［清］永镕等撰《四库全书总目》，中华书局，1965年，第3页。

②乾隆五十一年二月十六日《吏部尚书刘墉等奏遵旨清查四库全书字数书籍完竣缘由折》：“办理三分全书，每分计字七万万三千零八十一万九千字。”见中国第一历史档案馆编《纂修四库全书档案》，上海古籍出版社，1997年，第1928页。

明乾隆皇帝非常看重这部志书。

在四库馆整理古籍的同时，清廷还组织了许多书籍的编撰与辑佚，产生了《四库全书荟要》《四库全书总目》《四库全书考证》《禁毁书目》等相关典籍，并派生出了《武英殿聚珍版丛书》《摛藻堂四库全书》《四库存目》《四库未收》《四库禁毁》《续修四库全书》，这些书也被乾隆皇帝下诏抄入《四库全书》中。[①]

①参见汪受宽、安学勇著：《文溯阁〈四库全书〉四种校释研究》，兰州大学出版社，2017年，第1页。

第四章
《西域图志》的版本、体例和主要内容

第一节 版本考述

《西域图志》自乾隆年间成书后，官府、坊肆群抄众刻，以致形成了许多版本，从中可以窥见《西域图志》的巨大价值。

一、版本种类

1.武英殿本

清乾隆四十七年（1782）武英殿活字版。装订为24册，每册33至108页不等，版框大小21厘米×15厘米。卷前有清高宗御制序、谕七篇，傅恒、英廉等进书表文，凡例，编修官职名等。这个版本是《西域图志》最早的版本，西北民族大学图书馆有藏。

这里有个问题需要辨析。《中国地方志联合目录》是20世纪70年代由有关科研单位、高校、图书馆、博物馆等在参加普查的基础上编出来的一部全国地方志目录。该书新疆维吾尔自治区部分首列“（乾隆）钦定皇舆西域图志四十八卷首四卷（清）乾隆二十七年（1762）修　四十七年（1782）增修”，其下前两条为“清武英殿刻本　故宫。清活字本　北京科学　民宫……”[①]其义为，该书首先有两种本子，一为刻本，仅故宫博物

①中国科学院北京天文台主编：《中国地方志联合目录》，中华书局，1985年，第235页。

院图书馆有藏，另一为清活字本，在北京图书馆（今国家图书馆）、科学院图书馆、民族文化宫图书馆等有藏。我们知道，当年《西域图志》成书后，乾隆皇帝下旨交“武英殿刊刻”。但是，武英殿从康熙间就以铜活字印书，所列第二种本子“清活字本”即指武英殿活字本。如若该书另有雕版印刷本，理应在全国许多地方都有收藏，而不应只在故宫博物院图书馆有藏。故而，我们对另有刻本的说法持怀疑态度。

2.《四库全书》抄本

乾隆间《四库全书》共抄写制作七份。每份抄本《四库全书》都抄有《西域图志》，是根据武英殿本抄录的。前四份分别储藏于北京皇宫文渊阁、盛京（今沈阳）故宫文溯阁、京郊圆明园文源阁、承德避暑山庄文津阁，称“内廷四阁”，或称“北四阁”；后三份分别储藏于镇江文宗阁、扬州文汇阁和杭州文澜阁，称“江浙三阁”，或称“南三阁”。底本则储藏于翰林院（后散失）。近代，《四库全书》屡遭劫难，1860年第二次鸦片战争，英法联军进攻北京，火烧圆明园，文源阁《四库全书》被毁。太平天国时，文宗、文汇两阁书被焚，文澜阁书也有损失，清末民初由人补抄齐全。现今，原本完整保存下来的仅有三部，即现存台北故宫博物院的文渊阁本，现存国家图书馆的文津阁本，现存甘肃省图书馆的文溯阁本。

乾隆四十七年（1782）十一月二十八日誊抄完竣的文溯阁《四库全书》，计收书3477种，79897卷，抄写36015册，装写6144函厘。文溯阁《四库全书》用开化榜纸朱丝栏抄成，每一部书都以香楠木二片上下为夹，并束以绸带，再装入香楠木匣内。书册都是用绢面封皮包背装。根据春、夏、秋、冬的顺序，书皮以四色装潢，“经部”用绿色绢，“史部”用红色绢，“子部”用蓝色绢，“集部”用灰色绢。每匣上面均刻有书名。每册书的首页都钤有“文溯阁宝”，末页用“乾隆御览之宝”，作为御用的标志。

1900年八国联军侵华时期，盛京被俄军占领，文溯阁《四库全书》遭受一定程度的破坏，部分卷册流散。1914年，为拥戴袁世凯登基，准备影印《四库全书》，将文溯阁藏本运抵北京，存于故宫保和殿。袁世凯称帝企图破灭后，此书被冷落在故宫中。1922年，蜗居故宫的溥仪小朝廷，受日本人驱使，以经济困难为由，欲将文溯阁《四库全书》盗售给日本人，价格议定为120万元。消息为北京大学教授沈兼士获知，他于4月22日率先致函教育部，竭力反对此事。迫于社会各界的强烈反对，溥仪小朝廷不得不取消了这项交易。1924年，经张学良将军交涉，文溯阁《四库全书》运回沈阳。保管委员会派人进京依文渊阁本将文溯阁所佚之72卷书补抄完备。1932年文溯阁《四库全书》划归为国立奉天图书馆。中华人民共和国成立后由东北图书馆（现辽宁省图书馆）收藏。

1966年10月，中苏关系紧张，出于战备考虑，经辽宁省申请，国家文化部报请周恩来总理同意，决定将文溯阁《四库全书》拨归甘肃省保存。在甘肃省图书馆，该书先后庋藏于永登连城鲁土司衙门大经堂和榆中甘草店书库。甘肃省拨巨资于2005年在兰州九州台建成文溯阁《四库全书》馆，漂泊多半个世纪的文溯阁《四库全书》终于有了安身立命之地，正式入住这座外形严格仿古而内部设施现代化的藏书馆。

20世纪80年代以来，学者日益重视《四库全书》的学术和社会价值，誉其为“传统文化之总汇，古代典籍之渊薮”，而兴起了影印和研究的热潮。其中收藏于台北故宫博物院的文渊阁本于1986年由台湾商务印书馆影印出版，化一为万，使学界如沐甘霖，推动了四库学的大发展。2005年商务印书馆影印出版收藏于国家图书馆的文津阁本。2006年杭州出版社影印出版补抄齐全的收藏于杭州的文澜阁本。2008年以来，台湾又印制仿古版文渊阁《四库全书》。如今，国家指定收藏于兰州的文溯阁本，是唯一尚未公开出版的一份存世《四库全书》抄本。

现存三部四库抄本《西域图志》，各部间文字格式都略有差异，可能是由于四库编纂过程中不断有修改，而且抄本本身由于抄手学识、习惯和校对者的认真程度不同，也导致所抄之书略有区别。文渊阁本通高32厘米，阔20.5厘米，版高22.5厘米，半叶版阔15.5厘米。文字每半叶8行，满行21字，双行小字夹注，注文满行21字。《四库全书》底本原贮藏于翰林院，后陆续散佚。其中《西域图志》的底本，现存28卷，收藏于国家图书馆。[①]

①中国科学院北京天文台：《中国地方志联合目录》，中华书局，1985年，第235页。

3.石印本

以武英殿本为底本印制，杭州便益书局光绪十九年（1893）成书，共12册，每册53页至84页不等，版框15.3厘米×11厘米。扉页有“光绪癸巳季冬杭州便益书局石印”牌记，中国民族图书馆有存。

4.铅印大字本

以武英殿本为底本，清光绪年间印制，24册。甘肃省图书馆有藏。

5.影印本

（1）影印《四库全书》本

1986年台湾商务印书馆影印文渊阁《四库全书》16开本，在全球发行。《西域图志》收于第500册。上海古籍出版社后将台湾商务印书馆景印本缩印为大32开本。2003年，线装书局联合北京苏音文化传播有限公司、中传国际文化产业有限公司，将文渊阁本《四库全书》，严格按照原书分册分函、版式大小，加以影印。2005年，商务印书馆将文渊阁本《四库全书》影印出版。

（2）台北文海出版社影印武英殿本

1970年，台北文海出版社将《西域图志》列为《中华史地名著丛刊》影印出版。据考证，该版字体、版式、内容均来自武英殿本。

（3）西北文献丛书影印武英殿本

1990年，兰州古籍书店影印出版的《中国西北文献丛书·西北稀见方志文献》第五十八卷收录《西域图志》，版本源流属武英殿本。

此外，1986年、1991年，天津古籍出版社、江苏广陵古籍刻印社分别出版影印本《西域图志》。

6.校注本

钟兴麒、王豪、韩慧的《西域图志校注》，共611页，2002年由新疆人民出版社出版。《西域图志校注》以清光绪十九年（1893）杭州便益书局《钦定皇舆西域图志》石印本为底本进行校勘，将繁体字改为简化字。虽然存在个别文字错讹、标点不当和正文与注文相混的问题，但从总体说，这部校注的《西域图志》，其学术性、实用性和资料价值较高，为西域民族史和地方史研究提供了便利。本课题研究以该校注本为主要用书。

二、版本比对

1. 编排比对

《西域图志》版本编排存在着差异，如下表：

表4–1 《西域图志》各版本编排差异

版本 次序	殿本	文渊阁 四库全书本	石印本	铅印本	校注本
1			四库提要		钦定四库全书提要
2	序	序	序	序	序
3	谕旨	谕旨	谕旨	谕旨	谕旨
4	凡例	凡例	凡例	凡例	凡例
5	开列诸臣名衔		开列诸臣名衔	开列诸臣名衔	开列诸臣名衔
6	总目	总目	总目	总目	总目
7		提要			
8	《钦定皇舆西域图志》卷首一目录	天章		《钦定皇舆西域图志》卷首一目录	恭录天章总目
9	《钦定皇舆西域图志》卷首	天章总目	天章总目	《钦定皇舆西域图志》卷首	《西域图志》卷首
10	《钦定皇舆西域图志》卷首一	《钦定皇舆西域图志》卷首一	天章一分目录	《钦定皇舆西域图志》卷首一	《西域图志》卷首一

由上表可知，原本在抄入文渊阁《四库全书》时做了调整，取消了“开列诸臣名衔”，增设“四库提要”，在“谕旨”后添加《御制大宛马识语》一文。铅印本体例安排与殿本一致；便益书局石印本沿用武英殿本，篇首增加了“四库提要”和“天章总目”。校注本将几种版本对照并对体例

进行了全面增补，是体例最完备的版本。

2.内容核校

《西域图志》在翻印过程中，存在着文字的衍、倒、讹、脱等现象。谨列两表举例对比如下：

表4-2 版本对比举例（一）

范例＼版本	文渊阁四库本	殿本	石印本	铅印本	校注本
例一	是今安西州本境，兼有汉时冥安、源泉、广至三县地也。（《西域图志》卷八《疆域一·安西州治》）	是今西安州本境，兼有汉时冥安、源泉、广至三县地也。（《西域图志》卷八《疆域一·安西州治》）	是今西安州本境，兼有汉时冥安、源泉、广至三县地也。（《西域图志》卷八《疆域一·安西州治》）	是今西安州本境，兼有汉时冥安、源泉、广至三县地也。（《西域图志》卷八《疆域一·安西州治》）	是今安西州本境，兼有汉时冥安、源泉、广至三县地也。（《西域图志校注》卷八《疆域一·安西州治》）
例二	于阗，顺帝永建六年遣侍子诣阙贡献。（《西域图志》卷三十四《贡赋·和阗》）	于阗，顺帝永建六年遗侍子诣阙贡献。（《西域图志》卷三十四《贡赋·和阗》）	于阗，顺帝永建六年遗侍子诣阙贡献。（《西域图志》卷三十四《贡赋·和阗》）	于阗，顺帝永建六年遗侍子诣阙贡献。（《西域图志》卷三十四《贡赋·和阗》）	于阗，顺帝永建六年遣侍子诣阙贡献。（《西域图志校注》卷三十四《贡赋·和阗》）
例三	遣犯，乾隆二十七年派二百五十名，三十二年增一百名，现三百五十名。（《西域图志》卷三十二《屯政一·镇西府》）	遣犯，乾隆二十七年派二百五十名，三十二年增一名，现三百五十名。（《西域图志》卷三十二《屯政一·镇西府》）	遣犯，乾隆二十七年派二百五十名，三十二年增一名，现三百五十名。（《西域图志》卷三十二《屯政一·镇西府》）	遣犯，乾隆二十七年派二百五十名，三十二年增一名，现三百五十名。（《西域图志》卷三十二《屯政一·镇西府》）	遣犯，乾隆二十七年派二百五十名，三十二年增一百名，现三百五十名。（《西域图志校注》卷三十二《屯政一·镇西府》）

上例反映出石印本、铅印本均以殿本为底本，质量明显低于文渊阁《四库全书》本。

表4–3　版本对比举例（二）

版本 范例	文渊阁四库本	殿本	石印本	铅印本	校注本
例一	野特库斯，在阿尔沙图西三十里。（《西域图志》卷十三《疆域六·伊犁西路》）	野特库斯，在阿尔沙图西三十里。（《西域图志》卷十三《疆域六·伊犁西路》）	特库斯，在阿尔沙图西三十里。（《西域图志》卷十三《疆域六·伊犁西路》）	野特库斯，在阿尔沙图西三十里。（《西域图志》卷十三《疆域六·伊犁西路》）	野特库斯，在阿尔沙图西三十里。（《西域图志校注》卷十三《疆域六·伊犁西路》）
例二	始熟经于庚戌之艰者，咸惧蹈辙，惟大学士忠勇公傅恒见与朕同，而新附诸台吉则求之甚力。（《西域图志》卷首一《天章一·平定准噶尔告成太学碑文》）	始熟经于庚戌之艰者，咸惧蹈辙，惟大学士忠勇公傅恒见与朕同，而新附诸台吉则求之甚力。（《西域图志》卷首一《天章一·平定准噶尔告成太学碑文》）	始熟经于庚戌之艰者，咸惧蹈故辙，惟大学士忠勇公傅恒见与朕同，而新附诸台吉则求之甚力。（《西域图志》卷首一《天章一·平定准噶尔告成太学碑文》）	始熟经于庚戌之艰者，咸惧蹈辙，惟大学士忠勇公傅恒见与朕同，而新附诸台吉则求之甚力。（《西域图志》卷首一《天章一·平定准噶尔告成太学碑文》）	始熟经于庚戌之艰者，咸惧蹈故辙，惟大学士忠勇公傅恒见与朕同，而新附诸台吉则求之甚力。（《西域图志校注》卷首一《天章一·平定准噶尔告成太学碑文》）
例三	三十六年收获七分三厘（《西域图志》卷三十二《屯政一·哈密》）	三十六年政获七分三厘（《西域图志》卷三十二《屯政一·哈密》）	三十六年政获七分三厘（《西域图志》卷三十二《屯政一·哈密》）	三十六年政获七分三厘（《西域图志》卷三十二《屯政一·哈密》）	三十六年收获七分三厘（《西域图志校注》卷三十二《屯政一·哈密》）

由上表可以看出，诸本各有优劣，大体石印本错讹较多。如例二中石印本、校注本“咸惧蹈故辙”，他本无“故”字。查《四库全书》别集类清高宗《御制文集》初集卷十九，其《御制平定准噶尔告成太学碑文》曰“咸惧蹈辙”，与文渊阁《四库全书》本、殿本同，则二本之“故”字为以意误增者。“野特库斯”句，石印本脱“野”字，亦见其制版之不慎。校注本是在几种版本的基础上做出的修正校订，纠正了诸版本的某些讹误，是

相对准确的本子。

3. 校注本存在的瑕疵

我们说校注本相对准确，并不是说其毫无瑕疵。

第一，该本有脱漏。文渊阁本卷前除《御制序》、七道《谕旨》、两份《进书表》外，还有《御制大宛马识语》一篇，约400字，校注本却未收，不知何故。

第二，该本存在文字错误和标点不当。如该书卷前乾隆二十七年（1762）傅恒等《进书表》，“司天无间于星躔月窟”[①]之“窟”字，实“朏”字之误。该书卷首一第6–8页的《开惑论》，仅第6页前13行中就存在错字和标点不当各两处。错字，第一处是该文第5行“乃告于臻成大夫之席”的“告”字，文渊阁《四库全书》本《西域图志》和《御制文集初集》卷三该文皆为“造”字。从文义看，显然后者为正。第二处在第12–13行“如何如何，果不出吾所讶，亟罢是役，祸庶少辑”。文渊阁《四库全书》本《西域图志》和《御制文集初集》卷三该句在“亟罢是役”前多一“宜”字，为“宜亟罢是役”。从语气看，显然后者更佳，校注本佚一“宜”字。标点问题，第一处在第3行“因仿四子讲德之遗意，作开惑论”，作为文内自称其文章的标题《开惑论》，不应不加篇名号。第二处在第9–10页“无何，阿逆叛，群凶应，如蜩如螗，曰枭曰獍，断驿掳牧，奋臂以逞一二只行野宿者，或致戕其身命”，该句将“奋臂以逞一二只行野宿者”连读，则意为这一二只行野宿者有的自己戕杀自己的生命，显然不当。应该将“者”字后边的逗号移至“以逞”下，将“一二只行野宿者或致戕其身命”连读，其意则成为这些叛匪奋臂以逞，若有个别野行夜宿的，就可能被他们杀害，意思是否更顺？

第三，其注释也存在某些不当。如该书卷一第57页的《图考（一）》“聚米”注释为“指划形势之意”。其实该典故出自《后汉书·马援传》，在光武帝亲征隗嚣时，马援“又于帝前聚米为山谷，指划形势，开示众军所从道

①钟兴麒等校注：《西域图志校注》卷前《初稿进书表》，新疆人民出版社，2002年，第4页。

径往来，分析曲折，昭然可晓。帝曰：‘虏在吾目中矣！’”[①]显然，“聚米”就是用米粒制作立体地形图的意思，“指划形势”是引申义，不是本义。

第二节　体例分析

一、门类的确定

地方志，是以行政区域为单位，记载一地各方面情况的综合性著作，是一地的全史。中国古代的地方志，创体于魏晋南北朝，宋以后开始盛行，明清则成为制度。雍正间曾颁布每六十年各地修志一次的制度。自上而下，有一省之“通志”，有“府志”“州志”“郡志”“厅志”“县志”，以至“场志”“乡志”“镇志”等。地方志内容广博，对该地区上至天文、星野，下至山川地理，中及人事关系、建置沿革、军政要事、人物典故、古迹名胜、风俗民情、文献著作、物产矿藏、田亩水利、人口、民族、宗教寺庙几乎无所不包。

体例，就是该方志区别于其他著述的整体表现形式，主要是如何分门别类，以更好地反映和容纳地方各方面的历史和情况。体例是志书编纂的“纲”，全书的撰述、内容的安排都必须以之为准绳。故而，我们评价一部志书，其体例的得失与特点，是一个很重要的方面。作为西域地方的全史《西域图志》，受到乾隆皇帝的极端重视，不断给予指示，为之撰文，而且集中一批学有专长的学者和官员从事撰述，故而其体例不仅吸纳了当时方志撰述的诸多优点，而且有许多独创的体例，体现了乾隆时期地方志撰述的皇家水平。

门类是任何一部地方志体例的主要表现。《西域图志》的分类在吸收前代省级通志分类的同时，根据西域特点，前后有过不少的变动，反映了该书撰修者对体例反复斟酌的独特匠心。

为此，我们将《西域图志》初稿的门类和定稿的门类，列表进行对比，

---

①［南朝］范晔著：《后汉书》卷二四《马援传》，中华书局，1965年，第834页。

以分析《西域图志》定稿门类的特殊之处。《西域图志》初稿的门类，系据《国朝宫史》[①]所列，定稿的门类则来自文渊阁《四库全书》所列。

表4–4　《西域图志》初稿、定稿门类比较表

初稿	1 天章	2 图考	3 列表	4 分野	5 疆域	6 山	7 水	8 官制	9 兵防	10 屯田	11 贡赋	12 语言	13 字书	14 音乐	15 服物	16 风俗	17 土产	18 外藩		
定稿	1 天章	2 图考	3 列表	4 晷度	5 疆域	6 山	7 水	8 官制	9 兵防	10 屯政	11 贡赋	12 钱法	13 学校	16 音乐	17 服物	15 风俗	18 土产	19 藩属	14 封爵	20 杂录

以《西域图志》初稿与定稿比较，由初稿的18门，定稿增为20门，更改名称和内容的，由“分野”改为“晷度”，使地理位置的确定更为科学与准确。“屯田”改称“屯政”，更精准地体现了西域屯田的政治和军事作用。“语言”和“字书”两门被删，其内容则分布于“杂录”之准噶尔部和回部之中，对于西域这样一个少数民族地区来说这样做显然更有利于表现各民族文化的特点。“外藩”改为“藩属”，准确地体现了西域“归化”诸族，既有归清廷直接统治的哈萨克等民族，也有地处域外真正外藩的霍罕、爱乌罕、布哈尔等。新增“钱法”“学校”“封爵”和“杂录”四门，体现了清廷加强对西域统治的经济、文化措施和民族政策、民族状况。从中可以窥知，该书初稿撰写时虽已经过了十分慎重的酝酿设计，而至增纂定稿间，又经过了比较重大的修改。

从定稿编排体例中可以看出，《西域图志》在保存史料的同时，更注重传播西域的基本信息。所以在总共52卷之中，卷首天章、疆域、晷度、图考、山、水共占了33卷，清朝对新疆治理措施的内容，官制、兵防、屯政、贡赋、钱法、学校、封爵、藩属占了13卷，风俗、音乐、杂录共4卷。体例安排上侧重对新疆基本状况、治理政策和措施的记述，反映了作者对西域治理的全面认识。

---

① ［清］鄂尔泰、张廷玉等著，左步青校点：《国朝宫史》卷三〇《书籍九 · 志乘》，北京古籍出版社，1987年，第600–601页。

二、体例特点

《西域图志》体例，从总的方面来说，是分别门类辅以图表的综合体地方志。归纳其体例，一是首列“天章”，收录乾隆皇帝的相关论说和诗歌；二是以图和表分列全域各地的山川形势和历史演变沿革；三是分路详述西域各属的地名、历史记载，并进行认真考订；四是分路详述西域各地山脉、河流的位置、源流、特点、历代记载，并进行考证；五是以官制、兵防、屯政、贡赋、钱法、封爵诸门记载清廷加强新疆管理的诸项特殊措施；六是以风俗、音乐、服物、土产、藩属、杂录诸门记载西域独特的民族构成、民族历史、民族文化和地域特产。

但是，要弄清《西域图志》体例的特点，还必须与其前同类地方志进行比较。从本质上来说，《西域图志》是一部省级地志，按雍正间规定，应该称为“通志”。为此，我们挑选了雍正十二年（1734）撰成的《陕西通志》与《西域图志》定稿的门类，列表进行对比，以分析《西域图志》定稿门类的特殊之处。雍正《陕西通志》我们选择的是文渊阁《四库全书》史部地理类本，《西域图志》定稿的门类则来自文渊阁《四库全书》所列。

表 4–5　《陕西通志》与《西域图志》门类比较表

陕西通志	1 星野	2 建置	3 疆域	4 山川	5 城池	6 公署	7 关梁	8 封爵	9 职官	10 贡赋	11 学校	12 祠祀	13 选举	14 兵防	15 驿传	16 屯运				
	17 水利	18 盐法	19 茶马	20 物产	21 风俗	22 祥异	23 帝系	24 名宦	25 人物	26 陵墓	27 古迹	28 经籍	29 纪事	30 德音	31 艺文	32 拾遗				
西域图志	1 天章	2 图考	3 列表	4 晷度	5 疆域	6 山	7 水	8 官制	9 兵防	10 屯政	11 贡赋	12 钱法	13 学校	14 封爵	15 风俗	16 音乐	17 服物	18 土产	19 藩属	20 杂录

以雍正《陕西通志》与《西域图志》定稿门类比较，我们发现《西域图志》体例还有以下特点：

第一，书名直接标示其体例为文图本。《陕西通志》虽然也有大量图谱，却遵循朝廷规定，自称为“通志”。《西域图志》不用“通志”之通名，显其霸气，别出心裁地在书名中增一“图”字，不仅恢复了中古将地志称为“图经”（如隋《冀州图经》）“图志”（如唐《西域图志》）的真义，更明确说明书的体例是有文有图的文图本。

第二，门类简要不繁。分门较多，是清前期各省通志的共同特征，《陕西通志》将全书分为32门类。而《四库全书》同类所收雍正至乾隆初撰成的省志，如《浙江通志》54门，《福建通志》30门，《湖广通志》正附44门[①]，《山东通志》62门，《山西通志》40门，《甘肃通志》36门，《四川通志》49门，《广东通志》35门，《云南通志》30门。相形之下《西域图志》的20门可谓简而又简了，当然，这可能与西域历史虽然悠久，资料却十分缺乏，有一定关系，但更反映了编撰者的价值取向，是摒弃烦琐，追求简单明快。

第三，将分野、星野门，改为晷度，用西方的经纬技术定位西域各地的准确位置，更具科学性，显示《西域图志》编撰者对西方先进科学测量定位技术的肯定。分野、星野是历代地方志皆有的门类，指与天际之十二星次相对应的某地域的定位。但编撰者通过长期与钦天监任职的西洋人的交往，以及自己的艰苦学习，掌握了用经纬仪测定地理位置的方法，认识到“分野之说，空虚揣测，依据为难”[②]，故而改设晷度门，经过科学测量，确定西域各重要地点距北极的纬度，与距京师的经度，为西域各地的坐标进行了科学定位。

第四，一些门类虽然名称相同或相近，其实质却与内地省志有很大不同。例如《陕西通志》中的职官门，《西域图志》改为官制门。前者主要记载全省各地历代所设官职，以及担任各官职的人名名录。后者则主要记载乾隆平定准部、回部后在各地所设官职及其品级和员额，只是用按语的形式，回顾当地历代设官任职的历史，极为简略。这是因为，西域地区自汉以来，多数王朝实行羁縻统治，主要以民族首领管理地方，朝廷只是派少量官员号令监守而已。要想详细回溯西域历代官职及其任职人员是根本不

①含正本分门及附目分门，下同。

②钟兴麒等校注：《西域图志校注》卷前《凡例》，新疆人民出版社，2002年，第6页。

可能的。故而《西域图志》以主要篇幅记载乾隆时期清廷在西域的设官分职制度，探讨加强对西域管理的经验。

第五，《西域图志》的特殊门类设计体现了西域地区历史、民族与文化特点。“钱法”“音乐”“藩属”诸门的设计，都是一般省志中没有的，它们都基于西域地区特殊的经济、文化和民族背景，是编撰者经过深刻思考后的门类设计。

第六，《西域图志》更注重历史考证，以求西域历史、民族、地理、文化之真实。西域地区历代记载相对于内地各省来说真是少而又少，即使有限的历史记载也多非作者亲自经历或采访所得，而是辗转获得的二三手资料，其中难免语焉不详、鱼龙混杂，甚至有张冠李戴、鲁鱼亥豕之误，若不加考证，就难以撰出真实有价值的西域地志。从《西域图志》来看，编撰者极为重视历史、地理和民族的考证，其所绘西域各地地图竟直接标为“图考”门，说明其中每一图都是经过精心考证的，而卷前在乾隆皇帝的几则关于该书撰写的谕旨之后，就是乾隆皇帝所撰《御制大宛马识语》这样一篇考证哈萨克族与汉大宛国关系的文字，实际上就是要以此文作为全书撰述时的示范。我们阅读此书时，发现书中几乎每一卷甚至每一节都有考证，每遇一地名，都是遍引古籍记载，考其来龙去脉和名称演变。如敦煌县下“古玉门关”条载：

> 古玉门关，在呼鲁苏台西南党河之西，东距敦煌县治一百五十里，汉武帝时置。关外有五峰，为赴车师，前庭及疏勒之道，所谓北道也，关今无存。①

其下引用了以下古代史书的相关记载：

> 《汉书·西域传》东则接汉，厄以玉门、阳关。《地理志》龙勒县，有玉门关。《元和志》玉门故关，在龙勒县西北一百八十里。《唐书·地

①钟兴麒等校注：《西域图志校注》卷八《疆域一》，新疆人民出版社，2002年，第172页。

理志》寿昌，西北有玉门关。[1]

其下加按语，对汉玉门关的方位进行了考证：

汉龙勒县有玉门关、氐置水。氐置水，即今党河。则党河之在龙勒县地，玉门关之近党河可知也。《肃州新志》："玉门关外有三断山，石极大，世谓之三陇山，今党河西有三断山，应即三陇山。"则党河西之为玉门关外又可知也。又汉班超《疏》言："不敢望到酒泉郡，但愿生入玉门关。"酒泉郡，即今玉门县地，在党河东七百六十里。超当时自疏勒东归，先由玉门而后至酒泉，语意亦合。五代高居诲《使于阗记》："肃州渡金河西百里出天门关，又西百里出玉门关。"是即玉门县西关，距酒泉郡仅二百余里。又土尔番有玉门口，或谓即玉门关。旧舆图谓玉门关近伊犁，两说远近大殊，皆与古传志方隅形势不合，未足为据也。[2]

按语在上述古籍记载的基础上，将汉玉门关定位在党河西，再引用相关古籍记载，指出诸书所言，或可证明上说，或则为不可据。

《西域图志》的编撰体例，表现出该书意旨高远、设计精致、内容丰富、文辞审慎，从而成就了18世纪中期一部真正的皇家盛籍。

第三节　主要内容

《西域图志》全面记述了西域历史、社会、文化，主要内容可概括为三个方面。

一、地理

对本地区地理的记载是任何一部地方志的重要内容。所谓地理既包括

①钟兴麒等校注：《西域图志校注》卷八《疆域一》，新疆人民出版社，2002年，第172页。

②钟兴麒等校注：《西域图志校注》卷八《疆域一》，新疆人民出版社，2002年，第172页。

自然地理，也包括历史地理，以及现行行政地理三个方面。自然地理是指一地山水江湖等等地貌情况的分布，历史地理指一地各个历史时期的政区疆域、民族变迁、经济生产布局等，行政地理是指一地当时实行的政区划分等。

《西域图志》中对西域自然地理、历史地理和现行行政地理的记载，既有专篇也相互融合。书中属于自然地理的有《疆域》12卷、《山》4卷、《水》5卷，合计3门21卷。主要属于当代行政地理和历史地理的有《图考》3卷、《列表》2卷、《晷度》2卷，合计3门7卷，另外，《封爵》《贡赋》《藩属》《杂录》中也含有部分属于民族变迁方面的内容。总体看，专属地理方面的内容有6个门类28卷，占全书卷数和字数的58%。其分量之大，记载之清晰详尽，承载的丰富地理元素和政治内涵，显示了清朝统治者对西域疆土的极端重视，是借《西域图志》的编纂，为清廷对西域的治理和对边界的管控服务，以留下一份西域地理的科学资料。

《西域图志》记载了自嘉峪关起至当时西域全境山川河流的名称、地理方位、地形地貌及历史典故。如卷九《疆域一》所记安西北路之哈密属星星峡：

> 星星峡（互见山）：星星峡，地以峡名，在格子烟墩东南二百八十里，西北距哈密城四百九十里。自格子烟墩东南行一百五十里为苦水，又东南行八十里为沙泉子，又东南行五十里至此。为哈密东南境，接安西州界。雍正十三年，征准噶尔出师于此。修涂转饷，有民人杨可禄修路碣记。①

短短百字，将西域东境星星峡这一重要峡口的异名、方位，与附近地名的距离，以及历史和碑碣记载得明明白白。其后还附有“杨可禄修路碣记”之文，记载了当年清军自此出师民众踊跃修路转运军饷的盛景。

《西域图志》还记载了西域各地的府、州、县、军镇、城堡集市以及村落的位置、设置沿革、历史遗迹及典故等。如卷五《列表二》天山南路之“阿克苏表”：

①钟兴麒等校注：《西域图志校注》卷九《疆域二》，新疆人民出版社，2002年，第180页。

表 4-6　阿克苏沿革表

	阿克苏	雅哈阿里克西南至塔里木谓斯腾
西汉	温宿国(治姑墨城,王莽时并入姑墨)	姑墨国(治南城,王莽时杀温宿王并其国)
东汉		姑墨国(后并入莎车)
三国	温宿国(属龟兹)	姑墨国(属龟兹)
晋		
北魏	温宿国(后属龟兹)	姑墨国(后属龟兹)
周		
隋	龟兹国地	
唐	温府州(一曰于祝,又曰温肃州)	姑墨(一曰跋禄迦,入唐置和墨州)
五代		
宋		
元	巴什伯里地	巴什伯里地
明	巴什伯里地	巴什伯里地

按:《后汉书》疏勒国东北经尉头、温宿、姑墨、龟兹至焉耆,而未为温宿立传。《前汉书》云,王莽时姑墨国王杀温宿王并其国,疑温宿于后汉时尚为姑墨所并,至三国而其国复立也。又温宿、姑墨、尉头、疏勒、莎车、于阗诸国,不著于《晋书》,即所载焉耆、龟兹二国,亦无兼并他国之文。《周书》自焉耆、龟兹、于阗三国以外,纪载未备,故自阿克苏以西,晋周二代多缺。①

一表一按语,将清时之阿克苏的建置沿革、历代记载和属辖讲得清清楚楚。

二、军政设置

机构　乾隆统一西域后,在新疆东部汉族人口较多的地区实行府州县

①钟兴麒等校注:《西域图志校注》卷五《列表二》,新疆人民出版社,2002年,第138-139页。

制，在新疆南部维吾尔族聚居地区沿袭伯克制，在新疆北部游牧民族地区实行扎萨克制。这些情况在二十九、三十两卷中进行了集中记载，并记述了州府设置沿革。

军备 西域初定，驻军担负着维护社会与国家领土安全的重任。《西域图志》在卷三十一《兵防》门中记载了清朝在西域驻军的情况。如所记哈喇沙尔驻军情况："哈喇沙尔，驻防绿旗马步兵七百四十五名。乾隆二十四年，初驻八百十七名。三十年裁一百名。三十二年裁十二名。三十五年裁五十名。三十八年增一百名。三十九年裁十名，如今额。由陕西甘肃省除派，隶参将辖。"[①]虽为纯粹的数据，驻军的裁增却反映了当地治安形势的演绎。该门附有台站卡伦，以记载邮驿台站和哨所卡伦的情况。对西域来说，其卡伦既设在边防沿线，也设在军事冲要处所，前者实际上标示了18世纪中期清朝的西部边境线，后者设在和田、哈密、吐鲁番等地方说明了这些地方在经济、军事等方面的重要。

屯田 自西汉以来，历代王朝都在西域设立屯田，以供给过往人员及驻地军政人员，更以这些亦军亦农的人员作为稳定地方的重要力量。《西域图志》三十二、三十三《屯政》两卷记载了历年屯田管理机构、亩数、人数、种植的作物及历年收成情况。以奇台县古城屯田点为例："古城，屯田一万二千一百亩。乾隆三十七年置八千亩。三十八年增四千一百亩，如今额。管屯游击、千总、把总各员，系古城本营专辖。屯兵五百五十名。乾隆三十七年设四百名。三十八年增一百五十名，如今额。土宜小麦、豌豆。"[②]

这么详细的清代屯田数据，极具研究价值。

三、民族及其文化

西域地区历来是少数民族聚居的地区。清代当地主要居住有维吾尔族、

①钟兴麒等校注：《西域图志校注》卷三一《兵防》，新疆人民出版社，2002年，第436页。

②钟兴麒等校注：《西域图志校注》卷三三《屯政一》，新疆人民出版社，2002年，第451页。

蒙古族、哈萨克族、柯尔克孜族等少数民族。清统治者对此有清醒的认识，故而在《西域图志》中以大量篇幅记载了当地少数民族及其文化。卷三十九《风俗》，卷四十《音乐》，卷四十一、四十二《服物》，卷四十三《土产》，卷四十四、四十五、四十六《藩属》，卷四十七、四十八《杂录》都是专门的西域民族及其文化的记载。而卷首四卷《天章》，卷八至卷十九《疆域》，卷三十《官制二》，卷三十七、三十八《封爵》也都有涉及西域少数民族及其文化的内容。

《西域图志》不仅详细地记录了西域地区各民族的分布、居地、特征、生产、生活，而且包括各民族的历史演变、世系传承、宗教信仰、道德法规、风俗文化、语言文字等，展现了极为丰富的西域多民族社会历史画卷，有许多资料系当时编撰者或官员亲自采访调查所得，弥足珍贵。例如卷四十四《藩属一》所记“左部哈萨克”，按语：

> 《汉书·西域传》，乌孙东与匈奴、西北与康居、西与大宛、南与城郭诸国相接。西北与康居接，西面北面皆与康居接，故不别言北与某接也。今之回部，为天山以南城郭诸国。今之准噶尔，在天山北，南与回部接，为汉乌孙。而左部哈萨克，在准噶尔北。迤逦西行，至右部哈萨克，与塔什罕接，连延二千余里。偏西北行，则为后哈萨克。是哈萨克全境，当准噶尔西北两面，此正《汉书》所云乌孙西北与康居接者。其在于今，当兼左、右哈萨克而言也。[①]

通过对《汉书·西域传》乌孙位置的考证，准确地指明乾隆时西域诸族的居住地域，即回部（维吾尔）主要居住于天山以南，准噶尔（蒙古）主要居住于天山以北，准噶尔之北是左部哈萨克，准噶尔之西是右部哈萨克，其西北为后哈萨克。再如卷四十七《杂录一》“准噶尔部·世系”，记载绰罗斯属从第一世孛汗至第十八世策妄多尔济那木札勒的世系，以及杜尔伯特、和硕特、土尔扈特诸部自一世至当时之十余世的世系，都是研究准噶尔蒙古史不可多得的资料。

---

①钟兴麒等校注：《西域图志校注》卷四四《藩属一》，新疆人民出版社，2002年，第568页。

第五章
《西域图志》对西域历史、地理和经济的梳理

《西域图志》在历史上第一次为我们钩稽出西域地区悠久的历史、记载了天山南北辽阔而美丽的山河土地和丰富的物产，其创建之功极为突出。

第一节　西域历史地图和历史沿革

西域地区历来没有自己的地图和贯通古今的历史记载。正如《西域图志》卷一所言："维西域古称绝徼，史籍荒邈。好博者不过胪举人物怪异，以为侈谭，无裨实用。"①作为首部朝廷修撰的西域地方通志《西域图志》，毅然承担了钩稽西域地区历史和绘制西域历史地图的任务。

一、绘制了十二幅西域历史地图

《西域图志》卷三《图考三》为"历代西域图"，在历史上第一次绘制出西域地区自西汉至明朝的12幅历史地图，加上该门卷一之"皇舆全图"和"西域全图"，不仅构成了自有历史记载以来西域地区上下一千八百年的地图，为后来西域历史地理图像的制作和检索奠定了基础，而且对西域疆域的构建和后代对西域诸地名的考证提供了极为形象和经过考订的地图

①钟兴麒等校注：《西域图志校注》卷一《图考一》，新疆人民出版社，2002年，第57页。

资料。

《西域图志》的作者们依靠什么绘出了这么系统的西域历史地图？首先是乾隆二十一年（1756）和二十五年（1760）至二十六年（1761）的两次用西方科学方法对西域90多个测量点的经纬度、时刻、晷度、北极高度、东西偏差及昼夜节气等的测定，为绘制当时西域地图提供了精确数据。这两次西域测量的情况，笔者已经在第二章第二节有所论述，书中载：

> 我皇上缵承前烈，宏启新疆，准噶尔部、回部并入昄章，分命臣工，乘传履勘，方舆晷度并得诸目击身亲。远近翔实，订证旧图，务俾无苗发爽。进御之日，宸章宠冠。自此冰天火州与腹地川原，同登指掌矣。①

该书就是利用这两次测量的西域地图按比例缩小绘制而成，不仅直观地显示了西域地理，也为绘制西域历史地图提供了科学的蓝本。其次，乾隆时期曾经要求西域各位驻防大臣在各自辖区进行地理勘测，绘制其辖区地图。这种地图填补了两次西域测绘地图的地理空隙，提供了各个具体地方的地形地貌及方位距离，为《西域图志》撰述者在考证古籍中的地名地貌记载时提供了重要的参考。再次，凭借乾隆皇帝和撰述诸人对西域历史地名的考证。这些考证几乎散见于全书，尤以卷四卷五列表为集中。

通过研究，撰述者发现："历代史传考西域者，莫详于汉唐。而道里远近，则班《传》②尤备。东自玉门，西讫葱岭，天山南北诸国方位较然。三国以还，虽诸部强弱、分并不一，而疆圉之广狭可推。若其山水形势，则古今莫之能易也。"据之，"兹绘历代西域图，其周袤大概以皇舆西域为准，自两汉以下，得图共十有二。定其山川方位，次其列国相距道里，率权舆《汉书》及历代正史。虽沿革靡常，而崖略可睹。此二万余里中，考诸前代，多有风教不通之境。虽汉唐之经营开置，而或仅遣使一至，或但遥设州府。其间时绝时通，总不入幅员之内。爰摭前史统论西域之大略，附诸

---

①钟兴麒等校注：《西域图志校注》卷一《图考一》，新疆人民出版社，2002年，第57页。

②指《汉书·西域传》。

篇末以资考证云”[①]。总共十二幅西域历史地图，皆以当时清朝的西部疆域为界，具体说，每图东边起自通往西域要道的玉门县，西边则以葱岭作为历代西域的西部疆界。这一系列历史地图证明，自伊犁往西，直到巴尔喀什湖以东以南一百多万平方公里的地方历来都是中国的领土，彰显了乾隆帝及撰志臣僚们强烈的国家疆域意识。

十二幅西域历史地图绘制十分精细。我们试将其中的“前汉图”与《中国历史地图集》第一册西汉“西域都护府”图相比较，发现自玉门关、阳关往西，其南道，自鄯善（楼兰）起，若羌、小宛、且末、精绝、戎卢、扜弥、于阗、渠勒、皮山、莎车、西夜、子合、依耐、蒲犁、乌秅、难兜、罽宾、大月氏诸国鱼贯而列，南道西逾葱岭尚有大宛、安息、休循、捐毒诸国，两图所绘完全一致。其北道，由车师前王庭沿北山、波河往西，车师后王、卑陆、郁立师、东且弥、西且弥、劫国、危须、且末、焉耆、单桓、乌贪訾离、蒲类、乌垒、渠犁、捷支、龟兹、姑墨、温宿、尉头、疏勒诸国上下左右排列，往北尚有乌孙、康居等大国，两图所绘基本相同。

从十二幅西域历史地图中，我们还能了解到古代各王朝对西域地区控制的情况，大体两汉、三国、北魏、唐、元控制较为严密，而晋、北周、隋、五代、宋、明则控制不够，不少地方王朝未曾设治。由此可见，西域地区的稳定或者说国家对西域地区的控制，与国家的强盛和政局安定有直接关系。

卷三之末，还有《历代西域图说》之文，以三千余字的长文，通过对自《史记·大宛传》张骞通西域后历代对西域的控制与治理情况的叙述，撰写出一篇系统的自西汉至明代西域地方与中原王朝的关系史，并总结道：

> 统观历代经营西域之迹，大率详于山南而略于山北。如汉之都护校尉，唐之四镇，俱在山南。犹且户口不登于天府，贡赋不入于司农，聊示羁縻之方，曾无开置之实。至山北诸境，汉张骞仅获一履其地。唐虽遥置都督诸州，亦复名存实去。有元西北疆域稍广，然考《元史·西北

①钟兴麒等校注：《西域图志校注》卷三《历代西域图说》，新疆人民出版社，2002年，第118页。

地附录》，纪载弗详，规为未备。惟我圣朝德业鸿远，举从古未抚之西域全境，井牧其地，而冠裳其民，设官定赋，与赤县神州相比埒。是不惟创建非常之原，而大荒以西，不啻鸿蒙之开辟矣。岂非极覆帱之无外，为旷古所莫及者欤。①

在赞颂乾隆皇帝统一西域之功的同时，对历代王朝控制西域的情况进行了总结，由之，我们更深切地认识到西域地区对大一统中国发展和进步的极端重要性。

二、列表钩稽了西域的政区历史

一般地方志都有“建置”“沿革”二门，前者用以记载该地域范围内历代王朝设置的各种郡县州府之类的各级行政区域机构，后者用以记载各地历代设置的兴废变化。西域的情况与内地不同，且不说历代对西域地区的记载有详有略有真有讹，甚至有许多地方的建置沿革缺而不载，加上中央王朝对西域地区的管理历来与内地不同，虽偶有郡府州县的设置，更多却是依其俗而治，也就是说主要是利用地方（民族）首领，实行自治。故而，自西汉起，西域有所谓在西域都护管理下的三十六国。而当中央王朝对西域失控时，西域则成为各民族首领争相建立的或大或小的政治实体。基于西域的这种历史状况，《西域图志》不设“建置”“沿革”门，而是以“列表”门，通过严格的历史考证，将西域地区划为安西南路、安西北路、天山北路、天山南路和藩属五大块，列表记载各地的历代所属及其沿革。正如《西域图志》卷四《列表·序》云：

若西域之于中土，通绝不常，且有从古未被声教者。史家纪载荒略，率传而不谱。故自两汉以来，二千余年之沿革，即博雅之士，征信无由，矧在耳佣目僦者哉。班《志》纪三十六国，某国某治，距长安几千几百里，宜可寸寸而度，不失累黍。而驿使取道纡回，译言茫昧，历代足迹未至。承讹袭舛，一经核实，凿枘纷如，下此又无论已。洪惟我

①钟兴麒等校注：《西域图志校注》卷三《历代西域图说》，新疆人民出版社，2002年，第120页。

皇上戡定西域，建设府州县，自昔絜爽圜昧之区，分疆别界，几与内地形势相埒。因得详其端委，用《皇朝一统志》十九省之例表之。若两汉而下，都护所治，校尉所居，为详悉分注。李唐遥置都督诸州府，虽名号空存不归版籍，亦与附登，用资考证。且以见我朝之中外一轨，悉入幅员之内，实为旷古所未有也。①

在此，我们不能不佩服《西域图志》的作者们根据西域历史实际情况想出的应变之法。

《列表一》安西南路下“安西州属表”，除敦煌县西境外的色尔腾海和噶斯二地今分属青海和新疆外，其余都在今之甘肃酒泉市境，虽说其考订对敦煌等地历史地理的讨论颇有帮助，在此却不必再加论说。

《列表一》安西北路下有三表，即“哈密属表”“镇西府属表”和“迪化州属表”。“哈密属表”分列哈密和星星峡历代建置或所属，如哈密西汉称为匈奴呼衍王庭，东汉称为匈奴伊吾卢地。“镇西府属表”包括宜禾县和奇台县两栏，奇台县唐代为“金满县地，隶北庭都护府。初为处月部，入唐为金满州。贞观十四年设县”②。校注者认为“金满城在今新疆吉木萨尔县城北12公里处。今新疆奇台县应为唐蒲类县，今奇台县东北有唐朝墩古城，或即蒲类县治”③。似《西域图志》所云不当，但并不影响该书价值。“迪化州属表”分列迪化州、昌吉州、绥来州、阜康县四栏，我们从中可以看出，当今新疆维吾尔自治区的首府乌鲁木齐市，早期并无建置，元代为回鹘五城，清乾隆二十年（1755）建迪化城，三十八年（1773）设州。

《列表一》天山北路下有四表，即“库尔喀喇乌苏路表”“塔尔巴噶台路表”“伊犁东路表”“伊犁西路表”。“库尔喀喇乌苏路表”仅有库尔喀喇乌苏一栏。“塔尔巴噶台路表”有塔尔巴噶台、雅尔、纳林和博克、额敏、

①钟兴麒等校注：《西域图志校注》卷四《列表一》，新疆人民出版社，2002年，第122页。

②钟兴麒等校注：《西域图志校注》卷四《列表一》，新疆人民出版社，2002年，第127页。

③钟兴麒等校注：《西域图志校注》卷四《列表一》，新疆人民出版社，2002年，第127页。

斋尔、额尔齐斯六栏。“伊犁东路表”有伊犁、空格斯、哈什、裕斯都斯、登鲁勒台五栏。“伊犁西路表”有自和尔郭斯哈讨至巴勒喀什淖尔南岸、自库鲁图至古尔班萨里、自库尔萨尔至什巴尔图和硕、自萨勒奇图至和尔究、自英噶尔至伯得里克、额得墨克、塔拉斯、萨尔巴噶什八栏。由“伊犁东路表”和“伊犁西路表”知伊犁东西路自西汉至北魏初一直是乌孙国地，而西域史中闻名遐迩的赤谷城和西突厥统叶护可汗王廷则在塔拉斯。

《列表二》天山南路下有“辟展表”“哈喇沙尔表”“库车表”“赛喇木表”“阿克苏表”“乌什表”“喀什噶尔表”“叶尔羌表”“和阗表”九表。“辟展表”含辟展、纳呼、鲁克察尔、哈喇和卓、招哈和屯、勒木丕、连木齐木、雅图库八栏。“哈喇沙尔表”列哈喇沙尔、察罕通格、哈勒噶阿璊、策特尔、额尔勾郭勒北岸、玉古尔六栏。“库车表”含库车、沙雅尔两栏。“赛喇木表”含赛喇木、拜两栏。“阿克苏表”有阿克苏、雅哈阿里克西南至塔里木谔期腾两栏。“乌什表”仅乌什一栏。“喀什噶尔表”列喀什噶尔、英噶萨尔、阿喇楚勒、叶什勒库勒四栏。“叶尔羌表”列叶尔羌、裕勒阿里克、库克雅尔、塔克布伊、皮什南、塞不勒克、喀尔楚七表。“和阗表”列额里奇、皮什雅、克尔雅以东、苏格特、巴尔呼都克五表。其按语云：“西域前代诸国，分并更置称名不常。惟和阗为古于阗，则自汉讫明无异，尤堪征信。《元史》虽缺纪载，然明于永乐间入贡，则其国存于元代可知矣。”[①]该结论是撰述者经过艰苦考证才得出的。

《列表二》藩属下有“左右哈萨克部表”“东西布鲁特部表”“安集延玛尔喀朗霍罕那木干诸部表”“塔什罕部表”“拔达克山博洛尔布哈尔诸部表”“爱乌罕痕都斯坦巴勒提诸部表”共六表。其按语云：“外藩诸部，史传纪载多有未备。仅就史书中有据者书之，而别详其说于传。其无据者略。”显示该书撰者实事求是的著史态度。“左右哈萨克部表”含东、西哈萨克两栏，该地汉晋为康居国地，隋唐时东为康国与黠戛斯地，西为石国地。“东西布鲁特部表”含东、西布鲁特两栏，汉时东为乌孙国地，西为休循、捐

①钟兴麒等校注：《西域图志校注》卷五《列表二》，新疆人民出版社，2002年，第142页。

毒国地。“安集延玛尔喀朗霍罕那木干诸部表”含安集延、玛尔喀朗、霍罕、那木干，汉晋为大宛附属国地。“塔什罕部表”该部汉位于康居、大宛国之间，隋唐为安国地。“拔达克山博洛尔布哈尔诸部表”含拔达克山、博洛尔、布哈尔三栏，该地前两地汉代为乌秅国，后者为难兜国。“爱乌罕痕都斯坦巴勒提诸部表”含爱乌罕、痕都斯坦、巴勒提三栏，两汉前者为大月氏国，后二者为罽宾国。

以上诸表为我们提供了经过严谨考证的西域各地历代政区地理的基本情况。虽然其中不无误判，但其西域地理考证的筚路蓝缕之功，在历史地理学史上无疑是极为突出的。

三、详细统计了西域各族人口

传统农业社会的中国，历来重视对各地人口的统计。清朝统治者平定准部和回部叛乱，确立了对西域的统治以后，所做的一项重要工作就是对当地人口的统计。

《西域图志》卷三十三《屯政二》中附录了自嘉峪关以西西域各地人口的统计数据。①

表5-1　西域人口表

州府	县	民户		回民/维吾尔		准噶尔/蒙古		遣犯为民	
		户	口	户	口	户	口	户	口
安西州	安西州	2041	26821						
	敦煌县	2405	29520						
	玉门县	1498	14144						
哈密				1950	12163				
镇西府	宜禾县	697	2596						
	奇台县	1994	6824						
迪化州	迪化州	3496	16631						

①诸数据采自《西域图志校注》卷三三《屯政二·户口附》，第461-464页。

续表5-1

州府	县	民户		回民/维吾尔		准噶尔/蒙古		遣犯为民	
		户	口	户	口	户	口	户	口
迪化州	昌吉县	4332	19734						
	绥来县	2252	7624						
	阜康县	4350	18405						
伊犁	伊犁	71	209	6406	20356	5538	20610		244
	博罗塔拉						827		
	裕勒都斯						11219		
	和博克萨里						2863		
	古尔班济尔噶朗						2863		
	古尔班晶库色木什克						1359		
	哈布齐垓						3115		
	辟展			2937	10373				
	哈喇沙尔			1130	5390				
	库车			1112	4260				
	沙雅尔			673	1898				
	赛喇木			500	1627				
	拜			563	1735				
	阿克苏			7506	24607				
	乌什			822	3158				
	喀什噶尔			14056	66413				
	叶尔羌			15574	65495				
	和阗			13642	44603				

我们知道，《西域图志》撰成于乾隆四十七年（1782），卷三十二、三十三《屯政》门所载各屯点“收获”最迟为乾隆四十二年（1777）；表中所

收之地名镇西府、迪化州皆设于乾隆三十八年（1773）；而伊犁三支土尔扈特部人于乾隆四十二年（1777）迁往塔尔巴噶台，书中伊犁和塔尔巴噶台人口数字重复收录。依此，《西域图志》所收西域各地户口的统计时间，我们将其大体定于乾隆四十三年（1778）。

此外，根据《藩属》门的记载，还可以推断出哈萨克、布鲁特等族的户口数据。哈萨克分左、右二部，二部皆“地广人稠”，却无具体人户数据。但有乾隆二十二年（1757）左部汗阿布赉以兵三万助清军剿阿睦尔撒纳的记载。古代游牧部落是全民皆兵制，亦即每户至少应该有一人可以外出参与打仗，则左部哈萨克至少应有3万户。上表中亦为游牧民族的准噶尔部有一个5538户20610人的数据，其人户比为1∶3.72。依此比例计算，左部哈萨克人口约为15万。右部哈萨克有两玉兹，其中一部曾出兵三万助擒反叛的阿睦尔撒纳，另一部不明，另一部以10万人口计，则左部有25万人，全哈萨克人口约为40万。布鲁特分东、西二部，东布鲁特有五个部落，其中的三个部落即有6000户，加上另外两部落总户数应在7000户以上，因该部为农牧兼有，其户均人口按3.8算，其人口约为3万。西布鲁特人数为20万。[①]则布鲁特东西部总人数为23万。

以上统计中，民户为23106户142508口，回民66871户262078人，准噶尔40047人，哈萨克40万，布鲁特23万，另有遣犯为民244人，诸项合计1074877人。若除去本属甘肃的安西、敦煌、玉门三地人口70485人，则乾隆四十三年（1778）前后清朝管理下登记的西域地区总人口为1004392人。

以上统计中的民户主要指汉族，也包括或原居或由内地迁来的回族等，不包括在西域贸易未曾落籍的行商；回民指维吾尔族；准噶尔系蒙古族；布鲁特即柯尔克孜族。表中准噶尔人只统计了原居住伊犁等地的土尔扈特、和硕特等部人，是不完全的，也不包括驻防西域的满、蒙古、锡伯、索伦、

---

①此数据见《西域图志校注》第576页。但《清高宗实录》卷五九六“乾隆二十四年九月庚申”条，中华书局，1986年，第647页，则言西布鲁特“布哈尔以东我等二十一万人”，两数据略有差距，我们取20万之数。

察哈尔诸族兵及其家属的人数。故而，这1004392人只是部分统计的人口而已，清乾隆间西域实际的人口数应该更多。

在这些人口中，农业人口有民户72013人、回民（维吾尔族）262078人、布鲁特的农业人口算4万人，遣犯为民244人，农业人口总数为374335人，占西域统计总人口的约37%，全区登记的牧业人口总数为630057人，占西域统计人口总数的约63%。另外，民户的户均人数为6.17，大于古代传统五口之家的数值。回民（维吾尔族）的户均人数为3.91，与古代民族家庭人口的数值大体相符。准噶尔（蒙古族）数据中，按户、口皆全数据计算，其户（帐）均人数为3.72，可能代表了古代牧业家庭人口的大体数值。

从所附户口资料的说明可以看出，清朝统治者在乾隆年间就曾有意在西域进行移民。当时的移民主要有如下几种情况：一是由内地及西域东部地区招募来屯田的农户。“为屯兵驻守，招集回部及甘州民户，分地而居。而于乌鲁木齐、昌吉、罗克伦、伊犁诸处，计亩耕作，盖屯垦之丁男，即西域之户籍也。”[①]二是在战后招徕回原地的居民。如“回部虽村城络绎棋布星罗，几于烟火相望。然辟展左右，其居民先经避患，空城内徙。全部归诚后，于辟展、哈喇和卓、托克三、哈喇沙尔诸处，亦如准噶尔部之移民开屯，渐归殷庶”[②]。三是将伊犁河谷一带适宜农耕地带的准噶尔部民迁移到塔尔巴噶台等草原游牧，而将天山南部的回户、民户以及朝廷遣犯总计20809人迁来耕种。[③]

这些人口数据的统计，对中国古代人口史和民族史的研究有重大价值。

①钟兴麒等校注：《西域图志校注》卷三三《屯政二》，新疆人民出版社，2002年，第461页。

②钟兴麒等校注：《西域图志校注》卷三三《屯政二》，新疆人民出版社，2002年，第461页。

③钟兴麒等校注：《西域图志校注》卷三三《屯政二》，新疆人民出版社，2002年，第461-462页。

第二节 西域地理考察

西域，无论从自然地理或人文地理来看，都是一个相对独立的地理单元。“三山夹两盆”的自然地理环境，天山横亘新疆中部，又将其分割为两大区域，即天山南部地区和天山北部地区。在汉代时已于乌垒（今轮台）、龟兹（库车）设立都护府，代表西汉王朝对巴尔喀什湖以东、以南及帕米尔高原地区进行管辖。以后各代均在西域设官管辖，并在一些地方实行与内地相同的郡县制。隋代在新疆设立了鄯善、且末、伊吾等郡。唐代在庭州（吉木萨尔）、龟兹（库车）分别设北庭和安西两都护府，北庭都护府管辖天山北路和巴尔喀什湖广大地区，安西都护府管辖天山南路和帕米尔广大地区。元代在西域设哈喇汗国和别失八里等行中书省、宣慰司、元帅府。明末清初，南疆地区被叶尔羌汗国控制，北疆地区在准噶尔部的统治下。清乾隆中期（1759）以后，天山南北始纳入清朝版图，清廷开始在新疆行使统治权。《西域图志》对当时西域的地理范围做了说明：“其地在肃州嘉峪关外，东南接肃州，东北直喀尔喀（蒙古），西接葱岭，北抵俄罗斯，南接番藏，轮广二万里。”[①]《西域图志》的这一记载，大体上反映了当时西域的疆域范围。但东西边界的表述有误：一是“东接肃州”。历史上，西域一直是指阳关、玉门关以西地区。只是明代闭关以后，放弃了嘉峪关以西的管理，“嘉峪关外，并称西域”[②]。康熙五十七年（1718）后，清廷陆续在酒泉西部的玉门、瓜州、敦煌设立赤斤、靖逆、柳沟、安西、沙州等卫，行使管辖权。打败噶尔丹以后，对西域门户哈密也进行了有效管辖。也就是说，康熙时期西域地理范围的东界已经恢复到了明代以前的阳关、玉门关以西。具体边界，应该是现甘新交界处的星星峡。二是“西接葱岭”。乾隆平定西域后，葱岭地区全部归清政府管辖。“西接葱岭”的表述显然不仅

①钟兴麒等校注：《西域图志校注》卷一《图考·西域全图说》，新疆人民出版社，2002年，第6页。

②申时行著：《明会典·西戎上》卷一〇七，中华书局，1998年，第5793页。

把葱岭划到了西域之外，而且把葱岭划到了中国国界之外。

一、以晷度定西域各地理单元的准确位置

“晷度”门对诸路各个城镇居民点或重要地理单元所处的地理位置都做了详细测量描述，为我们提供了18世纪中叶西域诸地理单元的准确方位。尤其是藩属哈萨克、布鲁特、霍罕、安集延、塔什罕、拔达克山、博洛克、布哈尔、痕都斯坦、巴勒提诸地晷度的记载，说明清朝的地理勘测人员曾亲至这些地方进行测量，表明了清王朝对诸地的管属。

安西南路有嘉峪关和安西州属，后者包括安西州治、柳沟堡、新瓜州、古瓜州、马莲井、玉门县治、惠回堡、靖逆城、昌马河源、敦煌县治、党城、噶斯。如敦煌县位于“北极高40度12分，距京师偏西21度37分。夏至昼长59刻7分，夜长36刻8分。冬至昼长36刻8分，夜长59刻7分。午日正景，夏至长3尺，冬至长2丈零2寸2分，春秋分长8尺4寸5分”[①]。

安西北路有哈密属、镇西府属和迪化州属。哈密属包括哈密城、哈喇都伯、星星峡、塔勒纳沁、半池泉、额什墨、南山口。镇西府属有镇西府治、宜禾县治、木城、松树塘、图古里克、哈喇和屯、噶顺、奇台县治、木垒、乌兰乌苏、古城、哈布塔克、拜塔克。迪化州属有迪化州治、昌吉县治、罗克伦、绥来县治、阳巴勒噶逊、安济哈雅、阜康县治、济木萨。按语云：“迪化州境，为乌鲁木齐旧壤，属准噶尔东境。由是西行，尽天山以北之库尔喀喇乌苏路、塔尔巴噶台路、伊犁东西路，属准噶尔西境，入版图后，命臣工挈仪器往测，列入舆图宪书，用垂久远。是编所载，则按地分纪，倍为详密云。”[②]说明迪化在西域的战略位置。

天山北路有库尔喀喇乌苏路和塔尔巴噶台路。前者有库尔喀喇乌苏、晶河、察罕拜甡。后者有塔尔巴噶台城、雅尔、乌兰呼济尔、额敏、纳林

---

①钟兴麒等校注：《西域图志校注》卷六《晷度一》，新疆人民出版社，2002年，第149页。

②钟兴麒等校注：《西域图志校注》卷六《晷度一》，新疆人民出版社，2002年，第150页。

和博克、克特和博克、纳木、淖尔、斋尔、额尔齐斯。

伊犁东西路有伊犁、空格斯、哈什、裕勒都斯、登努勒台、烘郭尔鄂笼、哈喇塔勒、额得墨克、塔拉斯。

天山南路有辟展属、哈喇沙尔属、库车属、赛喇木属、阿克苏属、乌什属、喀什噶尔属、叶尔羌属、和阗属。辟展属有辟展城、塔呼、洪、鲁克察克、土尔番、招哈和屯、伊拉里克。哈喇拉沙尔属有哈喇沙尔城、楚辉、库陇勒、玉古尔、沙山北麓。库车属有库车城、托和鼐、赫色勒郭勒入乌恰特达理雅处、额什克巴什、沙雅尔城、托伊博罗多、布古斯孔郭尔郭。赛喇木属有赛喇木城、赫色勒、哈喇乌苏、拜城、叶伊勒干。阿克苏属有阿克苏城、伊勒噶齐、乌朱玛、哲尔格哲克得。乌什属有乌什城、色帕尔拜、素衮。喀什噶尔属有喀什噶尔城、鄂什、阿喇古、赫色勒布伊、英噶萨尔、托璞鲁克、叶什勒库勒。叶尔羌属有叶尔羌城、巴尔楚克、库克雅尔、萨纳珠、都洼、阿克阿里克、塞尔勒克、喀尔楚。和阗属有额里齐、玉陇哈什、哈喇哈什、车呼、塔克、克尔雅。[①]

藩属有左部哈萨克客斯腾城、右部哈萨克、东布鲁特、西布鲁特、霍罕、安集延、塔什罕、拔达克山斡罕城、博洛克、布哈尔、痕都斯坦、巴勒提。[②]

二、系统记载了西域山脉

以往的地理著作，因作者无法实地勘测，故而所记西部诸山多有误讹。清乾隆间统一西域后，通过实地调查和文献考证，《西域图志》“山”门以四卷篇幅，将西域诸山大体整理为南山山脉、天山山脉和北天山系列，将诸山走向及支脉位置予以准确记述，提供了西域诸山的新知识。

安西南路，西域南山由葱岭分出，中经西域之叶尔羌、和阗南，至安

①钟兴麒等校注：《西域图志校注》卷七《晷度二》，新疆人民出版社，2002年，第156–161页。

②钟兴麒等校注：《西域图志校注》卷四四《藩属一》、四五《藩属二》、四六《藩属三》，新疆人民出版社，2002年，第563、569、574、576、577、579、581、583、586、588、593页。

西州向东，跨肃州、甘州、凉州境，为河西南山。其支脉东南向青海，东入岷州界，经渭水之南而东，为武功、太白、太乙诸山，东北一支则到达太华，都是南山一脉所分。[①]此外，玉门县北有绵亘两百余里的金山，县南为红山，县城东有宽台山。安西州东有尖山、青山。敦煌县东有悬泉山，为南山之支峰。东南有三危山、鸣沙山，也是南山的支峰。县北有三陇山，县西南有龙勒山，县西有红山。以上属于安西州。

安西北路，哈密东南495里有星星峡，其北为塔勒纳沁鄂拉（“鄂拉”，蒙古语为山）、雅尔玛罕山，西南有必柳鄂拉，西北有塔什达巴（“达巴”，蒙古语为岭），东南有库舍图岭，再西北是阿勒扎嘎勒山，其支峰名鄂什奇鄂拉，又名独子山。再西有和洛图岭、乌可克岭、哈套山。哈套山东有察罕哈玛尔山，再东为阿达尔干山，再东为库克托木岭。山脉自哈套山东行，为察罕哈玛尔山，再东为阿达尔干山。库克托木岭北有必济山，东北为阿济山，西北为哈布山。[②]

横贯西域的天山山脉，又被称“祁连”“雪山”“白山”“折罗曼山”。由葱岭分出天山山脉，自喀什噶尔之北，迤东而行。经乌什、阿克苏、库车、哈喇沙尔、辟展之北，又东行入镇西府界，至塔勒纳沁而止，东西绵亘三千余里。该山脉层峰叠嶂，随地异名。其最著者，东为喀克沙勒山，又东为萨瓦布齐山，又东为木素尔山，又东为汗腾格里山，又东为纳喇特山。又东北为额布图山，又东为哈屯博克达山。又东南为阿拉癸山。又北为博克达山。山北自额布图山分支西北行，至库陇奎、格登诸山。自镇西府境分支东北又折而西北至阿勒坦山。托来达巴西有额得墨克岭，岭西的博克达山，为天山最高峰。天山山脉在乌鲁木齐东南为托克喇山，西北为哈屯博克达山，其南为多木达都哈布齐垓郭勒，东南为古尔班多博克山，

①钟兴麒等校注：《西域图志校注》卷二〇《山一》，新疆人民出版社，2002年，第305页。

②钟兴麒等校注：《西域图志校注》卷二〇《山一》，新疆人民出版社，2002年，第311-313页。

西北为额林哈毕尔噶山。①

天山北路，在镇西府西北境之哈布山西有拜塔克山，北有哈喇莽奈山。额尔济斯河东北有古尔毕岭，西北有库尔图岭，再西北为阿勒坦山（即阿尔泰山）。阿尔泰山东有乌可克山，山西有阿拉克山，南有博克达乌鲁罕山，西南有萨尔巴嘎什岭。该岭南有古尔班奇喇山，往西有阿尔察克山，西南有朱尔库朱山，西北有塔尔巴噶台山，山脉相连，为准境北屏。迪化州城西北为巴尔巴什山，北有通古斯巴什山。昌吉县西南为雅玛里克山，该山西为巴彦哈玛尔山，再西为博罗哈玛尔山，再西为奇喇图鲁山，再西为阿尔噶里图山。额布图山西北为哈喇古颜山，再西为博罗布尔噶苏山，其南为阿布拉勒山。②

天山南路，辟展北境有金岭，即火焰山，系天山分支。山脉自迪化州东镜之托克喇山，东出为都鲁岭，经吐鲁番城北，东至辟展四百余里。辟展南为苏巴什山，其西为纳林奇喇山，再西为博罗图山，哈拉沙尔城北为楚辉山，其西为海都山。库木什阿克玛山西南为额格尔奇塔克。哈喇沙尔南屏是沙山，西南是库陇勒山。海都郭勒西为达兰岭，西北为拜拉克山，再西为乌什噶克山，再西南为哈喇库尔山。爱呼木什山西是库克纳克岭。赛喇木城南是布里博克济山。葱岭，又名为极疑山，在天山西南与南山会合处，为西域西境之屏障。③

三、详细记载了西域河流湖泊

《西域图志》的撰修者，对西域河流湖泊情况进行了深入研究，发现西域河流与内地江河有四大不同：其一，“内地之水东流就下，而西域之水则东西并流者也”；其二“内地之水堤防宣泄兼赖人功，而西域之水则高下浮

①钟兴麒等校注：《西域图志校注》卷二一《山二》，新疆人民出版社，2002年，第316-319页。

②钟兴麒等校注：《西域图志校注》卷二二《山三》，新疆人民出版社，2002年，第325-331页。

③钟兴麒等校注：《西域图志校注》卷二三《山四》，新疆人民出版社，2002年，第340-345页。

沉专凭地势者也”；其三“内地之水深浅有定，而西域之水则时因冰雪消融成渠、冬夏盈亏者也”；其四“内地之水土地坚韧伏流鲜少，而西域之水则渗入沙碛，或伏或现，发之无常时，出之无常候者也”。由此认为对西域河流湖泊的水必须利用和防患并举，“不惟资以利用，抑且划为地险，襟带绝徼，古而然矣”。①

该书“水”门以五卷篇幅，详细考察和记载了西域的诸水系河、水、泉、池、湖。在西域民族语言中，河称郭勒，大河称达里雅，水称乌苏，泉称拉克，池、湖称淖尔、库勒。

书中，安西南路记载了白杨河等13条河流，火烧沟等2条沟，赤金湖等6个湖泊，悬泉等7眼泉。安西北路记载了图尔库勒等6条河流，赛巴什湖等3个湖泊，鞭杆泉等23眼泉水。天山北路记载了察罕乌苏等48条河流，鄂伦淖尔等12个湖泊，多伦布拉克等29眼泉。天山北路二记载了哈什郭勒等49条河流，巴勒喀什淖尔等6个湖泊，图尔根布拉克等17眼泉。天山南路记载了土尔番郭勒等39条河流，乌恰特达里雅等4条大河，敖尔他克齐鄂斯腾8条溶成之河，哈喇乌苏等4条水，罗布淖尔等11个湖泊，伊兰布拉克等6眼泉。从中，我们可以得知西域各地何处多河流，何处多山泉，何处多湖泊，以便更好地利用和保护西域丰富的水资源。

《西域图志》对罗布淖尔与黄河源的关系进行了考证。罗布淖尔即罗布泊，在今新疆若羌县境，古籍中又称蒲昌海、泑泽、盐泽等，其面积曾达3000平方公里，今已干涸。该书描述，乾隆中期的罗布泊“周回五百里，旁有小洲数十。西域之水，莫此为大”②。在《山海经》《汉书》《水经注》诸书中都称：“其河有两源：一出葱岭山，一出于阗。于阗在南山下，其河北流，与葱岭河合，东注蒲昌海。蒲昌海，一名盐泽者也，去玉门、阳关三百余里，广袤三百里。其水亭居，冬夏不增减，皆以为潜行地下，南出

①钟兴麒等校注：《西域图志校注》卷二四《水》，新疆人民出版社，2002年，第351页。

②钟兴麒等校注：《西域图志校注》卷二七《水四》，新疆人民出版社，2002年，第391页。

于积石，为中国河云。”[①]唐杜佑《通典》对蒲昌海潜流等河源说进行讨论，言“穷究诸说，悉皆谬误”，指出“宁有今吐蕃中，河从西南数千里向东北流，见与积石山下河相连。聘使涉历无不言之，吐蕃自云：昆仑山在国中西南，则河之所出也”[②]，认定河源在吐蕃境内的昆仑山。元世祖命都实为招讨使，由河州往西南，经过四个月跋涉，找到真正的河源是星宿海，称：“河源在土蕃朵甘思西鄙，有泉百余泓，沮洳散涣，弗可逼视，方可七八十里，履高山下瞰，灿若列星，以故名火敦脑儿。火敦，译言星宿也。”[③]“于是河水潜行之说不复取信于后人”。《西域图志》按语：“臣等恭读圣祖训谕，黄河之源出西宁边外库尔坤山之东，众泉涣散，不可胜数，望之灿如列星。蒙古谓之敖敦他拉，西番谓之梭罗木，中华谓之星宿海，是为河源。又云，梵书四大水出于阿耨达山下，有阿耨达池。以今考之，意即冈底斯，是唐古特称冈底斯者，犹云众山水之根，与《释典》之言相合，诚可谓昭若发蒙矣！谨考，冈底斯在葱岭西南，西藏之西，山势连延委折，东北接葱岭，东南属库尔坤地，当天下之脊。而山皆一脉所分，则所谓河源者，或随山东南下，而发于库尔坤；或随山东北走，而发于葱岭、于阗。其发于库尔坤者，东行至积石山；其发于葱岭、于阗者，亦东行至蒲昌海潜行地下，而会于积石山，同流入中国，为河源。此其较然可见者。……杜佑、欧阳忞、潘昂霄之说，徒以其所及见者执此一隅，概彼全局，有如东面而不见西墙者矣。”[④]不仅坚持蒲昌海潜行入中国说，而且将河源推至与喜马拉雅山平行的冈底斯山，言黄河由冈底斯山发源，向东南流则发于库尔坤，东行至积石山，由冈底斯山向东北流，至葱岭、于阗东行至蒲昌

---

①［汉］班固著，［唐］颜师古注：《汉书》卷九六《西域传上》，中华书局，1962年，第3871页。

②［唐］杜佑著：《通典》卷一七四《州郡四·风俗》，中华书局影印商务印书馆十通本，1984年，第924页。

③［明］宋濂等著：《元史》卷六三《地理六·河源附录》，中华书局，1976年，第1564页。

④钟兴麒等校注：《西域图志校注》卷二七《水四》，新疆人民出版社，2002年，第392页。

海，潜行至积石山，两水相会，而成为人们所说的黄河。殊不知，一则潜流说毫无依据，如今罗布泊干涸，黄河浪涛依旧就是明证；二则由冈底斯山向东北流之水，因地势关系，只能流到云南、四川、缅甸、泰国，不可能流到北边的积石山。现代地理科学调查早已否定了清康熙、乾隆关于黄河源于冈底斯的说法①，黄河之源在青海省巴颜喀拉山北麓、雅拉达泽山以东的约古宗列曲，河源之水行进至星宿海一带，因地势平缓，河面骤然展宽，流速也变缓，从而形成大片沼泽和众多的湖泊。由此我们不能不说，《西域图志》对罗布泊与黄河源的论断，是其一大失误之处。

第三节　西域经济研究

为了开发和发展西域的需要，清乾隆间，对西域地区的经济生产和地方物产进行了充分的调查研究。在《西域图志》中，将西域地区划分为传统农业区和牧业区，记载了丰富的西域经济地理资料。

一、关于西域经济状况的梳理

一般地方志都有“土产”和“贡赋”二门，前者主要记载地方的物产，后者重点记载地方的赋税和进贡的特产。《西域图志》虽然也分设有此二门，却赋予了与内地不完全相同的内涵。因为西域地区并不完全是传统的农业区，还有相当大的牧区，况且当地又是少数民族占较大比重的地方，古代朝廷对少数民族的管理，重点不在于从该民族获得更多经济和物资的利益，而是希望其承认朝廷对民族地方的所有权，成就“万方来朝”的盛世局面。清朝平定西域反叛以后，各民族首领争相“输租请吏，惟恐尺土不隶职方，一夫不登齿版，一丝一粟不入内府，即自外于生成覆载者”。为此，乾隆皇帝考虑到当地遭受多年的兵燹，为了疏解百姓的困难，而“酌

①乾隆四十八年撰成《钦定河源纪略》三十六卷，卷首有“上谕”及《御制河源诗》，坚持其说。

盈剂虚，取足供军屯之费而止”，“属八纮于扃闼，抚异类如赤子”，使西域各族百姓欢欣鼓舞，“《周官》九畿之制，实未足以赅之，又何有于汉唐以下哉”。①

乾隆朝的地方官员和驻军首领对西域各地的经济状况、土地所宜、农牧业生产、物产和特产进行了充分的调查和研究。正如《西域图志》中记载的：

> 方今大化翔洽，群生蕃祉，辟振古之狉榛，昭维新之景物。凡属夭乔飞走，跂行喙息，石韫而川含者，向皆盲晦于穷荒绝徼之中，一旦荷圣主之煦妪覀幪，莫不欣欣自爱，露采呈英，以效灵而献瑞。迩时伊犁鹫鹫之鸟，乌梁海俊鹘之骢，以及和阗之玉，叶尔羌之木瓜、安石榴等，莫不驿致禁庭。而奇石蜜石，嘉种鲜闻，并获移植上林，宠题篇什。虽在微物，亦会逢夫奇遇焉。于是为之称名辩物，类情别性，纤悉无遗，胥登铅椠。②

《西域图志》这样写，既为在农业区征收租税提供根据，也为安抚和控制各少数民族提供资源，更为地方开发、屯田寻找路数。

《西域图志》全面研究了西域各地的经济状况和物产特产，以横亘中部的天山为准，将西域划分为两大经济区。一是天山以南以汉族和回部（维吾尔族）居住区为代表的农业区，二是天山以北以准噶尔部（蒙古族）为代表的牧业区。指出两大经济区的主要特点是：“天山以南，回部居之，风气柔弱，有城郭，土田良沃，人习耕种”，“天山以北，准噶尔部居之。人皆强悍，逐水草，无城郭”。③

通过研究，《西域图志》的撰述者认识到两种不同经济生产方式，造成西域不同民族性格的强弱及其压迫关系，称：“回部诸国多有城郭，而土著

---

①钟兴麒等校注：《西域图志校注》卷三四《贡赋》，新疆人民出版社，2002年，第466页。

②钟兴麒等校注：《西域图志校注》卷四三《土产》，新疆人民出版社，2002年，第549页。

③钟兴麒等校注：《西域图志校注》卷一《图考一》，新疆人民出版社，2002年，第61页。

颇亟三农之务，每当麦禾成熟时，苦准夷侵轶，约输粟而服属焉。征发期会，惟其所使。夫是故准夷常强，回部常弱，准夷恒役夫回部，回部恒属于准夷，此积威约之渐也。”[①]这一认识，已经接近历史唯物主义关于经济基础和上层建筑关系论的边缘。

二、关于西域农业区经济的记载

西域的农业经济区主要在天山以南，另外天山以北包括伊犁一带，也有土肥水沃而适宜从事农业生产的地方。在西域各地从事农业生产的有原居当地的汉族、回族等，回部（维吾尔族），还有内地招募来的屯民，以及朝廷的遣犯等。

西域农业经济地区“地宜五谷、桑麻、香枣、蒲萄”[②]。书中载：

> 山南诸回部，有城郭宫室，故居处有恒。有沟塍陇亩，故田作有时。男识耕耘，女知纺织。《汉书》言自且末以东，皆种五谷，由今观之，不异于古所云也。耕织之外，多善商贾。故西域贾人，自西土以及傍近诸国，无不至。回俗以豕性昏形秽，忌不食。喜从高处放雕鹘，其人谓之鹘师赤云。[③]

是说西域回部人主要从事农业生产，同时也善于经商，还从事狩猎活动。

乾隆年间，在西域各地原有农耕地区之外，提倡和组织居民开荒垦田，扩大种植面积。如乾隆三十七年（1772）招募安插民户到奇台、木垒等地垦田，仅奇台一地至乾隆四十年（1775）已有熟田73495亩。[④]鉴于回部人

①钟兴麒等校注：《西域图志校注》卷三九《风俗》，新疆人民出版社，2002年，第510页。

②钟兴麒等校注：《西域图志校注》卷三二《屯政》，新疆人民出版社，2002年，第451页。

③钟兴麒等校注：《西域图志校注》卷三九《风俗》，新疆人民出版社，2002年，第515页。

④钟兴麒等校注：《西域图志校注》卷三四《贡赋》，新疆人民出版社，2002年，第468页。

习种植，而准部地无耕植，乾隆时曾迁移回部人到准部伊犁河谷，从事农业生产。《西域图志》称："我皇上于生成一体之中，立因地制宜之法。始则移回部之人民，理准疆之塍畎，嗣是农功日辟，赋役有经。不惟山南习耒耜之勤，即山北亦有口分之业，不数年来蔚成都会。"[①]

西域农业区种植的粮食作物，主要有小麦、大麦、黍、稷、高粱、糜、青稞等，以及一定量的稻谷。乾隆时，为了供给来往使节和民族首领，在阿克苏引种了叶尔羌的稻谷，《西域图志》载道：

> 阿克苏稻田，于乾隆二十六年，经办事大臣以地当孔道，供支往还星使，及内附藩臣，有酌宜筵宴处，需用稻米，请于叶尔羌运籽试种。自二十七年为始，每岁收获盈余，运交乌什粮员，配给官俸，数取足用而止，与他处讲求地利博资民用者不同也。[②]

据记载，乾隆二十七年（1762）在阿克苏播种稻田150亩，当年就有收获，到乾隆四十一年（1776），已可收获三十七分二厘。

西域农业区种植的豆类有豌豆、扁豆、小豆、绿豆等，经济作物有胡麻、菜子、棉、麻等，蔬菜瓜果有茄、瓠、红萝卜、白萝卜、野葱、黄芽韭、西瓜、甜瓜、石榴、苹果、木瓜、梨、樱桃、杏、柿、核桃、李子、葡萄（长、圆、绿色等多种）、桃、枣、桑椹、秦椒、胡椒、姜等，畜禽有马、驴、骡、羊、牦牛、骆驼、狗、雕、海青、鸽、鸭、鸡、鹅等。

书中称当地："有草焉，沿地蔓为藤，花红白，子细而扁圆，可煮食，亦可饲马，其名曰叶斯穆克。有草实如茧，中丝如细纩，名为克颇斯，国人取织以为布。"[③]前者实即苜蓿，后者当指棉花，两者都是西域沿丝绸之路东传至中原的重要农作物。查考《西域图志》，全书竟无一处提及种植苜蓿者，不知乾隆君臣为何不识大名鼎鼎的苜蓿。

---

①钟兴麒等校注：《西域图志校注》卷三四《贡赋》，新疆人民出版社，2002年，第470页。

②钟兴麒等校注：《西域图志校注》卷三三《屯政二》，新疆人民出版社，2002年，第461页。

③钟兴麒等校注：《西域图志校注》卷四三《土产》，新疆人民出版社，2002年，第553页。

西域所产绿葡萄，“味倍甘，无核”，即无籽葡萄。因为无籽，所以要用压条法繁殖。据称绿葡萄系数百年前由数千里外的布哈尔引种到叶尔羌来的。乾隆皇帝曾命人从叶尔羌取绿葡萄的枝条，在禁苑种植，得以成活并结出葡萄，十分高兴，遂《御制奇石密食》诗，称赞：“枝叶蝉封献者同，碧琉璃颗独中空。采条移植上林茂，结实颁餐造物功。欲笑酦醅歌太白，直疑崖蜜咏坡翁。本来无子根何托，鸡卵谁先辩岂穷。”①

西域的桑椹也颇为特别，“其桑椹实大而味厚，名裕珠玛，可佐粮储，无子者名沙图特”。乾隆皇帝称赞西域桑椹道：“衹传乌白原恒有，讶见丹红实出奇。诡异宁同尺以计，硕魁直比寸犹欺。迎眸磊落诚轩意，可口甘芳孰朵颐。鲜进凤闱欣远奠，熟颁鹭序沐恩滋。衔残漫拟樱桃诮，解热奚劳甘蔗随。”②据说，当年清军平定回部叛乱时，沿途的桑树结满了桑椹，其味之甘甜、其果实之大远过内地的桑椹，于是军营中将采来的桑椹用以佐餐，还采摘了大量的桑椹晒干，作为军粮储备，“至今传为盛事”。

西域农业区的矿产资源丰富，有黄金、白金、红铜、铅、铁、水银、硇砂、硫黄、硝等。硇砂、硫黄、硝产天山中，是重要的军需物资，是可制造火药的原料。而所产金刚钻，名阿勒玛斯，百炼不消，可以切玉。若羌所产和阗玉古今闻名，书中载：

> 玉名哈什，产和阗南山者为最良。河出山中为玉河，有绀黄青碧元白数色，小者如拳，大者如枕，因名其河为哈什库勒。土尔番北山高崖下，白石成堆似玉，状若人骨，文缕明析，颜色光润，质轻脆而不可握，相传为罗汉灵骨，以近似名之而实非也。③

书中收录乾隆皇帝所撰赞颂和阗玉的诗作就有六篇之多，真是罕见。

①钟兴麒等校注：《西域图志校注》卷四三《土产》，新疆人民出版社，2002年，第553页。

②钟兴麒等校注：《西域图志校注》卷四三《土产》，新疆人民出版社，2002年，第553页。

③钟兴麒等校注：《西域图志校注》卷四三《土产》，新疆人民出版社，2002年，第555页。

三、关于西域牧业区经济的记载

西域从事畜牧业的民族，主要是准噶尔（蒙古族）人，还包括布鲁特人和哈萨克人等。所谓“山北准部，为乌孙、突厥旧俗，逐水草，无城郭”，“哈萨克处西域之西北境，其地辽旷绵邈，鲜城郭宫室，畜牧为业，寇钞为资”，“东西布鲁特，附天山葱岭而居，言语服饰与山南诸部异，逐水草事游牧”。[①]

对西域牧区的牧业经济，《西域图志》载：

准噶尔……不尚田作，惟以畜牧为业。择丰草绿缛处所，驻牙而游牧焉。各有分地，问富强者，数牲畜多寡以对。饥食其肉，渴饮其酪，寒衣其皮，驰驱资其用，无一事不取给于牲畜。……达官贵人，夏日食酪浆酸乳麦饭，冬日食牛羊肉谷饭。贫人但饮乳茶，亦足度日。……性喜射猎，第持弓彀矢，罕有巧力胜者。喜放雕鹘，恒择高处就下放之。其居处夏择平原，冬居暖谷，无恒所。[②]

放牧和狩猎是天山以北诸民族赖以生存的基础，天山以北的畜牧狩猎资源极为丰富而特殊。书中称：

鸟之属，有鹤名岑，有鹰名哈尔察该，有鹞名鹊尔，有雕名布尔古特，有雁名喀伦，有鹭名浑，间亦有孔雀名托古斯。其小者，则燕名哈拉岱，雀名博客硕尔噶，鸦名克呼，鹊名沙扎该，鸡名塔奇雅。雉名郭尔郭特，味肥而鲜。鸭名逊。有鸟焉，形如雉，色黑尾白斑，赤睛黄颊，名鷩鸑尔。其兽，则有虎名巴尔，有豹名伊尔毕斯，有犀名萨尔鲁克，有熊名哈喇古啰苏，有牛名乌克尔，有兕名布拉古啰苏。多鹿獐，鹿名布谷，獐名库德里，及马名摩林，骡名罗萨，驴名额尔集根，骆驼名特们之属。有羚羊名布空，盘羊名乌呼勒拉，山羊名伊满。盘羊之形

---

①钟兴麒等校注：《西域图志校注》卷十《疆域三》、卷二《图考二》，新疆人民出版社，2002年，第190、98、96页。

②钟兴麒等校注：《西域图志校注》卷三九《风俗一》，新疆人民出版社，2002年，第512页。

甚肥硕，山羊之皮甚坚韧，可为弓把。猪名噶海，蹄多白。狗名诺海，形绝小。兔名洮赉，狐名乌尼，狼名绰诺，大者毛长三四寸。猫名密，大者重二三十斤。獭名塔尔巴噶，毛色青，伊犁产者佳。有田鼠名呼鲁郭纳，貂鼠名布拉罕，灰鼠名克呼穆，银鼠名乌音，猿名萨尔玛沁。鱼之种类与中土异，其无鳞者谓之奇勒必，长丈余者谓之图鲁，俱出额尔齐斯郭勒。长一二尺，有通骨，嘴甚长而无刺者，名曰易里木。长二三尺，腹甚扁而阔，多腴者，名曰纳和。又有呼尔布、百奇里两种，俱大鱼之类也。蛇名谟该，多生水中。有浑身金点者。虾名哈毕尔噶和罗垓。螟名谟勒克依，蛤名哈卜济噶苏。虾及蛤螟之属，不以供馔。鳖名雅苏台谟勒克伊。龟名拉克谟勒克伊，有七八种。其最贵者大如拳，色如金，甲如锯，爪如钩，能缘木。[1]

其中的鹰、鹞、雕都是捕猎的动物。而陆上之兽，水中之鱼，都是牧民可以捕猎的动物。

大臣阿桂出使西域，在伊犁获得一种漂亮的鸟进献给乾隆皇帝。此鸟“色正黝，尾中散白点如雪糁，赤睛黄匡，翎戢戢骈半雉扇然”[2]。从《鸟谱》中查找不到该鸟，于是乾隆皇帝从古书中找到凤属神鸟之名，称其为鸑鷟，并命郎世宁为之图而亲自赋诗纪之。我们查考鸑鷟一名最早的出处在《国语·周语》：“内史过言：周之兴也，鸑鷟鸣于岐山。”[3]《说文解字》鸟部亦言：“鸑鷟，凤属，神鸟也，从鸟狱声。”[4]两原始文献皆称该鸟名为鸑鷟，乾隆皇帝却误书为鷟鸑，《西域图志》遂随之颠倒书写鸑鷟之名。天山以北诸牧区是天马的故乡，历代所产名马不绝。乌良海产良马名胡青骢，准部以之贡献，秋围时乾隆皇帝驾之，称其：“左旋右抽尽如意，发小殪大

①钟兴麒等校注：《西域图志校注》卷四三《土产》，新疆人民出版社，2002年，第551页。

②钟兴麒等校注：《西域图志校注》卷四三《土产》，新疆人民出版社，2002年，第551页。

③［春秋］左丘明著：《国语》卷一《周语上》，上海古籍出版社，1978年，第30页。

④［汉］许慎著，［清］段玉裁注：《说文解字注》，中州古籍出版社，2006年，第148页。

皆从容。一驰迭获鹿曰两，再驰更毙狐之封。”故而赐名为“俊鹘骢”。[①]乾隆二十四年（1759），哈萨克人向乾隆皇帝献马，乾隆皇帝先撰《御制大宛马歌》，称赞“駩騢骝骓类实伙，甪窩牵跪陈墀前。为龙为徕各夭矫，雄姿逸态英且闲。流珠歕玉谁则见，奔霄追电有必然”[②]。几年后，又《御制大宛马识语》，指出哈萨克即古康居，古书总称大宛出善马，其实西域诸地皆多有善马，不独大宛有之。此次哈萨克所献马，即古所谓汗血马。[③]

西域牧区也有少量农业和农产品。《西域图志》称：“准部不乏泉甘土肥，性宜生植之地，是以百谷园蔬之属，几于无物不有。惜其逐水草，事畜牧，未能物土之宜而布其利耳。”书中载，准噶尔部五谷之属，有黍、高粱、糜、大麦、小麦、小豆、青稞，间有稻米不甚粘，还有麻、瓜、菜、野韭、葱、小蒜、蒜等。树木有松、柏、桃、李、葡萄、榆、桑、柳、杨，不知汉名的胡逊树、察尔察树。有各种花草，如“有羊刺草，上生刺蜜，味甚甘美”。书中专门提到，准部“有葡萄名乌珠木，美者可酿酒”。有“杨名乌里雅苏，叶不甚垂，其干可屈为肉槽，刳为舟楫”[④]，似即胡杨，但因其生长时间长，而有很粗的树干。

①钟兴麒等校注：《西域图志校注》卷四三《土产》，新疆人民出版社，2002年，第551页。

②钟兴麒等校注：《西域图志校注》卷四四《藩属一》，新疆人民出版社，2002年，第571页。

③［清］傅恒、英廉等著：《西域图志》卷首《御制大宛马识语》，台湾商务印书馆文渊阁四库全书影印本，1986年，第2889页。

④钟兴麒等校注：《西域图志校注》卷四三《土产》，新疆人民出版社，2002年，第550页。

第六章
《西域图志》中的民族文化

第一节　西域民族的历史演变

为有效地治理统一后的新疆，清朝统治者对西域民族的历史、现状和文化进行了系统的调查研究，在《西域图志》中用很大篇幅记述了西域民族的历史和文化。

一、西域历代民族概述

西域自古以来就是一个多民族聚居地区。《西域图志》在侧重记载乾隆时期西域民族状况的同时，对西域民族发展的历史也进行了考证。

西域早期居民的族属问题，历史文献只是笼统地称西北地区包括西域古代居民为“羌戎”。研究表明，“早在距今4000～3000年间就有印欧人种、蒙古人种，以及他们的混合型人种的族群自西向东或自东向西迁徙，分布在天山南北和罗布泊地区。”[①]西域“早期的居民主要是印欧语系的塞人、吐火罗人，而自公元前开始，一直到13世纪，阿尔泰语系和汉藏语系的羌人、汉人、匈奴人、柔然人、悦般人、铁勒人、高车人、吐谷浑人、突厥人、吐蕃人、回鹘人、蒙古人先后登上了西域历史舞台”[②]。

近代以来的考古发现和研究也证明，先秦时期西域有明确记载的有塞

①吴福环：《中国地域文化通览》（新疆卷），中华书局，2014年，第8页。
②吴福环：《中国地域文化通览》（新疆卷），中华书局，2014年，第9页。

人、吐火罗人、羌人、月氏人、乌孙人等。

塞人是公元前6至前5世纪从西伯利亚进入伊利河流域的一个古老民族。汉初，塞人在月氏人的打击下，主支南迁，居留在伊犁河流域的塞人逐步融入了月氏民族之中。

吐火罗人是最初在塔里木盆地讲吐火罗语的游牧民族，原始印欧人中地处最东的一支民族。吐火罗人这个叫法是希腊人的他族命名，入侵巴克特里亚的希腊人把帕米尔以西的人称作吐火罗（Τόαροι），因为突厥语里吐火罗人所说的语言叫作twgry，即吐火罗语。根据美国爱达荷大学吐火罗语学者道格拉斯·亚当斯教授（Douglas Adams）的研究，吐火罗人可能自称akni，在吐火罗语里是“边境者（borderer，marcher）”的意思。吐火罗语属于印欧语系的未知语族，从左到右横着用印度婆罗米字母书写。吐火罗人就是月氏人。希腊—巴克特里亚王国衰落以后，月氏人（即大月氏）在张骞到达前征服巴克特里亚。大致居住于阿姆河以南、帕米尔高原以西、兴都库什山脉以北这一广大地区。在中国史书中最早记载吐火罗这一情况的是《魏书》。据《魏书·西域传》载：“吐呼罗国，去代一万二千里。”这里所说的“吐呼罗国”，就是吐火罗国。按公元前1世纪古希腊历史学家斯特拉波的描述，在公元前2世纪“吐火罗人占领了希腊—巴克特里亚王国”。因为月氏在西方被称为吐火罗人，所以巴克特里亚被西方称为吐火罗斯坦。公元3世纪以后吐火罗斯坦被萨珊王朝的波斯人占领。因为巴克特里亚在被希腊入侵前就以地名“大夏（Amu Darya伊朗语音译，上古音dalgra）”的名称出现在汉字文献中，张骞到达月氏人的吐火罗斯坦后仍把当地称为大夏。公元8世纪，塔里木的吐火罗人最后被维吾尔突厥人同化。吐火罗人与其他民族形成古粟特人、古塔里木诸族，最终融于吉尔吉斯人等。

月氏是战国时期生活在河西走廊的游牧民族。《史记·大宛列传》记载：“（月氏）行国也，随畜移徙，与匈奴同俗。控弦者可一二十万。故时强，轻匈奴，及冒顿立，攻破月氏。至匈奴老上单于，杀月氏王，以其头为饮器。始，月氏居敦煌、祁连间，及为匈奴所败，乃远去，过宛，西击大夏而臣之，遂都妫水北，为王庭。其余小众不能去者，保南山羌，号小月氏。”《后汉书 · 西羌传》有月氏“旧在张掖、酒泉地”，《史记正义》有“凉、甘、肃、瓜等州，本月氏国之地”。汉初，月氏人被匈奴人打败，被迫西迁。他们打败当地的塞人，进据伊犁河流域。后来，月氏人在匈奴人和乌孙人的不断打击下，被迫离开伊犁河流域向西南方向前进，进入中亚建立了自己的政权。

乌孙是战国及秦汉时期生活在敦煌、瓜州一带的民族。秦朝初年，月氏攻杀乌孙王难兜靡，乌孙西迁依附匈奴。《汉书 · 西域传》记载，乌孙王号昆莫。昆莫父难兜靡本与大月氏俱在祁连、敦煌间，小国也。大月氏攻杀难兜靡，夺其地，人民亡走匈奴……月氏已为匈奴所破，西击塞王。塞王南走远徙，月氏居其地。昆莫既健，自请单于报父怨，遂西攻破大月氏。大月氏复西走，徙大夏地。昆莫略其众，因留居，兵稍强。会单于死，不肯复事匈奴。

羌人早期活动在今陕西西部至甘肃和青海的河湟流域一带。春秋战国时期，向西向南移动，其中一部进入塔里木盆地南缘的若羌等地，与当地土著居民融合。

《西域图志》的作者认为，清代的回部是由先秦时期的塞种演变而来，“塞种往往分散为数国。是在当时为塞种，今则回部别种云”[①]。这种观点与现代学界的认识不一致。清代的回部，即维吾尔部族。“维吾尔”是维吾尔族自称“Uyghur”的音译，具有“联合、同盟和凝结”的意思。“维吾尔”一名最早见于汉籍是在公元4世纪的《魏书 · 高车传》里，被译写为“韦纥”，指的是高车部落联合体中的一个部落。公元7世纪开始称“回纥”[②]，788年又改译为“回鹘”[③]，这个称呼一直延续至宋及五代。元明时期一般译为“畏兀儿”。1934年，中华民国新疆省政府正式规定“维吾尔”为汉译民族名称，沿用至今。

早在公元前3世纪，在蒙古草原和南西伯利亚地区，活动着很多被统称

---

①钟兴麒等校注：《西域图志校注》卷二《图考》，新疆人民出版社，2002年，第98页。

②［宋］欧阳修等著：《新唐书》卷二一七，中华书局，1975年，第3278页。

③［宋］司马光著：《资治通鉴》卷二三三，中华书局，1956年，第4562页。

为丁零的游牧部落。丁零人相继受草原上的匈奴、鲜卑和柔然汗国的统治，长期局促于山地森林和蒙古草原的北部边缘，以狩猎和畜牧为生。公元4世纪以后，丁零又被称为“铁勒”，由于他们使用一种“车轮高大，辐数至多”的大车，又被称为“高车”。[①]他们分布于西起伏尔加河、东至兴安岭的东西万余里的欧亚北方大草原上。其中，活动于贝加尔湖一带的被称为东部铁勒。东部铁勒中较大的部落有9个，回纥是其中之一。为了抵御异族的侵扰和压迫，这9个部落经常结合成暂时的地域性联盟，因此又被称为“九姓铁勒”或简称“九姓”。[②]至于南疆绿洲上的土著居民是否与塞种同一种属，目前尚缺乏实证和文献记载。

西汉时期，随着匈奴势力的扩张，匈奴人入住西域。当时的西域36国中“楼兰、乌孙、呼揭及其旁二十六国皆已为匈奴”[③]。随着西域都护的设立和丝绸之路的开通，大批汉民也入住西域。

魏晋南北朝时期，是中国历史上第一个民族大迁徙的历史时期，汉人、鲜卑、柔然、高车、吐谷浑等民族迁入西域。这一时期“汉藏语系的羌人、汉人，以及阿尔泰语系的匈奴人已经与印欧语系的塞人、吐火罗人等在西域人口分布上处于胶合状态，其文化也出现了融合的趋势”[④]。

唐宋时期，西域地区迁入了突厥人、吐蕃人、回鹘等民族，西域地区出现了民族大融合，塔里木盆地周围地区形成了回鹘化的局面。《西域图志》指出：“唐兴，突厥强盛，西域诸国多役属。”[⑤]其后，“各绿洲城邦和诸游牧民族，经过整合，于9世纪中后期以后，形成了高昌回鹘王国、喀喇汗王朝、于阗国三个我国西北地方政权。以前语言文化各异、人种种属多样的西域居民，在以回鹘为代表的操突厥语族语言的大批游牧民迁入定居

---

①［北齐］魏收著：《魏书》卷一〇三，中华书局，2000年，第1561页。

②参见郝文明、王铁志著：《中国民族》，中央民族大学出版社，2001年，第456页。

③［汉］班固著，［唐］颜师古注：《汉书·匈奴传》（上），山西古籍出版社，2008年，第436页。

④吴福环著：《中国地域文化通览》（新疆卷）《绪论》，中华书局，2014年，第11页。

⑤钟兴麒等校注：《西域图志校注》卷三《历代西域图说》，新疆人民出版社，2002年，第119页。

以后，开始了长时间的民族融合过程”①。特别是高昌回鹘国形成，加快了以突厥语化和回鹘语化的民族融合的进程。12世纪30年代建立的西辽国，统一了天山南北，契丹贵族耶律大石率领部众迁入西域，汉文化再次得到广泛传播。

蒙元时期，蒙古统治范围扩大到了西域及中亚地区，西域形成了民族迁入的又一个高潮，大量的蒙古人、女真人、契丹人、汉人、党项人等入住西域。

明清时期，经过东察合台汗国及叶尔羌汗国300多年的渐变，统治西域绝大部分地区的察合台蒙古人最终融入当地土著居民——维吾尔族之中；其后，随着准噶尔汗国的灭亡和维吾尔族的发展壮大，维吾尔族逐渐成为西域的主体民族。

清朝统一西域后，随着朝廷对西域的大规模经营，满、汉、锡伯、达斡尔、回等族人民徙入，形成了新疆新的多民族格局。

民族迁徙发展的记载，为了解新疆民族渊源、民族习性提供了较为准确的史料，也为多民族地区的治理提供了可靠的依据。

二、清代西域民族分布

《西域图志》记述了清代西域的民族分布情况：“今之回部，为天山以南城郭诸国。今之准噶尔在天山北，南与回部接，为汉乌孙。而左部哈萨克，在准噶尔北。迤逦西行，至右部哈萨克，与塔什罕接，连延二千余里。偏西北行则为后哈萨克。是哈萨克全境，当准噶尔西北两面，此正《汉书》所云乌孙西北与康居接者。其在于今，当兼左、右哈萨克而言也。”②东西布鲁特，居住在葱岭一带。

通过《西域图志》有关民族的记载的研究，查阅其他文献资料，我们可以大致了解乾隆时期西域13个民族的分布情况：

---

①苗普生、田卫江著：《新疆史纲》，新疆人民出版社，2004年，第205页。

②钟兴麒等校注：《西域图志校注》卷四四《藩属一》，新疆人民出版社，2002年，第568页。

（1）维吾尔族，即《西域图志》中的回部。主要居住在天山以南地区，其次是吐鲁番、哈密。清朝统一新疆后，从南疆地区迁移6000多户维吾尔族居民到乌鲁木齐一带。

（2）蒙古族。清代称为“卫拉特”四部、“厄鲁特”或“额鲁特”。主要分布在天山以北地区。具体分布的地区为：准噶尔部，分布于巴尔喀什湖以东以南的以伊犁河流域和楚河、塔拉斯河流域；杜尔伯特，分布于额尔齐斯河中上游两岸；土尔扈特分布在塔尔巴哈台及其以北一带；和硕特，游牧在额敏河两岸至乌鲁木齐地区，后又迁至青海、西藏一带。①

（3）汉族。清政府平定西域准噶尔部叛乱（乾隆二十年，即1755年），对新疆实行大规模移民，主要是守边屯田，居住于巴里坤、木垒、古城（今奇台）、昌吉、迪化（今乌鲁木齐）、伊犁等地，后因屯垦需要，汉人从上述地区迁往塔里木盆地四缘的喀喇沙尔（今焉耆）、吐鲁番、和阗（今和田）等地。

（4）回族。1777年，清政府将河州的2万多人遣发到新疆安插在乌鲁木齐、昌吉、米泉等地。②1781年，大批回民被安插在伊犁。

（5）哈萨克族。居住在准噶尔部的北面和西面，准噶尔部的北面是左部哈萨克，准噶尔之西是右部哈萨克，其西北为后哈萨克。西域统一后归附清朝，主要分布在阿勒泰、塔城、伊犁地区。

（6）柯尔克孜族。清代被称为布鲁特 。18世纪以前，主要活动在叶尼塞河上游一带。1759年，先后臣服清朝。布鲁特位于新疆的最西边葱岭一带，即现在的克孜勒苏柯尔克孜自治州区域。

（7）塔吉克族。主要分布在塔什库尔干、莎车等地。乾隆年间，塔吉克族有500多户。普遍信仰伊斯兰教伊斯玛仪派。教徒不封斋，不朝觐，清真寺很少。③

---

①杨建新主编，杨志娟、牛海祯著：《中国西北少数民族通史》（清代卷），民族出版社，2009年，第380-381页。

②余太山著：《西域通史》，中州古籍出版社，2003年，第411页。

③杨学琛著：《中国历代民族史》，社会科学文献出版社，2007年，第260页。

（8）满族。主要是清军在平定西域后留守屯垦人员，多在北疆。

（9）达斡尔族，是契丹人的后裔。17世纪中叶，从黑龙江迁移过来。主要分布在北疆。

（10）锡伯族。其祖先是鲜卑人，原居于吉林省。1692年，锡伯族被编入八旗军。1764年，锡伯族官兵家属三千多人迁往新疆驻防屯垦，主要分布在伊犁一带，进行屯垦戍边。

（11）乌孜别克族，即清代典籍中记载的“安集延人”“浩罕人”“布哈拉人”。主要分布在喀什噶尔、叶尔羌、阿克苏等城市活动，后来逐渐发展到南疆其他城市和北疆伊宁等地。乌兹别克人擅长经商，又能从事牧业、农业生产。手工业多是丝织业，刺绣制作精致。①

（12）俄罗斯族。新疆的俄罗斯族是自18世纪陆续从俄国迁入的，主要分布在塔城、阿勒泰、伊宁、乌鲁木齐等地。

（13）塔塔尔族。主要分布在伊宁、塔城和乌鲁木齐等城市。

此外，书中还记载了葱岭诸部的分布情况。安集延、玛尔噶朗、那木干、塔什罕等以居住地为名的霍罕诸部，拔达克山、博洛尔、布哈尔部族，爱乌罕、痕都斯坦、巴勒提等葱岭外诸部的民族分布情况。书中指出，霍罕等部在葱岭西北麓，由东往西依次是安集延、玛尔噶朗、霍罕三部，偏北是那木干，再往西北是塔什罕。拔达克山在葱岭东南，博洛尔在拔达克山东，布哈尔在拔达克山西。爱乌罕、痕都斯坦、巴勒提三部均在葱岭一带，爱乌罕，即今阿富汗；痕都斯坦，在克什米尔；巴勒提，在克什米尔以东。为直观、形象地表现乾隆时期西域民族分布情况，笔者根据《西域图志》和其他文献记载，绘制了清乾隆时期西域民族分布示意图（如图6-1）。

①杨学琛著：《中国历代民族史》，社会科学文献出版社，2007年，第261页。

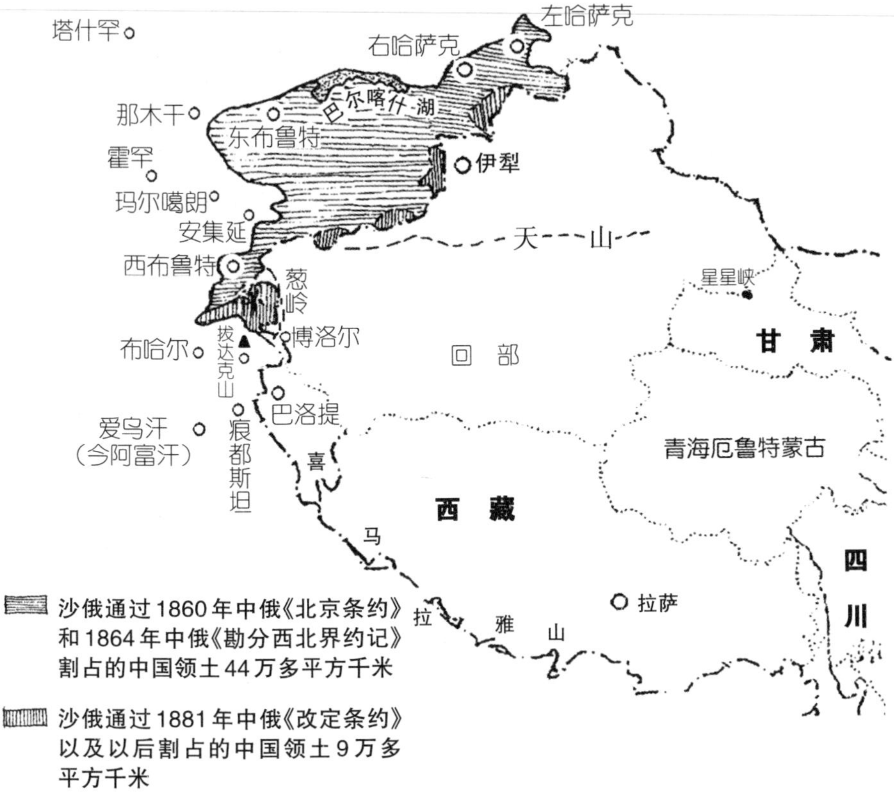

6-1　清朝乾隆时期西域民族分布图

从《西域图志》看，汉族自汉朝以来就在西域定居，回族则是元明两朝在西域定居的。乾隆二十四年（1759）至二十六年（1761），皇帝连续发布上谕，要求把移民开垦、满足边疆劳动力需求，同促进全国范围内人口流动，缓解内地人口压力联系起来，从政策上为民户迁移敞开了大门。同时，清廷还以切实有效的措施帮助内地汉族和回族完成向新疆的迁移。乾隆二十六年，首先实行有组织的移民出关，尔后对落户的农户放宽起课年限，有力地保证了应募农民在迁入地有时间和力量开垦种地。由此，新疆人口与日俱增。

维吾尔、蒙古、哈萨克、柯尔克孜族是西域世居民族。乌孜别克的族名，来源于14世纪金帐汗国的乌孜别克汗。金帐汗国解体后，居住在撒马尔罕、花剌子漠、安集延、布哈拉等地的乌孜别克商人，沿着丝绸之路，经新疆到内地经商。17世纪以后，不少商人逐渐在新疆一些城镇定居下来，最后形成了中国的乌孜别克族。由于清朝统治者对商人阶层的漠视，称其为“行商各户，非土著，不备登”①。此外满、锡伯、塔吉克、塔塔尔、俄罗斯、达斡尔族，其主要人口或因驻防、屯田等各种原因陆续从内地迁来，或因沙俄的扩张而陆续从其原居住地东迁而来。这些记载，与现代史学界的研究结论基本是一致的。

第二节　维吾尔族历史文化

维吾尔族历史文化，是《西域图志》记述的重点，也是本课题研究的重点。

一、维吾尔族的历史渊源

维吾尔民族有着悠久的历史、独特的文化，是西域历史文化的重要组成部分。

1. 维吾尔族族名的演变

“维吾尔”是民族自称，意为“团结”“联合”。在不同的历史时期，称谓也不同。早在公元前3世纪时，就出现“丁零”这个名称。正式记录这一族称的，是司马迁的《史记 · 匈奴传》，在同书《李陵传》里又写作“丁灵”。后来，《汉书 · 匈奴传》《后汉书 · 乌桓传》和《魏略 · 西戎传》中，除称丁零外，也写作“丁令”或“钉灵”。实际都是同名异译。两汉以后，通称丁零或丁令。《晋书》仍称丁零，而同书《慕容下隽载记》中又称“敕勒”。南北朝时期，《魏书》对北方“五胡”十六国建国时已有的丁零，仍称丁零，但对大漠草原的丁零人，却称作“高车”“敕勒”。南朝史籍中，

①钟兴麒等校注：《西域图志校注》卷三三《屯政二》，新疆人民出版社，2002年，第463页。

对北朝人称呼的丁零、高车、敕勒无所区别，一概称作丁零。关于这些称谓，《魏书·高车传》曾经做过解释说，高车是古代赤狄的种类，原名本叫“狄历”，可能是高车人的自称；鲜卑人和柔然人，称丁零为敕勒，中原的汉人或漠北的鲜卑人以及南朝人，则称其为高车或仍沿称丁零。

《魏书·高车传》记载：“高车有狄氏、袁纥氏、解律氏、解批氏、护骨氏、异奇斤氏等六氏。”其中的袁纥氏被认为是今天维吾尔的祖先。6世纪后期，袁纥逐渐由蒙古北部的色楞格河流域南迁至蒙古高原中部的鄂尔浑河流域游牧。公元6世纪末7世纪初，到了隋末唐初时，随着历史的发展，原来高车部落之一的“袁纥”，在铁勒诸部中又以“韦纥”的称谓出现。7世纪，铁勒诸部得到长足发展并逐步统一，统名回纥。到8世纪中叶，在漠北建立了强大的回纥汗国。公元744年，回纥在其首领骨力裴罗的带领下，在鄂尔浑河畔建立了鄂尔浑回纥汗国（744—840）。公元788年（唐贞元四年），回纥可汗上书唐朝，请求把回纥改名为“回鹘”，取“回旋轻捷如鹘”之义。此后，回鹘这个族称，从唐代一直沿用至宋代。

元、明以来，史籍又多以近音译称。《元史》写作“畏吾”“畏兀儿”“畏兀”和“辉和儿”；《元朝秘史》写作“委兀”“委吾”，并注释说“畏兀本卷作委兀”，后文十一卷作委吾，《元史》作畏吾儿，是回鹘二字的对音，畏即回，兀即鹘。金人乌古孙仲端《北使记》写作“瑰古”，《长春真人西游记》写作“畏午儿”，元欧阳玄《圭斋集》写作“伟兀”，《通鉴纲目》写作“威武”，并解释说“威武即畏兀儿”。此外，还有写作“畏孤儿”“畏古鲁”“外吾”以及“魏哥尔”“维伊歌儿”等等，都是回鹘的音译。

清代史籍多称为“回回”“缠回”，《西域图志》称为回部。顾炎武在《日知录》中说：“回回者，亦回鹘之转声也。”清末洪钧在《元史译文证补》中说：“今者，玉门关以西、天山南北悉为回部。按《辽史》始有回回之名，与回鹘并列；而《元史》则回回、回鹘彼此互称。纥转为鹘，鹘又转为回，音有缓急，故转译不同。”钱大昕在其《二十二史考异》中说：“谓今之回回，即古之回纥者，非也……回回与回鹘实非一种。”

清末，维吾尔族用“威武尔”来称呼自己，寓有雄武之意。中华民国建立后仍沿用清代的称呼，五族共和中的“回”，既指维吾尔族，也包括回族。民国二十三年（1934），新疆执政的盛世才根据威武尔教育促进会恢复维吾尔族名称的建议，在省政府第30次会议上，决定在汉文里放弃以前使用的种种名称，统一使用“维吾尔”作为汉文的称呼。同年12月14日，新疆省政府发表《新疆省政府令改缠回名称为维吾尔布告》，将这一决定通告全省。布告全文如下：

> 查汉（西历前206—后219）、唐（618—905）居住天山南路的人民给与种种名称。清朝（1644—1911）都把他们叫做缠回。新疆威武尔教育促进会呈请本省府正式把缠回改用具有雄武意义的威武尔一名称。本省府查关于新疆种种书籍，都用畏兀儿一词。此名称含有畏惧之意，或原系名其种族一部分之称，有以偏概全之嫌。一个民族改变名称这样的大事，不便随便沿用，兹经本府第三十次会议，通过用维吾尔三字。此名称狭义言之，为保护自己民族之意，广义意之，为保护国家之意，与威武尔一称亦无冲突处，顾名思义，当生爱国家爱民族之观念，且用此三字译维吾尔之音，亦较其他字为妥。故以后改缠回为维吾尔，禁用畏兀儿、威武尔等名称。特此布告全体土耳其人民知悉。

虽然这个布告中尚存在不少抵牾之处，对一些历史名称的解读也存在望文生义的问题，但维吾尔译称内涵表达是清晰准确的。

2.维吾尔族的起源

关于维吾尔族的起源问题，学术界长期以来争论不休。1980年谷苞先生发表《新疆维吾尔族族源新探》[①]，开拓了这一问题的研究范围；1981年周伟洲先生发表的《也谈新疆维吾尔族族源问题》[②]，加深了这一问题的研究；1991年《维吾尔族简史》[③]对维吾尔族的族源、形成、发展做了全面介绍，但学界仍存在较大争议。

---

①谷苞：《新疆维吾尔族族源新探》，载《中国社会科学》，1980年第6期。

②周伟洲：《也谈新疆维吾尔族族源问题》，载《西北历史资料》，1981年第2期。

③《维吾尔族简史》为国家民委主持编写的“中国少数民族简史丛书”中的一种，新疆人民出版社1991年出版。

斯大林曾经指出："民族也和任何历史现象一样，是受变化规律支配的，它有自己的历史，有自己的始末。"[①]民族既然是一个历史范畴，必然经历起源、形成、发展和衰亡四个阶段。笔者认为，探讨民族起源问题，首先应该辨清"源"与"流"的问题。民族的"源"，是一个民族尚未正式形成阶段的状况；也就是说，一个民族的起源阶段，应该是这个民族处于氏族或部落的社会状态。民族形成之后，或在其发展的过程中那些被同化或融合的"族"只能是"流"，不能把这些被同化或融合的"族"视为维吾尔族的族源。正如被汉族同化或融合了的许多少数民族一样，只能说为汉族增加了新鲜的血液，不能视为汉族的族源。

维吾尔族的族源，可以追溯到公元前3世纪游牧于我国北方和西北贝加尔湖以南、额尔齐斯河和巴尔喀什湖之间的"丁零"，南北朝时期的"高车""敕勒"袁纥，隋唐时期的"韦纥""回纥""回鹘"。公元840年，回鹘汗国解体，其中的一部分在首领乌介的率领下南下唐朝边塞地区。大部分回鹘西迁，一支奔向吐蕃控制下的甘州（今甘肃张掖）等地，他们成为今天甘肃地区裕固族的先民。一支由庞特勤率领，于公元848年在安西（今新疆库车）自称可汗。公元866年北庭（今新疆吉木萨尔）回鹘首领仆固俊建立了高昌（今新疆吐鲁番）回鹘政权，控制了安西、焉耆等地。一支沿天山西行，越过帕米尔高原，在中亚地区联合葛逻禄、样磨、处月等部建立了喀喇汗王朝。进入西域境内的回鹘，加上原来就在这里生活的回鹘人，融合当地居民和其他民族成分，为维吾尔族的形成和发展奠定了基础。

《西域图志》中将维吾尔视为千余年前由阿拉伯东迁的民族，在其卷四十八《杂录二》中载：

> 回部祖国名墨克、默德那，在叶尔羌极西境。相传派噶木巴尔自祖国东迁，至今山南叶尔羌、和阗等处，回教始盛。故回部纪年自派噶木巴尔始。至今乾隆四十四年己亥岁共一千一百九十三年矣。[②]

---

①《马克思主义和民族问题》，转引自《斯大林选集》，人民出版社，1979年，第64页。

②钟兴麒等校注：《西域图志校注》卷四八《杂录二》，新疆人民出版社，2002年，第608页。

笔者认为，这个认识是错误的。一个民族起源于何时何地，主要指这个民族的主要族源最早的居地和时间，而不能将与这个民族密切相关的民族起源地和时间，或一部分后来同化、融合于这个民族的起源地和时间，当成这一民族的起源地和时间。“近现代维吾尔族真正以Uyghur为名，最早出现于历史文献的源头，乃是公元5世纪活动于蒙古草原操突厥语的高车诸部之一的‘袁纥’部落。”①袁纥部落是形成维吾尔族的“源”，在维吾尔族形成发展过程中同化、融合的其他民族成分或部族，只能称为“流”。②

3.维吾尔族的形成过程

民族是同一地域的不同人群经过同化和融合，最终形成的一个有共同语言、共同地域、共同经济生活以及表现于共同文化上的共同心理素质的稳定的共同体。所谓“同化”，照字面讲就是“同类化”“一律化”。列宁曾指出：“同化的问题，即丧失民族特性，变成另一个民族的问题。”③就是说，同化是一个族群丧失了自己的族群特征而融合到另一个族群中。同化分“强制同化”与“非强制同化”两种不同的途径。“强制同化”指统治族群借助特权、暴力，迫使被统治族群放弃自己的语言、文字、风俗、宗教等文化要素，改从统治族群的语言、文字、风俗、宗教等文化要素，从而达到文化上的一体化；“非强制同化”指文明程度较低的族群主动向文明程度较高的族群转化。所谓融合，则是指同一地域的所有族群都丧失了各自的特征而融为一个统一的新体。广义的融合也包括同化。④

在维吾尔族的形成过程中，既有同化，也有融合。10世纪后半叶至11世纪初，喀喇汗王朝统治者对和阗等地的征服和对伊斯兰教的强制推行，秃黑鲁·帖木儿汗及其后裔以“圣战”的方式和残酷的刑罚强迫异教徒改奉伊斯兰教等，均是典型的“强制同化”；开始于公元前2世纪，6—9世纪

①周伟洲：《关于维吾尔族族源问题》，载《西域研究》，1991年第2期，第15页。

②王志刚、宋德志：《伊斯兰文化的传播与维吾尔族近代格局的形成》，载《塔里木大学学报》，2013年第1期。

③中共中央编译局：《列宁全集》（第20卷），人民出版社，1958年，第9页。

④李树辉：《维吾尔族的族源及其形成过程（一）——乌古斯和回鹘研究系列之十一》，载《喀什师范学院学报》，2009年第2期。

达到高潮的粟特人的突厥化，15世纪前，东部地区居民的回鹘化及西部地区居民的突厥化等，是典型的“非强制同化”；而塔里木盆地土著居民改从突厥语族群的语言、文字、风俗、宗教等文化要素，从而达到文化上的一体化的过程，则是典型的文化融合。族群地域的打破、社会经济结构的改变、语言的转化等，对同化或融合起着至关重要的作用；而政权的干预和社会发展的文化取向，又是加速同化或融合的力量。突厥语族群进入塔里木盆地周缘地区后，打破了原单一族群聚居的分布格局，增加了相互间接触的机会。受经济发展规律的支配，以游牧业为主的突厥语族群原有的社会结构和经济结构也因之发生变化，以适应比较发达的经济基础，从而引起本身的改造。社会结构的变化，突出表现为以血缘为纽带的部落形式的衰落和最终消亡；经济结构的变化，则主要体现在从游牧生产方式向定居农耕并兼营畜牧业的生产方式的转化。①

维吾尔族的形成过程，大致经历了两个漫长的发展阶段，即经历了两次大的文化整合过程。②

一是9—11世纪的地区性文化整合阶段，即西部以喀什噶尔为中心的喀喇汗王朝辖境（这里专指塔里木盆地西北缘、西缘和南缘地区）居民的突厥化和伊斯兰化及东部以高昌为中心的高昌回鹘王国辖境居民的回鹘化阶段。这是其地区性族群意识和族群心理的形成时期。其突出标志是：在西部地区是全民的伊斯兰化、王朝突厥语（哈喀尼亚语）和阿拉伯字母文字的通行及其所具有的官方地位；在东部地区则是以佛教为主要宗教和回鹘语文、汉语文的通行及其所具有的官方地位。

二是12—15世纪的全民性文化整合阶段。这是其全民性族群意识和族群心理的形成时期。其突出标志为：以血缘关系为纽带的部落形式的衰亡；游牧型文化向以各个绿洲为单位的定居农耕型文化的转化；不同人种的混

①李树辉：《维吾尔族的族源及其形成过程（一）——乌古斯和回鹘研究系列之十一》，载《喀什师范学院学报》，2009年第2期。

②覃光广、冯利、陈朴：《文化学辞典》，中央民族学院出版社，1988年，第157-158页。

化以及全民的突厥—回鹘化和逐渐伊斯兰化；回鹘文、汉文等文字形式的淘汰。[①]

4.维吾尔族形成的时间

关于维吾尔族形成的时间问题，学界也存在分歧。《新疆简史》一书认为“公元十六世纪是近代新疆各民族的基本特征形成的时期”[②]；耿世民先生认为形成于“十五世纪末十六世纪上半期”[③]；《维吾尔族简史》一书认为Uighur于“7世纪以后逐渐强大，成为一个独立的民族，并且在8世纪建立了强大的汗国”[④]；周伟洲先生认为“至元代才逐渐形成为今天的维吾尔族”[⑤]；魏良弢先生认为“维吾尔族形成于漠北时期（744—840）”[⑥]。

民族形成的前提和条件，是共同的语言、共同的地域、共同的经济生活以及共同文化上的心理认同。笔者认为，无论是8世纪的回鹘，还是元代的“畏兀”，均不具备“民族”的特征。从部落联合体回鹘，到回鹘汗国，再到维吾尔族，经历了一个漫长的发展过程，不能仅以这一名称的使用作为民族形成的标志。

8世纪的回鹘只是一个包含有诸多部落的政体名称，而并非如有的学者所说的那样：“我国史书上突厥语族的众多部族名从此消失，至少在汗国的中心地区是如此。”[⑦]《唐书》《磨延啜碑》《铁尔痕碑》《西州使程记》中都记载了诸多的部落名称，其中甚至还包括操用印欧语和蒙古语的部落或部

---

①李树辉：《维吾尔族的族源及其形成过程（一）——乌古斯和回鹘研究系列之十一》，载《喀什师范学院学报》，2009年第2期。

②新疆社会科学院民族研究所编著：《新疆简史》（第1册），新疆人民出版社，1980年，第211页。

③耿世民：《试论塔里木盆地民族的融合和近代维吾尔族的形成》，载《新疆历史论文续集》，新疆人民出版社，1982年，第238页。

④《维吾尔族简史》编写组编：《维吾尔族简史》，新疆人民出版社，1991年，《前言》第4页。

⑤周伟洲：《关于维吾尔族族源问题——评吐尔贡·阿勒玛斯〈维吾尔人〉的有关部分》，载《西域研究》，1991年第2期。

⑥魏良弢：《维吾尔族起源、形成和发展问题再思考》，载《民族研究》，1999年第4期。

⑦魏良弢：《维吾尔族起源、形成和发展问题再思考》，载《民族研究》，1999年第4期。

落集团。《世界境域志》称“鞑靼人也是九姓古斯人的一种”[①]，《西州使程记》称“达靼旧为回纥牧牛”。直到《突厥语大词典》中也仍然记录有诸多的部落名称。

马克思指出，民族形成的过程，也就是“由于方言经过经济集中和政治集中而集中为一个统一的民族语言”[②]的过程。回鹘汗国诸突厥语部落的语言存在着较大的方言差异，当时尚不存在作为一个民族所必须具备的“共同的语言”。

维吾尔族形成于元代的观点也难以令人信服。众所周知，这一时期，南疆西部信仰伊斯兰教者居多，东部则信仰佛教者居多。东西两区居民由于宗教信仰的不同，语言、文字、习俗也存在着很大的差异，甚至存在政治对立，当然也就不具备民族共同体——“表现于共同文化上的共同心理素质”。

到了16世纪，原东部高昌回鹘王国和西部塔里木盆地北、西、南缘地区喀喇汗王朝区域，即东西政区实现了统一，形成了以农耕为主，兼营畜牧业和商业的“共同的经济生活”的特征；全民共同语的形成，两地区间通过频繁的文化交流，呈现出了共同的语言、文字、宗教、习俗、歌舞、艺术、服饰、价值观念等“共同的心理素质”。

由此，笔者认为16世纪是维吾尔族正式形成的阶段。

二、维吾尔族的信仰

维吾尔族的先民回鹘人曾经信奉过萨满教，到鄂尔浑回鹘汗国时期又接受了摩尼教。回鹘西迁之后，佛教则成为高昌与龟兹回鹘的主要宗教信仰。公元8世纪，伊斯兰教开始在西域传播。公元10世纪以后，天山西部的喀喇汗王朝统治者接受并开始了伊斯兰化的过程。由于西辽帝国和察合台汗国实行宗教信仰自由政策，伊斯兰教在同其他宗教竞争中逐步发展。13世纪20年代，丘处机在畏兀儿西境的昌八里了解到，由此“西去无僧道，

---

①王治来、周锡娟：《世界境域志》，新疆社会科学院中亚研究所，1983年，第65页。

②《马克思恩格斯全集》（第3卷），人民出版社，1960年，第500页。

回纥但礼西方耳。”[①]这里提到的“回纥”指西域回回人，就是说回纥只信奉伊斯兰教。进入哈剌鲁人的居地阿力麻里，他又受到“铺速满国王”和蒙古达鲁花赤的迎接。[②]铺速满，即波斯语musalman（意为“伊斯兰教徒”）的一种方言读法的音译，元代又音译为木速蛮等。说明这一时期，回纥已经信仰伊斯兰教。

1347年，秃黑鲁·帖木儿登上东察合台汗国的汗位。为争取群众和宗教界的支持，秃黑鲁·帖木儿于1353年公开宣布信奉伊斯兰教。从此“伊斯兰教在察合台汗国这一整个地区传布开来”[③]。“直到16世纪，才基本上实现了全民伊斯兰化。”[④]

伊斯兰教在清朝被称为回教，对维吾尔族社会的政治、经济、文化教育产生过重大影响。清代维吾尔族信仰伊斯兰教的情况，《西域图志》做了如下记载：

> 回人尊敬造化之主，以拜天为礼。每城设礼拜寺，始生教主，曰派噶木巴尔，每日对之，诵回经五次。初次寅时，二次未时，三次申时，四次酉时，五次戌时。拜毕则宣赞其义。略云：至尊至大，起无初，了无尽，无极无象，无比五伦，无形无影，大造化天地主儿。凡有职之人，与夫诚心守教法者，莫不如是。每七日赴礼拜寺诵经一次，务集四人合诵，不论贵贱贫富皆然。回人诵经典者曰阿浑，为人诵经以禳灾迎福。每遇大年小年，阿浑诵阿伊特、玛纳斯经，为众所佑。众人醵赠衣帽一袭。遇青草当生时，有牲畜之家，每十羊出一牵，三十牛出一头，送阿浑为敬天礼。阿浑代众诵经祈佑，牲畜蕃滋，倘有赢余牛羊，即以之济给贫乏，不自私也。一岁之中，富贵者有大事则大馈阿浑，自千金值物至数千金不等。于派噶木巴尔前，诵哈提密尔苏尔经一次，谓之大

①杨建新著：《古西行记选注》，宁夏人民出版社，1987年，第202页。

②杨建新著：《古西行记选注》，宁夏人民出版社，1987年，第202页。

③米儿咱·马黑麻·海答儿著，新疆社会科学院民族研究所译：《中亚蒙兀儿史——拉失德史》，新疆人民出版社，1985年，第162-165页。

④杨建新主编，杨志娟、牛海祯著：《中国西北少数民族通史》（清代卷），民族出版社，2009年，第319页。

布施，余物亦以济给贫乏。其好善敬天之人，随时致礼阿浑，涣其诵经。派噶木巴尔来世，先立祠堂，奉香火，名曰玛咱尔。每年两次。众人赴玛咱尔礼拜诵经。张灯于树，通宵不寐。玛咱尔有香火田亩，以供祭祀之需。又回国前有得到者，如哈帕体和卓，布楚尔哈尔和卓辈，共有七人。每月四次，众人馈送阿浑，向七和卓像礼拜诵经。贫富贵贱皆然。远行则致礼物于阿浑，令其诵经保佑。疾病，其所祷请亦如之。回部西有默克、默德纳，为回回祖国。回人凡终身，必亲往礼拜一次，以答鸿庥。办装裹粮，往还期以三年，惟富者能酬其愿，贫无力者不能也。亦有附香火之资于富室以偕往者。①

根据上述记载，清代维吾尔人尊敬造化之主，以拜天为礼。教职人员每日寅时、未时、申时、酉时、戌时要诵回经五次。当时回部每个城镇都设有礼拜寺，不论贫富贵贱，每七天到礼拜寺诵经一次。诵经的教职人员称阿訇（《西域图志》上为“阿浑”），为人诵经以禳灾迎福。每当过大小年，阿訇诵阿伊特、玛纳斯经，为众人祈佑，众人则集资给阿訇赠衣帽一套。每年春季，有牲畜之家，每十只羊出一只，三十头牛出一头，送给阿訇作为敬天之礼。阿訇为教民诵经祈福、牲畜蕃滋。阿訇如有多余的牛羊，即给贫困之户，不私存。一年之中，富贵之家有大事则大馈阿訇，价值千金至数千金不等。②

三、维吾尔族的生活习俗

乾隆时维吾尔族的生活习俗，多与伊斯兰教教义有关。

1.历法

维吾尔族改信伊斯兰教后（公元10世纪开始），逐渐又使用与阿拉伯各国相同的伊斯兰历法。伊斯兰历也叫“希吉来历”，我国旧称回历，是世界

①钟兴麒等校注：《西域图志校注》卷三九《风俗一》，新疆人民出版社，2002年，第514页。

②钟兴麒等校注：《西域图志校注》卷三九《风俗一》，新疆人民出版社，2002年，第514页。

上现存阴历的典型代表。它是以月亮的运动为天文根据，采用朔望月作为基本周期。公元639年，伊斯兰教第二任哈里发欧麦尔，为纪念穆罕默德于622年率穆斯林由麦加迁徙到麦地那这一重要历史事件，决定把该年定为伊斯兰教历纪元，并将伊斯兰教历命名为“希吉来”（阿拉伯语“迁徙”之意）。以阿拉伯太阳年岁首（即公元622年7月16日）为希吉来历元年元旦。

《西域图志》对维吾尔族历法做了如下记载：

> 回俗以教主初生之年为元年，阅一岁则加一年，云可传之无穷。虽汗新立，亦不改元也。刻年数于汗之印上以为识。每三百六十日为一年，不增减，故每四年而余二十一日，四十年而余七月，四百八十年而余七年矣。满三百六十日为一年，谓之大年。大年第一日如中国之元旦……先期三十日，必把斋，俱日出闭斋，星见开斋。不茹荤。惟产妇不把斋，儿大则补之。……元旦后七十日为小年，杀羊以祭天。①

《西域图志》的作者关于回历的相关知识是采访所得，因而出现了两处错误：一是“回俗以教主初生之年为元年”的说法错误。回历以公元622年穆罕默德由麦加迁至麦地那为元年，而不是以穆罕默德的出生年为元年。二是回历“每三百六十日为一年，不增减”错误。回历并非每年固定三百六十天，因其为太阴历以看到新月那天为每月第一天，所以常比朔日迟一两天。故而其历年平均长度为354日8时48分。为此，置闰年予以调整，每三十年闰十一次，平年三百五十四日，闰年三百五十五日，闰日置于十二月末。

古代维吾尔族祖先根据月亮的圆缺，日出日落，太阳升到中天时分，一年四季的交替的现象，制定出比较完整的历法——“穆且勒”。“穆且勒”历法中每一年用一种动物的名称命名。这十二种动物分别为鼠，牛，虎，兔，鱼，蛇，马，羊，猴，鸡，狗，猪。根据“穆且勒”历法，维吾尔族把一年分为四季，12个月，3个月为90天，即一季，30天为一个月，两个节气为一个月，15天为一个节气，7天为一个星期，一个月为4个星

①钟兴麒等校注：《西域图志校注》卷三九《风俗一》，新疆人民出版社，2002年，第516–517页。

期等。[1]

2. 节日

在长期的历史发展过程中，维吾尔族逐渐形成了自己的节日文化，体现了该民族的风俗习惯、伦理道德、心理特征、艺术文学与信仰历史等等。维吾尔族节日的一个显著特点，是与伊斯兰教关系密切。维吾尔族三大节日——肉孜节、古尔邦节、诺鲁孜节中，宗教节日就有两个。

（1）肉孜节

肉孜节就是开斋节。“肉孜”系波斯文Rozah的意译，意为“斋戒”或“封戒”。伊斯兰教历认为九月最吉祥，是天启《古兰经》颁降之月。因此规定凡是穆斯林，除小孩、老弱者及孕期哺乳期与经期的妇女外，都要进行斋戒。斋戒期间自拂晓到日落必须禁绝饮食、房事，断绝一切杂念，以表示对真主的忠诚，并磨炼守法的精神和吃苦耐劳的性格，养成宽厚仁慈和互助互爱的品行。

斋月的结束以见新月为准，封斋29日如见新月第二天即开斋，如不见新月推迟一天再行开斋，开斋日就是肉孜节。节前，人们要清扫粉刷房屋，准备节日服装及食品，并拿出一些财物施济贫困。是日，穆斯林男子沐浴大净、洁衣盛服，空腹于清晨去清真寺举行“节日拜”。尔后，人们走亲访友，互相拜贺节日。肉孜节的食品种类繁多，别有特色，十分丰盛。妇女们为显示自己制作各式糕点的技能，一般都要炸馓子、烤馕，还用黄油、蜂蜜、果酱、核桃、葡萄干等待客。节日期间城乡都举行歌舞和体育活动，到处都是欢乐的“那格热”和“唢呐”声。[2]

（2）古尔邦节

古尔邦节是维吾尔族最大的节日，也是穆斯林的共同节日。一般在开斋节后的第70天（即伊历十二月十日）举行，意为“宰牲节”。节前家家户户都清扫房舍、自制糕点。节日清晨，穆斯林用泉水沐浴、穿上盛装到清

---

①米娜瓦尔：《论维吾尔族宗教历法及宗教节日》，载《乌鲁木齐职业大学学报》，2005年第1期。

②阿依先·肉孜：《维吾尔族的节日文化与宗教》，载《世界宗教文化》，2009年第12期。

真寺参加会礼。他们在寺中互致问候、由“伊玛目”（教长）领入祭拜大殿，跪地面向西方背诵赞词与圣训，然后观看宰牲仪式。礼毕，经济条件好的人家都要宰一只羊，有的还宰牛或骆驼，屠宰的牲畜不能出卖，一部分送给清真寺和宗教职业者，剩余的用来招待客人或赠送亲友。节日期间，无论是城市还是农村，都举行盛大的“麦西来甫”歌舞集会。主要有“撒那”（维吾尔族男子跳的一种大型集体舞）、“赛乃姆”（维吾尔族妇女跳的一种大型抒情舞蹈）和“多朗赛乃姆”（大型双人舞和群舞）三种歌舞。无论男女老少，都在欢快的民乐声中翩翩起舞。①

（3）诺鲁孜节

诺鲁孜节相当于汉族传统的春节。在冬去春来之际，庆祝歌与踏青、种树、清洁、换装、扫墓、互助、解怨甚至为鸟雀造巢筑窝等等都交织在一起，构成非常丰富的民俗文化活动。春分夜晚零点击打诺鲁孜节鼓，普告天下节日来临；听到鼓声的人们汇集到击鼓地点歌舞至天明，是诺鲁孜节开幕的标志；第二天从日落开始至次日太阳冉冉升空为止，琴师、歌手、舞者大显身手，将庆祝活动推向高潮。②

维吾尔族节日中，有些节日是全民族都要过的，有些节日则根据新疆各地的历史条件与风土人情而定。除上述三大节日外，维吾尔族还有水节、阿术拉日、登霄节、跳火节、播种节、都瓦节、萨依勒节、法蒂玛忌日、巴拉特节、盖德尔夜、香妃墓会、庆丰收、白雪节、圣纪节等等。其中圣纪节也是一个重要的节日。这个节日是穆罕默德诞辰与忌日的纪念日。希吉来历11年的3月12日，即公元632年的6月8日，为穆罕默德的逝世日；62年前（570）的这一天，恰是穆罕默德的诞生日。将这位圣人的诞辰和忌日合并纪念，成为群众性活动，称作“圣纪”，阿拉伯语叫作“冒路德”。节日这天，人们聚集到清真寺沐浴、礼拜，听阿訇诵经、赞圣，讲述穆罕默德的生平事迹。有的穆斯林向清真寺捐“功德”（适量的钱和物），有的清真寺还宰牛宰羊，进行会餐。

①阿依先·肉孜：《维吾尔族的节日文化与宗教》，载《世界宗教文化》，2009年第12期。

②阿依先·肉孜：《维吾尔族的节日文化与宗教》，载《世界宗教文化》，2009年第12期。

3.婚丧习俗

《西域图志》卷三十九《风俗》中，专题记述了回部嫁娶。说婿家邀请媒人到女方家求亲，“以连襟为词”[①]，不能直说求婚。女方家邀请宗族会议同意后，由媒人告诉婿家。然后“婿家乃烹一羊，盛之以桌，藉之以绸，覆之以被”[②]，托媒人送到女方家，作为订婚礼。女方家接受后回送绸布还礼。是日，女方家议定成婚日期、应送牛羊之类的数目（要求男方出的彩礼数量）等，告诉媒人，并由媒人转告婿家。迎娶前数日，婿及父母亲要在鼓乐引导下送约定之礼物到女方家。“女家是日肆筵设席，邀阿浑、伯克及亲戚以观礼。”[③]迎亲前一日，还要有阿訇诵经，男方在阿訇面前发誓，“至第三日，女家延阿浑诵经。婿及婿家之亲戚，咸设誓于教主前，言女无大，故无敢凌虐”[④]。誓毕，婿之父母亲戚先归，婿留以俟女。女家让女儿坐于毡毯，4 人扶抬出门，门外预备骏马雕鞍，女之亲戚抱女上马，戴障面（盖头）而行。鼓乐前导，赠物随之。女先行，婿随之其后。女家之母及亲戚都要送至婿家，过一夜后始归。又过 3 日，婿家设筵请女之父母，两家之亲戚都要参加。女始至婿家，先拜灶神，浇油于灶神之门。然后入房，以示主馈之意。不立即拜见舅姑，或过半年，或过一年，婿之卑幼入房，摘去新妇障面，始出拜舅姑，行叩头礼。[⑤]

除此而外，还有三个婚姻类型：一是鳏男寡女求配偶者，于礼拜日更换新衣，随同游玩，或者赴本处礼拜寺，先拜阿訇，以婚姻事具告，阿訇即为祷告看经，随后指定一女子。男女即将所戴小帽互换，以为永订。即

①钟兴麒等校注：《西域图志校注》卷三九《风俗一》，新疆人民出版社，2002年，第517页。

②钟兴麒等校注：《西域图志校注》卷三九《风俗一》，新疆人民出版社，2002年，第517页。

③钟兴麒等校注：《西域图志校注》卷三九《风俗一》，新疆人民出版社，2002年，第517页。

④钟兴麒等校注：《西域图志校注》卷三九《风俗一》，新疆人民出版社，2002年，第517页。

⑤钟兴麒等校注：《西域图志校注》卷三九《风俗一》，新疆人民出版社，2002年，第517页。

使并不情愿对方，也不敢违命，此所谓天定。二是父母双亡的男女青年在游玩时相遇，互相爱慕，情投意合，互告名字及乡里，而后则托词遵奉两家先人遗嘱而成婚。三是男女在幼年时相识，青梅竹马，立誓相爱。①

离婚比较自由。夫妇之间不和，随时皆可离异，称为“扬土尔”。②离异为妻弃夫者，妻不得动室中任何东西；为夫弃妻，则家中所有，任妻取携。所生子女亦各自分领，夫领男孩，妻得女孩。离异后一年中，妻生子女，夫可以认可为己之子女；超过一年后所生子女，夫则不认。③

《西域图志》卷三十九《风俗》中，记述了维吾尔族“丧祭”。书中说，夫死，妻散发去簪环；父母死，其子妇不散发，不去簪环，擗踊号泣，每哭必绕尸，无服制，屏红绿诸色，着黑布即可；卑幼死，尊长依然穿常服。人死之日即浴尸，水入尸口，据说洗涤肠胃才可以见教主。用白布裹尸，殡之于无底棺，棺之底可脱去。用绸及缎覆盖尸体，停柩于室，第 3 日延请阿訇诵“阿尔必经”，然后下葬。葬之日，亲属都送至墓地匍匐哭泣，至墓穴抽棺底，尸坠穴中以土掩埋，留棺以待后死者。棺上覆盖的绸缎分别送给埋葬之人，制作小帽。葬后，再请阿訇诵经礼拜，把斋30日，或布施钱文布帛粥食之类给贫民以结缘。富家则赴麦加礼拜以报本。葬后 3 日，到墓一祭， 7 日再祭，满一年则第 3 次祭。满一年后，每遇大年、小年则祭扫祖墓，悬灯于冢树。每月 4 次为祖父诵经，并没小祭。④

4.饮食

维吾尔人的社会经济以农业为主体，兼营畜牧业。天山南路种植的农作物品种极多，有黍（塔哩克）、稷（克资勒库勒克）、高粱（图布喇巴什库纳克）、麦（布赫岱）、青稞（阿尔帕）、稻（固伦特）、豌豆（阿克普尔察克）、扁豆（罗卜雅）、小豆（纳呼图）、绿豆（玛实）等，经济作物有麻（琨珠特，分黑、白、黄三种）、西瓜（塔尔布斯，重者40～50斤）、甜瓜

①余太山著：《西域文化史》，新疆人民出版社，1981年，第474页。

②［清］椿园七十一著：《西域闻见录》卷七，国学文献馆复印本，第18页。

③［清］椿园七十一著：《西域闻见录》卷七，国学文献馆复印本，第18页。

④钟兴麒等校注：《西域图志校注》卷三九《风俗一》，新疆人民出版社，2002年，第517页。

（塔特里克）、茄（帕廷干）、瓠（阿什喀巴克）、红萝卜（则尔达克）、白萝卜（察木古尔）、野葱（辟雅资）、黄芽韭（库尔德）、秦椒（塔哩玛穆尔鲁楚）、胡椒（木尔楚）、姜（赞济必勒）、石榴（阿纳尔）、苹果（阿勒玛）、木瓜（必喜）、梨（那什巴第）、樱桃（哲讷斯台）、杏（额鲁克）、柿（阿拉瓦莫济特）、核桃（杨阿克）、李子（爱那鲁）、长葡萄（萨伊比）、圆葡萄（裕租木）、无核绿葡萄（奇石密食，布哈尔部种）、桃（密惕萨沙布托里）、枣（奇兰）、味厚实大之桑椹（裕珠玛）、无子桑椹（沙图特）等。[①]

维吾尔人以粮为主食，其中，麦面、黄米、小米为主，稻米次之。寻常家面食，又以干馍为主，干馍即馕，其制作方法比较特殊：先用土块砌一深窟，内用细泥抹光，将窟烧红，饼擦盐水，贴在窟内，顷刻而熟，黄而香。贫者唯食此，饮冷水而已。富者有用糖油和面，煎烙为饼，亦有小如象棋子大者。馄饨与内地相同。亦有用面包羊肉，如内地之合子者。面片有煮与炒两种食法。烹稻米，喜将羊肉细切，或加鸡蛋与饭交炒。[②]

5.服饰

《西域图志》中记载维吾尔族服饰有十三种类：

特勒帕克　即暖帽，顶高5寸，以毡罽制作。边宽，前后各5寸。饰以海龙、水獭，贵者用貂皮。帽顶红色，织花绣纹，均不缀缨。妇人帽顶尖圆，中腰稍细，形状如半个葫芦。辫发双垂，名萨特巴额，束以红帛，上下两匝，不用珠缀。

喀勒帕克　即秋帽，规制同特勒帕克。用小呢猩猩毡、倭缎制作。又有小帽，无边，顶微尖，布或毡制。凡冠暖帽、秋帽，则以此帽为里。又有以布帛缠头，名萨帕特，其末半垂于后。

托恩　即袍，与内地袍略同。领无扣，袖平不镶，四围连纫，贵者用锦绣。冬用貂，余服缎、罽绸、褐不等。冬也有用羊皮。另一种旁无衽，当胸扣五行，每行二，平时穿着。若见尊长，则以着托恩为郑重。

①钟兴麒等校注：《西域图志校注》卷四三《土产》，新疆人民出版社，2002年，第552-553页。

②余太山著：《西域文化史》，新疆人民出版社，1981年，第468页。

普塔 即带，又名库尔，用全幅绸绫或布制作，其末下垂，斜压小刀于左。

乌图克 即靴，香牛皮制作，有红有黑。头稍尖，上嵌花绣，底亦为皮制作。

克辟实 即鞋，形与靴同，旁稍仄。亦用皮制作。

伊实坦 即布裤。

克特齐 即荷包，缎布制作，长形，内盛刀石针线等物。

尼木察 即内袍，规制同衫，用绸布制作，衽旁存一小孔，名延楚克，用以藏克特齐。

派伊帕克 即袜，规制同内地袜。

阿勒喀 即女人耳环，用银或铜制作，贵者用金制，上缀珠宝。

雅克里克 即手帕，用全幅布制作。

辟察克 即小刀，刃短柄长，皮鞘，饰以银，柄系长绦，佩于腰带间。①

阿訇帽圆而无檐，如大南瓜形，白布绕为之，中填棉絮，高厚各5寸，故有“缠头回”之称。四季戴帽，无换季之分。帽式不一，分皮棉两项。一种如瓮，口小上大，顶隆而平，高4～5寸，顶边围2尺余，以青缎、紫绸等制作，内衬铁丝，铺以棉，外用金银花线，盘绣各种花卉，缀以小缨，精美者值银7～8两，流行于哈密一带。南八城一带流行的是檐矮顶高，用红绿倭缎和毡片制作的小帽，也有绣花垂小缨，檐平而长，边缘用海龙、狐獭等皮，常用夹小帽为衬。另一种似内地瓜皮棉帽，分作数瓣，瓣有棱，顶尖而无结，紫绿彩绸、锦缎之类，皆所不论，棉厚而软，亦绣以花，且密纫如衲，各城皆流行此帽。维吾尔妇女所戴帽，冬夏皆用皮，而插鸟翼于前以为美观，后翅稍垂，而顶上皆起金绒为花。妇女还多以耳环、戒指为饰品。②

①钟兴麒等校注：《西域图志校注》卷四二《服物二》，新疆人民出版社，2002年，第539页。

②佘太山著：《西域文化史》，新疆人民出版社，1981年，第450页。

6.居室及用具

清代维吾尔人的居室以土为墙，厚3～4尺，用白杨、胡桐木横布其上，施以苇，上敷泥，即为屋宇。楼房之墙厚7～8尺以上。墙中穿穴为灶，直达屋顶，宽尺余，高2～3尺，与地平置，其中燃木火以御寒，名为“务恰克”。墙壁开穴洞，宽长不一，供藏物件，名为“务油克”。屋顶开天窗1～2处，以纳阳光，名为“通溜克”。屋顶正平，人可在上面往来，并可作为晒曝粮果之地。由于房屋墙厚顶轻，不必担心倒塌，而雨水少不怕渗漏。富家多于屋内雕泥为花草字画，饰以灰粉，细而坚固，颇见工巧，亦有施金碧者。屋旁有园池，广植花果，开沟渠引水，作为消夏燕游之所，称为“博斯坦”。以楼高为贵，有3～4层者，也有的楼是仿蒙古包形。在街市居住者，门左右筑土为台，陈放货物，称为“巴札尔”[①]。

《西域图志》记载了维吾尔族的21种坐卧用具：

吉里雅木　即毯，用羊毛和棉线织成。铺于炕，长宽依据炕之规格。长者丈余，短者6～7尺；宽者7～8尺，窄者4～5尺，上等维吾尔人在毯上复加以花毡，一般维吾尔人只铺白毡而已。

奇吉斯　在吉里雅木周围加以白毡，或挂于墙上。

塔克纳玛特　长方形花毡，设于吉里雅木之上，以接待宾客。

博哩雅　草席，铺于地，中等维吾尔人之家使用。

帕拉斯　羊毛织成之席单，铺于席上，单之周围亦加以奇吉斯，中设塔克纳玛特，以接待宾客。

德必色克尔　即长褥，用缎布、毯等物制作，中实以棉絮等类，施于花毡上，用以衬坐褥，次等只用毡。维吾尔人原本无此物，受准噶尔统治后，在其影响下，始用此物。

都尔伯勒津　即方坐褥。用绸缎及毡制作，次等者只用毡。亦是受准噶尔统治后始用此物。准语，四方之物为都尔伯勒津。

图沙克　即卧褥。以绸缎为面，布为里，纳絮于中。长6尺，宽2尺余。

---

①［清］王树枬著，朱玉麒等整理：《新疆图志》卷四八《礼俗》，上海古籍出版社，2017年，第856页。

沙德尔沙布 即布单，铺于卧褥之上，随时可浣洗。

塔奇雅 即枕，用金丝缎或绸制作。长 2 尺余，纳絮其中。以两枕叠而用。中等人家则用布制作。

约尔托勘 即被，用绸缎为表里，长 6 尺，宽 3 尺余。寒则纳絮，暑则去絮。中等人家则是表里皆布，或以绸为表，布为里。

莫伊纳约尔托勘 即皮被。上等人家以绸缎为表，羊皮为里；中等人家则以布为表，以皮为里。严冬时使用。

库实格 即帐幔，缝赤或青整幅（绸布），开其中间，卧则用以蔽风，只有上等之家用此。

博克札玛 即被囊。花布为面，素布为里，系以丝絛或绳，以安置被、褥、枕、帐诸物。

资勒察 即花毯。或施于博克札玛之上，以辟尘；或障于屋墙四面，自墙腰起及地而止，高不过4～5尺，上等人家用之。

塔尔摩资勒察 即花毯，羊毛织成，质粗，一般人使用。

崇伞都克 即大木柜。形长方，上有抽盖。大者4～5尺，次者2～3尺。用以储衣、帽等物。面上雕刻花木禽兽为饰，尊贵者用之，男女各一。

奇齐克伞都克 即小木匣。上有抽盖，形长方，大者尺余，小者一尺。男女各二。男子藏带、刀诸物，女子藏首饰诸物。一般人家则男女各一。

喀尔特 即床，木制。中横直木为楞，5～6行，下有 4 足，两足间各施横木。上铺塔克纳玛特，再加褥。

额格斯察尔帕雅 即木制桌。桌腿中及下皆加横木，中可系物，下可承脚。

库尔斯叶 即马凳，上施皮毯，足可施可去，以便提携。①

四、维吾尔族的语言文字及文学成就

维吾尔族有着悠久的语言文字历史。塔里木盆地周缘地区的土著居民，

① ［清］王树枏著，朱玉麒等整理：《新疆图志》卷四二《服物二》，上海古籍出版社，2017年，第540-541页。

为操用印欧语系语言的雅利安人。梵文、佉卢文为其初期使用的文字形式。《法显传》（400—413年）、《宋云行记》（518—522年）、《大唐西域记》（629—645年）、《往五天竺国传》（727年前后）、《新唐书·西域传》等文献，对此都有明确的记述。现代考古也为此提供了大量证据。尼雅遗址、米兰遗址以及安德悦遗址，曾出土大量的佉卢文书。内容有国王敕谕、籍账、信函、契约、文学作品、题记、官府文书及杂用文书等。使用者从国王、官吏下至一般平民，应用范围包括政治、军事、经济、文化与日常生活。①现知楼兰城使用最早的佉卢文实物，为城东北郊孤台东汉墓葬出土的一块“延年益寿大宜子孙”锦。此件幅边有佉卢文题记一行，意为“频婆·室利诃陀之锦一百钱”。该墓C^{14}测定年代为距今1880±85年。②

现代学者研究表明，塔里木盆地北缘地区居民的语言属印欧语系的焉耆—龟兹语，南缘地区居民的语言属印欧语系东伊朗语支的于阗语和嚈哒语，东缘地区居民的语言分属汉藏语系（羌语、汉语）、阿尔泰语系（突厥语东部方言）及印欧语系东伊朗语支。

自公元前174年之前匈奴“定楼兰、乌孙、呼揭及其旁二十六国”开始直至5世纪末的600余年间，疏勒国的统治者为操用突厥语的族群；5世纪末以降直至9世纪30年代，其统治者转为操用印欧语系中古伊朗语东南方言的嚈哒族群；9世纪30年代以降，统治权复转归操用突厥语的族群。也即是说，塔里木盆地周缘地区的居民以印欧语族群为主。同时，也有阿尔泰语系的突厥语族群和汉人。③

日本学者松田寿男与长泽和俊在论及塔里木盆地地形与当地印欧语系居民的分布情况时，曾有一个非常形象的描述：

> 塔里木盆地的地形虽然是东面开阔西面被封锁，呈C字形，但在民族和文化上则恰好相反，与西方相近，而与东方远。现在假定以印欧语

①黄盛璋：《塔里木盆地东缘的早期居民》，载《西域研究》，1992年第1期。

②侯灿：《楼兰城郊古墓群发掘简报》，载《文物》，1988年第7期。

③李树辉：《维吾尔族的族源及其形成过程（一）——乌古斯和回鹘研究系列之十一》，载《喀什师范学院学报》，2009年第2期。

诸族分布的东端比作V字横着重叠到表现地形的C字上，这个问题就可理解得很清楚。的确，这个横放的V字形，有如雅利安民族及其文化从西方打入亚洲民族及其文化圈的一个楔子。[①]

这一比喻，形象地说明了当时印欧语系居民在塔里木盆地以及东部天山地区和河西走廊地区的分布情况，即愈往东，其人数愈少。就秦汉之际的总体形势而言，蒙古高原、河西走廊、东部天山南北地区、准噶尔盆地、七河流域及其以西地区，为阿尔泰语系居民；陇山以东、中原、南方及西南地区为汉藏语系居民；印欧语系居民则犹如一个楔子，沿上述两大语系的结合部——塔里木盆地和天山地区向东插入，其前锋直抵河西走廊。[②]

汉以后河西地区为中原王朝所控，汉语居民沿河西走廊西渐，到达塔里木盆地西缘和七河流域。阿尔泰语系居民沿天山山脉推进，达于塔里木盆地北、西缘。7—8世纪，由于阿拉伯帝国的东向扩张，东部天山地区和罗布泊周缘地区也增加了许多粟特移民聚落。塔里木盆地南缘地区虽于7—9世纪为操用藏语的吐蕃人所控，但在此之前便已有少量的阿尔泰语系突厥语居民迁入。也即是说，自汉以后，河西走廊及塔里木盆地周缘地区便成为三大语系居民的交汇之地。

9世纪以后，塔里木盆地表现出东向性特点[③]：

一是不同突厥语方言的融合，逐渐形成了以东部方言为主，兼有部分北部方言、中部方言和中北方的特点。其中亦吸收有部分汉语、粟特语和梵语语汇。

二是汉人等非突厥语居民兼用突厥语文，突厥语居民亦兼用汉语文。形成了日常生活中分别使用汉语和突厥语，书面上前期以汉文为主，后期以回鹘文为主的格局。

---

①［日］松田寿男、长泽和俊，耿世民、孟凡人译：《塔里木盆地诸国》，载《考古学参考资料》，1980年第3-4期。

②李树辉：《维吾尔族的族源及其形成过程（一）——乌古斯和回鹘研究系列之十一》，载《喀什师范学院学报》，2009年第2期。

③李树辉：《古代突厥语方言研究》，载《喀什师范学院学报》，2002年第5期。

三是宗教方面，由最初兼有佛教、道教、摩尼教、祆教、景教等多种宗教的多元格局，逐渐演化为以融合有道教成分的汉传佛教一统天下的格局。

四是日常习俗方面，回鹘在保持传统习俗的同时，也吸收有若干汉俗和粟特习俗的成分，并使用源于中原地区的历法。

五是不同人种加速融合，呈现出较多的蒙古人种特点。

西部地区由于居民构成及地缘性文化交往的关系，其文化发展则呈现出较强的西向性特点。西部地区同中原地区的经济交往，主要是通过东部地区回鹘·塔特人的中转来实现的。

维吾尔族至迟在公元8世纪前后就有了比较发达的民族文字和书面文献。维吾尔语可区分为古代维吾尔语和现代维吾尔语。“古代维吾尔语是古代突厥部众作为一种共同口头语言使用的最古的鲁尼文献语言的总和，属于阿尔泰语系突厥语族回鹘语支，十世纪中叶以后，随着伊斯兰教东渐，古维吾尔文回鹘文逐步改用以阿拉伯字母为基础的文字，并基本上取代了回鹘文，成为维吾尔族和新疆、中亚一带突厥语系各族通用的文字。这种文字因最初主要通用于原察合台汗国领地，故历史上称之为察合台文。维吾尔文字的阿拉伯化，促使维吾尔语中吸收了大量阿拉伯—波斯语词汇。另一方面盛唐以后，随着丝绸之路的西伸与空前繁荣，我国西域同内地中原之间的政治、经济、文化以及社会生活的一切方面加强了全方位的关系和联系，关系的不断强化，加深了维吾尔族同中原各族人民的历史文化联系，使维吾尔语吸收、借用了大量汉语词汇而不同于其他突厥语文。”①

现代维吾尔文的前身是察合台文。目前我国维吾尔族使用的语言为现代维吾尔语，属于阿尔泰语系突厥语族葛逻禄语支。现代维吾尔语口语主要由三个地区方言构成，即西北方言、南部方言或称和田方言、东部方言。维吾尔标准语的基础方言是西北方言。伊犁话的语音是标准语音的基础。

①张凤武：《新疆少数民族的语言和文字述略》，载《乌鲁木齐职业大学学报》，1999年第1期。

《西域图志》在记述维吾尔族语言时载：

> 回部语言凡三种，自今哈密辟展以西，至喀什噶尔、叶尔羌、和阗，大率相同，谓之图尔奇语。外藩拔达克山、博洛尔诸部所习者，名帕尔西语。别有和尔盎语，则惟回回祖国墨克、默德那诸部习之，与图尔奇、帕尔西语音，又复迥异。叶尔羌西南，界连拔达克山诸部。其所属之地，多以帕尔西语名者。如阿布普尔、坡斯恰木、喀玛喇克、喀尔楚之类皆是。①

此段记载说明，维吾尔族语言共有三种：自哈密、辟展往西到喀什、叶尔羌、和阗的称为图尔奇语，即突厥语族的维吾尔语；外藩拔达克山、博洛尔诸部的称为帕尔西语，属印欧语系印度伊朗语族；墨克、默德那诸部习用和尔盎语，即阿拉伯语。这里实际上说了整个信仰伊斯兰教的中亚、西亚地区所使用的语言，我们讨论的只是维吾尔族即《西域图志》所称回部人使用的文字。

历史上，维吾尔族曾先后使用过多种文字。主要有突厥文、回鹘文、摩尼文、龟兹文等，其中以突厥文、回鹘文使用较为普遍。

突厥文因首先为突厥汗国的突厥人使用而得名。主要是在鄂尔浑河流域发现了用这种文字书写的碑铭，文字外形又近似于古代北欧日耳曼人使用过的鲁尼文，故又被学术界称为鄂尔浑—鲁尼文。

回鹘文是古代维吾尔人在采用阿拉伯字母文字以前使用最广、目前保存下来的文献较多的一种文字。早期回鹘文是横写，从右到左，后来在汉文影响下改成竖写、从左到右。

10世纪中叶，伊斯兰教东越帕米尔传入我国新疆南部喀什一带，到15、16世纪前后，整个塔里木盆地的回鹘地区都为伊斯兰教所统治。回鹘改信奉伊斯兰教后，逐渐废弃了旧有回鹘文而采用了阿拉伯字母为基础的新回鹘文，即察合台文。这种文字直到中华人民共和国成立前夕，虽几经小的修订、完善，但基本上一直被沿用下来。

---

①钟兴麒等校注：《西域图志校注》卷四八《杂录二》，新疆人民出版社，2002年，第608页。

清代维吾尔族使用的是以阿拉伯字母为基础的文字。《西域图志》称共有二十九字头（即字母），皆写作横行，自右向左排列。回文是拼音文字，以二字、三字、四五字头合读成音。有重读正音的符号，有化单字之法，他连字之法等。在引述《新唐书·西域传》中“龟兹旁行书。疏勒文字同婆罗门”的记载后，撰述者按：

龟兹，属今山南回部，书法旁行，亦与今同。惟点画孳生之法，史无可考。又按：《唐书·西域传》，天竺国有文字，书贝多叶以记事。天竺为今之乌斯藏，字书与回部迥殊。有天竺字母五十字，其番俗通行之字，又与天竺字异别有西番字母三十字。均详见《钦定同文韵统》。今回部迤南藩属痕都斯坦部，雅与古天竺邻接，要为回部支派，故其字书仍同回部也。①

显然，《西域图志》的撰述者弄不清西番字（藏文）与天竺字（梵文）的异同。据藏文史书记载，藏文是7世纪中叶吞弥桑布扎创制的。②松赞干布派遣吞弥桑布扎前往南印度拜婆罗门黎敬为师学习文字，多年后归藏，依梵文字母的体系，结合藏语实际，创制藏文。

维吾尔族的文学成就主要表现在诗歌方面。喀喇汗王朝时期，维吾尔人创作了长诗《福乐智慧》《真理的入门》和辞书《突厥语大词典》等作品；清代，维吾尔人又创作出长诗《爱苦相依》《爱情长诗集》《清代的农民战争》等一批新文学作品。

长篇叙事诗《爱苦相依》，作者赫尔克提（1634—1724年）。这部长诗分27章，共2070余行。全诗通过细致入微的刻画，拟人化的手法，塑造了晨风、夜莺、玫瑰三个形象，赞美人生，歌颂爱情，揭示了追求真理、渴望幸福一定要付出代价的思想主题。语言生动，情感细腻，诙谐幽默，开创了一代新的诗风，对以后的诗人产生了很大的影响。”③

---

①钟兴麒等：《西域图志校注》卷四八《杂录二》，新疆人民出版社，2002年，第608页。

②阿底峡发掘，卢亚军译注：《西藏的观世音》，甘肃人民出版社，2001年，第107-108页。

③余太山著：《西域文化史》，新疆人民出版社，1981年，第477-478页。

《爱情长诗集》，作者阿布都热依木·纳扎尔（1770—1848年）。诗集分3大部分，共4.8万行，主要内容是歌颂纯真的爱情、友谊、忠诚，歌颂勤劳、勇敢等高尚品质。通过爱情悲剧来抨击封建制度，肯定人应有的自由权利和幸福生活的权利。开了批判现实主义的先河，在18—19世纪维吾尔文学史中占有重要的位置。[①]

五、维吾尔族的音乐舞蹈

维吾尔族是一个热情奔放、能歌善舞的民族。《西域图志》“音乐”门，记载了回部的音乐和舞蹈。

维吾尔族乐器种类繁多，吹、拉、弹、击，应有尽有。可分为弹拨、拉弦、吹管和打击四类，其中弹拨乐器占多数。弹拨乐器主要有弹拨尔、热瓦甫、独塔尔、卡龙琴；拉弦乐器主要有艾介克、胡西塔尔、萨塔尔；吹管乐器主要有苏尔奈（唢呐）、乃依（笛子）；打击乐器主要有达甫、纳合拉、塔西（石头）、木勺等。《西域图志》依据“八音”的分类法，记述了哈尔扎克、喀尔奈、巴拉满、喇巴卜、色塔尔、达卜、苏尔奈、纳噶喇等八种宫廷回部乐器。[②]

哈尔扎克　又名艾捷克（如图6-2），起源于古代的波斯。《西域图志》记载其形制为：

> 状类胡琴，以椰为槽，冒以马首之革，碧色。槽底中开一孔，侧开三小孔，槽上有木柄，柄上一端微巨，柄上段设二轴，前面为山口，上开圆孔，面有空隙。其下有槽，槽下有铁柄。其末圆顶，着槽之处有两环，其弦以尾为之，有二缕，每缕约有马尾八十余茎。上自山口穿于后，系于柄上端之两轴。下则系于槽末铁柄之二环。槽面施柱以承弦，柱有小孔，马尾弦下钢丝弦十，下则系于铁柄。自柱间小孔穿入，上则系于木柄。左右各设五轴，另以圆木杆为弓。杆本以皮条股铜环。以马

①余太山著：《西域文化史》，新疆人民出版社，1981年，第478页。

②钟兴麒等校注：《西域图志校注》卷四〇《音乐》，新疆人民出版社，2002年，第523-525页。

图6-2　哈尔扎克

尾八十余茎为弦，上系于铜环，下系于杆末。以弓弦压马尾弦应铜弦以取声。[①]

哈尔扎克是维吾尔族、乌孜别克族和塔吉克族的弓弦乐器，流行于新疆的麦盖提、巴楚、阿瓦提、喀什、莎车和库车等地。外形独特别致，琴筒呈球形，琴的内侧用蟒皮蒙裹，使共鸣体形成两个半球形，在它的周围有发音孔，音域约三个八度，有1～3根主奏弦，在琴杆下两端设有5～10根共鸣弦，音色具有板面振动与皮面振动相结合的效果。演奏时，将底柱立于左腿之上或夹于两腿之间，左手持琴按弦，右手持弓拉奏，因演奏的手法上吸收了提琴、二胡的指法和弓法，所以可奏出多种美妙好听的滑音、泛音、和弦和装饰音。

喀尔奈　又称卡龙琴（如图6-3），是维吾尔乐器里弦最多的古老民间弹拨乐器。《西域图志》记载其形制为：

状类洋琴，以木为胎，空其中。厚三寸七分一厘七毫九丝，左端直，右端曲。左端上面施木梁，似琴之岳山，以系钢弦之本。钢弦之末施木轴，似琴之枕。入于右端侧面孔内，转其轴以定弦之缓急。施十八弦，弦下柱形，与右端曲形相应。以手冒拨皆，弹之取声。[②]

图6-3　喀尔奈

①钟兴麒等校注：《西域图志校注》卷四〇《音乐》，新疆人民出版社，2002年，第523页。

②钟兴麒等校注：《西域图志校注》卷四〇《音乐》，新疆人民出版社，2002年，第523页。

喀尔奈形状酷似扬琴，发出的声音清脆悦耳，近似古筝，但比古筝的音色更明亮，是演奏古典乐曲《十二木卡姆》中不可缺少的乐器。它盛行于新疆的麦盖提、喀什、和田、莎车一带和哈密等地。

巴拉满　清代回部吹管乐器（如图6-4）。《西域图志》记载其形制为：

状类管，以木为之，本小末大，饰以金。木管上口安芦哨，哨入木管。正面七孔，后开一孔。皆应笛声。①

这种乐器流行于新疆和田、莎车、吐鲁番、鄯善等地，称为“巴利曼”或“巴拉曼”，其形制与清代文献记述基本相同。现在维吾尔族、乌孜别克族民间流行的巴拉曼，仍保持着古老的形制。管身苇制，是采用当地生长的一种旱芦苇制作而成的，管体质地坚韧，管长28～34厘米，尾端外径1.2厘米、内径0.8厘米，管壁厚0.2厘米。管的上端削薄压扁后成为双簧哨片吹口，簧片部分长约4厘米，为使双簧哨片不致变形，簧哨下方还用两根竹片或木片夹住、用绳捆紧，夹片两端系以红色绸带为饰。巴拉满的上端呈十字形，管身中下部的正面，开有八个正方形按音孔，各孔长、宽均为0.7厘米，孔距均为1.8厘米。

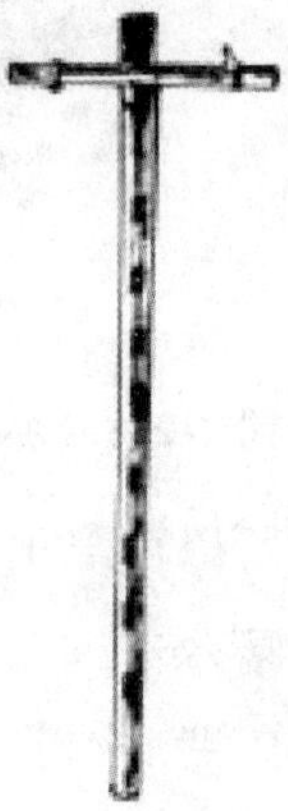

图6-4　巴拉满

喇巴卜　清代回部弹拨乐器（如图6-5）。《西域图志》记载其形制为：

状类和毕斯，木槽通柄，丝弦五、钢弦三。上端曲，向后以施弦轴，槽形似半瓶。直柄之上作山口，曲柄之中有空隙。两旁施五轴，通五丝弦而系于轴。五弦之本系于木槽下侧面，钢弦二其本亦系于槽下侧面，其末则系于直柄右侧面之二轴。以手冒拨指弹之，应钢弦以取声。②

---

①钟兴麒等校注：《西域图志校注》卷四〇《音乐》，新疆人民出版社，2002年，第524页。

②钟兴麒等校注：《西域图志校注》卷四〇《音乐》，新疆人民出版社，2002年，第524页。

图6–5 喇巴卜

喇巴卜，又称为多朗热瓦普，是维吾尔族人民在原有民间乐器的基础上，吸收外来乐器，创制出的新乐器。清代被列入宫廷回部乐中，并以喇巴卜、喇叭卜之名载入史册。传统的多朗热瓦普，琴身用桑木、杏木或核桃木制作，全长80厘米左右。共鸣箱的上半部与较宽的琴杆相连，其上开有若干个圆形小音孔。共鸣箱的下半部呈中空的瓢形，正面蒙以驴皮、马皮、牦牛皮、山羊皮或蟒皮，面径22厘米左右。琴杆短而粗，上窄下宽，正面按弦指板较宽，不设品位。琴头向后呈直角弯曲，弦槽通透，两侧置有三至六个T形弦轴，一般多为五或六轴。琴杆左侧面置有四至十三个T形弦轴，一般多为七至十轴。琴弦全部采用钢丝弦，也有个别共鸣弦使用肠衣弦的。皮面上置竹或木制长桥形琴马，琴底设有缚弦。现流行形制大于清代“喇巴卜”，长约76厘米，共鸣弦也由清代时的五根增至七至十根。

色塔尔 清代回部弹拨乐器（如图6–6），《西域图志》记载其形制为：

> 状类二弦，有槽形如匕，面平下圆，冒以革，两侧有八轴，丝弦二，大弦应合字，小弦应上字。双钢弦一，单钢弦六，应丝弦以取声。上系于轴下，下系于槽末侧面，柄端向下设山口，以起弦度，槽面设柱以承弦。柄身设线圆二十三道，似琵琶之品。以左手按丝弦之线圆，以右手背拨指弹之。①

这种乐器今仍在新疆维吾尔族民间流传，称为“萨它尔”或“塞他尔”，与清代“色塔尔”略有区别：“其形制大于清代‘色塔尔’，长148 cm，缠有十八个丝品位，由一根主奏弦和九至十三根共鸣弦组成，演奏法上也有所

①钟兴麒等校注：《西域图志校注》卷四〇《音乐》，新疆人民出版社，2002年，第524页。

区别，由‘以手背拨指’改为用马尾弓拉奏。”[①]

达卜 清代回部打击乐器（如图6-7）。《西域图志》记载其形制为：“鼓，以木为腔，冒以革。以手指击之。”[②]现今，这种乐器仍在民间广泛流传，称为“达普”，汉语称之为“手鼓”。达卜是新疆维吾尔族人民最喜爱的打击乐器之一，并被誉为维吾尔乐队中的“灵魂”，鼓框木制，圆而扁平，周围装有许多小铁环，表面蒙以羊皮、牛皮或蟒皮，其中以蟒皮音色最好。它的发音清脆响亮，声音力度变化幅度较大，技巧灵活，可以起到烘托各种不同乐曲情绪的作用。手鼓的发音清脆响亮，在乐队中起着统一节奏和速度的作用，是名副其实的总指挥。同时它携带方便，因此，尤受维吾尔族喜爱。

图6-6 色塔尔

图6-7 达卜

苏尔奈 清代回部吹管乐器（如图6-8）。《西域图志》记载其形制为：

状类小铜角，本小末大。上下饰以金，木管上口安铜管，铜管入木

①陈婷婷：《清代乾隆年间官修文献中西域准噶尔部与回部乐器状况》，载《新疆艺术学院学报》，2003年第3期。

②钟兴麒等校注：《西域图志校注》卷四〇《音乐》，新疆人民出版社，2002年，第525页。

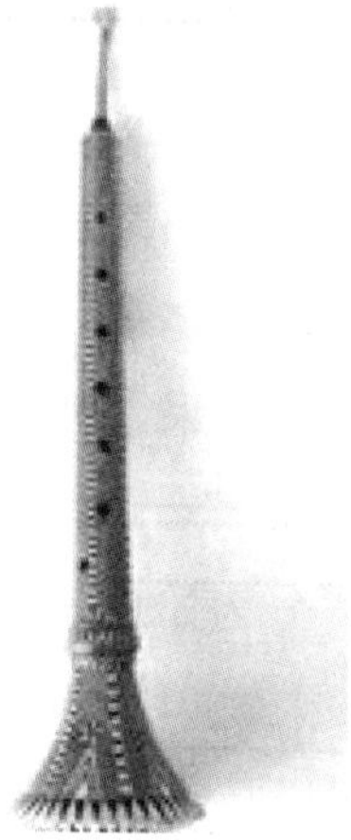

图6-8　苏尔奈

管内。铜管上口安芦哨。木管正面七孔，后出一孔，左侧面一孔。①

“苏尔奈”，汉语称“唢呐”。相传，唢呐最初流传于波斯、阿拉伯一带，是古代波斯语的音译。它发音高亢、嘹亮，过去多在民间的吹歌会、秧歌会、鼓乐班和地方曲艺、戏曲的伴奏中应用，后经过不断发展改进，不但丰富了演奏技巧，而且提高了表现力，现已成为一件具有特色的独奏乐器并广泛应用于民族乐队合奏或戏曲、歌舞的伴奏中。

纳噶喇　清代回部打击乐器（如图6-9）。《西域图志》记载其形制为：“状类行鼓，以铁为腔，其腔上大下小，蒙以革。以二木杖击之。”②据说古代人们把它系在马鞍上当作战鼓。大约在9世纪以后，它才成为维吾尔族的打击乐器。纳噶喇形状看起来像一个花盆，鼓面蒙有骆驼皮或牛皮，六个为一套，每套分大中小三组，每组两个，一奏高音，一奏低音，相差4～5度，用木棒敲击。每逢喜庆的节日，弹奏者便会登上屋顶，敲起欢快的纳噶喇，吹起苏尔奈，伴着鼓声人们翩翩起舞，跳起狂热的萨玛舞。这鼓声不仅为节日增强热烈的气氛，且极富有独特的民族风格。

图6-9　纳噶喇

《西域图志》中以工尺谱记录了回部经常演奏的斯纳满、色勒喀斯、珠鲁等乐曲。总结回部乐曲的特点，称：“其音

①钟兴麒等校注：《西域图志校注》卷四〇《音乐》，新疆人民出版社，2002年，第525页。

②钟兴麒等校注：《西域图志校注》卷四〇《音乐》，新疆人民出版社，2002年，第525页。

繁节促，少舒迟广大之响。而每于一调之中，移宫换羽，累累相贯，如环五端。岂非回部地近天方，本通音律。龟兹五旦七调，又与中华五均七音之旨相吻合。是以隋唐九部十部之乐，西音居其六七。谐声协律以衷大雅，有足资采听者欤。”[①]并提出：“可见回部旧精音律，备太常之掌，职是故也。今者回部声歌，得隶乐官。即准部器曲流传，亦土风足采，并得备四夷之奏，导八方之和，凤仪兽舞，海宇同庥，治莫盛于此矣。”[②]

该门附“回部乐伎”，记载了回部舞蹈的情景。每舞分为始作乐、次起舞、次呈杂伎三段。演奏者有司达卜一人，司纳噶喇一人，司哈尔扎克一人，司喀尔奈一人，司色塔尔一人，司喇巴卜一人，司巴拉满一人，司苏尔奈一人。都穿锦面绢里杂色绸接袖衣，头戴锦面布里倭缎缘边的“回回帽”，着青缎靴，腰系绿绸带，携带乐器上场后奏斯纳满、色勒喀斯、察罕、珠鲁诸乐曲，作为前奏。然后，司舞二人，舞盘二人，皆穿背褂上下身锦腰蓝绸接袖衣，戴锦面布里倭缎缘边回回帽，着青缎鞋，系绿绸带，于音乐开始后上场。司舞二人起舞，舞盘人随之舞起。接着表演杂技，成人四名，皆穿背褂，上身穿杂色绸，下身接袖衣，戴五色绸回回小帽，着青缎鞋，系绿绸带；孩童二人，穿杂色绸绢里衣，戴五色绸回回帽，着青缎鞋，系绿绸带。司舞、舞盘人舞毕即上场，表演走索、寻撞等百戏。“技毕乐止，乃下。”[③]如此高规格的舞蹈杂要，大约只有能歌善舞的回部人才能表演。

---

①钟兴麒等校注：《西域图志校注》卷四〇《音乐》，新疆人民出版社，2002年，第525–526页。

②钟兴麒等校注：《西域图志校注》卷四〇《音乐》，新疆人民出版社，2002年，第528页。

③钟兴麒等校注：《西域图志校注》卷四〇《音乐》，新疆人民出版社，2002年，第526页。

第三节　准噶尔部历史文化

一、准噶尔部历史、世系及习俗

《西域图志》用“准噶尔为蒙古苗裔”[①]八字，为准噶尔部民族定性。既而就花大力查究准部的历史、世系等各方面的情况。称：“因复近稽准部源流，当我朝底定更始之余，四卫拉特虽旧闻零落，而受氏传国之大凡，世系宗支之分派，犹有可考。”[②]

准噶尔部的祖先为蒙古斡亦剌忒部，入明后汉籍称瓦剌。明末西迁后形成准噶尔、杜尔伯特、和硕特、土尔扈特四部。17世纪40年代，准噶尔蒙古贵族在西域建立了包括当地厄鲁特各部在内的民族政权，史称“准噶尔汗国”。因此，《西域图志》把西域蒙古各部统称为准噶尔部。他们主要活动在伊犁河谷、额尔齐斯河两岸、塔尔巴哈台以及乌鲁木齐地区。“天山以北，准噶尔部居之。人皆强悍，逐水草，无城郭。”[③]

《西域图志》“杂录”门一，记载了厄鲁特诸部的世系。记载绰罗斯属从第一世孛汗至第十八世策妄多尔济那木札勒的世系，以及杜尔伯特、和硕特、土尔扈特诸部自一世至当时之十余世的世系。其中绰罗斯属第一世孛汗，是元臣脱欢的后裔。孛汗子孙世代继任准噶尔汗，在额森诺颜六世以上没有旁支，其第七世旁支博罗讷哈勒，为额斯墨特达尔汗诺颜兄，即杜尔伯特始祖。其第十世旁支以下如阿克赛台什等，都有记载。孛汗传十八世而亡。孛汗七世孙博罗纳哈勒作为杜尔伯特始祖，又传十二世。和硕

---

①钟兴麒等校注：《西域图志校注》卷四七《杂录》，新疆人民出版社，2002年，第595页。

②钟兴麒等校注：《西域图志校注》卷四七《杂录》，新疆人民出版社，2002年，第595页。

③钟兴麒等校注：《西域图志校注》卷一《图考：皇舆全图说》，新疆人民出版社，2002年，第61页。

特部第一世为阿克萨噶勒诺颜，至博尔和津为第十八世。而移居青海的顾实汗系其第十二世支子。辉特部因谱系散佚，所收只有阿勒达尔和硕齐额尔克台吉两支。土尔扈特部以奇旺为第一世，至渥巴锡为第十三世，公坦为第十五世。[①]这样齐全的准部四卫拉特蒙古世系，多亏了《西域图志》撰述者的艰苦采访搜集。

"封爵"门记载了以准噶尔诸部"归诚"先后赐封的爵位。杜尔伯特属台吉策零初封和硕亲王，晋封特古斯古鲁克汗；绰罗斯属噶尔藏多尔济，封绰罗斯汗，达瓦齐封多罗郡王；和硕特属班珠尔，晋封和硕亲王；土尔扈特属渥巴锡封土尔扈特卓里克图汗，其子孙及诸台吉等亦皆受封。

书中记载，准噶尔蒙古族的政事，由大台吉之辅政官图什墨尔负责。在部落组织之官长宰桑审理后，报告图什墨尔定议，再上报大台吉实施。其刑罚，凡较轻的罪行就抽以皮鞭，戴上长枷，逾时而释。凡杀人者，情节严重的就先砍断手足然后斩首，情节轻的就断去手足耳鼻以示惩罚。凡偷马的，罚其赔给失主九牛，或九羊、九马。没有可赔偿牲畜的就将贼的妻子送给失主作为补偿。没有妻子的，就鞭腰，然后给事主为奴。从军失伍及逃回者，游行示众数日后，盛于革囊中，以锥锥之，侥幸不死，没为奴，妻及家产都没入官府。[②]

二、准噶尔部的宗教信仰

准噶尔汗部族信仰藏传佛教。自7世纪上半期佛教传入西藏后，形成了富有地方色彩的藏传佛教。16世纪80年代，蒙古土默特部首领俺答汗在青海会见三世达赖索南嘉措，率部皈依藏传佛教后，藏传佛教很快就在蒙古人活动的漠南、漠北地区广为传播。

17世纪初，藏传佛教开始传入天山北路。大约在1610年，厄鲁特四部

①钟兴麒等校注：《西域图志校注》卷三七《封爵一》，新疆人民出版社，2002年，第499页。

②钟兴麒等校注：《西域图志校注》卷三九《风俗一》，新疆人民出版社，2002年，第512页。

盟主拜巴嘎斯汗接受了土尔扈特部首领赛音台奈思麦根台曼奈皈依藏传佛教的建议皈依藏传佛教。在厄鲁特蒙古上层的倡导下，藏传佛教在厄鲁特蒙古社会中迅速传播，并取代萨满教而成为厄鲁特各部唯一尊奉的宗教。1640年9月，在塔尔巴哈台召开的厄鲁特、喀尔喀各部王公台吉们的会议上，制定了1640年蒙古《卫拉特法典》，以法律形式规定藏传佛教为全蒙古所有汗国和公国的正式国教。[①]《卫拉特法典》公开取缔萨满教，违反者科以财产刑。僧侣享有种种特权，在社会中处于特殊的地位。向僧侣征用大车者，处以罚母牛一头的财产刑；将献佛之马用于运输赋役者处以罚马一匹的财产刑；严禁用行动和言辞侮辱僧侣，否则处以重体刑；掠夺僧侣财产者处以罚铠甲百领、骆驼百只、牛千头的财产刑。[②]

藏传佛教在天山北路的传播，对准噶尔人的社会生活产生了重大的影响。准噶尔人开始兴建西藏风格的寺院，游牧草场上出现了定居中心，而这些定居点周围则开辟了农耕区。1639年，俄国使人阿勃拉莫夫出使准噶尔后报道说：“（巴图尔）珲台吉处住着一位喇嘛，为珲台吉制定耕作方法。”[③]1643年出使准噶尔的俄使伊林报道说：“霍博克萨里（和布克赛尔）系由四五个小镇组成，但这里所谓小镇仅指一两幢砖房，通常只是一座喇嘛庙……他（巴图尔珲台吉）请来了西藏的喇嘛，引入了佛教的一切规矩。”[④]另一俄使巴伊科夫也报道说：“据说，小城是粘土筑的，其中两个殿是石头的神像殿。”巴伊科夫还报道了游牧于额尔齐斯河上游河谷地带的和硕特部阿巴赖兴建寺院的情况。阿巴赖台吉住在额尔齐斯河左岸附近，他的喇嘛是厄鲁特本部人，“他有两座大的佛寺，均用砖砌”。[⑤]

---

①余太山著：《西域文化史》，新疆人民出版社，1981年，第437页。

②《准噶尔史略》编写组：《准噶尔史略》，人民出版社，1985年，第253页。

③科学院档案馆第21卷，第4号，第11册，第39张，引自《准噶尔汗国史》汉译本第182页。

④［英］约弗·巴德利著：《俄国·蒙古·中国》（汉译本下卷第1册），商务印书馆，1981年，第1145–1149页。

⑤［英］约弗·巴德利著：《俄国·蒙古·中国》（汉译本下卷第1册），商务印书馆，1981年，第1145–1149页。

随着藏传佛教的传播，格鲁派僧侣们在准噶尔汗国的社会地位越来越高，社会影响越来越大。《西域图志》中记载："厄鲁特俗尚黄教，凡决疑定计，必咨于喇嘛而后行。自台吉、宰桑以下，或顶礼膜拜焉，得其一抚摩一接手者以为大福。"[①]准噶尔人得疾病，必先请喇嘛诵经祛邪，然后服药。在蒙古《卫拉特法典》中规定，10人中必须有一人献身于佛，以保证僧侣的来源。按此规定，许多准噶尔人在儿童时即被送往寺院学习佛经，"人生六七岁，即今识喇嘛字，诵喇嘛经"[②]。噶尔丹策零即位后，在伊犁河畔建成大佛寺两座，位于河北的一座名固尔札庙，河南的一座称海努克庙，这两座庙宇"高刹摩霄，金幡耀日，栋甍宏敞，象设庄严"[③]。庙中供养喇嘛6000余名，当噶尔丹策零有事时，集众喇嘛诵经，西域各部头目首领"俱输货物以为礼"。其中，伊犁河北的固尔札庙"都纲三层，缭垣周一里许"，庄严宏伟，"甲于漠北"。每年盛夏季节，准噶尔人来此膜拜顶礼者接踵而至，"远近咸集"。[④]此庙于乾隆二十一年（1756）毁于战火之中。以后，清廷在承德避暑山庄东北冈阜仿照固尔札庙的规制建庙一座，名之曰"安远庙"。移居于承德的准噶尔达什达瓦部人们都说"琳宫晃曜，妙相庄严，不啻曩时在固尔札礼都纲闻呗谠也"[⑤]。有病首先请喇嘛来诵经祛灾，然后延额摩奇服药。有医书名《额默》，音苏都尔。如果大台吉有事，聚请喇嘛诵经，则十六鄂拓克、二十一昂吉，以及回部头目，都送来物品以

---

①钟兴麒等校注：《西域图志校注》卷三九《风俗一》，新疆人民出版社，2002年，第511页。

②钟兴麒等校注：《西域图志校注》卷三九《风俗一》，新疆人民出版社，2002年，第511页。

③钟兴麒等校注：《西域图志校注》卷三九《风俗一》，新疆人民出版社，2002年，第511页。

④钟兴麒等校注：《西域图志校注》卷四七《杂录一》，新疆人民出版社，2002年，第602页。

⑤钟兴麒等校注：《西域图志校注》卷四七《杂录一》，新疆人民出版社，2002年，第602页。

为礼。[①]

书中有乾隆皇帝《御制伊犁喇嘛行》一篇，认为准部从噶尔丹策零起大兴黄教，并学习西藏在西域修建供喇嘛聚集诵经的都纲，以白毡为室，布为墙。后来才大兴土木建筑了金碧辉煌的喇嘛寺，以活佛希勒图坐床，受台吉诸宰桑膜拜，“其善在此，其弊即为殃”[②]。达尔济及达瓦齐相继篡位后，“无不藉诸喇嘛之力以肆强”。阿睦尔撒纳也是勾结喇嘛公然煽动反叛，当他反叛失败时，抢夺了喇嘛的马驼用以驮载其物品，仓皇逃窜，寺院的喇嘛们这才四散而去，生活艰难。真是“勿谓佛不慈汝，俾汝遭丧亡”[③]，对准部头目利用宗教煽动部民反叛的罪恶行径进行了有力的讽刺。

三、准噶尔部的语言文字及文学

历史上，蒙古族曾借用汉字和回鹘字母来拼写自己的语言。元世祖忽必烈在至元六年（1269）二月己丑的诏书中说：“朕惟字以书言，言以纪事，此古之通制。我国家肇基朔文，俗尚简古，未遑制作，凡使用文字，因用汉楷及畏吾尔，以达本朝之言。”[④]法国人卢不鲁克说：“鞑靼人用回鹘字母……蒙哥汗寄来的信，是蒙古语而用回鹘字母书写的。”[⑤]蒙古族使用的回鹘式蒙古文的拼写法基本上沿用回鹘文的规则。忽必烈即位后不久，命国师八思巴（西藏喇嘛）创制新文字，今通称“八思巴字”。这是一种脱胎于藏文字母的竖写拼音文字。蒙古新字于公元1269年正式颁行。此后，元朝政府曾三令五申，限制使用回鹘式蒙古文。但到元朝后期，回鹘式蒙古文又逐渐复活通行。14世纪初（1307），蒙古学者却吉斡斯尔对回鹘式蒙

①钟兴麒等校注：《西域图志校注》卷三九《风俗一》，新疆人民出版社，2002年，第511页。

②钟兴麒等校注：《西域图志校注》卷三九《风俗一》，新疆人民出版社，2002年，第511页。

③钟兴麒等校注：《西域图志校注》卷三九《风俗一》，新疆人民出版社，2002年，第511页。

④［明］宋濂：《元史》卷二〇二《八思巴传》，中华书局，2000年，第3021页。

⑤以上均见Christopher Dawson编*The Mongol Mission*一书，转引自《中国史研究动态》，1981年第12期。

古文又进行了改革，使之更合于蒙古语的特征，为至今仍然通用的蒙古文字奠定了基础。

《西域图志》在“杂录”门记载了准噶尔部的语言文字。

准噶尔为蒙古民族的一支，其语言与蒙古语大致相同。但其间亦有一些区别，如准噶尔方言称夜为“绥”，蒙古语却称为“苏尼”；准噶尔方言称石头为“伊堆”，蒙古语却称为“齐罗”；准噶尔方言称道路为“哈勒噶”，蒙古语称为“札穆”；准噶尔方言称肩膀为“额木”，蒙古语称为“穆噜”。这类有区别的语言在准噶尔语中约占到十分之二。①

准噶尔人原来使用回鹘式蒙古文，顺治五年（1648），厄鲁特蒙古高僧咱雅班第答在回鹘式蒙古文基础上创制了托忒蒙古文。托忒文，又称卫拉特文，属阿尔泰语系，蒙古语族，卫拉特语支。托忒，即明白、清楚之意，因其能较清楚地表达厄鲁特地方语音而得名。托忒文由15字头，24个字母组成，105个音，写法为上下连书，自右至左竖行书写，书写工具为木笔，名乌珠克。②流行于厄鲁特蒙古。卫拉特蒙古的几个政权以及中亚诸多民族在与清朝的交往中曾把托忒文作为外交文字使用。

准噶尔人的文学成就主要是故事、英雄史诗等。

《天女之惠》是关于杜尔伯特祖先的古老神话，叙述一猎人在纳德山湖畔遇一仙女，两人成亲生子，杜尔伯特的先人将孩子带回部落，长大后成为绰罗斯家族的祖先的故事。故事基调优美，想象力丰富，反映了早期蒙古人的原始宗教（萨满教）观念和原始氏族社会的意识形态。③

《江格尔传》，也作《江嘎尔传》，是一部长篇英雄史诗。史诗通过描写唐苏克、宝木巴地方以江格尔为首的12名“雄狮”和6000名勇士同侵夺其家乡的各种敌人进行顽强斗争，取得最终胜利的故事，反映了厄鲁特蒙古在氏族社会阶段的生活风貌，塑造了江格尔、洪格尔等英雄形象。准噶尔

---

①钟兴麒等校注：《西域图志校注》卷四七《杂录一》，新疆人民出版社，2002年，第600页。

②钟兴麒等校注：《西域图志校注》卷四七《杂录一》，新疆人民出版社，2002年，第600页。

③《准噶尔史略》编写组：《准噶尔史略》，人民出版社，1985年，第243页。

人生活的各个方面在史诗中都有反映。每章叙述一个完整的故事，可单独成篇；各章又以江格尔为核心，联系成一个整体。现有德、日、俄等多种译本，新疆人民出版社有13章、15章两种版本。

《咱雅班第答传》，是著名的厄鲁特蒙古高僧咱雅班第答的传记，由他的学生和信奉者拉特纳勃哈德勒编写而成。传记记述了咱雅班第答一生中的宗教活动和政治活动，是了解厄鲁特蒙古的政治、经济、文化、宗教等历史状况的重要资料。现蒙古国与俄国都存有托忒蒙古文本。据《准噶尔史略》记载，咱雅班第答和他的学生用托忒文翻译了200多部著作，这些著作大部分是佛教经典，也有一些是科学、历史、文化著作，如《金光明经》《贤劫经》《明鉴》及医学著作《居悉》（又称《四部医典》），咱雅班第答还用托忒文记录了英雄史诗《江格尔》。①

《关于卫拉特人的故事》，土尔扈特部医生加班沙拉勃于1739年写成。据作者说，资料来自同主教谷曼喇嘛、喇嘛学者阿尔达加勃士、和硕特部鄂齐尔图车臣汗的遗孀多尔士拉卜丹、土尔扈特部阿玉奇汗以及塔朋乌罕大臣等人的交谈。加班沙拉勃记载了他们的口述，并加以验证，补充了一些自己的评价和注释。书中记有土尔扈特族系起源的传说，杜尔伯特和绰罗斯系的厄鲁特王公具有共同族系的传说。史料价值较高。

四、准噶尔部的音乐体育

准噶尔人系蒙古民族的一支，但其音乐与蒙古本部又有一定差别。《西域图志》中指出："准部乐器与蒙古相若，惟蒙古番部合奏乐、笳吹乐中，有胡笳、轧筝、和毕斯之属，今准部则无之耳。"②准噶尔蒙古族人喜爱音乐，在长期的游牧生活中，创作和沉淀了大量的音乐曲调。

准噶尔人称曲为"爱足幕"，称调为"爱雅斯"。《西域图志》撰述者搜集到准噶尔部的乐谱曲11首调32首。书中用工尺谱记录了其中著名的三首

①《准噶尔史略》编写组：《准噶尔史略》，广西师范大学出版社，2007年，第242页。

②钟兴麒等校注：《西域图志校注》卷四〇《音乐》，新疆人民出版社，2002年，第522页。

曲。一是图尔本卫拉特，有声无辞；二是噶尔达木特，共4段，为赞美其人之辞；三是布图逊雅布达尔，颂祷之辞，以此曲煞尾。书中指出："兹准噶尔为元臣遗裔，乐曲音节，略近蒙古。虽无工尺名号，而审音定字，固与工尺四上之九音，应黄钟十二律者未之有异。第其文辞近陋，难以称述。即音节流传，亦颇零落失次。今略准图尔本卫拉特以下三曲音节，协以工尺诸字，为一阕，以著其概。准之于古，殆即乐之一小成也。别有沙律奇默克、噶拉达玛奇尔吉斯、讷默库济尔噶勒、呼哩莽拉、图们额奇诸曲，率以雅托噶以下六器，相和成调云。"①这些记载为我们保留了18世纪中期西域蒙古族的音乐曲调。

《西域图志》记载了准噶尔当时的乐器：

雅托噶　即筝，以桐木制作，长4尺7寸余，有14弦和6弦两种，弦以丝为之。

伊奇尔呼尔　即胡琴，以木、皮制作，有两弦，以马尾制作，弓弦也用马尾为之。

图布舒尔　即二弦。体用樟木，面用桐木，弦用羊肠制作，系于左右两小轴上，用拨指弹之取声。

披帕呼尔　即提琴。以木为筒，上蒙蟒皮，以竹为柄，有4轴，穿4弦，弓用竹、马尾制成。

特木尔呼尔　即口琴。用铁制作，中设一簧，簧端点施以蜡珠，吹吸时以指鼓簧以成音。

绰尔　形同萧，以竹制作，长约2尺4寸，有4孔，以舌侧抵管之上口，吹以成音。

铿格尔格　即鼓。以木为腔，两面蒙皮，直径3尺，用小木杖裹毡击之。

仓　即铙。有铜、铁两种，大者直径3尺，小者尺余。

登舍　形同小钹，直径3尺。

---

①钟兴麒等校注：《西域图志校注》卷四〇《音乐》，新疆人民出版社，2002年，第523页。

轰和 即铃。用铜制作，中有一小舌，振以作声。

毕什库尔 即小铜角。用黄铜或红铜制作，长1尺4寸1分，上安外管，管上装有芦哨。

伊克布勒 即大铜角，用红铜或锡制作，如竹筒，上、下两节，长3尺6寸7分。

冬布勒 以白螺壳制成，螺末穿孔，吹气出声，内地称海螺。

以上乐器中，雅托噶、伊奇尔呼尔、图布舒尔、披帕呼尔、特木尔呼尔、绰尔6种是准噶尔人在宴会欢庆时使用的乐器；铿格尔格、仓、登舍、轰和、毕什库尔、伊克布勒、冬布勒7种是喇嘛诵经时应和所用。[①]

准噶尔部日常喜爱各种群众性体育活动，例如“春日女子有踏鞠之戏，秋月则酋长有马射之棚，长夏则亲朋有马湩之会，三冬则孩童有泼水之乐”[②]。

乾隆皇帝撰《塞宴四事》[③]，其中记载了准噶尔部为乾隆皇帝表演的三项草原民族特有的体育赛事，一是诈马，二是相扑，三是教駣。

诈马，即赛马。乾隆皇帝《诈马》诗序称：“诈马为蒙古旧俗，今汉语俗所谓跑等者也。”扎萨克在向皇帝进宴时表演了准部的诈马戏，挑选了数百位少年骑手各自骑乘在不设羁鞯的烈马之上，列队于宴席之外20里，枪声一响，“则众骑齐骋，蟲駥山谷，騰躍争先，不踰晷刻而达”。选出其中先到达者三十六骑，皇帝亲自“优赉有差，所以柔远人、讲武事也”[④]。

相扑，即蒙古式摔跤。乾隆皇帝《相扑》诗序称：“相扑之戏，蒙古所最重，筵宴时必陈之，国朝亦以是练习健士，谓之布库，蒙古语谓之布

①钟兴麒等校注：《西域图志校注》卷四〇《音乐》，新疆人民出版社，2002年，第522页。

②钟兴麒等校注：《西域图志校注》卷三九《风俗一》，新疆人民出版社，2002年，第513页。

③钟兴麒等校注：《西域图志校注》卷首三《天章三》，新疆人民出版社，2002年，第35-37页。

④钟兴麒等校注：《西域图志校注》卷首三《天章三》，新疆人民出版社，2002年，第35页。

克。”相扑手都不戴帽子，穿短袖衫，两个人为一组，相互搏斗，对手被摔倒在地即算胜利。厄鲁特部相扑将对手摔倒还不能放手，一定要压住对手的头使其两肩着地才算胜利。

教駣，即套马驯马比赛。乾隆皇帝《教駣》诗序称：“教駣攻驹，《周礼》虽载，然后世仅知攻驹，而不能教駣。蒙古则熟习其法，谓之骑额尔敏达。”蒙古语中，三岁以上不施鞍勒的烈马称达騂额尔敏。扎萨克每年都在其部驱多群生烈之马到宴饮场所，分群别色放于野外。届时，穿着吉服的诸王公子弟雄杰者骑上马，手执长长的套马竿驰入马群，选中一匹烈马以后，就上下追逐，设法将其套住。烈马先是怒骋駥趯，甚而豨突人立嘶啮雷殷。套马者伺机腾上生马，在驰骤中控制住烈马，须臾调教驯良，加上羁鞲。这样套调出的往往都是罕见的名马。

五、生活习俗

1.饮食

准噶尔人的社会经济以畜牧业为主体，与之相适应，其食品以畜产品肉、酪为主，麦、米仍是食品之一。《西域图志》记载，“达官贵人，夏日食酪浆酸乳麦饭，冬日食牛羊肉谷饭”[①]。凡就餐，都要饮马、牛奶加盐煮的茶。早起，“烹茶，和以盐，濡以牛湩，献佛而后食之”。乳还可制成酥油、奶酒及奶饼。其制作马奶酒的方法是，“缝皮为袋，中盛牲乳，束其口，久而酿成，味微酢，谓之桐酒。每岁四月马湩新得时，置筵酬神，祚马为庆，谓之玉体斯”。牛羊肉以烹食为主，“食毕，用衣代巾，拭手口，以衣多油腻者为荣，意谓无日不饱也”[②]。准噶尔人有宴客的习俗，“宾客至门，闻马啼声，主人趋出接缰下马，男西女东，启帘让客，由右进，坐佛龛下，荐乳茶、乳酒、乳饼，奉纳什。即烹羊以留食。其不相识者至门，必饫以酒食，居数日，敬如初。贵人官长至其家，屠羊为饷，必请视之，

①钟兴麒等校注：《西域图志校注》卷三九《风俗一》，新疆人民出版社，2002年，第512页。

②［清］徐珂著：《清稗类钞》（第十三册），中华书局，1986年，第6635页。

颔而后杀。食则先割头尾肉献佛，乃饷客”[①]。

由于准噶尔人以肉、乳为主，因此，他们进食时用碗而不用箸，碗以木制而不用瓷器。他们的饮食器皿用木、皮、铜、铁制成，也有玉制器皿，种类主要有：

阿雅噶 形同杯盂，以屈柳木及桦木制成，大小不等。

塔巴克 形同盘，用以盛食及羹，一般用红铜制作，也有用木制作的，深浅大小不等。还有用玉制成的，最为贵重。清军攻入伊犁后得一碧玉盘，乾隆帝《御制碧玉盘谣》云：“碧玉之盘径逾尺，质本规圆色光泽；准夷重器守世则，贮以马湩可逾石。”可知此玉盘规制不小，制作精巧。

特卜什 形同长方盘，大小不等，用木制作，用以盛肉，也即肉槽。

阿尔呼特 缝皮为袋，中盛牲乳，束其口，乳久而成酒，味微酸，谓之桐酒。

库努克 以皮制成，形同桶，大小不等，上有皮系，用以盛乳酪。

库库尔 其形如壶，高二三尺不等，用以盛乳酒供斟酌之用，泻酒处斜出如鸟喙，长可四五寸。

海苏 即釜，旁有四耳，小者有两耳，以红铜及铁制成。原名为脱欢，后因避脱欢太师名而改为海苏。

图拉噶 即行灶，以铁条制成，上为一圈，圈下有三足，高低不等。置于地上，上置釜，可保持釜的平稳。

什纳噶 即匕（羹匙），以铜或铁制成，用以舀酒浆之类。有柄，曲直长短无定式。也有用木制作的。

扎布扎雅 即碗，也称扎布扎雅碗，用草根编结而成，为西藏之物，间或传至准噶尔，为不常有之物。[②]

2.服饰

准噶尔人的服饰主要用牧畜皮毛制成。制革是准噶尔的传统手工业，

---

①［清］徐珂著：《清稗类钞》（第十三册），中华书局，1986年，第6635页。

②钟兴麒等校注：《西域图志校注》卷四一《服物一》，新疆人民出版社，2002年，第534页。

准噶尔的皮革不仅能满足本部的需求，同时还用以换取内地物资。准噶尔人也喜欢用绸缎布匹制作服饰，绸缎布匹来源于对天山南路维吾尔人的征取以及与内地进行的贸易。噶尔丹曾用从内地换取的织金大蟒刺绣绸缎向诸部首领夸示。[①]其服饰种类主要有：

哈尔邦 即冠，与内地暖帽略同。顶高边平，以白毡为里，外饰以皮，贫者无皮饰，毡或染紫绿色，无冬夏之分，但以毛质厚薄为别。上缀缨，名扎拉，止及其帽之半。妇人冠与男子同，辫发双垂，约发用红帛，在辫之腰，帛间缀以好珠瑟瑟之属，望若繁星。

拉布锡克 即袍。根据穿着者的不同身份而用不同的材料制作。台吉用锦缎制作，上饰以绣；宰桑则丝绣丝纻氆氇为之；贫贱者多用绿色及杂色。御冬则以驼毛为絮，名库绷。右衽，袖平不镶，四围皆连纽。台吉、宰桑之妇，衣用锦绣，两袖两肩及交襟续衽，镶以金花，或以刺绣。民人妇女襟袖衣衽俱用染色皮镶之。

固都逊 即靴，用牛皮制作。台吉多用红香牛皮，中嵌鹿皮，刺以文绣。宰桑亦用红牛皮，不嵌鹿皮，不刺绣。民人穿皮履，或黑或黄，无敢用红者。妇女靴履与男子相同。

布色 即带，用丝制作，端垂流苏，其长委地。或以全幅帛制成，端长尺余。

绥克 即环，用金银制作，坠于耳垂，饰以珠，男女皆用之。[②]

3.居室及用具

准噶尔人逐水草而居，“夏择平原，冬居暖谷”[③]，经常迁徙，适应这一特点，其居室是用毡制作的帐幕。当迁徙或出征时，将帐幕拆除卷起，负以马、驼之背，极便远行。帐幕称为“格尔”，内陈用具多种：

缫和什勒 即大台吉所坐之床，以木制成，长6～7尺，阔3尺许，高

---

①余太山著：《西域文化史》，中国友谊出版公司，1996年，第441–442页。

②钟兴麒等校注：《西域图志校注》卷四一《服物一》，新疆人民出版社，2002年，第531页。

③钟兴麒等校注：《西域图志校注》卷三九《风俗一》，新疆人民出版社，2002年，第512页。

尺余，有 4 足，规制如内地之床，其左右及后三面都有边栏，加以雕刻。此床唯大台吉坐之，宰桑以下不敢僭坐，因此台吉袭位亦称坐床。

西勒图　规制同缫和什勒，掌教喇嘛坐之，故掌教喇嘛又称西勒图。乾隆帝《御制伊犁喇嘛行》有“西勒图凡四床，膜拜台吉诸宰桑”句。

锡尔德克　如内地毡毯。以羊毛制成，长方形，或铺以床，或铺于地，施坐褥于上。

都尔布锦　如内地坐褥，以羊毛制成，正方形，大者 2 尺，小者尺余，加于锡尔德克之上。

德尔　即枕。长方形，内着棉絮等，外蒙以布或缎。有首枕、足枕两种，首枕稍高，足枕略低。

琨济勒　即被。以缎及布制作，中着棉絮。

德必斯克尔　即卧褥。以毡为里，或一层，或两层，以丝绸及布等为套，为卧具。被有絮而褥无絮。

库什格　形如幔帐，施于座前，面分两幅，中开。或以布，或以毡，随季节寒暖张挂变换。贵官则有兼用缎制者，上缀以流苏、银钩等物。

博克绰　皮制包，用盛衣物。①

4.岁时

准噶尔俗，每年有四大节。最重要的是过年，岁将除，预宰牲畜，至正月初一喇嘛诵经，不杀生，下见其上、卑见其尊、幼见其长，叩首抱膝掏眉，如同初次相见行礼仪。第二个大节日是 4 月 8 日，须造乳酒以祭天。第三、四大节日分别是农历五月望日（即十五或十六或十七日）和农历十月二十五日，届时都要礼佛诵经，不杀生。除此四大节日外，春季则女子有踏鞠之戏，秋月则酋长有马射之棚，长夏则亲朋有马湩之会，三冬则孩童有泼水之乐。积年置闰与内地相同，但不受月份的限制，至当闰之年，宰桑等请于大台吉，由大台吉随意决定置闰于某月，故自寅至丑，每月皆

①钟兴麒等校注：《西域图志校注》卷四一《服物一》，新疆人民出版社，2002年，第540页。

可闰。无二十四节气。有星家书，名珠露海。[①]

5. 嫁娶

准噶尔人嫁娶时，富家以牛、羊、马、酒作为礼物，多者以百计，少者以十计，事先送至女家。成婚之日，婿先至女家，女家诵喇嘛经。婿至，女出，共持一羊胛骨拜天地日月，婿请见女之父母尊长完毕，婿与女交结其发，然后，女家开蒙古包为之成婚。次日，婿先归，另外选择吉日以娶妇。娶妇时，女家亲戚皆送，唯父不送。送女之亲属，各加赠牛、羊、马、酒及衣服、首饰、蒙古包之类，或多或少，视其财力之厚薄来定。偶尔也有以女奴为妾者。新妇乘马至婿家，婿家也诵喇嘛经。新妇见婿之父母尊长，行叩头礼；其见翁之伯叔兄与姊夫，俱以毡为障，不相见面。其余俱见面。贫者嫁娶，不过以一羊为礼，婿也不必先至女家，即可直接前往娶妇。[②]

准噶尔人还盛行着游牧民族传统的收继婚制风俗，即父死，子可娶其后母；兄死，弟可妻其嫂。如僧格死后，其弟噶尔丹即娶僧格妻阿努为妻。[③]在准噶尔部，妇女改嫁视为常事，如策妄阿拉布坦之女博托洛克先嫁给拉藏汗之孙丹衷，丹衷被杀后，博托洛克改嫁辉特部台吉韦征和硕齐。

6. 丧葬

准噶尔人死后，其子孙亲属先请喇嘛查检珠露海书（即星家书），如应用五行葬法者，则依法安葬。其法：应金葬则置尸于山，应木葬则悬尸于树，应火葬则置火焚尸，应水葬则沉尸于河，应土葬则埋尸地下。如不应用五行葬法者，则弃尸于道旁，并撤去帐幕。自人死亡之日起诵经49日，其家不杀生，其子不剃头，有剪发以尽孝者。至葬之日亦如此。夫死，其

---

①钟兴麒等校注：《西域图志校注》卷三九《风俗一》，新疆人民出版社，2002年，第512页。

②钟兴麒等校注：《西域图志校注》卷三九《风俗一》，新疆人民出版社，2002年，第513页。

③［清］梁份著，赵盛校注：《秦边纪略》（下册），青海人民出版社，1987年，第772页。

妻剪发，去耳环，去外褂，日不服彩。[①]每遇忌辰，则陈设果品乳湩之属以祭祀，不用牲畜。每遇草青时，思念其祖、父，亦一酹奠之。[②]准噶尔汗死后，继位者要派遣使臣入藏熬茶，即向各大寺院布施，寺院喇嘛则要为死者诵经行超度之事。[③]

第四节　哈萨克族历史文化

哈萨克族是西域人口众多的古老民族，1869年以后，主要分布在伊犁、塔城、阿勒泰地区。《汉书·西域传》记载乌孙鼎盛时期（前53—51）“口六十三万，胜兵十八万八千八百”[④]。1684年，哈萨克头克汗王分三部节制汗国，号称人口百万。[⑤]《西域图志》记载，乾隆四十三年（1778）清政府管辖范围内的哈萨克族约40万人。

清代哈萨克分大、中、小三个玉兹。大玉兹，即乌拉克玉兹，主要分布于巴尔喀什湖以南的楚河、塔拉斯河、伊犁河流域；中玉兹，即鄂图尔玉兹，分布在大玉兹以北，夏牧场在锡尔河中游及卡腊山脉一带，冬牧场在托博尔河、伊施姆河、努腊河、萨雷苏河流域；小玉兹，即奇齐克玉兹，位于今哈萨克斯坦西。《西域图志》根据所处地域及所拥部属的不同把大玉兹称作右部，中玉兹称为左部，小玉兹称作西部。“左部哈萨克，东南与准噶尔接，西与右部接，北与俄罗斯接，其常所会廷曰叶什勒。傍叶什勒河，东去塔尔巴噶台，南去伊犁皆千里，东南去镇西府四千五百余里。其部曰鄂图尔玉兹。无城郭，逐水草，事游牧，冬夏别居无常处。地广人稠，甲

---

①［苏联］兹拉特金著，马曼丽译：《准噶尔汗国史》，商务印书馆，1980年，第345页。

②钟兴麒等校注：《西域图志校注》卷三九《风俗一》，新疆人民出版社，2002年，第513页。

③《清高宗实录》卷二六一，中华书局影印本，1985年，第522页。

④袁祖亮著：《中国古代边疆民族人口研究》，中州古籍出版社，1999年，第79页。

⑤房若愚：《新疆哈萨克族人口规模变迁及分布》，载《新疆大学学报》，2005年第4期。

于他部。”[①]“右部哈萨克，东去左部二千里，北至俄罗斯界，西南至塔什罕。其部曰乌拉克玉兹。汗曰阿比里斯。其巴图尔有三：曰吐里拜、曰辉格尔德、曰萨萨克拜。阿比里斯驻塔什罕城，不事事，受成而已。惟吐里拜实专其政。其俗大略与左部等。其地在古康居国西境。”[②]

从17世纪下半叶起，游牧于巴尔喀什湖以东、以南，额尔齐斯河流域。在准噶尔部落长达七八十年的武装叛乱中，哈萨克族各部人民惨遭烧杀抢掠，深受其害。乾隆二十二年（1757），清政府出师平定阿睦尔撒纳发动的叛乱，得到了哈萨克族人民的大力支持。同年六月初七日，清朝参赞大臣富德率兵追捕阿睦尔撒纳至爱呼斯河（阿亚古斯河），与中玉兹首领阿布赉相见。阿布赉说：“我等自祖父以来，未能受中国皇帝恩典，今情愿将哈萨克全口归顺，永为大皇帝臣仆。随具表文，并进马匹。”[③]阿布赉宣布臣服于清朝，就遣使入觐，并决定把逃匿在哈萨克境内阿尔察图的阿睦尔撒纳擒献给清朝。乾隆皇帝对此十分高兴，专门写了《哈萨克称臣内属遣使进贡诗以纪事》[④]。

乾隆二十三年（1758）秋天，参赞大臣富德率兵追捕残匪至大玉兹境内。当时，一部分维吾尔人正与大玉兹哈萨克人作战。富德派蒙固尔岱、赫善等前往调解。他们单骑闯入作战的两阵之间，对双方进行解释和说服，很快就调解了冲突。大玉兹哈萨克首领吐里拜自愿臣服于清朝，向清营献马进表，“自效请倍左部，语尤恺挚”。表文说：“伏念臣者九思内附，远处边末，与左部阿布赉各长一方，为准噶尔阻绝，未由自通。近闻左部输服，被恩优渥。恭惟天使惠来，祗领宸训，得均隶臣仆，诚懽诚忭。谨遣臣子

①钟兴麒等校注：《西域图志校注》卷四四《藩属一》，新疆人民出版社，2002年，第562页。

②钟兴麒等校注：《西域图志校注》卷四四《藩属一》，新疆人民出版社，2002年，第569页。

③钟兴麒等校注：《西域图志校注》卷四四《藩属一》，新疆人民出版社，2002年，第563页。

④钟兴麒等校注：《西域图志校注》卷四四《藩属一》，新疆人民出版社，2002年，第563页。

弟入觐，瞻仰天颜，如天覆育之，圣人在上，臣愿竭衰驽，奋勉自效，永无二心，倍于左部。”[①]

1763年，在里海东北岸一带游牧的哈萨克小玉兹，得到中玉兹和大玉兹归附清朝政府的消息后，其汗努拉利派遣使臣随中玉兹使臣到北京请求臣属。至此，西域哈萨克族全部归顺了清廷。

自18世纪60年代起，哈萨克人得到清廷的许可，开始迁至其故地阿尔泰、塔城和伊犁等地安居。自此，哈萨克人摆脱了长期战乱的困境，有了繁衍生息的环境。[②]

一、哈萨克族源

哈萨克族是历史上许多部落和部族在长期发展过程中融合而成的。在哈萨克族起源的部落和部族中，主要有塞种、大月氏、乌孙、康居、阿兰和匈奴。

1.塞种

公元前7世纪至4世纪居住在中亚的塞种人是哈萨克族源之一。有学者甚至认为“哈萨克”一词就是居住在中亚的古代“哈斯比”人和居住在伊犁河流域的古代“塞种”人的两个部落名称结合而成的。[③]尽管上述观点存有争议，但哈萨克族中包含不少古代塞种人的成分则是学界的共识。“组成哈萨克族的克普恰克、阿尔根及其他部落中有‘塞克托哈拉克’、‘别斯塞克’、‘波尔塞克’和‘喀尔塞克’等部落，其名称中的‘塞克’即我国史籍中的‘塞种’。可见塞种人是组成哈萨克族的成员之一。”[④]

“塞种”一词，见于《汉书·西域传》上“罽宾国”条。“塞种”当是

①钟兴麒等校注：《西域图志校注》卷四四《藩属一》，新疆人民出版社，2002年，第569页。

②《哈萨克族简史》（修订本）编写组：《哈萨克族简史》（修订本），民族出版社，2008年，第4页。

③苏北海：《古代塞种在哈萨克草原的活动》，载《西北民族研究》，1989年第1期。

④《哈萨克族简史》（修订本）编写组：《哈萨克族简史》（修订本），民族出版社，2008年，第29页。

指塞人的种族而言，《汉书》中还提到“塞王”“塞地”[①]。“塞王”是指塞人的首领，“塞地”是指塞人居住的地方而言。可见塞种的名称应是单称“塞”。亦即哈萨克语中的“saq”，古波斯文中则作“saqa”或“saq”。因“塞”字古音应是“saq”，与塞种名称“saq”音同，与“saqa”音近。“塞种”一词，在汉文史籍中含有不少异称。《杂阿含经》作“释迦”。《正法念处经》作“赊迦”。《孔雀王经》作“铄迦”，又作“烁迦”。“塞种”亦作“释种”。徐松曰：“塞，西域国名，即佛经所谓释种者，‘塞’、‘释’音相近，本一姓。”[②]

古代塞种人有三个集团。波斯皇帝大流士等墓地上刻写的纳黑布鲁斯塔姆的楔形文字石刻，记述了三个集团的名称和分布。其一为豪玛瓦尔格塞种人，分布于费尔干纳盆地及帕米尔阿赖岭等地。其二为提格拉·毫达塞种人，分布于吉尔吉斯斯坦与哈萨克斯坦的草原地带。其三为提艾伊·塔拉·达拉伊雅塞种人，分布于阿姆河以北，咸海东南，索格底亚那之地。[③]在《贝希斯敦铭文》中也提到塞种人，说塞种人的国家“在海的那边，那里的人戴着尖顶帽子”。

从上述塞种诸部的分布来看，大多是今哈萨克族居住的地方。由此可见，塞种人与哈萨克族的起源有密切的关系。尤其是纳黑布鲁斯塔姆的楔形文字石刻上提到的，居住在塔什干、天山以至巴尔喀什湖以南和西南及楚河、塔拉斯河流域的“提格拉·毫达塞种人”，与哈萨克族的起源更为密切。[④]

公元前2世纪，居住在伊犁河流域的塞种人受到大月氏人的攻击。《汉书·西域传》上“罽宾国”条载：“昔匈奴破大月氏，大月氏西迁大夏，而塞王南迁罽宾，塞种人分散，往往为数国，自疏勒以西北、休循、捐毒之

---

①［汉］班固著，［唐］颜师古注：《汉书》卷九六《西域传上》，中华书局，1962年，第3877页。

②翦伯赞、陈述等著：《历代各族传记汇编》，中华书局，1958年，第365页。

③《苏联哈萨克加盟共和国通史》（第1卷），阿拉木图，1957年，第34-35页。

④《哈萨克族简史》（修订本）编写组：《哈萨克族简史》（修订本），民族出版社，2008年，第31页。

属，皆故塞种也。”另有一部分留在原地。古代塞种人大部分从事游牧业，一小部分从事农业。从事农业的塞种人播种糜子、大麦和小麦，从事牧业的塞种人也在冬牧场种地。

2.大月氏

月氏是我国西北地区的一个古老民族。《汉书·西域传》载：“乌孙民有塞种、大月氏种云。”月氏与乌孙曾在秦汉之际，同游牧于敦煌、祁连间。[①]秦汉时期，月氏与匈奴曾多次发生冲突。公元前215年，秦始皇派蒙恬北击匈奴。当时，匈奴东边是强大的东胡，西边是强大的月氏，匈奴三边受敌。匈奴头曼单于将自己的太子冒顿送到月氏做人质，以解除西边的威胁。月氏解除了东面匈奴威胁以后，对西边小国乌孙进行了征杀。大约在秦汉之际杀死乌孙王难兜靡，乌孙败走依附匈奴。月氏占领了整个河西走廊。头曼单于为了诱使月氏杀死冒顿，以便立自己的小儿子为太子，曾突袭月氏。前209年，冒顿杀父自立为单于。前206年，匈奴大破东胡。文帝时，冒顿向西进攻月氏。月氏败走巴尔喀什湖一带。前174年，匈奴老上单于继位后又进攻月氏，“杀月氏王，以其头为饮器”[②]。月氏二次西迁，占据伊犁河流域停留了十多年。[③]

前160年左右，猎骄靡为报杀父之仇，率部打败月氏。月氏败走，攻占阿姆河上游的大夏。公元1世纪上半叶，大月氏的贵霜翕侯建立贵霜王国。2世纪成为横跨中亚和印度半岛北部的大国。3世纪王国分裂，5世纪亡于嚈哒。

史学界一般把西迁西域的月氏人称为大月氏，一部分不能远徙者南下与羌人杂居，被称为“小月氏”。《史记·大宛列传》说，大部分月氏人西迁以后，“其余小众不能去者，保南山羌，号小月氏”[④]。到东汉时，小月氏人的服饰、饮食和语言已“略与羌同”。[⑤]

①［汉］司马迁：《史记·大宛列传》，中华书局，1959年，第2354页。

②［汉］司马迁：《史记·大宛列传》，中华书局，1959年，第2356页。

③王钟翰著：《中国民族史》，武汉大学出版社，2015年，第397页。

④［汉］司马迁：《史记·大宛列传》，中华书局，1959年，第3162页。

⑤［南朝］范晔著：《后汉书》卷八七《西羌传》，中华书局，1965年，第2899页。

大月氏是游牧部族，“随畜移徙，与匈奴同俗”[①]。徐松曰，大月氏“人赤白，便习弓马”[②]。

月氏究竟源于何地？学术界历来争议较多。

孙智辉先生认为，月氏是从塔里木盆地西南角帕米尔（古葱岭）一带的游牧民族迁来的。他认为帕米尔一带是我国古民族的发源地，古代民族少数强盛后东迁，逐渐进入中原，月氏人就是东迁时留在河西的。[③]

王相龄在《东洋史》中提出，月氏旧居阿尔泰山下，被天然环境所驱使，移居今天甘肃的西境，并断定其为突厥族即土耳其族。此外，西方著名的历史学家拉逊、赫尔滋、汪贝利，日本学者白鸟库吉博士以及羽溪了谛、藤田丰八、羽田亨等也认为月氏是由突厥族迁徙而来的。[④]

余太山认为，《史记 · 大宛列传》载张骞所说的大月氏“遂都妫水北，为王庭”的妫水，即今之阿姆河，大月氏人称之为“妫水”，是因以舜为首领的有虞氏发祥地正是妫水，大月氏人即有虞氏，也和妫水存在渊源关系。[⑤]余太山还认为，月氏和大夏族一样，都属于欧罗巴种的塞族。国外一些研究西域史的学者也认为月氏为塞种人所建国，且语言亦属印欧语系，因此推断月氏为塞种民族。[⑥]

清代学者何秋涛《王会解笺释》认为，月氏是北方民族，即我国古代历史文献《逸周书 · 王会解》中所记载的“禺氏”或“禺知”，“禺”和“月”实为一音之转。日本著名学者桑原骘藏，也对何秋涛的观点给予了肯定。王国维则进一步考证了何秋涛的观点，认为月氏人是秦汉时期从雁门（今山西境内）西迁入河西的。中国著名史学家翦伯赞则认为月氏人是“鄂尔多斯”的后代，他认为，月氏是夏族的一个原始民族，是羌族的一支，最早住在鄂尔多斯（今内蒙古鄂尔多斯市一带）。在史前时期，一支东徙中

---

①［汉］司马迁：《史记 · 大宛列传》，中华书局，1959年，第2356页。

②翦伯赞、陈述等著：《历代各族传记汇编》，中华书局，1958年，第38页。

③孙智辉著：《西北民族述略》，甘肃省图书馆，1984年，第120页。

④余贤杰：《月氏及其西迁》，载《西北师大学报》（社会科学版），1987年第1期。

⑤余太山著：《古族新考》，中华书局，2000年，第42页。

⑥余贤杰：《月氏及其西迁》，载《西北师大学报》（社会科学版），1987年第1期。

原，一部残留原处，一支西徙甘肃，还有一部分西徙到塔里木盆地。春秋时期叫“禺知”，又渐渐迁徙至河西一带，秦汉时期叫月氏。他们被匈奴击败西迁，“则不过追随其祖先的足迹而已”。现代学者徐中舒也认为，月氏族应为夏王朝灭亡时有虞氏西逃的一支，应为虞夏之后，即“汤灭夏后，虞、夏两族相继西迁，夏称大夏，虞称西虞。虞、夏原是古代两个联盟部族，夏之天下，授自有虞。夏既灭亡，虞亦不能幸存，所以他们只能向同一个方向逃亡”[①]。月氏即虞氏，音同而异书。兰州大学教授刘光华先生也认为，月氏是有虞氏的一支[②]。

尽管专家们存在不同的观点，但笔者认为月氏的最初居住地不在河西的论点应该是成立的。月氏则是以畜牧业为主要生产方式的游牧民族，而夏、商、西周时期河西地区是以种植业为主的经济形态。[③]

3.乌孙

乌孙是哈萨克族的主体部落。乔汗·瓦里汗诺夫在研究了哈萨克民间谱系之后说：“乌孙是整个大玉兹的祖先。”[④]19世纪的俄罗斯学者A.N.阿里斯托夫研究了大玉兹的系谱之后则认为，大玉兹是哈萨克的祖先。[⑤]

乌孙历史最早见于《史记·大宛列传》，之后《汉书·西域传》列有“乌孙国”专条，记述乌孙史事。据《史记》和《汉书》记载，乌孙在西迁伊犁河流域之前，游牧于敦煌、祁连之间，为“匈奴西边小国”[⑥]。

乌孙据有伊犁河流域之后，得到迅速发展，建立了一个地域广大、国力强盛的国家。其地东接匈奴，北抵康居，西达大宛，南连天山南路诸国，其政治中心在赤谷城。乌孙最盛时，拥有12万户，人口63万，胜兵188800

①徐中舒：《徐中舒历史论文选辑》，中华书局，1998年，第168、1350页。

②刘光华：《甘肃通史》（先秦卷），甘肃人民出版社，2009年，第384-386页。

③参见孙占鳌：《论春秋战国时期河西农业的转型》，载《酒泉历史文化论稿》，兰州大学出版社，2016年，第9、57、59页。

④［苏联］乔汗·瓦里汗诺夫著：《苏联哈萨克加盟共和国百科全书》（第11卷），民族出版社，1957年，第401页。

⑤《哈萨克族简史》（修订本）编写组：《哈萨克族简史》，民族出版社，2008年，第29页。

⑥［汉］司马迁著：《史记·大宛列传》，中华书局，1959年，第2355页。

人，其各项数字远远超过西域各国的总和。据统计，当时西域40国，仅有39895户，人口399757人，胜兵70499。[①]从这些数字来看，乌孙是十分强大的国家。史学家也称乌孙在西域“最为强国”[②]。

乌孙人的渊源，是学界争议较多的一个问题。

《乌孙研究》一书即认为乌孙“原本活动在河西走廊西部”；《中国民族关系史纲要》说“原居于敦煌地区”；《中国民族史》同样指出乌孙“原先游牧于祁连山和敦煌之间”；《西北通史》在谈到乌孙的故地时，也取河西说。

乌孙故地河西说的主要史料依据是《汉书·张骞传》“昆莫父难兜靡本与大月氏俱在祁连敦煌间”和《汉书·西域传》“乌孙本与大月氏共在敦煌间”的相关记载。学者们依此展开论证，逐步形成了“乌孙故地在河西走廊”的认识。

日本学者松田寿男先生在《古代天山历史地理学研究》一书中，引述了加藤繁所断定的“《史记》的编者所写的乌孙本来就不住在河西”的观点，认为《史记·大宛列传》中找不到证据表明乌孙在河西活动过。松田氏注意到了三条重要史料：《通典·州郡》“庭州”条“前汉乌孙之旧壤”[③]；《旧唐书·地理志》金满“前汉乌孙部旧地”[④]；《太平御览·州郡部》“十道志曰庭州雍州之外，流沙之西北，前汉乌孙旧地”[⑤]。据此，他认为“庭州”是乌孙的原居地。根据他的推断，乌孙故地应在今新疆维吾尔自治区吉木萨尔一带。

俄国突厥语学家B.B.拉德洛夫、日本学者白鸟库吉等人认为：（1）乌孙与突厥开国始祖的传说均与狼有关。突厥族以狼为图腾，而《汉书·西域传》载乌孙难兜靡被月氏攻杀时，国破民亡，“子昆莫新生，傅父布就翕

①王明哲、王炳华著：《乌孙研究》，新疆人民出版社，1983年，第19-48页。

②［汉］班固著，［唐］颜师古注：《汉书》卷九六《西域传上》，中华书局，1962年，第3879页。

③［唐］杜佑著：《通典》，中华书局，1988年，第4559页。

④［晋］刘昫等著：《旧唐书》，中华书局，1975年，第1646页。

⑤［宋］李昉著：《太平御览》，中华书局影印版，1960年，第806页。

侯抱亡置草中，为求食，还，见狼乳之"，其中就隐含着昆莫为狼生的神话印迹。(2）乌孙称国王为昆莫或昆弥，乌孙贵族也多称"靡"，靡即突厥语中的bak，hi；乌孙官号"翕侯"即突厥之"叶护"；"乌孙"之称与突厥的"阿史那"氏，为同名异译[①]，以上见于记录的少数乌孙语均属于突厥语族。(3）突厥阿史那氏系乌孙的后裔。(4）乌孙分布的区域恰为后来突厥族兴起的基地。

苏联以A.H.伯恩什坦为代表的一些考古学家认为乌孙很可能属于东伊朗族。特别是从20世纪50年代起，苏联考古学界有更多的学者认为乌孙是东伊朗族塞卡人（中国史籍中的塞种，亦称塞人）的一支，塞卡文化与乌孙文化是一种文化的两个阶段。《周书·突厥传》称："突厥之先，出于索国。"此"索"字，学界普遍认同即Saka（塞族）之音译。刘光华主编的《甘肃通史·先秦卷》中说："就目前所能检索到的资料立论，谓乌孙属吐火罗族的意见，在诸说中比较可取。"吐火罗族是塞种的一支，可知乌孙与突厥同族说，实系乌孙塞种说的具体化。

唐代的颜师古对《汉书·西域传》作的一个注中提到"乌孙于西域诸戎，其形最异，今之胡人青眼赤须状类弥猴者，本其种也"。据此推断，乌孙人应为赤发碧眼、浅色素之欧洲人种。近代中外学者比较了苏联中亚地区和我国天山以北地区乌孙时代的人类学材料，认为形成乌孙部落的人类学类型的大人种基础是欧洲人种。此外，与甘肃相邻的新疆东部如哈密地区发现有公元前10世纪—公元前5世纪人类骸骨，有学者对该地区被认为含塞种人和乌孙人的墓葬人骨进行过研究，认为乌孙人在体质上同塞种人较为接近，可归于欧罗巴人种的支系，确定为古代欧洲人种。因此，对上述两种考古发现做出的比较合理的解释是：乌孙人或许与新疆东部的古代欧洲人种有关，他们很有可能就是从新疆一带进入河西的。

余太山先生认为"乌孙人本来游牧于今哈密一带"[②]，"乌孙故地当在

①余太山著：《塞种史研究》，中国社会科学出版社，1992年，第403页。

②余太山著：《两汉魏晋南北朝与西域关系》，中国社会科学出版社，1995年，第17页。

今哈密一带”[①]。钱伯泉先生认为“先秦时期，乌孙人原称昆戎混夷，原来游牧于今宁夏固原一带。春秋战国时期，逐渐迁徙到河西地区”[②]。

综上所述，尽管“河西说”影响力最大。但笔者认为，乌孙游牧民族的属性与夏、商、西周时期河西地区是以种植业为主的经济形态显然是抵牾的。[③]

4.康居

“康居”是组成哈萨克民族的主要部落之一。清代学者祁韵士认为：“哈萨克当即古康居国。”[④]魏源说：“哈萨克分左、右、西三部……左部游牧逐水草，为古康居。”[⑤]何秋涛认为，哈萨克“盖古康居也”，又说：“‘康居’以卑阗为治所，而其王冬夏皆不居之，犹今哈萨克部以塔什干为都会，而其王冬夏皆不居之，犹今哈萨克部以塔什干为都会，而其王冬夏各有游牧之所。惟殁则归葬于塔什干城。哈萨克本康居地，故其遗俗相沿有如此者也。”[⑥]

日本学者百鸟库吉认为：“汉时代康居住地其风俗与今日之哈萨克毫无舒异也。”[⑦]近人褚绍唐亦认为：“哈萨克人大约为汉代康居人后裔。”[⑧]

“康居”一名，初见于《史记·大宛列传》。《汉书》《魏略》《晋书》亦作康居。《隋书》《新唐书》作康国。《黑鞑事略》作抗里。《北使记》作航里。《金史》作康居。《元史》多写作康居。

康居原来居住在锡尔河流域，以牧业为主，兼营农业。《北史·西域

①余太山著：《两汉魏晋南北朝正史西域传要注》，中华书局，2005年，第27、87页。

②钱伯泉：《乌孙和月氏在河西的故地及其西迁的经过》，载《敦煌研究》，1994年第4期。

③参见孙占鳌：《论春秋战国时期河西农业的转型》，载《酒泉历史文化论稿》，兰州大学出版社，2016年，第9、59、61页。

④［清］汪廷凯著：《西陲总统事略》卷一一，中国书店出版社，2010年，第548页。

⑤［清］魏源：《圣武记》卷四《乾隆绥服西属国》，中华书局，1984年，第378页。

⑥［清］何秋涛：《朔方备乘》卷三一《汉魏北徼诸国·康居传》，清咸丰十年（1860）刻本，第312页。

⑦［日］百鸟库吉，钱稻孙译：《粟特国考》，载《女师大学术》季刊第1卷，第4期。

⑧褚绍唐著：《新中国地理》（下册），地图出版社，1954年，第133页。

传》和《隋书·西域传·康国》记康居放牧的牲畜有马、驼、骡、驴、牛等。《晋书·四夷传·康居》记其“多牛羊，出好马”。

5.阿兰

阿兰是哈萨克民族的主要部落之一阿里钦的别称，哈萨克族小玉兹的主体部落。今哈萨克族的阿里钦部落的先世即是两千多年前出现于我国史籍中的“阿兰”。据此，汉代“阿兰”部族是形成哈萨克族的主要族源之一。①

汉代时，阿兰是中亚一大国。《史记·大宛列传》和《汉书·西域传》均记其“控弦者有十余万人”。“控弦者”无非是能参加作战之人，亦即所谓“胜兵”而已。又《汉书·西域传·康居国》载，“康居……户十二万，口六十万，胜兵十二万”。其比例为一户一兵，一户五人。按康居比例推算，阿兰有十余万控弦者，则有十余万户，有五六十万人。在当时来说，有五六十万人的国家，当算是大国了。②

阿兰是一个以游牧为主、兼营农业的部族，与康居同俗。

6.匈奴

乌孙西迁伊犁河流域后，建立了国家。汉宣帝本始三年（前71），乌孙与汉朝联合攻击匈奴。乌孙俘获匈奴“单于父行及嫂、居次、名王、犁汗、肚围、千长、将以下三万九千余级”③。此后，在乌孙与匈奴的多次战争中，被乌孙所俘获的匈奴人亦有不少。④这些匈奴人逐步演化成了乌孙人。

匈奴自分裂为南北两部之后，南匈奴附汉，北匈奴西迁。北匈奴在西

①《哈萨克族简史》（修订本）编写组：《哈萨克族简史》（修订本），民族出版社，2008年，第65页。

②《哈萨克族简史》（修订本）编写组：《哈萨克族简史》（修订本），民族出版社，2008年，第66页。

③［汉］班固著，［唐］颜师古注：《汉书》卷九六《西域传上》，中华书局，1962年，第3997页。

④《哈萨克族简史》（修订本）编写组：《哈萨克族简史》（修订本），民族出版社，2008年，第67页。

迁途中，有一部分人融合到哈萨克古代部族中。[1]

《后汉书·袁安传》载：“明年（汉和帝永元三年，即91年），北单于为耿夔所破，遁走乌孙。”

《后汉书·南匈奴传》论曰：“单于震慑，屏气蒙毡，遁走于乌孙之地。”

以上两条记载说明匈奴西迁时是先到乌孙地方。后来，北匈奴又西迁康居，但留在乌孙地方的仍有不少人。这些留在乌孙土地上的匈奴人至南北朝时发展成为拥有二十余万人的悦般国。

悦般最早见于《魏书》和《北史》。《北史·西域传·悦般国》载：“悦般国……其先匈奴北单于之部落也。为汉车骑将军窦宪所逐，北单于度金微山，西走康居，其羸弱不能去者住龟兹北，地方数千里，众可二十余万。凉州人犹谓之单于王。”据此可知，悦般国为匈奴西迁留下的部落所建，由西迁康居时留在龟兹北面（乌孙地）的匈奴“羸弱”发展到“地方数千里，众可二十余万”的国家。

二、语言文字及文学

1.语言

哈萨克语属于阿尔泰语系突厥语族克普恰克语支，是在中亚地域乌孙、札剌亦儿、阿尔根、乃蛮、克烈、瓦克、弘吉剌惕、克普恰克、阿尔钦、葛逻禄、突骑施等突厥语氏族部落语言基础上形成的。

哈萨克语源于塞种、匈奴时代。公元前5—前4世纪时的塞人氏族的北部属突厥语族，而南部则属于伊朗语族。根据古希腊学者和古波斯碑铭记载，公元前4—7世纪，中亚地区居住着塞人。根据当时的人名、地名、军衔等，肯定苍天、太阳、水、马、皮袄、鹿、黄、黑、泉、大地等一些词汇是匈奴、乌孙和康居人共同使用过的，而哈萨克语中至今依然保留着这些古词汇。

---

①《哈萨克族简史》（修订本）编写组：《哈萨克族简史》（修订本），民族出版社，2008年，第68页。

公元8—10世纪，突骑施、葛逻禄先后统治了哈萨克古老的氏族部落。这一时期，哈萨克与哈萨克语逐渐形成。15世纪哈萨克汗国建立后，哈萨克语正式成为民族语言。

哈萨克语在其形成过程中，受阿拉伯语、波斯语的影响产生了自己丰富的民间文学语言，被称为察合台语的书面语言。

从15世纪初到1920年，是哈萨克民族的文学语言完全形成和发展的时期。这一时期的书面文学摆脱了古察合台语的影响，转向了真正的哈萨克语。中华人民共和国成立后，中国哈萨克族的文学语言得到了蓬勃发展，逐步跨入了繁荣的文明语言行列之中。

2.文字

哈萨克族的祖先们使用过许多象征性符号，被称为象形文字。截至目前，已确认的部落印记就有69种之多。后来，逐步发展了表意文字和有声文字。根据语言学家的研究，历史上，哈萨克族曾经使用过古突厥文、粟特文和阿拉伯文。

突厥文是哈萨克族开始使用的文字。1970年在阿拉木图市50公里之外的艾斯克库尔干的塞人古墓中出土的公元前5—前4世纪的银碗上由26个字母组成的两行铭文即符合古突厥语文字符号。这种文字通过塞人氏族部落流传到了突厥氏族部落，诸如康居、乌孙、克普恰克、弘吉剌惕、克烈、瓦克等部落。

粟特文也是哈萨克族人民长期使用的另一种文字。粟特文于8世纪传入突骑施汗国，后来又传入乃蛮汗国，9世纪传入回鹘汗国。公元10—12世纪传入黑契丹（辽）王朝，13世纪通过乃蛮又传入了蒙古，16世纪又传入了女真和其他民族之中。突骑施和乃蛮汗国都将粟特文作为汗国文字来使用，并用粟特文下发所有的法令、法规、公文。①

阿拉伯文是哈萨克族和其他突厥民族使用时间最长的文字之一。随着伊斯兰教传播到中亚、哈萨克斯坦、西域一带。萨哈克民族在长期使用阿

①参见贾合甫·米尔扎汗：《哈萨克族文化大观》，新疆人民出版社，2001年，第54-56页。

拉伯文的过程中，创制了一些新字母，形成了哈萨克文字。

20世纪初，哈萨克斯坦的学者阿合买提·巴依吐尔逊以阿拉伯文字为基础，并结合哈萨克语的语音习惯，对哈萨克文字进行改革，规范了哈萨克语语法。主要在阿拉伯文字和察合台文字字母3个元音符号的基础上增加了9个元音字母，删除了8个字母，创制出了符合哈萨克语语音特点的新文字字母。①

3. 文学

哈萨克文学是中华文化的重要组成部分。独特的历史传承、地理环境和草原游牧生活等造就了哈萨克族别具风采的民间文学，产生了一大批杰出的诗人、作家与优秀的作品。

哈萨克民间文学，包括神话传说、民间故事、民歌、英雄史诗、爱情传奇等等，是草原游牧生活的再现。

神话传说 是哈萨克人民原始社会生活的曲折反映，表现了先民们战胜种种自然灾害和邪恶势力，发展生产的艰难斗争。在这些神话传说中，往往将自然力加以形象化、人格化，具有浓厚的浪漫主义色彩。代表作品有《神箭手库腊》《太阳底下的昆克依姑娘》《月亮底下的阿依巴尔莎》，等等。

民间故事 主要包括动物故事和生活故事两部分。

在动物故事中，常常出现马、牛、羊、驼四种动物，天鹅、燕子、猫头鹰、鸽子、鹰、狗、猫等被认为是圣洁的动物。狼、熊、狮子、老虎、狐狸被当作贪婪、奸诈、凶暴的典型。在许多生活故事中，都可以看到劳动人民对汗王、官吏、巴依们深恶痛绝的心理，在这类故事中常常出现一些机智人物，如阿勒达尔科沙、阿山·卜依赫、霍加纳斯尔和能言善辩的吉连谢等，这些人物的存在，使哈萨克民间故事充满幽默与风趣。

诗歌 哈萨克人民曾创作了大量的短歌和长诗。短歌中，除了浩如烟海的情歌，还有许多哈萨克独有的谎言歌、习俗歌、寓言歌和绕口令等。

---

①参见贾合甫·米尔扎汗：《哈萨克族文化大观》，新疆人民出版社，2001年，第54–56页。

长诗主要包括英雄史诗和爱情传奇两部分，目前搜集到的已达250多部英雄史诗，主要是讲述祖先们一代代艰苦创业，与大自然做斗争，与形形色色的敌人（包括妖魔鬼怪）做斗争的惊心动魄的英雄业绩，如《阿勒帕米斯》《霍布兰德》《叶尔塔尔根》《阿尔哈勒克》等。在这类长诗中，还有一部分取材于传统的东方传奇故事，如《木马》《莱丽与麦吉侬》等，这些故事中的主角大都出自古代的阿拉伯、波斯、土耳其等地。长诗的内容中宗教色彩较重，但是这些故事都已经哈萨克化了，具有浓郁的哈萨克草原文化特色。

代表性的长诗有《阔孜情郎和巴艳美人》《吉别克姑娘》《萨里哈与萨曼》等。这些爱情长诗往往都以悲剧结局，有力地控诉了奴隶社会和封建社会的黑暗统治。诗中的男女主人公都不屈服于黑暗统治，为了人身自由和忠贞的爱情而献出自己宝贵的生命，成为哈萨克人民世代难忘的光辉形象。①

三、哈萨克族的宗教信仰

历史上哈萨克族曾经信仰佛教、祆教、摩尼教和伊斯兰教。在哈萨克族人民生活中的各个时期，实际上存在着几种不同的宗教。这些宗教在相互排斥的同时也相互影响，古老的宗教与新兴的宗教相互融合，共同存在。

1.萨满教

萨满教是多神教，它将世界分为苍天、地上、地下三界，认为天上有一位伟大的天神掌管着诸神。所以，天神被当作是至高无上的，具有主宰世界万物的神奇力量。哈萨克族人是根据萨满教将宇宙分为三界的信仰创造出这些神话并加以传说。在哈萨克族人民当中，人们会诅咒一个人“遭天神轰击”，或评价一个人像“天神般暴躁”，或将祖辈几代都很英武的人称为“天神的后代”，这些都与萨满教的天神信仰有关。

哈萨克族人民至今还保留着崇拜月亮的宗教习俗。乔汉·瓦力汉诺夫

①参见苏北海著：《哈萨克族文化史》，新疆大学出版社，1989年，第426–450页；吴福环著：《中国地域文化通览·新疆卷》，中华书局，2015年，第488–489页。

在《论文及信件》中写道："哈萨克人看到新月就会弯腰祈拜，还要在夏天祈拜月亮的地方拔一把鲜草，回来后再将它扔在火塘里。哈萨克人说月亮上有一座桥……他们不会凝视月亮，害怕月亮上的老妪数清自己的睫毛，如果那个老妪数了某个人的睫毛，那个人就会死去。"①

哈萨克族也崇拜火，认为火是一种神圣的力量，具有驱除妖邪的神力，是尊贵的。他们认为火是哈萨克族人的救星，具有让他们摆脱灾难的力量。"哈萨克族人认为火具有驱邪的神力，他们让人畜从两堆火之间穿过以驱邪。从冬草场上搬迁时，会从两堆大火中间穿行而过；在众人面前宣誓也要从两堆大火中间穿过去。火是家庭的救星。"②

在哈萨克族神话中，自古就有关于信仰神灵的内容。他们认为自然力量、自然现象都是有生命的，都有掌管它们的主宰，这些主宰分为"神灵"和"灾祸"两种。神灵为人类和牲畜动物谋福利，保护他们；而灾祸则给他们带来疾病、瘟疫、灾难、不幸和苦难。

根据古老的信仰，哈萨克族人认为牲畜都有神灵主宰。例如，绵羊神薛潘阿塔、马神哈木巴尔阿塔、骆驼神奥依斯衣、牛神赞格爸爸、山羊神谢克阿塔，这些都是保护神。而给四畜带来灾难、瘟疫，使它们倒毙的都是凶残的灾祸所为。他们还认为神灵是不能惹恼的，否则，会得到报应。③

巫师是哈萨克族人皈依伊斯兰教之前信仰萨满教的代表。哈萨克族人自古就将具有萨满能力（技艺）的男性称为"巴克斯"（男巫），女性称为"胡西那西"（女巫）。苏联考古学家们在挖掘乌孙古墓时，发现了公元前2—前1世纪乌孙女巫用金属制作的帽子、首饰和其他衣物，说明乌孙人中曾有过萨满女巫。

2. 佛教

佛教于公元前2世纪首先传入康居国，在西汉王朝时期，康居曾在巴尔

① ［苏联］乔汉·瓦力汉诺夫著：《论文及信件》，阿拉木图，1956年。

② ［苏联］乔汉·瓦力汉诺夫著：《论文及信件》，阿拉木图，1956年。

③《哈萨克族简史》（修订本）编写组：《哈萨克族简史》（修订本），民族出版社，2008年，第359页。

喀什湖上游至咸海和锡尔河流域北部一带休养生息。东汉时期，康居国将领土扩张到了锡尔河流域南岸一带。当时，巴克特利亚的月氏人强盛起来，并与康居人建立了联姻关系。实际上，最先接受从印度传入的佛教的是月氏人。所以，月氏成为佛教在中亚的中心。而在一段时期内曾臣属于月氏人，以及与他们联姻的康居国也接受了佛教。公元前3世纪，康居人中就有许多佛教高僧，他们长期从事佛经翻译、佛教传播工作。这些康居高僧们在中国佛教历史上起到过重大的作用，他们之中的康法藏、康明贤、康僧铠、康僧会等许多高僧的名字和功绩载入了中国佛教史。

3.景教

景教是基督教的一个派别，即聂斯脱利派。5世纪时，基督教内部产生了互相独立的安条克派和亚历山大里亚派。属于安条克派的聂斯脱利于公元428年取得东罗马皇帝宠幸，被任命为君士坦丁堡大主教。后亚历山大里亚派又取得东罗马皇帝和罗马教会的支持，于431年在以弗所（今土耳其塞克城北）召开的会议中，以聂斯脱利主张耶稣基督的“神性”与“人性”不是结合于一位（一位二性），而是分为二位（二位二性），被判为“异端”，并受革职流放处分。他的信徒逃亡波斯，得波斯王支持，于5世纪末成立独立教会。大约在南北朝时，该教传入突厥汗国，之后又传入黄河流域一带。古代哈萨克族中，克烈和乃蛮接受过此教①，英国学者道森说：“克烈部和乃蛮部（在文化和政治关系上，他们同蒙古人有最密切的联系），主要是信奉基督教的。”②

4.伊斯兰教

伊斯兰教是从8世纪开始在哈萨克族人民中得到传播的。在穆罕默德通过伊斯兰教将阿拉伯半岛的人民统一起来之后，他的继承者们开始向东方进军，征服了今伊拉克、伊朗、阿富汗等国家，进入了中亚地域。

我国哈萨克族学者将伊斯兰教在哈萨克族人民中的传播分为三个阶段：

---

①《哈萨克族简史》（修订本）编写组：《哈萨克族简史》（修订本），民族出版社，2008年，第365页。

②高永久：《景教的产生及其在西域的传播》，载《世界宗教研究》，1996年第3期。

第一阶段，公元8世纪—12世纪。这一时期，伊斯兰教只在个别地区、个别氏族部落的上层社会得以传播。

第二阶段，公元12世纪—14世纪。根据霍加·阿合买提·亚萨维的学术观点，这一阶段是伊斯兰教在哈萨克族人民中广泛传播的时期。

第三阶段，公元14世纪—18世纪，即金帐汗国时期。这是哈萨克族人民整体皈依伊斯兰教的时期。[①]

四、哈萨克族的风俗

1.居住

《新疆图志》记载："哈萨克者，无城郭、庐室，逐水草、事游牧，四时结穹庐，褚以驼绒，枕则着以天鹅之毛。其地借以诸色绒毯、毛毡，铁床、木榻，各异其式，茵褥重叠，厚至数尺，枕方、圆各一，眠时用薄被覆之。其头人间有建筑土屋以御寒者。"[②]

哈萨克族的住房有春、夏、秋住的独房，冬天住的土房或木房，春、夏、秋季游牧转场时搬迁的一种简易住房（毡房）三个类型。毡房由上、下两部分组成。上部为穹形，是由几十根撑杆搭骨架。撑杆是下部弯曲、上部笔直的小木杆。当把栅栏拼合绑扎成圆形围墙后，把撑杆的下端绑扎在栅栏的上端，撑杆顶端插入直径一米左右的圆形圈顶眼内，形成穹形。下部圆筒形四周是用横竖交错相连而成的红柳木栅栏构成的围墙。

冬牧场的房屋四周，还有用土坯垒的矮墙，或者用树枝条编成的篱笆，用以圈放牲畜。

2.食物

哈萨克人的食物主要有三种：一种是肉类食品；一种是奶类食品；一种是面类食品。肉食主要有羊肉、牛肉和马肉，平时一般多吃羊肉。肉的

---

①《哈萨克族简史》（修订本）编写组：《哈萨克族简史》（修订本），民族出版社，2008年，第366页。

②［清］王树枏著，朱玉麒等整理：《新疆图志》卷四八《礼俗》，上海古籍出版社，2017年，第860-863页。

食法有三种：煮、炒、烤。最普遍的是吃抓肉。抓肉是把羊肉切成大块放进锅里用水煮几个小时，直至把肉煮烂为止。每年11月至12月间，牛壮羊肥，这时哈萨克族大量宰杀羊、牛、马，宰后将肉熏烤准备过冬。这些肉一直要吃到来年春天，哈萨克族把这种过冬的肉叫“索古姆”。此外，还用零碎的小块肉做成各种马肠、香肠，熏烤熟后，味道香美，并能保存很长时间。

奶类食品主要是由羊奶、牛奶和马奶制成的。牛奶和马奶制成的各种食品又可分为饮食类和吃食类。饮食类是把奶子煮沸后直接饮用，或做奶茶，或把奶子发酵制成酸奶。马奶子是哈萨克人最喜爱的饮料。日常生活中最主要的饮料是奶茶，一日三餐都离不开奶茶。奶类吃食主要有用羊奶、牛奶加工制作的奶油、酥油、奶疙瘩、奶豆腐、酥奶酪等。此外，还有一种叫“吉尼特”的上等奶制品。其制法是将奶酪粉与酥油、小米粉和白砂糖混合在一起。这种食品一般只招待尊贵客人。

面类食品主要有馕、包尔沙克、油饼、面条、别斯巴尔马克（面片和肉、牛羊脂肪在一起煮食的饮食）等。①

3.服饰

《新疆图志》记载：“其男女所服之衣，贵贱不分，名曰袷袢，圆衿窄袖，不结纽，长施于膝，男敞前衿，以左衽掩腋，束之皮带，带刻金银，嵌含珊瑚、珍宝诸石，左悬皮囊，右佩小刀。妇衣较长，当胸纯以金丝编绪，缀以环钮，衣之前后，繁系小囊（盛零星什物，便于取用）。男女衣皆以黑色为上，白为次。虽盛夏裨襦襂复，以蔽日光。春则外袭皮裘，厥名曰惆。富者以貂獭、猞猁诸皮，贫者羊裘泽身，衬白布及五彩单襦，有袖而无衿。女之褴衣下围如绕领，其长曳地。男子着皮帔高帽，内衬幞头。女子皮帽，方顶阔檐，嫁后则以花巾斜圈头上，踰一、二载，其姑为换戴白布面衣，名曰雀洛什。其制以白布一方，斜纫如袋，幪首至于颏，而露其目，上覆白布圈，后帔襜襜然下垂肩背，长二尺余。见者知为妇装也。

①《哈萨克族简史》（修订本）编写组：《哈萨克族简史》（修订本），民族出版社，2008年，第373、375页。

皮靴谓之玉底克，皮袜谓之黑斯，皮鞋谓之克必斯，皆以牛革为之。妇女较窄小，踵底之木高二、三寸，连鞔铁钉，踏地铮然作响，斯为美耳。其入室也，脱之门外。室中人数，视履而知。妇女出门，必乘骑，以花巾为帹，此古礼之厉存者。富女发辫，金宝缤纷，面不施脂粉，喜着臂钏。(左右各具一式，不必成双)。女子耳贯珠环，妇人有面衣，去之不复着，多以宝石、珍珠嵌为约指。(有一指四、五枚者)。其头人以银制约指镌回文名字，其上书、立约券，多以此檇之为证。"[①]

哈萨克族的衣服主要有皮衣和布衣。皮衣一般用羊皮缝制，有用羊羔皮、狼皮或者狐狸皮以及其他贵重的兽皮制作的，也有用马驹皮制作的皮衣。哈萨克族男人多用白布做衬衣和长裤。衬衣外穿坎肩，坎肩外穿短大衣，再套袷袢。

哈萨克族妇女的衣服用各种颜色的花布或绸缎、绒等缝制。姑娘和少妇一般穿袖子绣花的、下摆带多褶的连衣裙。由于哈萨克人经常骑马，所以他们穿的裤子一般都很宽大，无论是皮裤还是棉布裤或毛布裤都缝制得较一般裤子宽大得多。这样在长时间的骑马中不易破裂和损坏。

哈萨克族男人冬天戴的帽子是带有两个耳扇的弧尾尖顶的四棱吐马克。这种帽子一般是用黑羊羔皮或狐狸皮制作的，也有用羊羔皮和水獭皮制作的圆顶帽。刮风时加戴风帽。夏天一般戴薄白毡子制作的、黑绒翻边的帽子。

哈萨克族妇女的头饰有帽子和头巾两种。未出嫁的姑娘戴水獭皮做的圆帽子。帽顶绣花插有猫头鹰的羽毛并有红珠子、玛瑙等装饰品。还有一种称作塔克亚的圆斗形帽子，帽顶绣花，帽壳较硬。一般用红色、绿色或黑色的绒布制作，用金线绣花，并用珍珠镶成各种美丽的图案。姑娘出嫁时，戴一种名叫"沙吾克烈"的尖顶帽。帽子是用毡子做的，外面是布、绒或绸缎，上面绣花并用金银珠宝等装饰。帽子的正面还饰有串珠；戴上帽子，串珠垂吊在胸前。婚后一年之内戴这种帽子，一年之后换戴花头巾，

---

①［清］王树枬著，朱玉麒等整理：《新疆图志》卷四八《礼俗》，上海古籍出版社，2017年，第860–863页。

生下第一个孩子后换戴一种叫作“克米谢克”的头饰。这种头饰用白布制作，戴上后仅露出面部。三四十岁以下的妇女佩戴的“克米谢克”绣有各种图案。年长的妇女或者子女多的妇女一般不讲究服饰，只佩戴花纹不太鲜艳的“克米谢克”或者只戴白色头巾。[①]

哈萨克男人穿的鞋和靴子种类很多。一种是长筒皮靴，这种靴腰长至膝盖之上，后跟较高，靴内一般套毡袜。毡袜的边口是用十分美观的绒布料镶边的。另外，有一种狩猎时穿的靴子，靴子后跟很低，有包头，具有柔软轻便的特点。夏天穿的靴子靴底很薄，穿起来轻便舒适。还有用软皮制作的软鞋子和皮套靴。

哈萨克族妇女的鞋和靴也有许多样式，最普遍穿的是“买斯”（皮靴），外套“开布斯”（套鞋）。生活优裕的哈萨克妇女的靴子和鞋袜较讲究，她们所穿的“开布斯”上有各种装饰物，“买斯”上绣有花纹。[②]

4. 节日

哈萨克族的重要节日有纳吾热孜节、肉孜节和古尔邦节。

纳吾热孜节是哈萨克人信奉伊斯兰教之前的节日，相当于汉族的春节。每年春分日，各家各户都用小米、麦子、大米、奶疙瘩和肉等混合做成“纳吾热孜饭”。人们全都成群结队地从一个阿吾勒到另一个阿吾勒，走家串户吃“纳吾热孜饭”，唱“纳吾热孜歌”，互相拥抱，祝贺新年，祝愿在新的一年牲畜兴旺，庄稼丰收。

肉孜节是伊斯兰教节日。根据伊斯兰教的规定，每年封斋30天后欢度3天，这个节日被称为“肉孜节”或“开斋节”。哈萨克族每年都欢度这个节日。过节时，人们骑着马，成群结队相互拜节，并举行具有民族特点的娱乐活动。

古尔邦节源于伊斯兰教。肉孜节之后70天就是古尔邦节。古尔邦节是伊斯兰教历新年，过节时必须宰羊以作为祭献。在这个节日里，家家户户

---

①参见苏北海著：《哈萨克族文化史》，新疆大学出版社，1989年，第533-538页。

②《哈萨克族简史》（修订本）编写组：《哈萨克族简史》（修订本），民族出版社，2008年，第377页。

都准备丰盛的食品，大家相互拜年，彼此祝贺。节日里要举行叼羊等传统的民族娱乐活动。

5. 娱乐活动

哈萨克族的娱乐活动形式多样，主要有：(1) 冬不拉和库布兹弹奏；(2) 唱歌；(3) 唱史诗；(4) 阿肯弹唱；(5) 赛马；(6) 摔跤；(7) 姑娘追；(8) 叼羊；(9) 骑马抢布；(10) 骑马拾银元；(11) 箭射元宝；(12) 马上角力；(13) 走马赛；(14) 跃马比武；(15) 骑马比武；(16) 跳舞。①

以上娱乐活动可分两类：第一类是属于文娱表演性质的，如冬不拉等乐器演奏、唱歌、跳舞、阿肯弹唱、演唱史诗等；第二类是属于运动锻炼性质的，这类活动主要是在夏牧场上举行，而且是在马上进行的。

五、哈萨克族传统民间工艺

哈萨克族传统民间工艺有着浓厚的民族色彩，体现着独具特色的哈萨克生产、生活。

1. 工艺的种类

刺绣　刺绣工艺在哈萨克族的生活中占据着重要的地位，哈萨克族生活的毡房内到处都有哈萨克刺绣，最具典型的绣是花毡。花毡，哈萨克族语叫“斯尔玛克”，花毡的原料有羊毛、羊毛线、彩色布、线等。哈萨克族绣制的花毡制作精美，别具风格。哈萨克妇女一般制作三种花毡：一种是将彩色的布剪成图案，用羊毛线缝制在白色的毡子上；一种是把毡子染成各种颜色，用染好彩色的毡子拼成各种图案，再用羊毛线缝起来；一种是用剪好彩色毡片和彩色的布组合成富有民族特色的图案，再一针一线缝起来。花毡是哈萨克族最具代表性也是最为普及的家庭工艺品，哈萨克族妇女人人会绣制，每家都有。花毡一般比普通毡子要厚，一般为双层，缝制紧密，经久耐用。主要用于毡房的地面和床铺上，既可防潮、防寒，又装饰室内。花毡也是哈萨克族姑娘出嫁时，必不可少的嫁妆之一。

---

①参见帕提曼著：《哈萨克族民俗文化暨哈萨克族研究资料索引》，民族出版社，2008年，第114-128页。

皮革工艺 哈萨克族皮革制品技艺精湛，色彩艳丽，种类多样，造型繁多，运用广泛，有马鞍、马鞭、皮鞋、皮帽等等。皮革制品中有哈萨克族特有的皮革编织工艺，主要以皮革和各式彩线为主，编织工艺复杂，编织过程中有经纬线之分，按皮革和彩线的宽窄来计算好经纬数目，数目有单双数之分，并且在有些皮革制品上进行烫花和镶嵌银缀，这种镶银的皮具制品多为装饰品，是哈萨克族中比较珍贵的物品。

木器雕刻 哈萨克族人木器雕刻艺术技术精湛，在床、摇篮、箱子、门、桌子、柜子和马具，乃至乐器上都施以雕刻，作为装饰。这些木器雕刻线条优美，造型别致，工艺精细。木制餐具也是哈萨克族民间传统的木制工艺，主要包括碗、勺、盘、盆、桶、杯等，木器的造型根据其具体使用功能而定。哈萨克族民间传统木制餐具造型多为曲线，每一部分的结构设计与其具体使用功能都紧密相连。哈萨克族木制餐具造型简洁、功能性强、携带方便，非常符合现代主义设计理念。①

2.哈萨克族传统工艺的特征

哈萨克族手工艺制品都与生活息息相关，这些都体现出哈萨克族独特的审美价值、艺术情趣和文化心理，折射出原生态的草原游牧文化艺术特质。

一是造型极具功能性。哈萨克族传统手工艺都是为生产生活服务的，所以器物在造型上都非常浑厚质朴，线条粗犷有力，便于携带和使用。

二是装饰图案种类丰富。哈萨克族传统手工艺制品中都带有明显的民族图案，图案的运用直接反映了哈萨克族人的精神面貌。因为是游牧民族，所以图案在样式上都是从对自然界动植物的模仿逐步演化而来的，其装饰图案粗犷有力，线条流畅优美，富有变化性、多样性。

三是色彩艳丽。长期的游牧生活使哈萨克族对颜色有着强烈的视觉感知。自然界中的色彩斑斓，青翠的原野、蓝天白云、盛开在草原上姹紫嫣红的野花，这些都是色谱中纯度和明度较高的，所以哈萨克族传统手工艺

---

①参见帕提曼著：《哈萨克族民俗文化暨哈萨克族研究资料索引》，民族出版社，2008年，第160-163页。

制品在色彩上都是高纯度的艳丽色彩。并且哈萨克族用这些色彩来表达自身的思想和丰富的情感。

第五节　柯尔克孜族历史文化

柯尔克孜是有两千多年历史的古老民族，准噶尔部称其为“布鲁特”，即“高山居民”。清朝官方文献《西域图志》《大清一统志》等，也称柯尔克孜为布鲁特，并分为东布鲁特和西布鲁特。

一、柯尔克孜族的历史变迁

历史文献记载的柯尔克孜已有两千多年。两汉时称为“鬲昆”“坚昆”“隔昆”。[①]魏晋南北朝，为“护骨氏”“契骨”。[②]隋唐时，为“纥骨”“纥扢斯”“黠戛斯”。[③]辽宋时，称“辖戛斯”“黠戛司”“纥里迄斯”。[④]元朝时，称“吉利吉思”“乞儿吉思”。[⑤]这些名称，均是柯尔克孜语自称在不同历史时期汉语的音转和异译。

两汉时，古柯尔克孜人分布在叶尼塞河流域上游地区。在匈奴统治和西迁期间，一部分古柯尔克孜人逐渐西迁至天山地区。据史书记载，公元7—9世纪，古柯尔克孜人主体仍生活在叶尼塞河流域。辽、金、元时，一

---

①［汉］司马迁：《史记》卷一一〇，中华书局，1959年，第2893页；［汉］班固著，［唐］颜师古注：《汉书》卷九四《西域传》，中华书局，1962年，第3800页；［晋］陈寿著：《三国志·魏书》卷三〇《乌桓、鲜卑、东夷传》，崇文书局出版社，2010年，第862页。

②［晋］陈寿著：《三国志》卷一〇三《高车传》，崇文书局出版社，2010年，第2307页；［唐］令狐德棻著：《周书·突厥传》卷四九，吉林出版集团，2005年，第908页；［唐］李延寿著：《北史·突厥传》卷九九，中华书局，1992年，第3287页。

③［唐］魏征：《隋书·铁勒传》卷八四，中华书局，1997年，第1879页；［宋］欧阳修著：《新唐书·高昌传》卷四九〇，中华书局，1975年，第14112页。

④［元］《辽史·百官志》卷四六，中华书局，1974年，第758页；［元］《宋史·高昌传》卷四九〇，中华书局，1974年，第14112页。

⑤［明］宋濂著：《元史·地理志》卷六三，中华书局，2000年，第1574页；《明宣宗实录》卷六六“宣德五年五月乙卯”条，第1138页。

批批古柯尔克孜人被迁往天山地区。但至清初，古柯尔克孜人的活动中心，仍在叶尼塞河上游，即清朝称为唐努乌梁海地区，臣服于喀尔喀蒙古的扎萨克图汗属部和托辉特。准噶尔强大后，又隶属于准噶尔。康熙三十七年、康熙三十八年（1698、1699），策妄阿拉布坦出兵进攻中亚地区的哈萨克人和柯尔克孜人，夺取了大片哈萨克草原和柯尔克孜族地区。

1702年，沙皇俄国入侵叶尼塞河流域，遭到当地柯尔克孜族的激烈抗击。策妄阿拉布坦派遣2500名厄鲁特士兵，强迫柯尔克孜人迁往西部天山地区[①]，与原已迁入天山的柯尔克孜人汇合在一起，分布于伊犁河流域、伊塞克湖西至楚河、塔拉斯河流域。

在准噶尔统治的年代，柯尔克孜族牧民大批被征调去当兵作战，伤亡惨重。准噶尔统治者对柯尔克孜族的掠夺和压迫，常遭到柯尔克孜族的顽强反抗，大批柯尔克孜族退守到中亚塔什干、费尔干纳盆地及其附近山区，部分到了帕米尔高原、兴都库什山和喀喇昆仑山一带，形成东西布鲁特的分布局面。

《西域图志》，书中所录“东西布鲁特部图”明确标明东西布鲁特以一河源为界，但没有说是哪一条河的河源。苗普生认为“以天山及纳林河为界，布鲁特又分为东、西两部分，天山、纳林河以北为东布鲁特，天山、纳林河以南为西布鲁特”[②]。马文华则认为“能在这一地区将布鲁特分为东西两个地区的只能是纳林河支流博什博勒齐水（今阿拉布加河）”[③]。钟兴麒等认为东西布鲁特“以阿赖岭（位于新疆乌恰县西北境）西的吉尔吉斯斯坦的塔尔河为界，以东为东布鲁特，以西为西布鲁特”[④]。潘志平认为清朝布鲁特东西部基本上以纳林河为界。[⑤]

---

①《吉尔吉斯史》，吉尔吉斯科学院历史研究所，第174页。

②苗普生：《略论清朝政府对布鲁特的统治》，载《新疆社会科学》，1990年第6期。

③马文华：《18—19世纪布鲁特人的社会经济概况》，载《新疆大学学报》，1990年第3期。

④钟兴麒等校注：《西域图志校注》卷二《图考二》，新疆人民出版社，2002年，第98页。

⑤潘志平著：《浩罕国与西域政治》，新疆人民出版社，2006年，第188页。

笔者认为，清朝称锡尔河为“那林郭勒”，与《西域图志》“东西布鲁特部图”“西域全图”中的文字记载“诸水俱会入那林郭勒，接安集延诸部界”[①]相吻合，作为锡尔河源头之一的塔尔河应该就是东西布鲁特的分界河。

乾隆二十年（1755），清朝曾将准噶尔军中被裹胁的小部分柯尔克孜族迁至东北齐齐哈尔都统管辖地区。乾隆二十三年（1758）清军向天山北进途中，分布在伊塞克湖周围的东布鲁特部落萨雅克、萨尔巴噶什等部落，纷纷要求归属。[②]乾隆二十四年（1759），在清军平定大、小和卓叛乱过程中，柯尔克孜族奇卜察克等部落在头人阿奇木的率领下，积极协助清军作战。当清军途经西布鲁特地区时，西布鲁特额德格纳部落头人阿济毕，代表西布鲁特15个部落，向清军将领兆惠要求归附。

二、柯尔克孜的经济社会

柯尔克孜生活的区域水源丰沛，草原广袤，其经济形态以畜牧业为主。清代，柯尔克孜族地区处于游牧封建社会。但社会上还保存着部落组织的划分，互不统属，人数较多的大部落有穷巴噶什、克普恰克、奈曼、交务西、库秋、奇里克、提依特、刻塞克、布库等。每个大部落之下，包括若干小部落。在清代，部落氏族组织仍是柯尔克孜族社会的基本单位。每个部落氏族之下，有若干以血缘关系而组成的“阿寅勒”，一般由五至八户组成。阿寅勒是部落氏族最基层的社会组织，也是基层的生产单位。在阿寅勒内部成员相互之间，存在着习惯性传统的互助关系。部落头人主持议事会，讨论和决定氏族部落的生产、迁徙、对外关系、对外战争、处理内部纠纷和奖惩事宜等。

清代柯尔克孜族地区除从事牧畜业和少量农业外，还有手工业，如铁

①钟兴麒等校注：《西域图志校注》卷二《图考二》，新疆人民出版社，2002年，第97页。

②钟兴麒等校注：《西域图志校注》卷四五《藩属》，新疆人民出版社，2002年，第574页。

匠制作马掌、马蹬、砍土曼、刀、镰刀、斧头、猎枪、银器装饰，木匠制作帐篷架、马鞍、门窗、摇篮、箱匣、桌子、农具、乐器等物，皮匠制作皮靴等。畜产品加工是柯尔克孜人传统的手工业，如用羊毛纺织呢料、织毯子、擀毡子、织口袋、打拴帐篷的带子，用牛毛和小羊毛打绳子，用驼绒纺线、织头巾、织呢料，用毛皮做皮衣、皮裤、皮帽，做毡帽，缝衣服，做马衣，编芨芨草等。家庭手工业品，一般自给，少量拿到巴札（集市）去换取粮食和工农业产品。一些产品诸如花毡子、毯子口袋、毡帽等物，也作为商品来贸易。

在对外经济交流方面，柯尔克孜人进行过茶马互市。清代，各部落头目利用去京城朝觐的机会组织驼队、马匹沿途在边关和内地进行交易。此外，用牲畜和畜产品与清朝驻新疆的八旗官兵及汉、维吾尔等族进行物物交换。

清朝统一西域后，柯尔克孜族区域由伊犁将军“稽查约束”，由喀什噶尔参赞大臣专管外，对他们实行封官赐爵和优厚政策。[①]

一是对柯尔克孜族各部落内部原有的官制保留不动，柯尔克孜族头人一百多位大小首领因功得到清政府册封二品至七品的官员。[②]

二是清政府挑选一些头人进京朝觐，并回赐丰厚的绸缎羊只。

三是允许柯尔克孜人在原牧地自由牧放，不征收土地税。

四是尊重其生活习惯。

五是柯尔克孜族在新疆进行贸易，给予比内地减少1/3的税率优惠。[③]

上述政策，对柯尔克孜族地区的社会稳定、经济发展，起到了积极作用。

三、柯尔克孜文化

清代，柯尔克孜人民中流传着各种形式的诗歌、音乐、传说、故事、

---

① ［清］汪廷凯著：《西陲总统事略》卷一一，中国书店出版社，2010年，第548页。

② ［清］汪廷凯著：《西陲总统事略》卷一一，中国书店出版社，2010年，第548页。

③ ［清］祁韵士著：《西陲要略》卷四，清光绪四年（1878）同文馆刊本，第96页。

童话、寓言、谜语和造型艺术。

著名的英雄史诗《玛纳斯》有20多万行，不仅是一部规模宏伟、流行较广的历史长卷，也是一部具有相当高思想性和艺术性的口头文学。与《江格尔》《格斯尔》同称为我国游牧民族三大史诗，丰富了祖国的艺术宝库。《玛纳斯》长期流传于民间，世代口头传诵，为专门演唱史诗的民间歌手集体创作而成。主要通过讲述玛纳斯家庭几代的活动和业绩，反映古代柯尔克孜人团结抗击异族劫掠和争取自由的斗争，自始至终贯穿着玛纳斯家庭反对异族侵略，维护柯尔克孜人安宁和幸福的主题。《玛纳斯》为格律诗，每诗段大都押脚韵，有一部分也押头韵、腰韵，每行多由7个或8个音节组成，唱述时，尚有数种乃至十几种乐器伴奏。现已初步整理，陆续出版，并翻译成多种文字。

柯尔克孜族能歌善舞，有多种群众性的娱乐、体育活动，如赛马、叼羊、摔跤、马上角力、拔河、荡秋千、夜游、捉迷藏、“欧运”“姑娘追”，等等。民间乐器有考姆兹（三弦口琴）、奥孜考姆兹（吹奏乐器）、克雅可（二弦拉琴）、帕米尔考姆兹（铁三弦）、却奥尔（牧笛）等。

柯尔克孜族传统的工艺美术有刺绣、擀毡、雕刻、织花、制作金银饰物等。毡制用品以手工精巧、经久耐用、图案绚丽著称。尤其是拼制的补花毡毯、擀制的压花毡毯，可说是柯尔克孜族造型艺术的珍品。

柯尔克孜族在清代大部分已信仰伊斯兰教，一部分历史上移居天山北的牧民因受蒙古族的影响，已信仰藏传佛教，少数于乾隆二十年（1755）被清朝送往东北的柯尔克孜族信仰萨满教。

四、柯尔克孜族习俗

柯尔克孜族的节日主要有肉孜节、古尔邦节和诺鲁孜节等。过节时，男女均着新衣、互相祝贺，并以茶水、油果等食品热情招待。

柯尔克孜族的服饰，《新疆图志》记载：“其服饰多与缠回同，身披单襦，冬冠他玛克，夏冠斗破。女则褶叠白布络头，垂背尺许。阿浑之帽上锐而高檐，以白布绾之，厚寸。脱帽为敬，入门必解屦。妇女出，必以障面（障面或以白布，或以花巾，边垂丝穗），皆古制也。”[①]

事实上，柯尔克孜族的服饰与维吾尔族有很大区别。男子常戴用皮子或毡子制作的高顶方形卷檐帽和两侧有突出护耳式样的帽子。穿无领“袷袢”长衣，内着绣有花边的圆领衬衣，外束皮带，左佩小刀等物。夏天穿立领短袷袢，春秋穿宽脚裤。女子通常穿连衣裙，外套黑色小背心。南部妇女穿小竖领衬衫。妇女包头巾，喜戴装饰品。

柯尔克孜人主要食用羊肉、牛肉、骆驼肉、野羊肉，忌食猪、狗、猫、鼠、驴、骡及猛禽肉，辅以面食、手抓米饭等。常饮牛、羊、马奶及“克米孜”（用马奶、骆驼奶发酵酿制而成的饮料）。还喜欢饮花茶，其烹茶方法则是将此茶煮沸后，加奶与食盐，然后饮用。其饮食习惯是“汲水以羊皮袋，谓之通拉，亦有以葫芦者，谓之脑盖，铜壶谓之沙玛，（铜壶高尺余，上有盖，下有足，中置火，烹水用之）。铁釜谓之喀章。（釜重数十觔或十数觔，上有四耳，烹饪用）。席地以布，承食以槃，（有铜、铁、木三者，方圆异形，即古之所谓棜禁，通名曰案，今则通名曰槃）。切肉以刀，握饭以手，澡浴以绳佻大腹细颈沙玛，灌顶至踵，谓之密什雀可”[②]。

柯尔克孜人逐水草而居，根据季节变化及农牧业需要，分别居住毡房、土房和木房。夏季游牧多住毡房，冬季多定居在气候温暖的山谷地带，住四方形土房和木房。[③]《新疆图志》对柯尔克孜人居住习俗做了描述：“其穹庐曰那哈阿依，木架毡撩，圆如覆磬。其壁衣之华丽者，以五色花毡、彩丝缔之。富家一幕有费千金者。（壁上用芨芨草扎五色丝或羊毛织成，花帘衬之，外障以方格木架，房顶饰以五色花毡，光彩炫目）。氍毡荐地，无床榻，倚桌值门置小灶，驾三足铁炉，谓之格尔加克。家长居其下右处，

---

①［清］王树枬著，朱玉麒等整理：《新疆图志》卷四八《礼俗》，上海古籍出版社，2017年，第858–859页。

②［清］王树枬著，朱玉麒等整理：《新疆图志》卷四八《礼俗》，上海古籍出版社，2017年，第858–859页。

③参见王钟翰著：《中国民族史》（下册），武汉大学出版社，2012年，第1387–1389页。

宾客稚幼居门之左，仆役居门之右，爨则粪以代薪。”[①]

第六节　葱岭诸部历史文化

葱岭是古代对今帕米尔高原及昆仑山、喀喇昆仑山西部诸山的统称，平均海拔4000～7700米，是古代东方和西方陆路交通的要道。玄奘在《大唐西域记》中，对葱岭的范围和地理位置做了记载：“葱岭者，据赡部洲中，南接大雪山，北至热海、千泉，西至活国，东至乌剎国，东西南北各数千里，崖岭数百重，幽谷险峻，恒积冰雪，寒风劲烈，地多出葱，故谓葱岭，又以山崖葱翠，遂以名焉。”[②]南到大雪山，一般人以为是指阿富汗北部的兴都库什山。北至伊塞克湖（古称热海）和吉尔吉斯山脉的北麓，今托克马克（古之碎叶城）和伏龙芝以西一带。据此，则葱岭南北之间的直线距离，约七八百公里。西至活国，即今阿富汗东北部之昆都士。东至乌剎国，根据冯承钧、陆岭所编的《西域地名》，引斯坦因之说，以为即今之英吉沙尔县治。[③]

汉代，葱岭属西域都护管辖。唐代，安西都护府设葱岭守捉。《西域图志》卷二十三《山四》对《魏书》中葱岭的位置进行了考证。

清朝平定准噶尔后，葱岭诸部，如浩罕、塔什干、拔达克山、帕米尔、布哈尔、爱乌罕等纷纷表示归附。《西域闻见录》中记载“安集延，回子一部落也，其汗额得讷最为著名。既死，其弟纳拉帕塔立，统领四城。最大者曰豪罕，三万户，为其汗之巢穴。次曰玛尔噶朗，二万户。次曰奈曼，万余户。最小之城曰安集延，千户耳。四城之人皆其汗之阿拉巴图”[④]。

①［清］王树枏著，朱玉麒等整理：《新疆图志》卷四八《礼俗》，上海古籍出版社，2017年，第858-859页。

②［唐］玄奘、辩机著，季羡林等校注：《大唐西域记校注》，中华书局，1991年。

③冯承钧、陆峻岭著：《西域地名》（增订本），中华书局，1982年，第105页。

④［清］椿园七十一著：《西域闻见录》卷三《外藩列传》，国学文献馆复印本，第56页。

《西域闻见录》及《西域图志》中记载的霍罕、豪罕即浩罕，玛尔噶朗即今马尔格兰，奈曼、那木罕。浩罕、塔什干等位于中亚费尔干纳。

在平定大、小和卓的过程中，清朝“招降安集延、那木罕二城回人”[①]。次年夏，清军为阻止大、小和卓远逃，计划提前抢占通往浩罕、拔达克山、巴勒提等沿途要隘。

乾隆帝谕军机大臣曰：“定议兆惠领兵先取喀什噶尔，富德攻取叶尔羌，巴禄由巴尔楚克路与富德会合，互相策应。其喀什噶尔西去之鄂坡勒岭，可通霍罕敏珠尔岭、玉斯屯阿喇图什岭，俱通安集延，沿途之额德格纳、伊什克里克等部落，皆传檄晓以利害。并将地方形势绘图具奏。昨览富德所奏地图，有由英额奇盘山通拔达克山之路，是以谕令派兵堵截。……”[②]与此同时，清朝派人传檄浩罕首领额尔德尼伯克及玛尔噶朗、安集延、纳木干等城“晓以利害”。清朝使臣所到之处，都受到盛情款待，浩罕额尔德尼伯克奉表请求“内附”。其表文曰“额尔德尼伯克等请大皇帝钦差统兵、至威至勇将军等安，仰赖上天之德、大皇帝洪福，我等群生亦获安生。闻将军至叶尔羌、喀什噶尔后，布鲁特、哈萨克等众部落俱传檄安定，今我部檄书未至，日夜以冀。幸侍卫赍将军书来，我等得为大皇帝臣仆，永受康宁，不胜感悦”[③]。浩罕额尔德尼伯克立即派使团进京朝觐，与此同时，中亚拔达克山、博洛尔等部的使臣也到达北京。次年3月，乾隆帝颁布敕书，正式确定浩罕为清朝藩属，敕书曰“尔远处边陲，闻大兵平定回城，逆贼逃窜信息，即慕化归诚，请擒贼自效，遣使入觐，深可嘉尚。……今既为联臣仆，自必加恩抚恤。尔其约束所部，永享无疆之福”[④]。

清乾隆二十四年（1759）平定大、小和卓叛乱后，在葱岭即帕米尔高原上的伊西洱库尔淖尔北十里苏满塔什地方，建立了一座“平定回部勒铭伊西洱库尔淖尔碑”。这座矗立在葱岭上的乾隆纪功碑，是这一地区原属我

①《清高宗实录》卷五七五，中华书局影印本，1985年，第1448页。

②《清高宗实录》卷五八八，中华书局影印本，1985年，第1674页。

③钟兴麒等校注：《西域图志校注》卷四五《藩属》，新疆人民出版社，2002年，第574页。

④《清高宗实录》卷六〇七，中华书局影印本，1985年，第1819页。

国的铁证。葱岭纪功碑的碑文，在《西域图志》《嘉庆重修大清一统志》和《新疆图志》等书中都有全文记载。

清朝统一西域后，视葱岭诸部为“外藩”，建立“宗藩关系”，实行羁縻政策。清政府的有效管辖和优惠政策，给葱岭诸部带来长达半个世纪的政治安定和经济繁荣景象。“回部安静，其布鲁特、霍罕、安集延、玛尔噶朗等贸易之人络绎不绝。”[①]新疆各城“内地商人及外藩人等，鳞集星萃，街市交错，茶房、酒肆、旅店莫不整齐”[②]。

清代后期，由于清政府腐败无能，英国夺取瓦罕帕米尔，俄国夺取葱岭北部。目前，葱岭地区除东坡仍为中国所管辖外，大部分属于塔吉克斯坦，少部属于阿富汗。

一、霍罕诸部

包括安集延、玛尔噶朗、那木干、塔什罕等以居住地为名的部族。《西域图志》指出，霍罕等部在葱岭西北麓，由东往西依次是安集延、玛尔噶朗、霍罕三部，偏北是那木干，再往西北是塔什罕。其中，霍罕部位于今吉尔吉斯斯坦的费尔干纳，安集延部在今吉尔吉斯斯坦的安集延州，玛尔噶朗部在今吉尔吉斯斯坦浩罕，那木干部在今吉尔吉斯斯坦纳曼干，塔什罕部在今乌兹别克斯坦首都塔什干。

《西域图志》认为霍罕诸地汉代为大宛，指出当地有优越的自然条件，所谓“皆有城郭，四城地当平陆，南控葱岭，北滨那林河……南北山泉，支流会合襟带诸城之间。土膏沃衍，气候和煦，人民殷庶，畜牧饶富”[③]。似乎霍罕诸部是牧业经济。但在卷二《霍罕安集延玛尔噶朗那木干塔什罕

①《清高宗实录》卷六〇五，中华书局影印本，1985年，第1776页。

②［清］椿园七十一著：《西域闻见录》卷三《外藩列传》，国学文献馆复印本，第56页。

③钟兴麒等校注：《西域图志校注》卷四五《藩属二》，新疆人民出版社，2002年，第577页。

诸部图说》(如图6–10)[①]中，却又称诸部“城堡星罗，与游牧逐水草者殊异”[②]，是定居的农业经济区。其实，霍罕诸部的经济类型是农牧兼营。

霍罕诸部均使用帕尔西语[③]，信奉回教，即伊斯兰教。各城的首长称为伯克，诸城伯克都听命于霍罕城伯克额尔德尼。塔什罕城以穆尔多萨木什、沙达和吐尔占三位和卓分辖其众。乾隆二十四年(1759)，将军兆惠派遣侍卫达克塔纳等抚定布鲁特诸部，遂至其地。额尔德尼伯克遣都官伯克将达克塔纳等迎至城内，每天以羊、瓜、果、酒、米供给，还送其毡毹、马匹等物。其后，霍罕诸部多次向清廷献马和特产。霍罕额尔德尼伯克所献白鹰，乾隆皇帝《御制白鹰歌》称道：“白鹰今复致鸷材，雪毛金脚刷羽皑。下鞲目不留狼豺，鹘师赤养皆旗回。”[④]《御制白海青歌》赞扬所献白海青鹰：“黄睛玉爪气隽逸，素翅皓羽光陆离。豪腾雄击都弗藉，纯精明洁覃宜题。”[⑤]《御制安集延匕首》赞安集延人所献匕首道：“持短入长不踰尺，应速用近两刃窄。水晶为靶月芽直，�插腰豫戒廹。”[⑥]霍罕继任伯克纳禄博图进献宋代龙泉窑的产品龙泉盘子，乾隆皇帝惊呼：“古宋龙泉世颇稀，云何外域尚或有?”[⑦]说明历史上，这些部族与中原一直有经济文化交流。

①钟兴麒等校注:《西域图志校注》卷二《图考二》，新疆人民出版社，2002年，第99页。

②钟兴麒等校注:《西域图志校注》卷二《图考二》，新疆人民出版社，2002年，第100页。

③钟兴麒等校注:《西域图志校注》卷二《图考二》，新疆人民出版社，2002年，第102页。

④钟兴麒等校注:《西域图志校注》卷四五《藩属二》，新疆人民出版社，2002年，第577页。

⑤钟兴麒等校注:《西域图志校注》卷四五《藩属二》，新疆人民出版社，2002年，第578页。

⑥钟兴麒等校注:《西域图志校注》卷四五《藩属二》，新疆人民出版社，2002年，第579页。

⑦钟兴麒等校注:《西域图志校注》卷四五《藩属二》，新疆人民出版社，2002年，第577–579页。

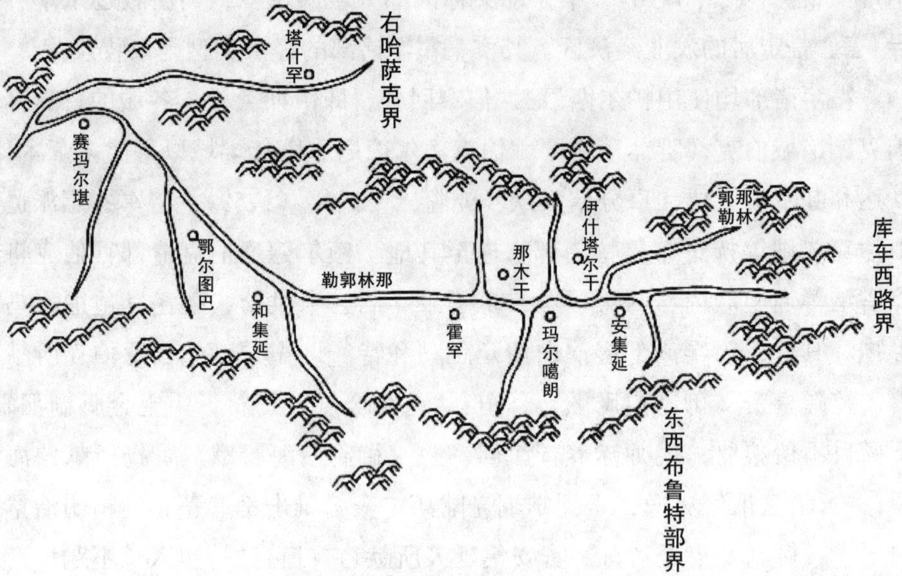

图6-10 霍罕安集延玛尔噶朗那木干塔什罕诸部图

二、拔达克山诸部

包括拔达克山、博洛尔、布哈尔等部族。"拔达克山，在葱岭中东南。自喀什噶尔、叶尔羌，西南行600余里，至其境。有城郭，部落繁盛，户十万有奇。"[①]拔达克山、博洛尔是汉代西域之乌秅国，元代称拔达克山为巴达哈伤，《明史》称其为八答黑商。[②]他们居住于山间田石之中，"累石为室，民接手饮"[③]。拔达克山部有十万多户。归附清廷后，拔达克山部汗素尔坦沙先后进献八骏马、刀、斧等，乾隆皇帝作《御制拔达克山八骏马歌》

①钟兴麒等校注：《西域图志校注》卷四六《藩属三》，新疆人民出版社，2002年，第583页。

②钟兴麒等校注：《西域图志校注》卷四六《藩属三》，新疆人民出版社，2002年，第585页。

③钟兴麒等校注：《西域图志校注》卷四六《藩属三》，新疆人民出版社，2002年，第585页。

《御制拔达克山汗素尔坦沙贡刀歌》《御制拔达克山汗素尔坦沙所进斧歌》[①]以颂之。

博洛尔，“在拔达克山东，有城郭，户三万有奇，四面皆山，西北面有河”[②]。归附清廷后，先后进贡剑、斧、匕首、双玉把匕首等，其剑锋利无比，切割昆仑山的玉石“似断秋毫”[③]。乾隆皇帝作《博洛尔部沙瑚沙默特伯克所进武器制匣藏之并纪是什》《博洛尔部沙瑚沙默特所献匕首歌》、《博洛尔部沙瑚沙默特伯克进玉把双匕首诗以纪事》[④]等诗大加赞赏。

布哈尔，“在拔达克山西”，“属古南兜国地”。[⑤]乾隆二十九年（1764）归附。（如图6-11）[⑥]

①钟兴麒等校注：《西域图志校注》卷四六《藩属三》，新疆人民出版社，2002年，第585页。

②钟兴麒等校注：《西域图志校注》卷四六《藩属三》，新疆人民出版社，2002年，第586页。

③钟兴麒等校注：《西域图志校注》卷四六《藩属三》，新疆人民出版社，2002年，第586页。

④钟兴麒等校注：《西域图志校注》卷四六《藩属三》，新疆人民出版社，2002年，第586页。

⑤钟兴麒等校注：《西域图志校注》卷四六《藩属三》，新疆人民出版社，2002年，第586页。

⑥钟兴麒等校注：《西域图志校注》卷二《图考二》，新疆人民出版社，2002年，第101页。

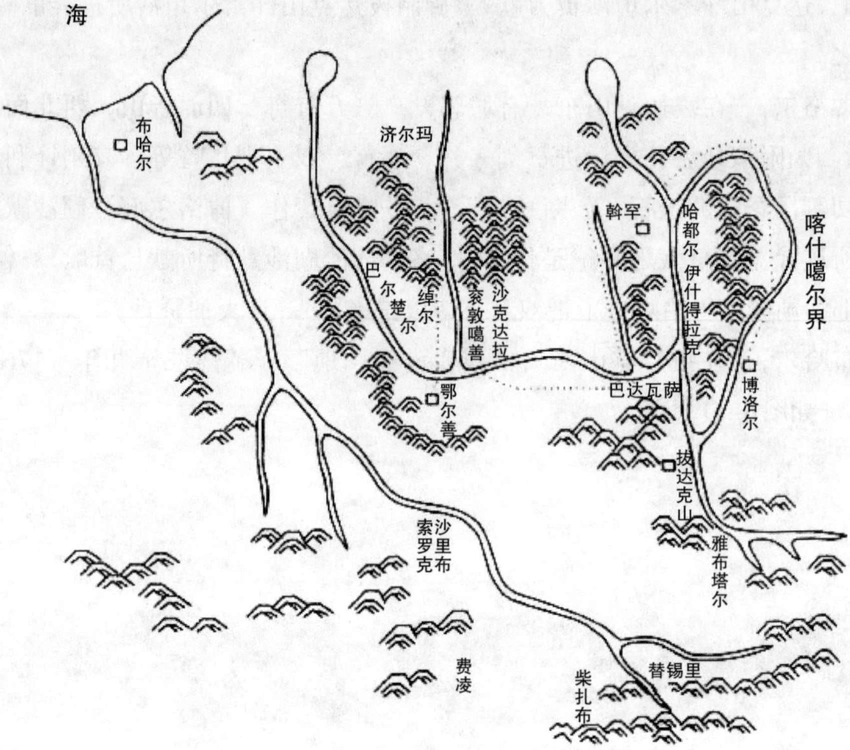

图6–11　拔达克山博洛尔布哈尔诸部图

三、爱乌罕、痕都斯坦、巴勒提诸部

爱乌罕，即今阿富汗；痕都斯坦，指克什米尔一带；巴勒提，在克什米尔以东。书中说，爱乌罕、痕都斯坦“俱葱岭外大国”，“境内崇山四围，长河襟带，滨河城堡，棋布星列。”①

爱乌罕，“在拔达克山布哈尔西南，部落最大，为古大月氏地”②。乾隆二十七年（1762），爱乌罕汗爱哈默特沙遣使朝见清廷，贡刀及四匹骏

①钟兴麒等校注：《西域图志校注》卷二《图考二》，新疆人民出版社，2002年，第104页。

②钟兴麒等校注：《西域图志校注》卷四六《藩属三》，新疆人民出版社，2002年，第587页。

马。其刀弯如半弓，乾隆皇帝称其不适用。其骏马皆“高逾七尺长八尺，为龙——皆駃騠”[①]。

痕都斯坦与北印度交界，汉时为古罽宾国地。其“国工治玉以水磨，成器最精，为内地所弗逮”[②]。曾向清廷进贡所制双玉盘、玉壶、玉盘、玉碗、白玉碗、玉杓、荷叶杯、玉瓿、菊花碗、玉盂、玉瓜瓣瓢、玉灯檠、玉饮器、小玉盒等，颇得乾隆皇帝的欢心。进贡的玉墨瓶笔室最特别，乾隆皇帝《御制咏痕都斯坦玉墨瓶笔室》赞其：“削木中书拟管城，横行却向左而行。宛看琢玉成笔室，更介为瓶贮墨卿。点染誊章供述事，取携凑便恰怡情。非珍新样兼精玖，用识同文异献荆。”[③]意思是痕都斯坦用以书写的笔是削木使其头为尖状，写字是横行自右向左，笔盒以玉石精琢而成，还有贮墨蘸墨的玉珥瓶瓮，这样的文房用具书写方便，取用和携带都令人欣喜。

巴勒提，“在博洛尔南。东接土伯特，西接克什米尔，又西接痕都斯坦，南接哈普伦，中有长河”[④]。“巴勒提部，在痕都斯坦东，痕都斯坦为古罽宾国，巴勒提与之附近，应属古罽宾国东境也。”[⑤]巴勒提部全境分为两个部落，由默默斯帕尔和乌苏分别统领，总共有1.6万人。乾隆二十五年（1760）表示归附清廷，乾隆皇帝准其继续通市贸易。（如图6–12）[⑥]

①钟兴麒等校注：《西域图志校注》卷四六《藩属三》，新疆人民出版社，2002年，第587页。

②钟兴麒等校注：《西域图志校注》卷四六《藩属三》，新疆人民出版社，2002年，第588页。

③钟兴麒等校注：《西域图志校注》卷四六《藩属三》，新疆人民出版社，2002年，第588页。

④钟兴麒等校注：《西域图志校注》卷四六《藩属三》，新疆人民出版社，2002年，第593页。

⑤钟兴麒等校注：《西域图志校注》卷四六《藩属三》，新疆人民出版社，2002年，第593页。

⑥钟兴麒等校注：《西域图志校注》卷二《图考二》，新疆人民出版社，2002年，第103页。

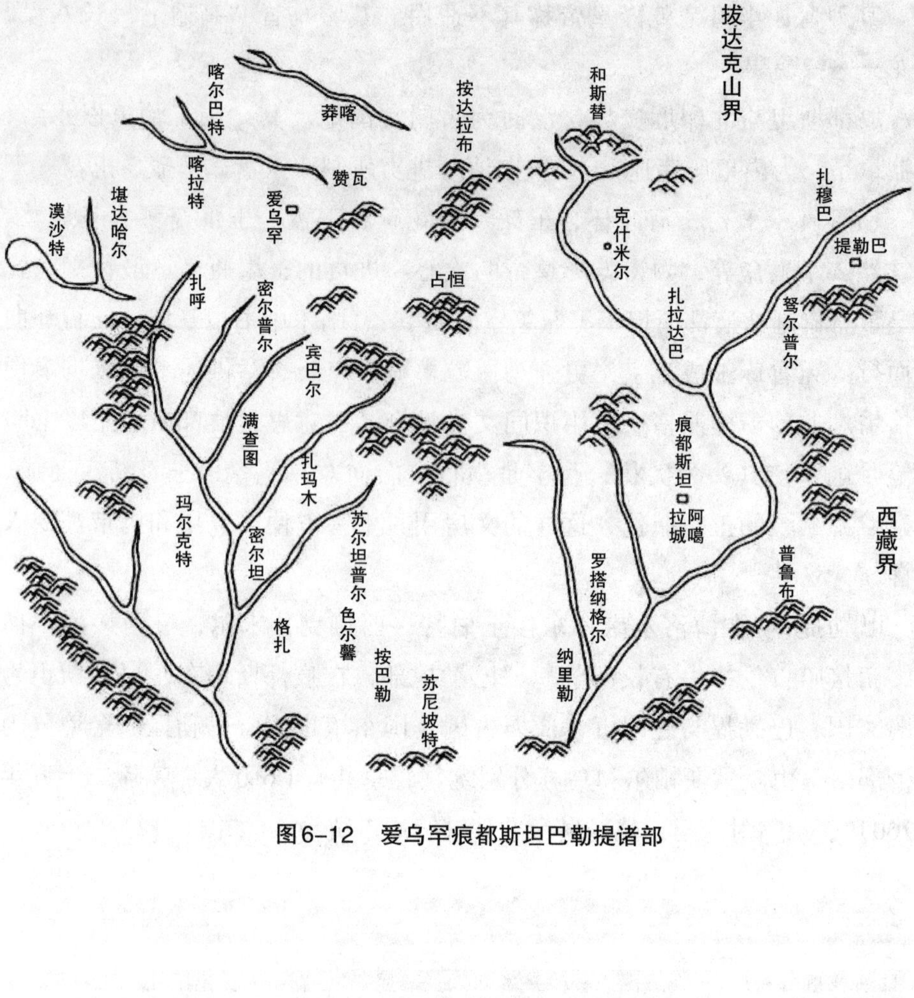

图6–12　爱乌罕痕都斯坦巴勒提诸部

第七章
《西域图志》所见清朝恩威并用的治疆措施

西域平定后，针对西域独特的战略位置、复杂的民族构成和一再大规模的反叛，认为“驾驭外藩，若一味姑息，伊等必至骄肆。自当恩威并用，俾先知所惧，则其感益深，足以豫弥滋事之端”[①]。为此，清王朝吸收历代王朝治理西域的诸多成功方法，采取了“恩威并用”的治理方略。建立了以军事镇摄为主的军府管理制度，驻军和屯田相辅的地方治安力量，以封爵和部落制结合的民族监督管理，轻贡赋和地方钱法的经济拉拢，办学校行科举培养地方人才等治理措施。《西域图志》以较大篇幅，阐述了乾隆皇帝这一政治设计的精华内容。

第一节　军事镇摄为主的军府管理制度

一、从“总管”到“总统”的伊犁将军

康熙到乾隆间准噶尔部和回部多次反叛，平定后的西域仍然存在很多动乱因素，乾隆皇帝发现单纯依靠对少数民族首领的招抚和羁縻手段，无法消弭西域的不安定因素，只有以强大的军事手段为后盾，强化驻军将领

① 《清高宗实录》卷六八三“乾隆二十八年三月癸酉”条，中华书局影印本，1985年，第2312页。

在地方管理方面的权力，才是当时的西域形势下较为稳妥的管理机制。故而《西域图志》言："仰惟圣天子丰庸懋建，全域来归。抚其地，治其人，开置伊始。凡新疆诸境，制之以将军督提，守之以监司丞倅将佐弁员。"[①]也就是实行以军事管理为主的地方行政体制。乾隆二十七年（1762）十月，乾隆皇帝下谕旨道："伊犁为新疆都会，现在驻兵屯田，自应设立将军总管事务。昨已简用明瑞往膺其任，著授为总管伊犁等处将军。"[②]

我们知道，伊犁将军的设置并非自乾隆二十七年（1762）始。清代很早设有盛京将军，其职责是："掌镇抚留都，安辑旗民，董率文武。凡军师、卒戍、田庄、粮糈之籍，疆域之广轮，关梁之要隘，咸周知其数，以时简稽而修饬之。"[③]在盛京将军之下有吉林将军、黑龙江将军等，这两位将军大体与我们要讨论的伊犁将军的职责一致。如吉林将军之职为"掌镇守吉林乌喇等处地方，缮固镇戍，绥和军民，秩祀山川，辑宁边境"[④]。当清朝统治推至全国后，在各地亦设置驻防将军，包括仁宗嘉庆间伊犁将军的设置。在《清仁宗实录》中，从嘉庆五年（1800）始，保宁、松筠、长宁、晋昌、庆祥先后担任过伊犁将军。乾隆二十七年（1762）以前，也有伊犁将军的记载。此时的伊犁将军是驻防地方的高级军事将领，统率有相当数量的以旗兵为主的军队，在负责地方安全、处理民族和边防事务的同时，也奉调到全国其他地方参与平叛和作战，他们并不是完全意义上的西域地方的封疆大吏。清代各地的驻防将军，只有伊犁将军在其将军前冠"总管"二字，称为"总管伊犁等处将军"。乾隆诏书的这一加冕，既突显了伊犁将军作为最高军政长官而统辖新疆的重要地位，也清楚地表明了清廷欲采用军府体制来管理新疆全域的基本构想。数日后，《清高宗实录》载入军机大臣关于此事的奏疏，明确了以伊犁将军为西域最高军政长官，其

①钟兴麒等校注：《西域图志校注》卷二九《官制一》，新疆人民出版社，2002年，第407页。

②《清高宗实录》卷六七三"乾隆二十七年乙巳"条，中华书局影印本，1985年，第2116页。

③《钦定历代职官表》卷四八《盛京将军等官表》，道光二十六年（1846）刻本。

④《钦定历代职官表》卷四八《盛京将军等官表》，道光二十六年（1846）刻本。

职责是总管西域地方的一切行政、民族、屯田、边防及驻军调遣事务。

伊犁当勘定之初，为新疆总汇，奉旨设立将军，一切管辖地方、调遣官兵，自应酌定成规。臣等谨议：凡乌鲁木齐、巴里坤，所有满洲、索伦、察哈尔、绿旗官兵，应听将军总统调遣。至回部与伊犁相通，自叶尔羌、喀什噶尔，至哈密等处驻扎官兵，亦归将军兼管。其地方事务，仍令各处驻扎大臣照旧办理。如有应调伊犁官兵之处，亦准咨商将军，就近调拨。开明职掌，载入敕书。从之。①

乾隆四十七年（1782）撰成的《西域图志》又将“总管”改为“总统”，称其为“总统伊犁等处将军”，并且载明处理以上诸项军政事务的幕府设置，从而标志着以伊犁将军为首的西域军府制度从产生到此时已初步定型。这时的总统伊犁等处将军，似应拥有三层职责：一是从地域上总统山南山北各地行政事务；二是从军事上总统调遣西域各地的驻防官兵；三是西域所有军政官员及民族士官皆受其总统节制，也就成为西域的最高军政长官。

乾隆皇帝钦定的第一任总管伊犁等处将军是明瑞。明瑞，字筠亭，满洲镶黄旗人，自乾隆二十一年（1756）四月开始，长期在西域参与平定准噶尔之乱。先是以副都统授领队大臣，从征阿睦尔撒纳，以功授参赞大臣。乾隆二十四年（1759）率军征讨霍集占立功，擢正白旗汉军都统。乾隆二十七年（1762）九月补授正白旗领侍卫内大臣，十月任总管伊犁等处将军，正式负责起西域军政事务的大任。乾隆三十年（1765），乌什回部反叛，驻乌什副都统素诚自戕，明瑞亲自率领副都统观音保往讨，长期围城，断其汲道，终于迫使城内反叛者缚献额色木图拉等四十二人投降，明瑞悉斩之，其胁从及妇稚万余送伊犁。乾隆三十二年（1767），以明瑞为云贵总督兼兵部尚书，赴云南与犯边的缅甸军作战。

①《清高宗实录》卷六七三“乾隆二十七年十月壬子”条，中华书局影印本，1985年，第2116页。

二、伊犁将军幕府及其直属文武职官

《西域图志》卷二九《官制一》记载:“总统伊犁等处将军一员，乾隆二十七年设。统辖天山南北各新疆地方、驻防官兵遣调事务。”[①]并且载明处理将军府诸项军政事务的幕府、军职和回部伯克、台站屯政文武官员设置，标志着西域军府制度的初步定型。

在伊犁将军之下有参赞大臣一员，乾隆二十五年（1760）已设。伊犁参赞大臣也是朝廷命官，与伊犁将军同驻伊犁城，后来不常设，相关事务则由伊犁将军直接处理。

在将军府，设有印房司、粮饷处、驼马处，是处理将军府办公、管理军队粮饷和作为运力的骆驼和军马等具体事务的机构。设卡伦侍卫十二员，则是协助将军管理各军事据点的军官。乾隆三十一年（1766）设抚民理事同知一员，是协助将军处理西域各地百姓事务的官员。管仓同知一员、厅官一员，前者是协助将军管理全西域粮物仓储的官员，后者是将军衙门（厅）的总管，相当于今天的办公厅主任。

由伊犁将军直接统率的军事官员，有乾隆三十三年（1768）所设惠远城巡检和惠宁城巡检，有分驻惠远城和惠宁城的六位领队大臣，分统驻防伊犁一带的满洲蒙古营、锡伯营、索伦达呼尔营、察哈尔营、厄鲁特营，以及各营之佐领、防御、骁骑校、协领、总管、副总管等军官。

伊犁将军之下，还有直接处理回部各项事务、管理屯种回人的伯克们，即统理伊犁地方诸务的总理回务一等台吉三品阿奇木伯克，协理所属地方诸务的四品伊沙噶伯克，以及具体分管地亩粮赋、征输粮赋、讼词、递送兵马口粮文卷一切官物分攒差务、灌田水利、征输千户粮赋并一切杂务、驿馆薪刍诸务、巡缉提牢诸务、征输百户粮赋并一切杂务的从五品到七品的诸伯克。

伊犁将军及伊犁参赞大臣直接管理的是伊犁及其周围之准噶尔各部。

---

①钟兴麒等校注:《西域图志校注》卷二九《官制一》，新疆人民出版社，2002年，第413页。

乾隆二十年（1755），叛乱首领达瓦齐被捕送京师后，准噶尔各部全部归附，清廷在四卫拉特各封一汗官则仍其旧制，易以新衔，授予四图什墨尔为内大臣，授六扎尔扈齐为散秩大臣，用以管理鄂拓克、昂吉之事。但其后又复反叛，于是“扫穴犁庭，设官更始，无复旧规”①。

以上职官，构成了伊犁将军直接领导下的负责军事、政务诸项事务的文武职官。

三、都统、办事大臣、参赞大臣等地方军政长官

《西域图志》“官制”门中记载了乾隆四十年前后分布于全西域的“皆统于将军”②的都统、办事大臣和参赞大臣等朝廷任命的高级军官。

乾隆二十七年（1762）设置总管伊犁等处将军时，规定回部（准噶尔）“地方事务，仍令各处驻扎大臣照旧办理”③。这不是对伊犁将军权力的限制，而是乾隆皇帝对治理数量很大的回部的一个基本思考，即分而治之。原来，还在平定反叛的乾隆二十三年（1758），乾隆帝就下谕：“若平定叶尔羌、喀什噶尔，办理安插回众时，朕意不必用回人为总管，仍循其旧制，各城分设头目，统于驻伊犁之将军。”④此时，乾隆皇帝就决定了不在西域设置统管回部的总头目，而是各地回部各设头目，再由派驻当地的都统、办事大臣和参赞大臣等对地方回部头目进行监督管理，从而实行分而治之的目标。

努尔哈赤设八旗制度时就有作为旗之军政首长的固山额真、梅勒章京。二者汉译为都统、副都统。按清朝官制，满洲、蒙古、汉军各旗各设都统一人，为从一品，各旗另设副都统二人，为正二品。八旗都统“分掌满洲、

①钟兴麒等校注：《西域图志校注》卷二九《官制一》，新疆人民出版社，2002年，第417页。

②《钦定历代职官表》卷五五《各省驻防将军等官表》，道光二十六年（1846）刻本。

③《清高宗实录》卷六七三“乾隆二十七年十月壬子”条，中华书局影印本，1985年，第2116页。

④《清高宗实录》卷五七一“乾隆二十三年九月丙午”条，中华书局影印本，1985年，第1311页。

蒙古、汉军二十四旗之政令，以宣布教养、整诘戎兵、厘治土田、稽核户口”[1]，即旗之军政合一的长官。

办事大臣，是清代特有的主要负责少数民族事务的朝廷特派官员。照《钦定历代职官表》的说法，大体与汉代护羌校尉、护乌桓校尉等类似。《西域图志》中称：“奉旨特简驻扎各城将军大臣，均照驻防西藏、西宁之例铸授印信，优给养廉，随时简派轮替。”[2]如西宁办事大臣的职责为：“掌西宁之军政，凡青海三十六旗之会盟，一如喀尔喀四部之制，间岁举行，听简命大臣裁决，具疏以闻。”[3]西域各地之办事大臣亦同此例。办事大臣一般为从一品。

何为参赞大臣?《钦定历代职官表》言：“后汉凡两置都护，皆如前汉为加官，带骑都尉衔，盖如今伊犁将军之职。至永初以后，仅置护西域副校尉一人，则又如今参赞大臣之职也。”[4]就是说，参赞大臣与两汉的西域副都尉相似，即大体相当于副将军、副都统的武职官。

《西域图志》称：“管理乌鲁木齐等处事务都统一员，旧系参赞大臣，乾隆三十八年改设，总理满洲绿营事务。”[5]乌鲁木齐原驻有参赞大臣，乾隆三十八年（1773）改设管理乌鲁木齐等处事务都统，简称乌鲁木齐都统。在乌鲁木齐都统之下，有副都统一员，系其副手。从乾隆三十六年（1771）起，当地以满洲、绿旗兵驻防，其军政事务即归乌鲁木齐都统总理。在乌鲁木齐都统之下，设有协领、佐领、防御、骁骑校、卡伦侍卫等军官，有文员，又有屯政管理人员。

《西域图志》记录的西域所设办事大臣，有库尔喀喇乌苏办事大臣、辟展办事大臣、哈喇沙尔办事大臣、库车办事大臣、喀什噶尔办事大臣、叶

---

①《钦定历代职官表》卷四四《八旗都统表》，道光二十六年（1846）刻本。

②钟兴麒等校注：《西域图志校注》卷三〇《官制二》，新疆人民出版社，2002年，第429页。

③《钦定历代职官表》卷六三《各处驻扎大臣表》，道光二十六年（1846）刻本。

④《钦定历代职官表》卷七〇《新疆各官表》，道光二十六年（1846）刻本。

⑤钟兴麒等校注：《西域图志校注》卷二九《官制一》，新疆人民出版社，2002年，第412页。

尔羌办事大臣、和阗办事兼领队大臣等。库尔喀喇乌苏办事大臣驻今乌苏，下有管理粮饷官和管理台站屯政官，似乎是一位军需后勤性质的办事大臣。辟展办事大臣驻在今鄯善，除管理绿营外，亦下设章京、同知等，并管理有总理回务扎萨克郡王。哈喇沙尔办事大臣驻今焉耆，下设有办理粮饷官、同知、通判，以及屯政的管理，也要管理库陇勒和玉古尔回民，下设有回民伯克多员，包括一位专司采铜的伯克。库车办事大臣驻今库车，兼辖沙雅尔，下设有印房章京、笔帖式、粮饷官、驻防绿营都司守备等，也要管理地方回民，下设多位伯克，其中有一位专司采铜的伯克。喀什噶尔办事大臣驻今喀什，有协办大臣一员，下设有印房章京、笔帖式、粮饷同知、办理回务章京等，有驻防满营领队官，驻防绿营总管官，也要管理地方回民，设有多位伯克。叶尔羌办事大臣驻今叶城，大约因其职事繁杂，故其下设有协办大臣一员，兼理领队事务。其下，有印房章京、笔帖式、粮饷官、坐卡侍卫、委署笔帖式等，另有管理驻防满营佐领、骁骑校、管理驻防绿营副将、游击、都司、千总、把总等武官，管理地方回民的诸伯克，及分理托古斯恰特、英额齐盘、密喇布、哈尔噶里克、阿奇木、巴尔楚克等的伯克。和阗办事兼领队大臣驻今和田，其下有驻防满营委署笔帖式、防绿营都司、千总、把总、经制外委等武官，管理回民的诸伯克，及分理额里齐、玉陇哈什、哈喇哈什、车呼、塔克、克尔雅等伯克。

《西域图志》记录的西域参赞大臣，除上述伊犁参赞大臣外，尚有塔尔巴噶台参赞大臣、乌什参赞大臣。塔尔巴噶台参赞大臣驻今塔城，系乾隆三十年（1765）设，同时在该城设有领队大臣一员。其下有印房章京、笔帖式，卡伦侍卫、骁骑校、护军参领，粮饷官，管理厄鲁特兵总管、副总管、佐领、骁骑校等武官，以及管理台站屯政的文武各员。乌什参赞大臣驻乌什，原驻副都统一员，乾隆三十一年（1766）将阿克苏参赞大臣改驻乌什，阿克苏只驻管理驻防绿营游击。乌什参赞大臣是军政兼管的军事长官，其职为总理乌什、阿克苏、赛喇木、拜诸城事务。下设有领队大臣、印房章京、笔帖式、管理粮饷官、照料入觐伯克之侍卫、管理卡伦侍卫、军台委署笔帖式，管理驻防满营协领、佐领、防御、骁骑校，驻防绿营守备、把总、经制外委、管理屯政官弁等武官。下设管理乌什、阿克苏、赛喇木、拜城等诸城回民诸伯克。赛喇木城有驻防绿营游击、经制外委、管理卡伦侍卫、骁骑校等武官，及管理赛喇木、拜城回民诸伯克。

第二节 驻军和屯田相辅的治安力量

一、对西域保持强大驻军力量重要性的认识

为了对西域百姓及境外时刻窥伺清朝领土的外国扩张势力保持强大的军事压力，作为军府统治的后盾，清朝在西域不仅部署了大量的军事力量，包括精锐的满营、蒙古营和绿营以及满洲发源地的索伦、锡伯、察哈尔等营兵，还在西域实行大规模屯田，在补充统治西域所需粮食等物资的同时，更以屯田者作为军事后备力量。

对必须在西域保持强大的军事力量，乾隆皇帝及其撰述《西域图志》的写作班子有充分的认识，并在书中给以充分的说明。“兵防”门按语中言：

> 指顾二万余里中，扫荡廓清，归我皇化。包戈偃伯以来，非建制服属，无以善其后。然地大物博，惟是戍代往来之孔亟。即善后者，又将何以为继？我皇上圣谟，广运集大勋于五载之中，即为策永定于亿万斯年之后。于是防守则取诸满洲暨蒙古、索伦诸部，屯种则兼用绿营。咸有额设，以资捍卫。而又为之随宜定制，因地分营，或更番以均劳逸，或永驻以安室家。凡皆以西域治西域，而经费不取支于中土。且利兴事集，合计边防兵弁邮传之需，准以屯储岁入，十盈四五焉。……兹于脱甲之余，备著缵戎之略，俾天下后世仰盛朝所以敉绝徼而固丕基者。具由方略精详，宏绥远之谟。措施有本，非仅修武备

而缮军储已也。[①]

这些话绝不可以作一般按语视之，也不能看作仅是对乾隆皇帝治疆政策的阿谀吹捧，而是中国古代自汉以来两千年治理西域的经验总结，也是对清朝自康熙以来西域以血的代价平定反叛后确定的安疆大计的疏理。其中提到，西域地方如此广大，物产那么丰富，但是军事任务如此繁重，军队调动如此频繁，仅仅在边疆建立行政管理机构还是不够的。于是调驻满洲、蒙古、索伦等精锐旗兵，用于地方守备和防御；调驻绿营兵在守御的同时，进行屯田耕种。各地驻军都有足够的数量，以保障捍卫的需要。有的部队属于轮番更值，定期更换，有的部队携带家眷长期驻扎，安其家室。这样，以西域治西域，经费也能自给自足。而且地方生产发展后，不仅可以满足边防驻军官兵以及邮驿传递的需要，还能每年储存一定的粮草，以备长期的军需。这些就是在平叛战争结束后，朝廷部署的西域军事防守战略，让后世知道清朝用以稳定西域加固皇朝根基的方略，并不仅仅是为了储备军需而已。

二、数量庞大的旗营驻军

驻军布防，保证地方安定和边境防御的基本措施。西域统一后，清廷不断加强西域驻军，进行了较为严密的布防。《西域图志·兵防》详细记载了乾隆四十年（1775）前后天山南北的驻军情况。总体看，乾隆时期，清军在西域的布防原则为北重南轻，比例约为5：1。[②]

伊犁是当时新疆的军政中心，也是清军布防的第一重镇。乾隆二十七年（1762）设立将军后，伊犁先后建成塔勒奇、宁远、惠宁、惠远、绥定、广仁、瞻德、拱宸、熙春等9城，将军驻于惠远城。伊犁驻军种类及人数均为全疆之首。乾隆二十九年（1764）至乾隆三十一年（1766）从热河、凉州、庄浪调取满蒙八旗官兵4370名，携眷移驻惠远城，编为八旗四十佐领，

①钟兴麒等校注：《西域图志校注》卷三一《兵防》，新疆人民出版社，2002年，第433页。

②余太山著：《西域通史》，中州古籍出版社，2003年，第433页。

称惠远城满营；乾隆三十五年（1770）至乾隆三十六年（1771）又从西安调取满蒙八旗2204名，携眷移驻惠宁城，编为八旗二十佐领，称惠宁城满营。乾隆二十九年（1764），从张家口外调取察哈尔官兵1837名，携眷移驻于博罗塔拉、哈布塔海、赛里木淖尔，编为八旗左右两翼，称察哈尔营；乾隆三十年（1765）从盛京调取锡伯官兵1018名，携眷移驻伊犁河南，编为八旗八佐领，称锡伯营；乾隆二十九年（1764）从黑龙江调取索伦官兵1018名，携眷移驻奎屯、萨玛尔及霍尔果斯河一带，编为八旗八佐领，分左右两翼，称索伦营；乾隆二十九年（1764）从热河调取达什达瓦厄鲁特及自乾隆二十五年（1760）以来在伊犁陆续招抚之厄鲁特共计1200名，编为八旗左右两翼，安置于特克斯、察林塔玛哈、霍诺海、岭吉斯、哈什一带，称厄鲁特营。此外，伊犁还有绿营一镇，有兵丁3000名，基本上都从事屯田事务，设伊犁镇总兵统辖，这些兵丁原系从陕甘各标营抽调，定期更换，自乾隆四十五年（1780）改为携眷驻防。总计伊犁驻扎携眷官兵有1.5万名左右，其中80%为八旗官兵，绿营占20%。

乌鲁木齐是仅次于伊犁的北路重镇。驻防、屯田绿营官兵总计将近1万名[①]，设乌鲁木齐提督统辖。提督“驻扎迪化城，统辖巴里坤镇总兵暨本标中、左、右、城守四营，巩宁城守营，哈密协，玛纳斯协，库尔喀喇乌苏营，晶河营，喀喇巴尔噶逊营，济木萨营等处弁兵操防，总理屯田、马政、台站事务，仍受都统节制”[②]。总计乌鲁木齐驻扎携眷官兵将近1.3万名，其中23%为八旗官兵，绿营官兵占77%。

作为外控准部、内捍凉肃的嘉峪关、安西、沙州（敦煌）等地，驻有绿旗马步兵4820名。哈密驻防绿旗兵800名。镇西府（巴尔库勒）驻防满洲、蒙古兵2000名，绿旗兵2442名，屯田兵1200名。以上总计驻防军队包括屯田兵11262名。这些地方驻军的任务，既要保卫地方安全和屯田的进

①钟兴麒等校注：《西域图志校注》卷三一《兵防》、卷三二《屯政》，新疆人民出版社，2002年，第435、452页。

②钟兴麒等校注：《西域图志校注》卷三一《兵防》，新疆人民出版社，2002年，第437页。

行，镇摄地方敌对势力，又要防备内地与西域反叛势力的勾结，还要在西域形势发生重大变化时随时保障内地军事力量的西进以及西域官吏及兵弁家属入关躲避。

《西域图志》在讨论回部驻军部署时说：

> 回部素习农功，城村络绎，视准疆数千里土旷人稀形势迥别。自全部输诚内属，设立驿站卡伦之外，其各城所在，固无事多兵驻守矣。①

故而在这一地区驻军较少，而且以绿营兵为主。只有“阿克苏为回部适中之地，喀什噶尔、叶尔羌为回部诸城之冠，英噶萨尔则又境属边圉、外藩邻接，皆兼设满营、绿营分兵防守”②。于是，在库尔哈喇乌苏驻防绿旗兵350名；塔尔巴噶台驻防满洲、蒙古、锡伯、索伦达呼尔、察哈尔、厄鲁特兵2126名，驻防绿旗兵60名，屯田兵540名；辟展（今鄯善）驻防绿旗马步兵330名；哈喇沙尔驻防绿旗马步兵745名；库车驻防绿旗马步兵202名；乌什驻防满营马步兵200名，驻防绿旗马步兵750名，采铜兵250名，屯田兵400名；阿克苏驻防绿旗兵100名；赛喇木驻防绿旗兵40名；喀什噶尔驻防满营马步兵334名，驻防绿旗马步兵625名，分驻英噶萨尔满营马步兵80名，分驻英噶萨尔绿旗马步兵200名；叶尔羌驻防满营马步兵210名，驻防绿旗马步兵680名；和阗驻防绿旗马步兵232名。以上总共驻防及屯田兵8454名。

统计从嘉峪关到伊犁，总共驻军及屯田兵为41076名。当时西域总人口100万，平均每25个居民就派有1名军人对其进行监督与控制。西域的大量驻军不仅是保卫边防的重要力量，更是稳定西域社会的核心力量。

三、多种形式的西域屯田

王希隆先生多年系统地研究清代屯田，指出：“清代西北屯田，是中国

①钟兴麒等校注：《西域图志校注》卷三一《兵防》，新疆人民出版社，2002年，第437页。

②钟兴麒等校注：《西域图志校注》卷三一《兵防》，新疆人民出版社，2002年，第437页。

封建社会中西北屯田发展的高潮时期，见于记载的屯田名称很多，但大体类别有兵屯、旗屯、犯屯、民屯、回屯五种。”[①]

兵屯主要是指绿营兵的屯田。绿营又称绿旗，主要由汉族军人组成，他们在承担军事任务的同时，还要兼充百役，包括充当屯田的劳动者。兵屯的屯地、工具、籽种等都由国家提供，屯田的收获物有的五五分成，一半抵充饷银，留作口粮，一半作为屯租，上交官仓；有的全部上缴官仓，屯兵及其家属完全依靠饷银生活。

旗屯是驻防西域的满族、蒙古八旗屯田，以及锡伯营、索伦营、察哈尔营、厄鲁特营的屯田。满、蒙旗屯的目的是在其饷银之外补贴旗人的生活，种田者主要是旗人的子弟。锡伯营、索伦营、察哈尔营、厄鲁特营是有饷无粮，故其屯田是为了自给粮食。

犯屯是遣犯屯田。分为三种，一种是罪行严重者被赏给屯兵为奴，在屯兵的份地里干活；一种是承种份地遣犯屯田，他们被编入兵屯得到必要的农具、籽种、畜力，按定额缴纳屯租，食粮另给；一种是轻微犯罪者的安插户屯田，他们的经济待遇与一般屯田户大体一致。

民屯是招募、迁徙来的民户屯田。王希隆先生认为，“考其制度，则有三种类型，我们将其分别称为分成制民屯、募役民屯和实边民屯”[②]。分成制民屯由国家招募而来，国家提供生产工具，收获按官四民六或二二分成。募役民屯也是由国家招募的屯户，生产资料由国家提供，收获物全部上交官仓，屯户的生活由官府每月支付的工价和口粮维持。最大量的是实边民屯，不同来源的屯户，使用国家提供的生产工具和生活资料，几年后开始向国家交纳赋税，并获得自耕农身份。

回屯就是回部即维吾尔族的屯田。乾隆时将回部人迁到伊犁进行屯田，土地、牲畜和农具由国家提供，收获物定额上缴，定额租率高于官四民六的标准。

《西域图志》“屯政”门占两卷篇幅，详列了清代西域屯田的演变，尤

---

①王希隆著：《清代西北屯田》，兰州大学出版社，1990年，第17页。

②王希隆著：《清代西北屯田》，兰州大学出版社，1990年，第18页。

其是乾隆四十年（1775）前后西域屯田的实际情况。从屯田者系地方安定力量出发，我们不必详列各地屯田亩数和收成，也不讨论屯田的组织管理机构和制度，只是统计清乾隆时期西域各地的屯田人数，包括屯兵、遣犯和回（即维吾尔）屯三类屯田者。列表如下：

表 7–1　乾隆四十年西域屯田情况统计表

地区	屯田点	屯兵（名）	遣犯（名）	回屯（亩）	屯田者总数（亩）
哈密	塔尔纳沁	170	130		300
	蔡巴什湖	100	50		150
	千毛湖	10			
镇西府（即巴尔库勒）	朴城子(属宜禾县)	500	350		850
	古城(属奇台县)	550			550
	木垒奇台(属奇台县)	500			500
	吉布库	150			150
迪化州（即乌鲁木齐）	五堡、昌吉、罗克伦	3195	81		3276
	玛纳斯(属绥来县)	1400	23		1423
	济木萨(属阜康县)	755			755
	库尔喀喇乌苏	180	3		183
	晶河	168			168
	塔尔巴噶台	850			850
伊犁	伊犁	2500	49	300	2849
	辟展	800			800
	哈喇和卓	300			300
	哈喇沙尔	362			362
	乌什	400			400
	阿克苏	15			15
合 计		12895	686	300	13881

根据上表统计，乾隆四十年（1775）前后，西域屯田的总人数为13881名，其中屯兵为12895名，遣犯686名，屯田回民（维吾尔）300名。此处统计屯兵人数与“兵防”门所载屯田兵总数15940名不一致，我们分别查考，发现可能是统计时间及口径不同造成的，在此无法较真。我们从《西域图志》中未能查找出旗屯、民屯的人数，而这两部分人员的数量应该是很大的。王希隆先生根据《乌鲁木齐政略》《清高宗实录》《清朝文献通考》等统计，自乾隆二十七年（1762）至乾隆四十五年（1780），应募到天山北路屯田者约8000户[①]，其中乾隆二十七年（1762）由肃州、安西、高台等地移居迪化、宁边的为426户1500余名口，以此计算，每户约3.5人，则8000户就有28000人。另外还有大量自行出关到西域应募、认垦的人。至于回部人口屯田的，远不止上述表中所统计的伊犁的300人。王希隆先生根据各种资料统计，从乾隆二十五年（1760）至乾隆三十三年（1768）迁往伊犁的回户达6383户。[②]在第五章中我们根据相关资料计算出回民（维吾尔族）的户均人数为3.91，则仅伊犁回屯的人口就有24957名，其他地方的回部屯田人口或许还不止此数。故而乾隆四十年前后西域屯田的总人数应该在七八万人以上。

在“兵防”门中屡屡言“屯田兵于陕西甘肃除派，按年轮替”，又言“乌鲁木齐之绿营兵则令携眷移驻，并以察哈尔八旗中单寒人等及新旧额鲁特，亦令分往乌鲁木齐、伊犁，资以田产、牲畜永驻防守”，又言“屯种兼用绿营”。[③]故而，我们可以判断屯兵的大部分并非来自西域驻防官兵，而是自陕西甘肃派来。这部分人是暂时拿起农具的军人，在有敌情时随时可以拿起武器参加战斗。至于遣犯，也不必以为他们都是十恶不赦者。在清朝历史上，不乏遣犯参与平叛作战的例子。例如乾隆三十年（1765）乌什回人反叛，清军久攻不下，将军明瑞于是“调伊犁遣犯十二

①王希隆著：《清代西北屯田》，兰州大学出版社，1990年，第173页。

②王希隆著：《清代西北屯田》，兰州大学出版社，1990年，第209页。

③钟兴麒等校注：《西域图志校注》卷三一《兵防》、卷三二《屯政》，新疆人民出版社，2002年，第433、436、449页。

人，手携云梯前列”，冒死登城，终于夺取该城。为此乾隆皇帝下令以这些立功的遣犯“充补绿旗兵丁”。[①]至于一般的民屯，多为招募或迁徙来的，他们全家老小在屯田地劳作，并且受屯田武官管理，实行农忙务农、农闲集中训练，“兼习骑射”[②]，当地方有事时，为了保卫自己的家庭和劳动果实，他们当然会义无反顾的。总之，数万屯田者是保证西域安全和国家边防的重要力量。

四、西域屯田的意义

伊犁将军以及诸驻西域大臣、将军都统管理着本地区的屯田事务，有数量很大的屯田者，从一定意义上说，这些屯田者也是保卫西域、稳定西域的重要力量，是准军事人员，而他们劳作的收获物，则在一定程度上满足了西域军政系统的物资所需。

为了解决边防和对匈奴作战所用军需物资的长途运输之苦，从西汉武帝时就在西部地区开始屯田，后来的唐、元、明诸朝亦不断在西部地区实行屯田。清朝康熙皇帝在处理西域地区反叛的过程中，深感为平叛军队运送粮草和军需物资之苦，于康熙三十九年（1700）针对蒙古策妄阿拉布坦妄动的倾向，就提出：“观古赵充国所议五事良是，应宜留意。”[③]在平准战争进行中，从康熙五十四年（1715）起，就在西部以及巴里坤、吐鲁番实施屯田。乾隆二十一年（1756）清军进入天山南北路，次年起兴起了新一轮的西域屯田。乾隆皇帝及其臣僚对西域屯田的认识，在《西域图志》“屯政”门按语中有充分的表述：“筹边之策，将使兵食兼足，舍屯政无由。”说明屯田是边域地区保障军民吃饭问题最重要的手段。在回顾了自西汉以后历代屯田的成败经验以后，《西域图志》的撰述者认为：“我皇上耆定西

---

①《清高宗实录》卷七四三“乾隆三十年八月丙寅”条，中华书局影印本，1985年，第1584页。

②钟兴麒等校注：《西域图志校注》卷三六《学校》，新疆人民出版社，2002年，第487页。

③《清圣祖实录》卷二〇〇“康熙三十九年七月庚子”条，中华书局影印本，1985年，第315页。

陲，关门以西，葱岭以东，版章式廓。于涤瑕荡秽之余，图生养安全之计。”①

由上，可以总结出乾隆时西域屯田的意义：第一，屯田者是西域地方镇守和边境防御的一支重要力量。各类屯田者除了从事垦殖外，还肩负防御任务，亦农亦兵，一旦地方出现紧急军情，他们就可以拿起武器，在保卫家庭和劳动成果的同时，也保卫了地方。故而，大量的屯田人员常年活动在西域各地，成为一支庞大的机动军事力量，对稳定地方、巩固边防起着重要作用。第二，屯田大都在西域水草丰美，可以灌溉的地方进行，他们在那里建筑房舍，修通道路，开垦土地，挖通沟渠，繁荣了地方经济，使西域许多地方得到开发，建成了一批人气旺盛的新城镇。第三，促进了西域地区生产的发展。西域地区，除了天山南路是传统农业区外，其他地方基本上是畜牧渔猎区，没有任何农业基础。乾隆皇帝出于军事上的考虑，派遣大量人员到天山以北、伊犁周围一面戍守，一面屯垦，垦荒修渠，进行屯田，为西域地区农业生产的更大发展打下良好的基础。屯田者来自内地，他们掌握有当时较为先进的农业生产技术，从而使当时较为先进的农业工具和生产技术在西域得到运用，内地较为先进的文化在西域得以传播，这就大大推动了西域地区农业和文化的发展。第四，屯田生产节省了从内地长途转输的大量消耗。历代在解决边疆问题时，粮食运输都是十分艰难的，而且随着军事行动目标和边塞的延伸，从内地转输到战场的距离越远，消耗越大，给内地百姓造成十分沉重的负担。而屯田收获可以免除转输之苦，正是从这种意义上，屯田发挥了保障西域驻军和行政人员的供给，在稳定西域方面的巨大作用是用其他办法都无法达到的。第五，在西域屯田的不仅有大量的汉族，还有内地招来的回族，军屯旗屯的满营、锡伯营、索伦营、察哈尔蒙古兵，他们改变了当地的人口结构和民族结构，对西域地区的安定和进步影响深远。

①钟兴麒等校注：《西域图志校注》卷三二《屯政》，新疆人民出版社，2002年，第449页。

第三节　爵禄、自治和轻赋的地方管理

一、以爵位和高俸禄安抚民族首领

古代统治者对其治下的人从来都是文武两手兼用。新疆地域广大，民族众多，为了更好地管理地方，清朝在以军府制度对西域保持强大军事压力的同时，对诸少数民族首领实行了政治拉拢和经济优惠的政策，就是一种恩威并用的办法。这种安抚，主要就是从政治上给归顺的民族首领赐以爵位，从经济上给予很高的俸禄，以利用他们管理所属部落种族，实现地方安定。

乾隆二十四年（1759）清军追击败逃的霍集占兄弟部落时，乾隆皇帝就指示定边将军兆惠："我兵当恩威并用，或招抚，或离间，中途必自溃败，或有擒献者。"[①]从《西域图志》中我们看到，这种恩威并用，以封爵拉拢准部首领的做法，从乾隆十九年（1754）就开始了。头一年冬天，厄鲁特蒙古杜尔伯特部台吉策凌、策凌乌巴什、策凌孟克等就率众内附。乾隆皇帝认为这是瓦解准部反叛势力的极好机会，于是谕令策凌等来热河觐见，乾隆皇帝将策凌初封和硕亲王，加双俸，晋封特古斯古鲁克汗。随其而来的策凌乌巴什初封多罗郡王，晋封和硕亲王；策凌孟克初封多罗贝勒，晋封多罗郡王。其余头领也被封多罗贝勒、固山贝子、辅国公等不等的爵位。这一举措，在准噶尔各部引起强烈反响：

> 嗣是辉特、和硕特，鳞集麇至。爰乘时会，简将帅，以新附为前驱。当王师入境伊始，壶浆载道。绰罗斯诸台吉，以巨族率先迎附。雨行风偃，不动戈铤，卫拉全疆，统归涵宥。[②]

---

①《清高宗实录》卷五九二"乾隆二十四年七月庚戌"条，中华书局影印本，1985年，第1556页。

②钟兴麒等校注：《西域图志校注》卷三七《封爵》，新疆人民出版社，2002年，第489页。

乾隆三十六年（1771），渥巴锡率土尔扈特部三万余户自俄罗斯回归，在木兰觐见，乾隆皇帝封给渥巴锡土尔扈特卓里克图的汗号，给其下的策伯克多尔济封和硕亲王，舍楞、巴木巴尔封多罗郡王，其余头领封多罗贝勒、固山贝子、辅国公等爵位。至此，“四卫拉特均隶臣仆，垂无外之鸿业，洵非人力所及几矣”[①]。乾隆皇帝用封爵就达到了其安抚准部的目标。

和硕亲王、多罗郡王、多罗贝勒、固山贝子、辅国公等都是清代的爵位。清代宗室封爵总共十四等，一等和硕亲王，二等世子，三等多罗郡王，四等长子，五等多罗贝勒，六等固山贝子，七等镇国公，八等辅国公，以下还有不入八分镇国公、不入八分辅国公、镇国将军、辅国将军、奉国将军、奉恩将军等。[②]另有世爵世职九等，为公、侯、伯、子、男、轻车都尉、骑都尉、云骑尉、恩骑尉之爵，用于奖赏为皇朝建有功勋之人。清廷以皇族的爵位授予藩属的准噶尔部头领，显示对其等同皇族的重视。

各级官爵都有相应等级的优厚俸禄，如汗每年俸银二千五百两、币四十，郡王每年俸银一千二百两、币十五，贝勒每年俸银八百两、币十三，贝子每年俸银五百两、币十，镇国公每年俸银三百两、币九，辅国公每年俸银二百两、币七。《钦定大清会典》“户部俸饷”中载有在京文武官的俸饷额，“在京文职、八旗武职，一品官百八十两，二品百五十五两，三品百三十两，四品百有五两，五品八十两，六品六十两，七品四十五两，八品四十两，均正从同禄，九品三十三两，从九品三十一两，各有奇”[③]。两相比较，汗的俸银高过在京文武一品官的十多倍，最低辅国公的俸银也比在京文武一品官为高。至于币的解释颇费周折，因为在诸种辞书中都没有合适的说明。后来，笔者发现，币在《钦定大清会典则例》中也写为“段”，如“俸币：汗俸二千五百两段四十，亲王俸二千两段二十五”[④]。有的地方还“段布”连用，故而，给准噶尔王公们发的币，亦即段，段是绸缎的相

①钟兴麒等校注：《西域图志校注》卷三七《封爵》，新疆人民出版社，2002年，第492页。

②《钦定历代职官表》卷七四《封室封爵·国朝官制》，道光二十六年（1846）刻本。

③《钦定大清会典》卷一八《户部俸饷》，台湾商务印书馆影印本，1986年。

④《钦定大清会典则例》卷一四三《理藩院》，台湾商务印书馆影印本，1986年。

当于匹的量词，而段又可以写作缎，指一种质地厚实有光泽的丝织品，故而一币就是一匹（段）缎。汗岁币四十就是每年给汗发四十匹绸缎。另外，按照规定，汗、王、贝勒、贝子都要设府，并配以相应职官以处理相关事务。如汗的官属，有头等护卫职衔、佩以花翎的长史一员，头等花翎护卫六员，二等蓝翎护卫六员，三等蓝翎护卫八员，四、五品顶戴典仪二员。贝子，官属有三等蓝翎护卫六员，五、六品顶戴典仪二员。乾隆皇帝还授予策凌以特古斯古鲁克汗，在其死后，又允许其子索诺木古木布袭封。这不仅开启了准部王爵为该部汗的范例，而且开启了准部王爵由其子继位的先例。

《西域图志》“封爵”门两卷，前卷分别记载了上述从乾隆十九年（1754）起到乾隆三十六年（1771）止给准部杜尔伯特属、绰罗斯属、和硕特属、辉特属、土尔扈特属大小头领赐予的不同等级的爵位，以及相应的继承情况。后卷则记载了自乾隆二十年（1755）至乾隆三十六年（1771）止给回部哈密属、土尔番属、乌什诸城属大小头领以多罗郡王、镇国公、固山贝子、多罗贝勒、辅国公等爵位。

西域回部首领的封爵是从雍正年间开始的。哈密属回部伯克额贝都拉于康熙三十五年（1696）归附清廷，次年因擒获反叛的准噶尔噶勒丹子色布腾巴勒珠尔之功，授一等扎萨克，按照蒙古各部办法编为旗。额贝都拉去世后，其子郭帕，郭帕之子额敏先后嗣其职。雍正五年（1727）额敏受封为镇国公，晋封为固山贝子，并且规定嗣后世袭罔替。额敏子玉素甫袭封镇国公，从征山南回部，驻守乌什，办事勤奋，于乾隆二十九年（1764）入觐乾隆皇帝，累封固山贝子、多罗贝勒、多罗郡王，颇受倚重。玉素甫子伊斯阿克降袭多罗贝勒，加郡王品级。

土尔番属回部额敏和卓为了躲避准噶尔的侵掠，先迁避至鲁克察克，后又迁至敦煌县境。乾隆十九年（1754），清朝出兵平定准噶尔，他就随清军出征，为参赞大臣。次年乾隆皇帝赐封其以镇国公的爵位，后来又一再加封，最后至多罗郡王，并将其图像绘于紫光阁，皇帝御制《参赞大臣多罗郡王额敏和卓》像赞：

土鲁番族，早年归正。命赞军务，以识回性。知无不言，言无不宜。其心匪石，不可转移。①

乾隆二十四年（1759），额敏和卓率部众迁回鲁克察克。额敏和卓的两个儿子苏赉满和木萨皆以劳绩封为辅国公。

乌什城阿奇木伯克霍集斯于乾隆二十六年（1761）协助清军用计擒获叛乱首领达瓦齐，随后受小和卓木威胁，迁延观望。大军进抵乌什城时，他又携众献城降附。携其手下鄂对等随军效力，参与多次战役，立下功劳。乾隆皇帝令为其图形紫光阁，且封其为多罗贝勒、多罗郡王。其手下鄂对封以固山贝勒，霍什克伯克、额色尹、噶岱默特等封辅国公。后来，受封辅国公的漠咱帕克和莽噶里克因罪或因叛被除去爵位。为了防范曾经观望的霍集斯，乾隆皇帝“以推置之天怀，寓保全之至计。且令备藩京邸，弗假事权，隐荷圣主之生成者匪浅鲜已”②。就是不许他回西乌什，而是驻在京师藩邸，既不给他实际职务，又不给他任何权力，虽然含有保护他的意思，但更可以看作是将他软禁起来了。

在《西域图志》中我们发现，赐爵收抚的办法只应用于准噶尔部和回部首领，此外的哈萨克、布鲁特等民族首领无一人从清廷得到爵位，只是给其来使赐宴、观灯、参与围猎，授予其陪臣以乾清门侍卫的职衔，或三品顶戴的官帽。原因大概是前二者居于天山南北，后二者是所谓外藩。

比较准部和回部首领的赐爵，二者有相同亦有不同。相同处为爵位只授予那些归顺的首领，不顺训的首领或者归顺后又反水的首领是绝对不会授予爵位的。即使授予了，只要有罪或反叛就会褫夺其爵位。不同点，一是准部首领授予的是和硕亲王、多罗郡王等很高级爵位，回部首领一般只授予固山贝子、辅国公等中级爵位，晋爵后也只到多罗郡王为止。二是准部首领最高封为汗，让其管理其部族，回部首领只授予扎萨克，比汗要低

①钟兴麒等校注：《西域图志校注》卷首四《天章四》，新疆人民出版社，2002年，第44页。

②钟兴麒等校注：《西域图志校注》卷三八《封爵四》，新疆人民出版社，2002年，第505页。

一等。

二、"因俗宜民"的地方管理方法

在陆续平定西域各地后，采取什么样的方法去设官授职管理地方，成为清朝统治者反复思考的重大问题。从《西域图志》"官制"门按语看，在考察西域各地历代政权官职设置情况后，清朝确定在以军府制"挈乎领要"的同时，设官授职管理西域的总原则就是"因俗宜民，法良美意"。按语中说：

> 因俗宜民，法良意美。仍统一于重臣，以督领其事。由是一阶一秩，无不自幸为王人，而非直前世请封置吏，与戊巳骨都，仅存虚号者，所可比伦万一矣。①

意思是按照当地该族的风俗采取有利于民众的治理方法。在统领于朝廷所委高级将领严格监督和统率之下，坚持西域各地所有大小官职都由朝廷任命的原则，这样该民族或地方的每一位官员、每一个职位都是来自朝廷，而不是继承他们祖先的权力，他们会为很幸运地成为王朝之人感到自豪，这就与汉代朝廷所任命的西域戊己校尉和匈奴的左右骨都侯那样仅存的虚号是不可比拟的。这样，西域所设任何一官一职，都成为乾隆皇帝恩抚西域的手段之一了。

根据新疆地域辽阔、民族复杂的特点，本着因地制宜、因俗设治的原则，清廷在新疆统一后实行了府县制、扎萨克旗制和伯克制三种管理制度。

1.府县制

清朝在天山北路东部的巴里坤、乌鲁木齐地区推行了与内地统一的府县制度。府县制在天山北路东部地区的推行，是以清朝在这一地区大规模移民为基础的。

巴里坤、乌鲁木齐及其周围地区是传统的农业区，居民中汉族和由内地迁来的回族占很大部分，他们早已习惯了内地的郡县制度，故而清朝在

---

①钟兴麒等校注：《西域图志校注》卷二九《官制》，新疆人民出版社，2002年，第407页。

这里设道、府、州、县，以朝廷命官进行管理。道设道台，又称分巡道，是由陕西甘肃巡抚委派负责这一地区行政事务的最高长官。府的行政长官为知府，其下有管理教育的教授一员，有管理各种行政事务的经历一员。州设知州一员，管理教育的学正一员，管理诸行政事务的吏目一员，另设管理仓库的仓大使一员。县设知县一员，管教育的训导一员，管诸项行政事务的典史一员。厅设通判一员，管理厅内各项事务。具体说，就是于乾隆二十四年（1759）设安西道，驻哈密。乾隆三十八年（1773）改称分巡镇迪屯田粮务兵备道，移驻镇西府（今新疆巴里坤哈萨克自治县）。乾隆四十一年（1776）移驻迪化州（今乌鲁木齐），统辖镇西府、安西州、迪化州，以及并哈密、辟展二厅。镇西府下统宜禾、奇台二县，安西州驻今甘肃瓜州，下统玉门、敦煌二县，迪化州统昌吉、绥来、阜康三县。镇西府下统宜禾、奇台二县。

从乾隆二十六年（1761）开始，清朝从河西和陇东各府、州、县招募无业贫民，官费资送至乌鲁木齐、巴里坤，授予土地、籽种、耕具，贷给耕畜、住房，扶助他们安家立业。与此同时，在乌鲁木齐、巴里坤就地招募和鼓励自行出关寻找生计的手艺人、小商贩及绿营眷兵成年子弟、服刑期满的遣犯等落户认垦。移民政策收到了卓著的成效。至乾隆末年，乌鲁木齐、巴里坤两地的移民垦地数为101.4万余亩。嘉庆八年（1803），各类移民总人数为1.5万口以上。[①]

2. 扎萨克旗制

扎萨克，在蒙古语里是“执政官”的意思，受伊犁将军及当地办事大臣、参赞大臣监管，扎萨克可以世袭，但必须报请朝廷批准。

康熙三十六年（1697），哈密达尔汉伯克额贝都拉归附清朝后，清朝封额贝都拉为一等扎萨克，并遣官赴哈密编立旗队，设一旗十三佐领，置正副管旗章京、参领、骁骑校各员。额贝都拉死后，其扎萨克达尔汉职号先后由子郭帕伯克、孙额敏承袭。雍正年间先后晋封为扎萨克镇国公、固山贝子。乾隆二十四年（1759）封多罗贝勒，赐郡王品级，其子伊萨克袭爵。

①佘太山著：《西域通史》，中州古籍出版社，2003年，第439页。

伊萨克子额尔德锡尔袭爵后，诏世袭罔替，其子博锡尔再袭爵后晋多罗郡王，咸丰年间赐亲王。“有清一代，哈密王公家族始终是清朝在新疆予以信赖的家族，每有战事，哈密王公率部随征，为清朝加强在新疆的统治屡建功绩。清朝亦给其优厚待遇，除不断晋爵外，准许扎萨克旗制下的维吾尔人不负国家徭役、赋税之义务，扎萨克王公对其属地、属民享有完全的统治权。这种统治特权直至清朝灭亡尚未废除。”[①]

雍正十年（1732），吐鲁番万余维吾尔人在额敏和卓率领下随清军东迁，消息报至京师，雍正帝立即降片“额敏和卓著封为扎萨克辅国公”[②]。雍正十一年（1733）十一月，额敏和卓率维吾尔人抵达瓜州，清朝正式“颁给扎萨克印信，稗总领其众”，其余头目，分别等级，“照番民土司之例，给与正、副千户职衔札付，分领部落，散居各堡”。[③]乾隆十九年（1754），清朝派遣官员赴瓜州，正式对维吾尔人“编旗队，置管旗章京、副管旗章京、参领、佐领、骁骑校各员，如哈密例”[④]，设一旗十五佐领。至此，继哈密维吾尔人之后，吐鲁番维吾尔人中正式建立了扎萨克旗制。

土尔扈特部回归后，清朝为褒奖其归国壮举，封他为卓哩克图汗，部众编设为扎萨克旗，旗上设盟。乾隆四十年（1775），清朝根据土尔扈特分布情况，本着分而治之的统治原则，将其设两盟，后又分六盟。

余太山认为，扎萨克旗制主要在平定准噶尔部之前即已归顺清朝的哈密、吐鲁番维吾尔人中及以后回归祖国的土尔扈特部实行。[⑤]其实，清朝在西域准噶尔地区也实行了扎萨克制。《西域图志》载有准噶尔部旧官制，总共分四卫拉特、二十四鄂拓克、九集赛、二十一昂吉。卫拉特各有大台吉，亦称汗王，汗王之亲属为各鄂拓克的首领。大台吉之下的官职有图什墨克、

①余太山著：《西域通史》，中州古籍出版社，2003年，第437页。

②《清世宗实录》卷一二五，中华书局，1985年，第1123页。

③［清］常钧著：《敦煌随笔》上卷《回民五堡》，禹贡学会，民国十五年（1926）铅印本。

④［清］祁韵士著：《皇朝藩部要略》卷一五《回部要略一》，文海出版社，1965年，第166页。

⑤余太山著：《西域通史》，中州古籍出版社，2003年，第436页。

扎尔扈齐、德墨齐等分管各项事务的官职。小台吉之下的官职有宰桑、德木齐、收楞额、阿尔班呢阿哈部等分管各项事务的官员。乾隆十八年(1753)冬，准噶尔部杜尔伯特部台吉策凌等率众内附。乾隆十九年(1754)五月觐于热河，乾隆皇帝在给策凌等诸头领封爵的同时，皆授为扎萨克，使其成为朝廷任命的管理其本部族的官员，在西域准噶尔部开始实行扎萨克制度。①平定准噶尔反叛后，乾隆二十一年（1756）乾隆皇帝《御制平定准噶尔勒铭伊犁碑文》，总结了在准部的统治方法和对准部首领的要求：

自今以始，四部我臣，伊犁我宇，曰绰罗斯及都尔伯特、和硕特、辉特。封四可汗，众建王公，游牧各安。宰桑公臣，属我旗籍。谁汝苦辛，尔恭尔长，尔孳尔幼，徐以教养。尔驼尔牛，尔羊尔马，畜牧优游。分疆各守，毋相侵凌，以干大咎。齐御外域，曰布鲁特，越哈萨克，醉饮饱食，敬兴黄教，福自天锡（赐）。②

准噶尔四部各封一汗，即扎萨克，称王爷，管理该部的军政事务。其下设台吉宰桑数人，襄赞部务。下设管旗章京、副章京、协领、佐领、防御、骁骑校等，分理各项事务。卫拉特各部的这些官员都由朝廷任命，负责本部内的行政、军事、教育、畜牧、民事、诉讼等。四部卫（卫拉特）各有边界，互不相属，不许互相侵凌，否则就是大罪。乾隆皇帝希望，以这一套在军事管制之下“以夷治夷”的方法管理西域准噶尔各部落，达到安定和富庶的目的。

3.伯克制

伯克，维吾尔语“官长”之意。新疆统一之前，维吾尔族居住地区普遍实行伯克官制。《西域图志》记载，回部各城早已实行各级伯克的统治制度，每城有一位阿奇木伯克统理城村大小事务，为诸伯克之长。其下，有

①钟兴麒等校注：《西域图志校注》卷三七《封爵一》，新疆人民出版社，2002年，第490页。

②钟兴麒等校注：《西域图志校注》卷一二《疆域五》，新疆人民出版社，2002年，第213页。

协助阿奇木办理庶务的副手伊沙噶伯克，有管理地亩粮赋的噶匝纳齐伯克，负责征收运输粮赋的商伯克，总理各种刑名事务的哈子伯克，职司水利疏浚灌溉事务的密喇布伯克，管理匠役营造诸公务的讷克布伯克，巡缉奸宄、捕访贼盗及提牢诸务的帕察沙布伯克，管理经典整饬宗教事务的茂特色布伯克，职司售授田园房产、掌其质剂、治其争讼兼收其税入的木特斡里伯克，专司教内习经馆事务的匝布梯墨克塔布伯克，管理商贾贸易征收其税入的克勒克雅喇克伯克，办理头目词讼的斯帕哈子伯克，办理平民词讼的拉雅哈子伯克，职理税务的巴济吉尔伯克，管理派差催课事务犹内地之里正乡长的阿尔巴布伯克，专司果园事务的巴克玛塔尔伯克，处理文件的都官伯克，安设台站修整兵械的哈喇都官伯克，征输二千户粮赋的多博伯克，分领回众头目千总的明伯克，征输百户粮赋的玉资伯克，征输数十人粮赋的鄂尔沁伯克，专司修造甲械的哲博伯克，巡察街道园林果木诸务的赛特里伯克，职司驿馆米刍杂务的什和勒伯克。阿奇木首领官都尔噶伯克，管理市集细务的巴匝尔伯克，承办采玉事务的哈什伯克，办理工程事务的克图瓦尔伯克，掌管宴会的鄂克他克奇伯克。清平定西域后，“回部诸伯克，作我臣仆，隶我职守，颁爵授糈一秉朝常，故能官吏清勤，民人和乐，居中驭外，指臂相联”①。

清代的伯克制度是对伯克旧制进行了重大改革后制定的。一是西域回部各城之间没有隶属关系，也不设西域回部的最高长官，各城回部统归伊犁将军及其下的办事大臣或参赞大臣监管；二是各级伯克都是朝廷委任的官员，规定了各级伯克的官品，大体上各城阿奇木伯克为三品，伊沙噶奇木四品，其他伯克五品、六品、七品不等；三是实行政教分离，伊斯兰教阿訇不得兼任伯克；四是朝廷和伊犁将军严格控制所有伯克的任免和升降迁调，其职务不能世袭，亦不能在本地任伯克，限制伯克所占土地、农奴数量等。于是传统回部的伯克制发生了质的变化，伯克们从原来的贵族官僚逐渐转化为清政府的地方官吏。

---

①钟兴麒等校注：《西域图志校注》卷三〇《兵防》，新疆人民出版社，2002年，第431页。

经过改革后的伯克制度已与旧制有了重大区别。伯克已由原来的世袭土著官变为土著流官，他们的特权受到限制。伯克的日常工作处于派驻各城的参赞大臣、办事大臣的监督之下，参赞大臣、办事大臣手中操有参奏、请旨任免伯克的大权。改革后的伯克制度对于清朝加强对维吾尔人居住地区的统治显然是有利的。①

三、减轻赋税的养民之策

清朝乾隆年间，创造了中国古代最后一个盛世，政治较为昌明，文化成果迭出，经济发展到相当高的水平。有研究称，当时全国“经济总量占世界第一位，人口占世界1/3，对外贸易长期出超”②。有这样强盛的国力做基础，朝廷做了许多有益民生的好事。乾隆皇帝自诩：“朕自缵绪以来，益隆继述。凡泽民之事，敷锡愈多，恩施愈溥。此不特胜国所无，即上溯三代，下讫宋元，亦复罕有伦比。”③在西域减轻各族的赋税负担就是其中之一。

之前西域百姓长期受准噶尔汗国的统治，经济剥削和政治奴役十分残酷。自从康熙间噶尔丹和大小和卓木反叛以后，西域各地长期兵燹，百姓苦不堪言，贫困至极。反叛平定以后，在国家强大经济实力之下，朝廷对西域就格外施恩，实行减轻赋税的养民之策。《西域图志》载：

> 圣天子犹重轸疮痍，苏其困惫。酌盈剂虚，取足供军屯之费而止。视向者役属厄鲁特时，悉索敝赋，不啻挈陷井而登衽席矣。④

为了使饱受兵燹痛苦的西域各族百姓休养生息，严格以用定收，核算军事驻屯所需费用，以基本供给为标准征收地方的贡赋税粮。

---

①余太山著：《西域通史》，中州古籍出版社，2003年，第440页。

②《学习时报》编辑部：《落日的辉煌——十七、十八世纪全球变局中的“康乾盛世”》，载《光明日报》，2000年6月19日。

③《清高宗实录》卷一三六七“乾隆五十五年十一月己亥”条，中华书局影印本，1985年，第2845页。

④钟兴麒等校注：《西域图志校注》卷三四《贡赋》，新疆人民出版社，2002年，第466页。

当时，西域的贡赋分为粮、赋、租、税、贡等五种。粮是农户按地亩征收一定数量的粮食。赋是农户按亩征收的草料，也可折合成粮食来收取。在有矿藏特产的地方，还征收杂赋，诸如红铜、火药、硫黄、黄金、玉、葡萄等。租是民户或商户承种官府的菜园、种粮田、商铺房每年交纳的定额租钱。税有很多种，如房地牲畜税，一般按其折算的价值，每合一两征银三分；有民盖铺房税，每间每年征银一钱到二钱；还有商税，按不同商品价值的一定比例征收。贡，又称土贡，一般是民族地区向朝廷进贡地方特产。有的有定额，如哈密每年进贡鹰五架，羊角弓面十幅，绰塔尔布四匹，及瓜干、小刀、砺石之类。有的无定额，如伊犁一带的准部每年进贡哈萨克马、黑獭皮、野鸡和鹿尾。

在严格以用定收原则的支配下，对西域各地区各民族的贡赋税粮实行了几种不同的征收方法。

对一般居民和起科后的屯户征收粮赋和其他租税。以镇西府宜禾县为例，其粮赋每亩科征四升一合八勺七抄六撮，另加耗粮每亩四合一勺八抄七撮六圭，科征草折粮每亩三升，即每亩地每年征收粮赋合计七升六合零六抄三撮六圭。为了弄清这个标准粮赋的真实状况，我们查找了“屯政”门所载宜禾县朴城子屯田点收获的数据，该屯田点适宜种植小麦、豌豆和青稞，记录自乾隆二十三年（1758）至四十二年（1777）的收获情况，我们舍去前边的数据，只摘录出乾隆三十六年（1771）至四十二年（1777）的数据，为“乾隆三十六年收获九分，三十七年收获八分五毫，三十八年收获八分，三十九年收获八分五厘，四十年收获八分五厘，四十一年收获七分一厘，四十二年收获七分三厘”[①]。这七年间，平均每亩收获为八分一厘三。该卷所记“分”，系“每亩以斗起分，以亩收一石为十分”。就是说，这七年中宜禾屯田平均每年每亩收获粮食八斗一升三合，再与所征粮赋相除，得出10.687%，也就是说，其地亩所征粮赋额为其收成的十分之一强。当然，这样数额的粮赋负担是很低的。

①钟兴麒等校注：《西域图志校注》卷三二《屯政一》，新疆人民出版社，2002年，第451页。

当地还征收租税，包括三项：一是房地牲畜税，每当其折价值银一两时，额征银三分，即百分之三；二是民盖铺房，每间每月额征银一钱；三是官盖铺房，每间每月额征银一两六钱至一两。迪化州等地商民认垦菜园地，每亩每年额征银一钱。

伊犁安插民户承种地亩，每亩科征细粮八升。招徕回人垦种地亩，实行计户纳粮法，从乾隆二十五年（1760）始每户每年征粮十六石。按每户耕种三十亩地计算，每亩征粮五斗三升三合。赋为每亩额征银五分。另外，回人承种，官府借给耕牛、籽种和口粮，故而从开垦之次年始，分作三年，每亩带征借项银五分。还款后，每亩只征额银五分。当地租税中，房地牲畜税、民盖铺房额征银、官盖铺房额征银，与上述宜禾、哈密县相同。另外，还有地基税每间每月额征银二钱，民盖住房每间每月额征银二钱，商民认垦菜园每亩每年额征银一钱，商民认垦禾地每亩每年额征银五分。由于菜园比粮田收益高，所以菜园征银是粮田征银的一倍。

回部郡王额敏和卓、公苏赉满所属回户承种辟展地亩，每年每亩额征收获的十分之一。此外额敏和卓等还要进贡土产，包括粮食三千石，葡萄二百四十斤，以及瓜干、绸、布、手巾、佩刀等物。附近罗布淖尔的回户每年进贡水獭皮。

哈密回人耕种的地亩，免交纳粮赋。至菜园房租，亦以商民租赁回人地基，并无税入。

杂赋，征收各地矿产或物产。如哈喇沙尔额征红铜九百五斤，硝四百八十斤；库车红铜七百二十九斤十两，火药六百斤，硫黄四百斤，硝二百斤；阿克苏额征红铜四千六百六十七斤，硫黄四千二百斤，铅三百斤；喀什噶尔额征红花三千六百五十斤，棉花一万四千六百三十斤，葡萄八百斤；叶尔羌额征果园普尔钱一百腾格，水磨面九十二石七斗五升，葡萄八百斤，二者皆折收普尔钱。普尔钱是清代新疆地区通行的钱币。乾隆时在阿克苏等地设局制造，以红铜为之，重二钱，每钱五十文。以一钱为一普尔，每一普尔值银一分。一百普尔为一腾格，值银一两。

另外还有商税，以乌什为例：凡外番人在乌什贸易者，三十分抽一，而缎、布、皮张则二十分抽一。本地商人往外番各部贸易者，二十分抽一，而缎、布、皮张则十分抽一。贩卖牲畜，马一匹抽收五十普尔；大牛一头收二十五普尔，小牛一头半之；大羊一牵抽收十二普尔，小羊一牵亦半之。其他物品看其值之贵贱折收腾格普尔，遇有应贡物件即以充贡。

以上清朝官府在西域征收的粮赋贡税总体来讲是比较轻的，对各少数民族尤其如此。对回人来说，凡是自己原本就耕种的地，是不收粮赋的。而回人各级伯克都按规定合法占有一定数量的土地和种田户，这些土地上生产的粮食果蔬等都合法地归伯克所有，不必交纳粮赋。准部各级扎萨克对朝廷只需进贡当地的特产和物品，其他的一切赋税全无，这也是一种经济上的优待。很轻的赋税负担，对刚刚经历了长期兵燹破坏的西域，是收抚民心、休养生息的一个经济手段。

第四节　办学校行科举培养地方人才

一、学校教育和科举的提出

中国古代，自周朝开始，就兴办学校，对贵族和平民进行教化，以培养人才，推动社会文明，培育全民共识，使社会得到进步和发展。汉武帝独尊儒术以后，儒家思想在全国迅速传播，各级学校都以儒家经典作为基本教材，儒学成为全民族占主导地位的思想。隋唐开科举，建文庙，办学校，以儒家思想教化百姓、培育和选拔人才成为每个朝代的不变之方。

在平定西域反叛的进程中，清朝就对西域地区的文化教育进行了一定的调查了解，发现历代西域地区原来学校之制罕详，而各族之文化传统和教育情况又有差别。在“杂记”门中，分别记录了准部与回部（维吾尔族）“字书”的情况，知道准部文字共有“十五字头（即字母）一百五音”，“一千五百七十五字”，用木笔“右行而直下”[1]。而回部文字共有二十九个字头，每二、三、四、五个字头合为一个读音，有“点画孳生之法”，“书法旁行”。[2]由于调查不够深入，《西域图志》中没有提到准部、回部用本民族文字所撰写的丰富著作，却在“学校”门按语中指出：“准、回旧俗，其记载文字，竹木笔旁行之，素与内地不侔，而英敏秀出之姿，天禀未尝或绌。”[3]就是说准噶尔部和回部都有自己民族的文字，他们的民族文字是以竹木之笔旁行斜书，从来不与内地相同，这种文化培养出来的优秀人才，其天性才气历来不输内地。这种认识，与古代其他时代的统治者对文化教育唯儒学教育的认识不同，承认民族文字和民族教育也一样能培养出优秀的人才，这是非常难能可贵的。在今天看来，准部和回部以宗教经典和宗教仪规为主要内容的民族教育存在着十分明显的局限性，它使受教育者的思想禁锢于宗教神学之中，所学知识有一定的限制，往往有脱离社会实际和现代科学技术发展的倾向，从而不利于社会经济文化的全面发展。在清朝统一西域以后，在叶尔羌将军统领下的回部阿奇木伯克之下，仍设有专司教习经馆事务的匝布梯墨克塔布伯克，为六品官。[4]可见在乾隆皇帝统治下，回部对其子弟传授基于伊斯兰教的回部文字是合法的。

清朝统治者还将西域回部即维吾尔族，与由内地迁来之回族相区别，“且回民之旧居中土者，熏习变化往往游乡校登贤书，亦所在多有”[5]。是说西域百姓中从内地迁徙来的回族，他们中间有些人是从小在州郡学校读圣贤书，接受中华传统文化的教育，有一定的儒学文化基础，有比较浓厚

①钟兴麒等校注：《西域图志校注》卷四七《杂录一》，新疆人民出版社，2002年，第600页。

②钟兴麒等校注：《西域图志校注》卷四八《杂录二》，新疆人民出版社，2002年，第608页。

③钟兴麒等校注：《西域图志校注》卷三六《学校》，新疆人民出版社，2002年，第483页。

④钟兴麒等校注：《西域图志校注》卷三〇《官制二》，新疆人民出版社，2002年，第427页。

⑤钟兴麒等校注：《西域图志校注》卷三六《学校》，新疆人民出版社，2002年，第483页。

的送子弟接受学校教育、参加科举考试的愿望。

于是在平定西域以后，清朝在西域各地陆续设置州县的同时，在当地设立学校，建文庙，开科举，培育人才，逐步在西域居民和驻军子弟中推行儒学教育，以人才的示范作用，长此以往达到潜移默化，增强中国传统文化向心力的影响，使西域最终与内地一样弦歌、钟鼓同样盛行的目标。正如《西域图志》“学校”门按语中说：

> 文教遐被之余，于商民流寓子弟有造者，栽培乐育以为之倡，将俾倾心内面之侣，耳目濡染，岁月渐摩，潜移默率，鼓钟于伦之比，且遍西域而同归也，岂不休哉！①

学校教育和科举考试成为清廷对西域各地施恩安抚的措施之一，更是要通过长期推行学校教育，使西域终将与内地一样，成为王道文明之地。

二、学校教育和科举考试的实行

随着西域反叛的平定，大量文武官员和军人携带家属子弟来到和驻扎于西域各地，西域原有的汉族和“客回”居民以及陆续招徕屯垦的内地农民及商户，对子女的教育需求十分迫切。《西域图志》中载，西域地区的学校教育是由巴尔库勒和乌鲁木齐两地开始的：

> 迪化州、昌吉、阜康、绥来诸县，旧为乌鲁木齐、昌吉、特纳格尔玛那斯诸城。乾隆三十二年，因携驻眷兵，招徕民户中，俊秀辈出。各城分设义塾，延师训课，兼习骑射。兵民踊跃，造就多人。三十四年，初设迪化、宁边两厅学。②

乌鲁木齐诸城先是办义塾，就是不收费的初等学校，以教育驻城眷兵和招徕民户中的俊秀者，由官府延聘教师，进行授课，而且是兼习骑射，也就是文武兼学。这很符合西域地区的特点，同时开后来西域举业兼文举、

---

①［清］傅恒、英廉等著：《西域图志》卷首《御制大宛马识语》，台湾商务印书馆文渊阁四库全书影印本，1986年。引文中，“鼓钟于伦之比”的“比”字，校注本为“化”，系据文渊阁四库全书本。

②钟兴麒等校注：《西域图志校注》卷三六《学校》，新疆人民出版社，2002年，第487页。

武举的先风。两年后，其中的迪化、宁边两城升格为厅的治所，遂循例办厅学，这已经是正式的官学。

但是，据后来松筠主持撰成的《钦定新疆识略》记载，乾隆三十一年(1766)，伊犁将军明瑞根据驻防满营子弟的需要，已经在旗营中分设官学，选派教习，对本旗的子弟进行文化教育。[①]清制规定，八旗有官学，明瑞所设西域驻防之八旗官学虽然一般民户子弟无缘，却是西域官设学校之始，不知《西域图志》中因何漏记。

原属于甘肃肃州境的安西一带，因其为西域门户，《西域图志》“学校”门中亦载入安西州、县诸学。据记载，乾隆八年（1743）已设安西卫学，乾隆二十年（1755）裁卫设安西府，于乾隆二十四年（1759）设安西府学，次年建府文庙。乾隆三十八年（1773）改州，又设安西州学。安西州内，尚有玉门县学，敦煌县学之设，玉门县文庙、敦煌县文庙之建。嘉峪关外地区，从乾隆三十四年（1769）起，在迪化州和镇西府陆续设立府、州、县等各级学校及地方文庙。到乾隆四十一年（1776）设有镇西府学，镇西府文庙。有迪化州学，迪化州文庙。镇西府下有宜禾县学，宜禾县文庙；奇台县学，奇台县文庙。迪化州下有昌吉县学，昌吉县文庙；阜康县学，阜康县文庙；绥来县学，绥来县文庙。总共七所官学，七座文庙。

各地学校与文庙一般都是紧邻的。文庙又称孔庙，是供奉儒学先师孔子的场所，各级文庙虽规模有别，功用却基本相同。清朝礼制，从皇帝到地方官员每年春、秋到本地文庙进行祭祀，以表示对孔子的崇敬，倡导对儒家思想的学习，以阐圣学，传道统。

清朝地方管理学校教育的官员，省为学政，府为教授，州为学正，县为训导。清代府、州、县学规模不同，程度并无差别。府、州、县学没有固定的学习年限，有的人白头到老，一直为童生。只有通过纳捐或荐举为国子监监生，或通过一级级考试，再在省一级的乡试中成为举人，才有出路。故而，学校与科举实际上是连在一起的。经过童生考试入学的人统称

① [清] 松筠著：《钦定新疆识略》卷四，武英殿刻本影印本，卷四称该学堂为“清书房”，又称之为“旗学”。

生员，其中在州、县学的叫邑庠生、县学生，在府学的称郡庠生、府学生。府、州、县都有定额的廪膳生，就是由官府每人每月供给廪饩银四两，以补助其生活。增额者称为增广生员和附学生员，简称增生和附生。学校的教官对生员进行经学教育，每月有月考，每季有季考。月考、季考的试卷要送交省级学政查核备案。学政对所属府、州、县学生员举行的考试，每三年举行两次，以考查其文字优劣及有无进步，称为“岁试”。由于西域距学政驻地西安太远，故而西域学校之岁试实行变通之法：

初制，陕甘学政按临肃州之前，密封试题，行镇西府并巴尔库勒道扃试。乾隆四十一年，巴尔库勒道移驻迪化州，改镇迪道，即行镇西府扃试。四十四年，改由学政将试题封送驻防大臣同镇迪道考试。试卷封送学政，按额取进。①

对于生员来说，岁试是至关重要的考核。生员必须全部参加，无故不参加者革黜为民。因故告假缺考者限期补考，不参加补考者亦革黜为民。岁试实行“六等黜陟法”，就是按成绩划分为六等，进行赏罚。名列一等者给赏，若有名额可补为廪生。名列二等给赏，可由增生补为廪生，或由附生、青衣补为增生。名列三等者原来被停发廪饩的，在有空额时可恢复待遇，其他被降级或停发者亦视之恢复。凡考四等以下者为劣等，不许参加科考。考五等的廪生停廪。原停廪的与增生、附生都降等，不许科考。考六等的廪生、增生或发社学或发本处充吏，或黜为民。在岁试的次年，学政将主持科考，岁试中前三等者才有资格参加科考，科考后列入一、二等及三等前五名的将有资格参加乡试，报考举人。乡试在省城举行，西域赴省城很远，故而朝廷规定予以照顾，凡西域士子参加乡试者，都按照边省之例，由官府供给驿马赴考。在西域诸学校的岁试，文举试和武举试同时进行。《西域图志》记载，镇西府和迪化州及其下诸县学，岁试每校可以额进三名或四名文童，另可额进三名或四名武童。由于西域原来的文化教育基础很差，故而到乾隆四十四年（1779），镇西府学、宜禾县学、奇台县

① ［清］傅恒、英廉等著：《西域图志》卷首《御制大宛马识语》，台湾商务印书馆文渊阁四库全书影印本，1986年。

学、迪化州学、昌吉县学、阜康县学、绥来县学都是“廪生、增生现缺”，“其廪、增名缺，俟人文加盛时，再为议设”。不过也有好消息，“昨岁丁酉秋闱，早有以迪化州通籍，歌鹿鸣而来者。由是感激奋兴，科第蔚起，固北庭、西海之间，伊古未逢之隆轨也”[①]。是说乾隆四十二年（1777）秋季的陕甘乡试，有迪化州籍者得中为举人，这不仅对西域举子有极大的鼓舞，而且是青海、新疆自古以来都没有过的好成绩。

总之，清乾隆间在西域建学校、行科举，虽是开天辟地的好事，但在影响力、普及率和教育水平上却差之甚远，与其“潜移默率，鼓钟于伦之比，且遍西域而同归”的目标相差甚远。

---

①钟兴麒等校注：《西域图志校注》卷三六《学校》，新疆人民出版社，2002年，第487页。

第八章
《西域图志》中的乾隆诗歌

《西域图志》中录有乾隆古今体诗325首，是该书重要的组成部分。这些诗歌以诗纪事，主题鲜明，特色突出，具有较高的史学价值。

第一节　《西域图志》中乾隆诗歌的主题

纵观《西域图志》中的乾隆诗歌，突出展现了三个主题。

一、西域军事主题

《西域图志》中的乾隆军事主题的诗歌，主要以两次平定准噶尔叛乱和平定大、小和卓的叛乱为题材。

1.平定准噶尔的诗作

1755年初，清廷趁准噶尔发生内乱，派5万清军分两路出征西域。乾隆写下了包括清军行进西域，具体作战部署，重要战事经过、结局的大量诗篇。

第一次平定准噶尔取得胜利后，乾隆作《御制西师底定伊犁捷音至诗以述事》一诗：

乘时命将定条枝，天佑人归捷报驰。
无战有征安绝域，壶浆箪食迎王师。
两朝缔构敢云继，百世宁绥有所思。

好雨优霑土宇拓，敬心那为慰心移。[①]

这首诗以真切自然的语言，抒写了第一次平定准噶尔的喜悦心情，即得益于天时、地利、人和，完成了康雍两朝的未竟伟业。

乾隆二十一年（1756）二月，准噶尔部阿睦尔撒纳叛清，清军再次兵分两路进军西域。准噶尔部天花流行，无力抵抗，阿睦尔撒纳率残部逃出境，病死。清军顺利收复准噶尔地区。乾隆赋五言诗《西师》，记述了第二次平定准噶尔的经过。从出征准噶尔的原因写起，清军出征、到达西域的时间，战事的经过，重大战役及结局等，记述详细而完整。诗中还运用大量注释补充纪事，如“大兵复进前徒倒戈，阿逆众叛亲离成擒在迩。乃因将军策楞、参赞玉保等不和，又无克敌致果之略，阿贼得以亡命”[②]，说阿睦尔撒纳起兵叛乱，遭到民众反对，众叛亲离，在逃亡中丧命。

2.平定大小和卓的诗作

大小和卓是指清代天山南路的伊斯兰教白山派首领波罗尼都、霍集占兄弟，后来，公开叛清割据。乾隆二十三年（1758），清军征讨大小和卓，收复了西域天山以南的地区。在平定大小和卓的战争中，乾隆也写下了大量诗作。

清军首战库车取得大捷后，乾隆作《托和鼐行》一诗：

我师攻围贼库车，临冲茀茀四面罗。
旧降伯克为我用，其名鄂对显秩加。
备知彼中之形势，悉告将臣防周遮。
托和鼐通赛里木，贼来援者所必过。
爰遣达克他那瞭，遂见踪迹详寡多。
以计诱贼贼遂至，请为前导剿贼窠。
发师顺德讷率往，堂堂之阵谁逆眠。
贼不自量犯两翼，两翼飞驰张鹳鹅。

①钟兴麒等校注：《西域图志校注》卷一二《疆域五》，新疆人民出版社，2002年，第209页。

②钟兴麒等校注：《西域图志校注》卷首二，新疆人民出版社，2002年，第24页。

长箭大炮如雨下，狂回奔乱气消磨。
填沟受杀敢回顾，血流标杵时无何。
剿贼二千四百余，伤我十数忠堪嘉。
是为征回第一战，遂叨天佑威荒遐。
军书日驰六百里，奏函夜至披衣视。
赐官锡禄酬庸勋，克城更待颁恩旨。
讨逆伐罪非得已，鲸鲵京观岂所喜。[①]

这首诗详细记述了库车作战的经过，描写了惨烈的战斗情景，表达了胜利的喜悦和对英勇牺牲将士的赞赏。

《喀什噶尔回众投诚诗以纪事》一诗描写了黑水营战斗：

今春围解黑水营，全师回阿克苏城。
贼不敢遮亦不缀，彼力创竭足堪征。
北塞调马往二万，益以索伦之劲兵。
以布易回粟供饷，数月休息胥饱腾。
整师两路一时进，歼渠务使回众宁。
屈指此际压贼境，又盼佳信夙夜萦。
朝来驿致将军奏，兆惠报回众投诚。
拆封披摺一详览，前对中夜闻人行。
历历都悉军前情，进至伊克斯哈拉。
奋勇围捉喊勿杀，是投诚者来相迎。
久慕归顺大皇帝，奈胁霍集占弟兄。
大和卓木今肆掠，想同伊弟潜逃生。
旧伯克等差我辈，愿师速往扬威声。
马驴牛羊被掳去，欲追擒彼嗟无能。
恳吁将军早赴援，庶和卓木未远征。
兆惠悉此率兵进，通信富德同谋乘。

①钟兴麒等校注：《西域图志校注》卷一五《疆域八》，新疆人民出版社，2002年，第249页。

相机持重虑贼诈，更慰万里系念怦。
四大回城三已得，游魂釜底焉支撑。
断其左臂固美事，不无少恨烦怀仍。
使波罗泥都就获，以之饵彼弟或听。
乃先兵至早跳去，复需时日劳军侦。
二魁俘虏靖遐壤，静候天佑歌武成。[①]

诗中写道，在黑水营一战中清军被围，形势危急。兆惠联合富德出兵夹击，一举战败大小和卓，大获全胜。对英勇作战的清军将士，给予了极高的赞誉。

此外，乾隆还写下了《得库车城志事》《通古思鲁克之战》《阿尔楚尔之战》《霍斯库鲁克之战》《伊西洱库尔绰尔之战》《库陇癸之战》等关于这次战争的诗作。

二、西域民族主题

《西域图志》中，乾隆关于西域民族主题的诗歌占了一半以上，主要有三种类型。

1.接见、赐宴诗

这是乾隆接见或宴请西域各民族首领、使臣时所作的诗歌。如《赐哈萨克布鲁特等宴即席得句》抒写西域平定后，中原与西域交往畅通，各族首领纷纷效仿来朝贡献特产，表达了作者的喜悦之情：

乌孙扫净玉门开，受号争先肯后哉。
献马不须金马去，右宛今效左宛来。
踵前露布相伯仲，罢战康居总厕陪。
谁道葡萄经岁久，三巡早各醉芳醅。[②]

---

①钟兴麒等校注：《西域图志校注》卷一七《疆域十》，新疆人民出版社，2002年，第271页。

②钟兴麒等校注：《西域图志校注》卷四四《藩属一》，新疆人民出版社，2002年，第570页。

《西域图志》中这类诗很多，如《哈萨克汗阿布赉之侄俄罗斯苏尔统及其陪臣来朝诗以纪事》《宴噶尔藏多尔济等即席得句》《万树园宴哈萨克使臣诗以纪事》《新正小宴外藩》《万树园宴都尔伯特亲王伯什阿噶什及土尔扈特使臣吹札卜即席得句》[①]等，主题多为“中华一家，天下一体”的“大一统”思想。

2.受贡诗

这是接受西域少数民族首领或使臣进贡时所作的诗歌。如《叶尔羌驿贡石榴苹果木瓜三种诗以纪事》《博洛尔部沙瑚沙默特伯克进玉欛双匕首诗以纪事》《准噶尔所进大宛马名之曰如意骢命郎世宁为图而系以诗》等。这类诗歌，多是乾隆对西域少数民族所贡珍宝、玩物、特产的赞美。《大宛马歌》就是其中有代表性的一首：

今之哈萨昔大宛，峤山神种古所传。
乌孙中阂阻声教，攘为已有曾贡闲。
不仁之守再世斩，伊犁万里拓幅员。
哈萨布鲁胥向化，无他为赆致敬虔。
騕褭汗血实方物，左右部长及可汗。
遣其首领远来献，却之失望厚赉还。
駩騔骝骓类实夥，葡卜牵跪陈墀前。
为龙为騋各夭矫，雄姿逸态英且闲。
流珠歕玉谁则见，奔霄追电有必然。
往者贰师求善种，徒劳数万恶少年。
致一二耳犹艳诩，奚称归德开远门。
辟疆勤远非本意，人归天与宁可捐。
人归天与宁可捐，作歌自警示后昆。[②]

①钟兴麒等校注：《西域图志校注》卷四四《藩属一》，新疆人民出版社，2002年，第17、495、565页。

②钟兴麒等校注：《西域图志校注》卷首二、卷三七、卷四四，新疆人民出版，2002年，第571页。

大宛马，汉代称“汗血宝马”，又被誉为“天马”，汉武帝曾作《天马歌》大加赞誉。哈萨克臣服清朝后多次进献大宛马。这首诗中，乾隆赞美天马的同时，写道“献马无过聊表悰，同舟真是大联情”，指出哈萨克所献大宛马是各民族团结友爱的象征。

3.民族关系诗

这是写清廷与西域少数民族关系的诗作，主要阐述西域、中原本为一家的大一统思想。

乾隆三十六年（1771）初，游牧于伏尔加河下游的土尔扈特蒙古部落东归回国，是中国民族发展史上的重大事件。乾隆皇帝先后作诗18首、碑文纪略3篇，记述了土尔扈特部东迁的全过程。

乾隆二十一年（1756）九月十二日，乾隆皇帝在宴请土尔扈特使臣吹扎布时作《御制宴土尔扈特使臣》一诗：

乌孙别种限罗叉，假道崎岖岁月赊。
天阙不辞饮献赆，雪山何碍许熬茶。
覆帱谁可殊圆盖，中外由来本一家。
彼以诚输此诚惠，无心蜀望更勤遐。①

诗中写土尔扈特部是由西域迁徙而去，与中国本是一家，希望回家安居，乾隆皇帝也希望他们回来建设美好家园。

乾隆三十六年（1771），接到土尔扈特部抵达伊犁的奏报，乾隆皇帝又写《伊犁将军奏土尔扈特汗渥巴锡率全部归顺诗以志事》：

土尔扈特部，昔汗阿玉奇。
今来渥巴锡，明背俄罗斯。
向化非招致，颁恩应博施。
舍楞逃复返，彼亦合无辞。
卫拉昔相忌，携孥往海滨。
终焉怀故土，遂尔弃殊伦。

①钟兴麒等校注：《西域图志校注》卷三七《封爵一》，新疆人民出版社，2002年，第496页。

弗受将为盗，俾安皆我民。

从今蒙古类，无一不王臣。[①]

诗中高度称赞了土尔扈特部“终焉怀故土，遂尔弃殊伦”的爱国节气。此后，乾隆还写了《万树园赐宴都尔伯特亲王伯什阿噶什及土尔扈特来使观灯》《万树园宴土尔扈特汗渥巴锡等即景成什》等诗篇[②]，欢迎和赞誉土尔扈特部回归。

哈萨克民族是西域古老的游牧民族，也是中华民族的重要组成部分。高宗两次出兵平叛，得到了哈萨克民族的大力支持。乾隆二十二年（1757）六月，哈萨克族首领宣布归顺清廷并派使者觐见。乾隆赋《哈萨克称臣内属遣使进贡诗以纪事》：

采入伊犁靖陆梁，鲸鲕惩逆武维扬。

已看颉利成生虏，又报洛那归职方。

致马本非如武帝，闭关未得学萧王。

更欣原缚渠魁献，载戢干戈日月光。[③]

这首诗赞美了清军平定西域的伟大胜利，并指出西域统一后各族民众同关内一样享受清朝的阳光雨露。

乾隆二十三年（1758），大玉兹哈萨克与哈萨克另外两个部落，以及东布鲁特也归附清廷，乾隆作诗《右部哈萨克归化遣使朝贡诗以纪事》：

偏师西海剿逋逃，取便恩宣杂种曹。

岂谓解纷更释难，匪征目宿与葡萄。

情欣左部荣同被，德惭两阶会偶遭。

---

①钟兴麒等校注：《西域图志校注》卷三七《封爵一》，新疆人民出版社，2002年，第496页。

②钟兴麒等校注：《西域图志校注》卷三七《封爵一》，新疆人民出版社，2002年，第496、497页。

③钟兴麒等校注：《西域图志校注》卷四四《藩属一》，新疆人民出版社，2002年，第564页。

厚往薄来九经式，持盈保泰一心操。[1]

这首诗同样表达了欢迎这几个部落归顺的喜悦和保护西域边疆长治久安的心情。此外，乾隆还写有描写布鲁特、霍罕、爱乌罕等族的诗篇，表达了各民族一家的思想。

三、西域治理主题

《西域图志》中，乾隆以诗歌的形式展示了他的西域治理的思想。

一是展示“大一统”国家观的诗作。乾隆在《平定准噶尔告成太学碑文》中开宗明义地指出：“论汉唐宋明之中夏，而非谓我皇清之中夏也。”这里所说的“中夏”，就是华夏。在乾隆的心目中，“汉唐宋明之中夏”和“皇清之中夏”，都是华夏统一体的一员，世界上只有一个中国。在这篇诗文中，乾隆还写道：“有元之裔，久属版章，岁朝贡，从征狩，执役惟谨。准噶尔厄鲁特者，本有元之臣仆，叛出据西海，终明世为边患。”[2]指出元代蒙古族及其厄鲁特，都是华夏的成员；因准噶尔叛乱，清政府不得已出兵西域。在《御制西师底定伊犁捷音至诗以述事》一诗中，乾隆描述清朝平定达瓦齐、阿睦尔撒纳叛乱，则受到当地人民热烈欢迎。

乘时命将定条枝，天佑人归捷报驰。
无战有征安绝域，壶浆箪食迎王师。[3]

平定西域后，乾隆作《驻跸避暑山庄作》一诗：

中外而今果一家，止戈奉朔迈流沙。
两临先是曾施惠，大赉兹番永定遐。
云馆桂芳秋正半，山田黍熟岁云嘉。

①钟兴麒等校注：《西域图志校注》卷四四《藩属一》，新疆人民出版社，2002年，第569-570页。

②钟兴麒等校注：《西域图志校注》卷首三《天章三》，新疆人民出版社，2002年，第3页。

③钟兴麒等校注：《西域图志校注》卷一二《疆域五》，新疆人民出版社，2002年，第209页。

勤民继武愿俱惬，惟日孜孜敬益加。[①]

这里所指的“中”，是内地、中原；“外”，是中原之“外”包括西域的边疆地区；诗的首句就说中原和边疆地区是一家。诗中描绘了国家统一后，各族人民安居乐业的美好景象。

总之，“中华一家，天下一体”的“大一统”思想，是乾隆边疆治理的基本理念。这一理念，在他的《西域图志》诗作中得到了充分的体现。

二是体现“因俗而治”和“恩威并用”的治边政策的诗作。“因俗而治”“恩威并用”是清王朝边疆治理的基本政策。早在雍正时期，清政府就提出治理西北地区要“从俗从宜”“各安其习”[②]。乾隆执政后，则明确提出要“从俗从宜”“不易其习”[③]。西域统一之后，清政府在新疆实施了以军事镇摄为主的军府管理制度，驻军和屯田相辅的治安力量，爵禄、自治和轻赋的地方管理，办学校行科举培养地方人才等治理措施。这些措施，正是“因俗而治”“恩威并用”的边疆治理政策的具体体现。

在平定西域的过程中，清廷不仅对有功的上层人士加官晋爵，而且对参与叛乱的归附者也给予优待。如《新正瀛台小宴御前藩王大臣及漠咱帊尔》：“千群尚可冰嬉试，三接都教春宴陪。”[④]诗中写西域藩王漠咱帊尔，因帮助清廷擒获霍集斯之子，乾隆亲自设宴款待漠咱帊尔。

准噶尔部达瓦齐叛乱被清军俘获后押送到北京，清高宗封他为亲王，入旗籍，赐地京师，显示了高宗的怀柔之心。《新正小宴外藩》正是描述乾隆设宴款待达瓦齐的情形：

一家中外逮渠搜。三接从来礼数优。

朵朵彩云成瑞字，瀼瀼沾露泛春笃。

肆筵每先上元节，列席教陪归义侯。

①钟兴麒等校注：《西域图志校注》卷首二《天章二》，新疆人民出版社，2002年，第16页。

②《清世宗实录》卷八〇，中华书局，1985年，第348页。

③《清高宗实录》卷八八七，中华书局影印本，1985年，第1902页。

④钟兴麒等校注：《西域图志校注》卷首三《天章三》，新疆人民出版社，2002年，第28页。

行庆底知心喜处，即看积玉满峰头。

春园节物始妍和。彩服华茵嘉客多。

桂核兰湘方授几，花云藕树未分科。

毋俾底藉宾筵什，易解教翻牧马歌。

远使堪嘉知悔过，也令预宴沐恩波。①

诗中写，乾隆三度接见战俘达瓦齐，并设盛大宴会款待。宴会上还奏“牧马歌”，以示对蒙古民族风俗的尊重。“远使堪嘉知悔过，也令预宴沐恩波”写伊犁台吉宰桑等首领因悔罪被乾隆宽恕，邀请其参加宴会。

三是关于西域经济社会发展的诗作。乾隆在平定西域的过程中就开始考虑西域经济社会的恢复发展问题，西域统一之后，更加注重西域经济社会的可持续发展。早在平定准噶尔后，就写下《驻防辟展屯田大臣定长等奏进所获麦万穗诗以纪事》：

载戢西瀛已定功，戍耕伊始庆绥丰。

夏收万穗先来进，秋熟千屯预报芃。

实粟惟堪尝以彘，既安那更役如熊。

开疆逾远心随远，总为祈年宵旰中。②

诗中说，准噶尔既已平定，就要开始务“戍耕”，抓好农业生产。只有“秋熟千屯”，才能保持西域安定。

再如《涿鹿行叠去岁韵》：

天涯尽处销兵气，干戈包以虎皮收。

千村耕牧本无事，行因释奠文教修。③

西域地区由于长期战乱，农牧业生产受到严重破坏。西域平定后，应当“因俗而治”，宜耕则耕，宜牧则牧。在恢复发展生产的同时，“行因释

①钟兴麒等校注：《西域图志校注》卷首二《天章二》，新疆人民出版社，2002年，第17页。

②钟兴麒等校注：《西域图志校注》卷三三《屯政二》，新疆人民出版社，2002年，第459页。

③钟兴麒等校注：《西域图志校注》卷首二《天章二》，新疆人民出版社，2002年，第19页。

奠文教修”。也就是通过发展文化教育，提高公民素质，实现长治久安。正如乾隆在卷首二《冬日视朝》一诗中所描述的“远服迩安心敢肆，敬天勤政训聪听”[①]。

第二节 《西域图志》中乾隆诗歌的特征

从《西域图志》所录的三百多首乾隆诗作来看，总体上有以下几个特征。

一、题材丰富、形式多样

《西域图志》中乾隆诗歌的题材非常丰富，政治、经济、军事、民族、文化、历史、地理及接见、宴请、游园、鉴赏等社会生活的各个方面，几乎应有尽有。正如乾隆在《御制诗初集·小序》中所言：“其间天时农事之宜，莅朝将事之典以及时巡所至，山川名胜，风土淳漓，莫不形诸咏歌，纪其梗概。”[②]在《西域图志》的乾隆诗歌中，内容最多的是西域军事、西域民族和西域治理。这方面的例证很多，前述《西域图志》中乾隆诗歌的主题中已经阐明，此处不再赘述。

乾隆诗歌的创作形式，也是丰富多彩。有学者统计，乾隆诗歌中有“五言绝句1首，七言绝句7首，五言律诗44首，七言律诗215首，五言古诗64首，七言古诗98首，五言杂诗14首，七言杂诗20首”[③]。这些诗歌中，不仅有用韵自由的古体诗，也有格律工整的近体诗。

①钟兴麒等校注：《西域图志校注》卷首二《天章二》，新疆人民出版社，2002年，第22页。

②《御制诗集》初集卷一一《御制诗初集·小序》，载《影印文渊阁四库全书》，台北商务印书馆，1983年。

③杨明：《清高宗西域诗研究》，青海师范大学硕士论文，2015年2月。

二、缘事而作、纪事翔实

乾隆皇帝对诗歌创作有独特的爱好，正如他在《御制诗集》中自述“平生结习最于诗”[①]，“笑予结习未忘诗”[②]，“几务之暇，无他可娱，往往作为诗、古文、赋”[③]。乾隆的一生，始终保持着旺盛的诗歌创作激情。他不仅每遇重大事件、庆典、节日、出游要作诗，而且在批阅奏报、宴请宾客等场合突发灵感时，也挥毫作诗。

以诗纪事，以诗纪史，是乾隆诗歌最突出的特点。受中国古典诗歌现实主义传统的影响，乾隆诗歌注重纪实。“予向来吟咏，不为风云月露之辞。每有关政典之大者，必有诗纪事。即游艺拈毫，亦必于小中见大，订讹析义，方之杜陵诗史，意有取焉。”[④]“朕所做诗文，皆关政教。大而考镜得失，小而廑念民依，无不归于纪实。御制集俱在，试随手披阅，有一连十数首内专属寻常流览、吟弄风月浮泛之词，而于政治民生毫无关涉者乎？是朕所好者载道之文，非世俗徒尚虚车之文。若朕所制各集俱不过词章能事，则朕早将御制四集诗文概行废而不存矣。”[⑤]这两段话是乾隆对自己纪实诗风的最好诠释。

刘统勋、刘伦在《御制诗三集》中曾这样评价乾隆的纪实诗风：“诗则托兴寄情，朝吟夕讽，其间天时农事之宜，莅朝将事之典以及时巡所至，山川名胜，风土淳漓，莫不形诸咏歌，纪其梗概。积至今，以数千百首计矣，而较晴量雨、悯农疾苦之作为多，观其诗可以知忧劳而验今昔。若夫

①《御制诗集》四集卷二五《题郭知达集九家注杜诗》，载《影印文渊阁四库全书》，台北商务印书馆，1983年。

②《御制诗集》五集卷七〇《玉澜堂》，载《影印文渊阁四库全书》，台北商务印书馆，1983年。

③《御制诗集》初集卷一一《御制诗初集·小序》，载《影印文渊阁四库全书》，台北商务印书馆，1983年。

④《御制诗集》余集卷二《惠山园八景》，载《影印文渊阁四库全书》，台北商务印书馆，1983年。

⑤《清高宗实录》卷一三〇一“乾隆五十三年三月辛巳”条，中华书局影印本，1985年，第2664页。

昼夜寒暑之感乎时，日星风云之感乎象，鸟兽草木虫至之感乎物，理情宣志，兼体不遗。而览迹考器，法鉴攸存，豫游斯托，以适评品书画，与夫宸翰自题，有为文人学士百思而不能到者。焉湖自庚辰，为我皇上五旬万寿，辛巳为皇太后七旬万寿，时则西师凯旋，辟地二万，成功告庆，而是集以始；迨于庚寅皇上六旬万寿，辛即皇太后八旬万寿，时则土尔扈特全部归诚，率属内附，而是集适成；中间掖辇时巡，两幸江浙，再在淀津，诣阙里礼公宗，砂台麓大典，所昭大文益焕，又若星辰经锋之久而弥光，云霞蒸裔之增而弥耀，淘有非肤见浅识所能绘拟形容者。至于敬天法祖之忱，承欢教孝之本，助农而课晴问雨，敕政而咨牧命官，甲乙之恩榜迭开，银粟之正供遁免，以及写仁智之契，阐行生之机时，览古以订说，每即事以纪实，韵或数迭体，无不兼盖，柄柄乎措而咸宜，进而愈上者矣。”①

乾隆的纪实诗纪事翔实完整。对重大事件的记述，往往从事件背景写起，不仅对事件经过、结局、重大意义有详细的描写，而且用大量注释进行说明，弥补了诗歌由于字数、韵律限制而难以阐述完整的缺陷。

三、精思善考、清正典雅

乾隆的诗歌善于探索、考辨。他在《读史汉书有感》写道：“发潜信赖史，纪讹亦屡屡。尽信不如无，不求甚解悟。”②因而，乾隆对诗中涉及的许多历史人物、重大历史事件、历史地理地名等，都进行了考证。如《御制哈萨克使臣至令随围猎并成上什》一诗对西域哈萨克民族进行了考证，指出《史记》《汉书》所记“哈萨克为古大宛”记载是错误的。“大宛为城郭之国，则正是今之叶尔羌、喀什噶尔及吐鲁番一带回部，非哈萨克也。”《史记》“称大宛产苜蓿、葡萄，今哈萨克亦绝无”，是说大宛有苜蓿、葡萄等物产，而哈萨克没有。大宛与哈萨克仅产马相似，“然西北诸部，何处不

---

①［清］刘统勋、刘伦等著：《御制诗三集》，吉林出版集团，2007年，第56页。

②《御制诗集》二集卷二一《读史汉书有感》，载《影印文渊阁四库全书》，台北商务印书馆，1983年。

产马耶”。《史记》称“大宛东北则乌孙”，作者从音韵上进行了考证：“大宛东则扜罙，于阗。扜罙音韵与今之‘哈密’为近，《史记》之‘扜罙’，《汉书》作‘扜弥’，又或作‘拘弥’。而《史记》所载为最先，《汉书》之‘扜罙’或因字画偶误，相沿不改，展转讹谬，至云‘拘弥’。”因此，乾隆帝推断：“盖汉时大宛、乌孙、康居、奄蔡、月氏、扜罙、于阗，诸国统为西域，而大宛部落强盛，附庸者多。”“哈萨克在彼时当是其部中之一国耳。”最后，乾隆帝评论道：“司马迁、班固并未身历其地，即至其地而语言不通，文字不晓，其传讹有必然者。”[①]

引经据典是乾隆诗歌创作的一大特点，也是精思善考诗风的又一体现。在他的西域诗中，常常引用一些典故抒发情怀，说明事理。如《布鲁特使臣至宴赐即席得句》：

七戎舜教远难稽，布露通唐付狄鞮。
部昔两王称大小，人今一派别东西。
新恩恰值伊绵峪，旧识兼逢达瓦齐。
勤远拓边凛古戒，捧盈恭己奉天禔。[②]

这首诗中引用了多个典故。“七戎”出自《墨子·节葬下》：“舜西教乎七戎。”《尔雅·释地》：“九夷、八狄、七戎、六蛮，谓之四海”。郭璞注：“七戎在西。”“稽”为查考。“布露通唐”后乾隆帝自注：“考《唐书·西域传》始载布露，或云勃律，有大小两王，其时虽称内属，不过羁縻勿绝而已。”“狄鞮”，是古代专门翻译少数民族语言的人。《礼记·王制》：“五方之民，言语不通……东方曰寄，南方曰象，西方曰狄鞮，北方曰译。”孔颖达疏：“鞮，知也。谓通传夷狄之语，与中国相知。”后泛指通译官、翻译人员。“别东西”后作者自注：“布鲁特有东西之号，在东者分鄂拓克为五，在西者分鄂拓克为十五。”“鄂拓克”，蒙古语音译，部落长名称。“新恩恰

①钟兴麒等校注：《西域图志校注》卷四五《藩属二》，新疆人民出版社，2002年，第564页。

②钟兴麒等校注：《西域图志校注》卷四五《藩属二》，新疆人民出版社，2002年，第575页。

值伊绵峪”后乾隆帝自注：“布姑图昂阿，乙亥岁（乾隆二十年）平准噶尔，噶尔藏多尔济等来朝于此；丁丑岁（乾隆二十三年）哈萨克归化，使臣根札噶喇等亦来朝于此；今岁布鲁特归化，其使臣亦适朝觐于此。地灵佳兆，有如此神奇者，因名其峪曰伊绵。伊绵者，国语会极归极之意也。”“达瓦齐”后作者自注：“时达瓦齐扈驾预宴，询诸使臣，知其旧为台吉时曾识之，笑语甚欢。”达瓦齐战败被俘押到京城后，乾隆帝赦免并封王，应邀参加欢迎布鲁特使臣的宴会。“勤远拓边”，即勤奋开拓边疆。“凛古戒”，即敬畏先王的告诫。“捧盈恭己奉天禔”，即奉行天命，安定边疆。

再如《万树园宴布鲁特即席得句》：

鳞集仰流鹿食苹，筵开万树洽舆情。
旧藩每看联新部，夜雨刚欣凑午晴。
声教远通娑夷水，恩膏直逮孽多城。
敢云扬烈幸无忝，惟益临深励守成。①

诗中引用了《诗经·小雅·鹿鸣》里的：“呦呦鹿鸣，食野之苹”的典故，抒发作者忧国忧民、心怀苍生的情怀。

客观地讲，乾隆诗歌中的引经据典，固然有卖弄自己“博学”的成分。有些典故在多首诗中反复出现，有的典故引用，也不是恰如其分。但有相当一部分还是值得称道的。

第三节　《西域图志》中乾隆诗歌的价值及影响

一、具有以诗证史的史学价值

乾隆的西域诗歌，从文学角度来考量，学界一般认为艺术性较差，钱

①钟兴麒等校注：《西域图志校注》卷四五《藩属二》，新疆人民出版社，2002年，第575页。

锺书甚至认为“文理通而不似诗”[①]。我们以为，有诗人之诗，有学者之诗，有政治家之诗，因其作诗的目的和手法各有不同，而应该有不同的评判标准。乾隆皇帝的诗是政治家的诗，更多的是表现其胸襟和自得，而不在乎其韵脚、对仗和遣词造句。实事求是地讲，《西域图志》乾隆诗歌中，大量纪事诗和咏史诗，记录了平定西域过程中所有重要事件、典制和人物，不仅是乾隆执政史的第一手资料，也是研究清代历史的重要史料，是名副其实的“史诗”。另外，乾隆西域诗歌多有大量自注，也具有较高的史学价值。

乾隆诗歌的“史诗”价值，还表现在他用诗歌多方位、细致地反映社会生活。他的诗歌，除了记录征战、朝政等重大事件，还记录生活起居、民俗文化。可以说，社会生活的各个方面，在他的诗歌中都有反映。并且，有些细节在常人看来，是不值得一提的。如在《御制万树园宴都尔伯特亲王伯什阿噶什及土尔扈特使臣吹札卜即席得句》《御制万树园赐都尔伯特亲王伯什阿噶什及土尔扈特来使观灯》和《御制宴土尔扈特使臣》等诗，不仅详细记述了土尔扈特东归的全过程，而且记录了清政府安顿土尔扈特部众的种种举措，包括派人查明土尔扈特部东归的意图，派谁去迎接，安置地点、方式，分发土地、粮食等等，形成了土尔扈特部东归的完整史料。

乾隆纪实诗风源于唐代诗人杜甫。乾隆以杜甫为尊，推崇写诗要关注国情、铺陈时事。他在《鉴始斋题句》中曾用“诗以言志，言为心声”[②]表明他诗歌创作的宗旨。正是在这种诗以纪实为本的创作思想指导下，乾隆写下了大量“史诗”。也正因为如此，本属文学范畴的乾隆诗歌在文学界不被重视，反而成为史学研究的宝贵资料。

---

①钱锺书著：《谈艺录》，三联书店，2001年，第217页。

②《御制诗集》余集卷一九《鉴始斋题句》，载《影印文渊阁四库全书》，台北商务印书馆，1983年，第256页。

二、带动了清代边塞诗的创作

乾隆西域诗歌有近500首，《西域图志》中收录了截止到乾隆四十二年（1777）以前的325首。乾隆的西域诗歌记述西域重大事件、山川地理、民俗文化，清新自然，典雅纯正，引起了中原文人的关注和向往。乾隆笔下遥远而辽阔的大漠戈壁，一望无际的草原牧场，连绵不断的山川河流，风俗各异的民族服饰、饮食、语言、文字，奇特绚丽的西域特产，吸引和带动了清代边塞诗的创作，掀起了我国边塞诗史上继盛唐之后的第二个高峰期。[①]

与唐代边塞诗相比，清代边塞诗具有以下几个明显特征：

1.作者广泛、数量众多

唐代边塞诗的作者亲赴西域的非常少，有据可查的也就二三十人，作者身份基本上是入幕文士。清代西域边塞诗作者多达几百人，作者除幕友外，还有文人学士、流贬官员、帝王将帅等。特别值得一提的是，清政府把大批“罪犯”流放到了边塞地区。据不完全统计，顺治、康熙、雍正三代近一个世纪中，流放东北人数多达十余万。[②]乾隆元年（1736）清廷停止发遣流人去东北以后，西域成了清代流贬的主要地区。[③]被流放人员，多为饱学之士。西域独特的山川景色吸引了他们，艰苦的流放生活磨炼了他们，激发了他们的创作热情。很大一部分清代边塞诗就是由这一群体书写的。庞大的诗歌创作群体，为清代西域边塞诗的盛产奠定了基础，使得清代边塞诗的创作数量大大超过了唐代边塞诗。有学者统计，清代边塞诗的创作总量在万首以上，传世的唐代边塞诗仅2000多首。也有学者说清代边塞诗总数超过了前代中国古代边塞诗总量的一半以上。[④]这么广泛的诗歌创作群体和盛产的诗歌数量，与乾隆皇帝西域边塞诗的示范带动作用是

---

①阎福玲：《中国古代边塞诗的三重境界》，载《北方论丛》，1999年第4期。

②黄刚：《清代边塞诗繁荣原因初探》，载《学术研究》，1996年第6期。

③黄刚：《清代边塞诗繁荣原因初探》，载《学术研究》，1996年第6期。

④黄刚：《清代边塞诗繁荣原因初探》，载《学术研究》，1996年第6期。

分不开的。

2.题材丰富、格调清新

唐代边塞诗多以军旅征战、大漠风光、相思怀远为题材。清代边塞诗开发、丰富了抒写题材，诗的格调也转向清新明快。

首先，清代边塞诗彰显了要求统一、反对分裂的主题，讴歌了西域军民为维护中国领土完整而进行的英勇斗争的精神。如魏元枢《查勘关隘遍历大关内外纪事》："连天阡陌新畴拓，卧草牛羊野性闲。王化抵今敷海外，何须亭喉出云间"，讴歌了天下一统的太平盛况。

其次，诗歌内容、表现形式有了新的变化。唐代边塞诗中的西域风光，多是冰天雪地、狂风大漠、荒无人烟、苍茫孤寂，岑参、王昌龄概莫如此。而清代边塞诗人笔下出现了青山、翠柳、瀑泉、禾麦以及城市的繁华。施补华的"夭桃才红柳初绿，梨花照水明如玉"[①]，纪昀的"秋禾春麦陇相连，绿到晶河路几千"[②]等，都描绘了西域的美丽景色。纪昀一改唐诗里西域城堡冷清孤单的描写，刻画了西域城市的繁荣、美丽。如："山围芳草翠烟平，迢递新城接旧城"，"座肆鳞鳞两面分，门前宫柳绿如云"，"到处歌楼到处花，塞垣此地擅繁花"，"山城到处有弦歌，锦峡牙签市上多"[③]等。总之，清代边塞诗中的暖色调大幅度增加，冷色调大大减少。

最后，抒写内容发生了大的转变。战争题材是唐代边塞诗的主要内容，清代边塞诗中征戍诗、战争诗数量大大减少，山水诗、风俗诗成为主要形式。究其原因：一是清代平定西域后，大的战事基本结束，现实题材减少；二是清王朝的高压文化政策下，学术和考据之风盛行，学者、诗人为求自保，只能"描摹山水"；三是在清廷的主导下，掀起了全国性的修志热潮，地方民俗文化备受关注。这种时代风尚激发了诗人们描写新鲜异趣的边地风俗文化的热情，涌现出了大量写风土、述人情、记风尚的

---

① [清] 施补华：《尔勒旧城纪游》，载《中华舞蹈志·新疆卷》，学林出版社，2007年。

② [清] 纪昀著：《乌鲁木齐杂诗》，载李忠智：《纪晓岚与四库全书　纪晓岚乌鲁木齐杂诗详注》，中国出版集团现代教育出版社，2010年。

③ [清] 纪昀著：《乌鲁木齐杂诗》，载李忠智：《纪晓岚与四库全书　纪晓岚乌鲁木齐杂诗详注》，中国出版集团现代教育出版社，2010年。

诗作。

3.以诗纪事、注重写实

以诗纪事、注重写实是乾隆诗歌的显著特征。在乾隆诗歌的影响、带动下，改变了唐代多主观感情的抒发的诗风，转向了纪事和义理的探究。唐代诗人大开大合的比喻、夸张，变成了清代诗人的工笔摹写。同时，不少西域边塞诗学习、借鉴了乾隆诗歌自序和自注的写法。如纪昀的《乌鲁木齐杂诗》有长达四百字的自序，诗中多有详尽的自注。肖雄的诗全部有自注，最长的自注多达五百字。由此，我们不难看出乾隆对清代边塞诗的影响和带动作用。

三、多视角展示了西域民族文化

《西域图志》的乾隆诗歌多方面抒写、展示了西域独特的地域文化。与唐代边塞诗相比，乾隆诗歌对西域民俗文化的描写更明亮、更细致、更全面。

马是游牧民族生产生活最重要的交通工具，善于骑射是西域少数民族的传统习性、爱好。历朝历代西域民族向中原王朝贡献的重要物产，多为名马。乾隆许多诗篇抒写了西域民族的马文化。如《准噶尔所进大宛马名之曰如意骔命郎世宁为图而系以诗》《爱乌罕四骏歌》等诗[①]，都大力赞美西域名马，赞赏西域民族献马的义举。

刀是少数民族狩猎和食肉必备的工具，也是西域少数民族共同喜爱的物品。乾隆在《爱乌罕刀》[②]《布鲁特额木尔员所献匕首歌》[③]《拔达山汗

①钟兴麒等校注：《西域图志校注》卷四六《藩属三》，新疆人民出版社，2002年，第587页。

②钟兴麒等校注：《西域图志校注》卷四六《藩属三》，新疆人民出版社，2002年，第587页。

③钟兴麒等校注：《西域图志校注》卷四六《藩属三》，新疆人民出版社，2002年，第575页。

素尔坦沙贡刀歌》[①]等诗篇中，对西域刀及“刀”文化进行了赞美。

西域民族的语言、节日风俗、民间游艺活动，都各有特色，不同于中原地区。乾隆的许多诗篇，都对西域民俗文化进行了描写。如《观回部绳伎联句》一诗抒写了对西域绝技回部绳技的赞美。“其始也，戛戛孑孑，无挟而造，则近乎勇。其继也，于于徐徐，出险而亨，则近乎智。其究也，油油洒洒，奉身而退，则又近乎仁。盖一艺而三善具焉。”一艺兼容“勇、智、仁”，可见高宗对“达瓦孜”民间杂技的肯定。高宗命“联成五十韵，以示志西域者垂之副墨”。[②]

西域统一后，随着经济社会的发展，民族贸易逐渐繁荣。《西域图志》中用大量诗篇反映民族贸易和民俗文化，关于痕都斯坦玉器的诗歌，便是一个典型例证。据《乾隆御制诗》记载，乾隆关于痕都斯坦玉器的诗歌有近60首，《西域图志》收录了29首（乾隆四十二年，1777年以前的诗歌）。如《咏痕都斯坦玉碗》[③]《咏痕都斯坦玉壶》[④]《咏痕都斯坦玉盘》[⑤]《痕都斯坦玉瓿》《题痕都斯坦玉荷叶洗》[⑥]等。这些诗篇中详细介绍了痕都斯坦玉器的种类、贸易、进贡情况，赞美其设计精美，磨琢圆润，不仅展现了西域民族的玉文化传统，而且为西域民族与中原民族经济文化友好交往提供了有力的实证。

总之，《西域图志》中的乾隆诗歌，多视角、全方位地反映了西域民族

①钟兴麒等校注：《西域图志校注》卷四六《藩属三》，新疆人民出版社，2002年，第585页。

②钟兴麒等校注：《西域图志校注》卷四〇《音乐》，新疆人民出版社，2002年，第526页。

③钟兴麒等校注：《西域图志校注》卷四六《藩属三》，新疆人民出版社，2002年，第589页。

④钟兴麒等校注：《西域图志校注》卷四六《藩属三》，新疆人民出版社，2002年，第588页。

⑤钟兴麒等校注：《西域图志校注》卷四六《藩属三》，新疆人民出版社，2002年，第589页。

⑥钟兴麒等校注：《西域图志校注》卷四六《藩属三》，新疆人民出版社，2002年，第592页。

文化，是研究、传承西域民俗文化的宝贵史料。

综观《西域图志》中的乾隆诗歌，清新自然、韵味醇厚，具有较高的史学价值。但从文学的角度来讲，佳篇不多，艺术成就不高。

一方面乾隆从正统的儒家文学主张出发，推崇杜甫，秉承“诗言志”的创作理念，总想以诗纪事，以诗纪史，利用自己帝王的身份发出“四海而皆准”的道理，表现自己“文治武功”的不朽功绩，因而诗作散发着较浓的说教与傲气，缺乏诗歌的形象性与生动性。

另一方面，他的诗歌随意性较强，随时随地，信手挥毫，甚至遇事就赋诗，一件事，一个景，多次重复写，如关于痕都斯坦玉器的诗歌就写了近60首。有些典故、词汇随意写入诗中，难免牵强附会，晦涩难懂；有些诗，为了对仗，不惜割裂成语，铺衍成联。

第九章
《西域图志》的学术价值

《西域图志》的问世，为新疆史及中亚史的研究奠定了基础，推动了新疆地方史的研究和撰修，开启了清代西北史地研究之风，也为全国地方史志的撰修树立了典范，学术影响极其深远。

第一节　《西域图志》的学术特色

《西域图志》是由乾隆皇帝亲自主持的一部真正“钦定”的西域地方志，该书体例独到，结构严整，综合实地勘察、历史考证、官方档案文书进行严密考证，对西域地区的历史、现实、地理、民族、社情、军政、经济等进行了全面的记述，超越自汉朝以来对西域地区的任何一部著作，纠正了许多旧著中的讹说，提供了许多全新的知识，内容丰富，断语审慎，学术性很强，是无可置疑的关于新疆最早的综合性、基础性的历史文献。

一、尽数搜罗的典籍是《西域图志》学术性的基础

一部历史文献的学术性首先体现在其资料的可靠性和广泛性上。我们在第二章第一节统计，《西域图志》的撰述者对传统经史子集中有关西域的记载和著述几乎搜罗殆尽，并加以引述，进行辨析。

这其中，史部类著作最多，包括正史类的《史记》《汉书》《后汉书》《三国志》《晋书》《魏书》《周书》《北史》《宋书》《隋书》《新唐书》《新五

代史》《宋史》《元史》《明史》15种，是清以前经营过西域的所有王朝的正史。治史者认为，研治中国古代史，最重要而且相对可靠的，就是自《史记》蝉联而下的历代正史。《西域图志》的作者们对历代正史予以了特别的关注，并引以考据，可见乾隆皇帝及其臣子们的古代史料观与当代文献学家的认识是一致的。这是该书资料可靠性的最重要的基础。

作为一部地方史志文献，史部地理类著作也是其引述的重点之一。在《西域图志》中，引述了《山海经》、《山经》、《禹本纪》、《尚书·禹贡》、《郡国志》(司马彪)、《水经》、《水经注》、《西域图记》(裴矩)、《大唐西域记》(玄奘及辩机著)、《游天竺记》(唐释法明)、《经行记》(杜环)、《高居海记》、《高昌行纪》、《括地志》、《元和郡县图志》、《太平寰宇记》、《明一统志》及乾隆《大清一统志》、《旧一统志》、《肃镇华夷志》、《肃州新志》，共21种，其中包括古代最经典的地理著作《水经注》，以及唐代裴矩在张掖亲自调查访谈撰成的《西域图记》，玄奘亲至西域撰成的《大唐西域记》等五种游记，还有唐至清的六种全国一统志和与西域紧邻的肃州（今甘肃酒泉）的两种地方志。这些地理典籍的使用，为《西域图志》提供了可靠的资料。

引述的其他史部古籍，有《逸周书·王会解》《续汉书》《十六国春秋》《西河旧事》《敦煌耆旧记》《魏略》《通典》《通志》《文献通考》等9种。《十六国春秋》等三部西北历史古籍是治西北史尤其是西域史的最重要资料。

引述的经部著作，有《周官》《尚书》《左传》《说文解字》《广韵》《钦定同文韵统》《孔安国传》《孝经钩命诀》《毛苌诗传》9种书，为该书的史事考证提供了可靠的保障。

引述的子部书，有《白虎通义》《本草》《广志》《博物志》《高僧传》《翻译名义集》《辍耕录》《筠廊笔记》《敦煌随笔》9种，为该书提供了更为广泛的资料，十分宝贵。

引述的集部书，有《楚辞》《乐苑》《乐府杂录》《乐府诗集》4种，以及许多前人诗词歌赋，还有部分少数民族文献和西域碑铭，是较早以诗赋碑铭考史的实践。

这67种以上珍贵古籍的1211次引用和研究，展现了该书所用资料的广泛性，不仅奠定了该书资料的可靠性，而且为我们保存了许多现代已经散佚的文献典籍的片段，其资料价值更是可圈可点。

二、独特的历史考据是该书学术性的保证

由于西域地区历史资料的缺乏，且不少资料相互抵牾，《西域图志》特别注重考据，其方法独到和充满创新，结论较为可靠，成为该书学术性的重要保证。

《西域图志》历史考据的第一个特点是多种来源的丰富资料。作为“钦定”的地方志，《西域图志》在编撰中充分利用了皇家藏书和朝廷的威权，保证了全国各种资料的采集和人员、物资、财力的充分供给。其所采录的资料十分丰富，不仅有上述各种珍贵的有关西域记载的历代古籍，还有许多清代学者的游记或调查，在平叛过程中形成的大量将领奏章和皇帝谕令，西域地区文武官员们对当地进行实地调查、报告、民间和民族纠纷的处理，以及在施政和社会管理过程中形成的大批奏章和档案，更有对归附和进贡的各民族首领的调查了解，而其间刘统勋、何国宗等带领专业地理测绘人员用西方先进的科学方法测量西域各地晷度并绘制地图，更提供了西域各城镇居民点的准确地理方位。正是这些极为丰富的历史文献、档案奏章和调查材料，为撰修者在考证西域历史、地理、名物、事件等问题时提供了其他任何学者都无法得到的丰富资料，为该书超越任何私人西域著述提供了保障。

《西域图志》历史考据的第二个特点是从事考据的人员不仅有普通的撰修官，还有由大学士、尚书、总督、侍郎等担任总裁的朝廷重臣，更有乾隆皇帝的亲自捉笔。褚廷璋、何国宗和丘庭漋三位撰修官学问深厚，对西域历史有广泛的知识和长期的研究，是该书历史考据的具体操作者。总裁们官高任重，一般很难有太多的时间投入该书的撰述中，但他们多数都曾在西域供职或亲至西域参与平叛，对西域不仅历史知识丰富，而且有很多

感性认识，加之他们多为文臣，学问渊博，在考据盛行的乾隆盛世，他们都喜欢到史馆舞文弄墨，亲自做西域历史的考据，或对撰修官的考证判断做出准确的裁决。况且在《西域图志》撰述过程中，曾“集枢臣而订义”[①]。所谓枢臣，在乾隆朝主要指的是大学士们，而该书总裁官中有九位大学士。就是说，在《西域图志》撰写过程中，曾多次召集大学士们对书稿进行讨论，确定体例、用词和具体提法，其中当然包括历史考证的诸种结论。乾隆皇帝在撰修《西域图志》的过程中，更是最大限度地展示了他对历史考据的癖好，凭借其渊博的学识、丰富的历史知识和民族语言功底，亲自做了许多历史问题的考据文章，仅收录于《西域图志》中的就有《御制阳关考》《御制翻译名义集正讹》《御制大宛马识语》《西域地名考证叙概》等数篇，所作诗歌或祭文的序或按语，不少也是历史考证的文字。乾隆皇帝在《西域图志》中的考据，为当时学界盛行之考据风气树立了标杆。

《西域图志》历史考据的第三个特点是考据方法的多样和创新。清乾嘉考据学家从事考据学的最大特点，是通过广泛搜集比较相关文献，做出判语。只有少数学者如钱大昕等注意到以碑证史和以诗证史。《西域图志》的作者们因其对西域历史和现实有深切的了解，多亲至其地，对当地的地理、民族和风俗有较多的感性认识，他们与汉族学者比较有一定的民族语言方面的优势。西域又是少数民族聚居的地区，在考史时他们就能不仅依靠历史文献，而且结合大量的当代资料，辅以个人的了解、勘查，或以民族语音相训诂，考据方法往往不拘一格，颇多创新之处，其考据结论当然就能超越前人，也超越当时一般缺乏西域实践认知的学者。乾隆二十一年（1756）二月十三日，乾隆谕令刘统勋协同何国宗办理测绘事宜。谕旨称：“自军营至伊犁，以抵哈萨克，率汉唐来匈奴西域地。其山川部落，前史类多舛误。盖外蕃本无载籍，史官无所征信，又未尝亲履其地，惟藉传闻。而方言口授，轻重缓急间语音顿异，况复时代迁移，益难追考。然即今留

①钟兴麒等校注：《西域图志校注》卷前《初稿进书表》，新疆人民出版社，2002年，第4页。

意核之，如落克兰，急呼之则为落兰，当即楼兰其声转耳；《汉书》屈里，计其地即今伊犁；以此证之，往往可通。”[①]正式提出了西域地名的考据可以采取音训的方法。《西域图志》卷十四对东汉班勇屯田的柳中的地望的考据就是运用了这种方法，在列举《汉书·西域传》《后汉书·西域传》《唐书·侯君集传》《唐书·西域传》《文献通考》《元史·地理志》《明史·西域传》的相关材料后，讨究道：

今鲁克察克（今新疆鄯善县鲁克沁镇），本汉柳中地。戊己校尉城此，因名柳城，后讹为柳陈，转为鲁陈，复转为鲁古尘。《肃州新志》作鲁谷庆，一名鲁普秦，后名鲁克沁。要不[②]外音之相袭成讹也。《通考》唐以田北城为柳中县，即《西域传》所谓田地城，北与地字相类，当属传写之误。其城即汉戊己校尉、后汉长史班勇所居。本属汉柳中地，是以唐为柳中县，与《唐书》载田地县、戊己校尉所居之说合。《明史》称戊己校尉城在哈喇和卓，其说为无据矣。[③]

从《汉书》《后汉书》的相关记载，说明该地本汉语名柳中，但在历史上却讹为音近之柳陈，再转为鲁陈，又转为鲁古尘，再转为鲁谷庆、鲁普秦、鲁克沁，传写之误不一而足，却通过这一考证，证今之鲁克沁即古柳中。在少数民族语地区，这种以音训求古字的方法，自后被学者沿用了近200年，实开民族地区地名考证方法之新风。

三、形象的图表和丰富的资料数据是该书学术性的体现

自司马迁以来，中国古代的历史著述都很重视图表的使用和具体数据的记录，宋以来兴盛的地方志书也保持了这一传统。数据的记录和图表的制作都必须以艰苦的资料收集为前提。西域地区以前长期处于动乱之中，各种基础数据缺失。乾隆皇帝平定反叛以后，就一再要求地方文武官员统

①钟兴麒等校注：《西域图志校注》卷前《谕旨》，新疆人民出版社，2002年，第3页。

②此“不”字疑误衍或讹，但可见几种版本皆如此，故未敢臆改。

③钟兴麒等校注：《西域图志校注》卷一四《疆域七》，新疆人民出版社，2002年，第234页。

计和报送地方各种数据，目的是要显示皇朝治理西域之功绩，同时，也为《西域图志》著录数据、制作图表提供了方便。在馆臣的精心考究下，终于为我们展示了18世纪80年代在清朝治理下西域的资料和各种数据，这确实是难能可贵的。

《西域图志》中有《图考》3卷，在历史上第一次绘制出西域全图、西域各地区图、西域山脉水道图、藩属图和西域地区自西汉至明朝的12幅历史地图，形象而且准确地展示了西域各地及历史上西域地理情况的舆图，有的图中竟标有数百个地名，令人感叹。这些地图，为以后新疆及中亚等地制作地理及历史舆图提供了母本，对西域疆域的构建和后代对西域诸地名的考证提供了极为形象和经过考订的地理资料。

《西域图志》中有《列表》2卷，诸表“以时代为经，以古今郡国为纬，纵横求之，较然可睹”[①]，表列了西域各府州路及藩属自西汉至明代的建置或所属，是西域各地的历史政区沿革表。《图考》中的12幅西域历史地图是按朝代各为一图的，而《列表》中则是以各地为一表的，以点的列表与纵的图考相对照，就可以在看到历代各地形象地理位置的同时，知道该地历代的历史演变情况，为研究西域历史地理提供了极大的方便。

《西域图志》中有《晷度》2卷，详列了西域各地距北极的纬度与距京师的经度，以及昼夜长短的数据，是用西方先进方法测量出来的西域各地坐标和昼夜时间的科学定位，数据准确可靠。

《西域图志》中的《官制》，记述了清朝在新疆地区设官任职、实行军政管理的情况。《兵防》提供了各地驻军的情况数字以及台站、卡伦的设置及其方位。《屯政》详列了各地各年屯田面积、屯兵数量及收获与田赋数据，且附以西域各地的户口数据。《贡赋》记载了各地粮赋、租税数字和土贡物产。《钱法》记载了在西域设置炉局、所铸钱之制式、名称换算以及新铸钱使用情况。《藩属》记述了各族各部的历史和现状，以及西域各族首领觐见与上表，乾隆皇帝接见、宴请各部首领的题诗。《杂录》记

①钟兴麒等校注：《西域图志校注》卷四《列表》，新疆人民出版社，2002年，第122页。

述了西域各部族首领时代传袭的谱系，以及准噶尔部和回部的文字、语音状况。

这些西域历史资料中第一次出现的全面、丰富而且具体的数据群，是《西域图志》学术性的集中体现，它不仅为清朝在西域的政策和管理提供了依据，更为现代学者用数学方法或其他方法定性定量分析西域历史及其演变提供了可靠的原始数据，还为学者对新疆和中亚古代的政治、经济、沿革、人户、钱币、物产、屯田、农业、驻军、边防、民族等各学科各专题的研究提供了准确的数据和资料。从这一点上就可以说，《西域图志》是古代西域史志的楷模。

第二节　《西域图志》的学术影响

《西域图志》在全面搜罗自西汉以来西域历史的相关资料，结合清代学者和官员对西域地理的全面测量和人口、民族、风俗、经济的调查统计，经过乾隆皇帝、朝廷高官及撰修官的认真考据，以与西域历史及实情契合的体例，编撰成内容全面、资料丰富、考证精准的西域地方志。它为新疆史和中亚史的研究奠定了基础，推动了新疆地方史研究，为全国地方史志的编撰树立了榜样，开启了中国边疆史地学研究之风，在学术界产生了深远而巨大的影响。

一、为新疆史和中亚史研究奠定了基础

《西域图志》的编纂开启了西域史研究的序幕，而这个序幕因其规格高、资料全、考证精、涉及面广，奠定了西域史研究的基础，此后的西域史研究全都绕不开《西域图志》，或参考，或深入，或拓宽，但都要以之为基础。

所谓规格高，指这是乾隆年间由皇帝主持的国家最高等级项目，不仅有朝廷重臣和精于西域历史研究的编纂官从事编写，还有皇帝和外国专家

参与。乾隆皇帝本人对该书的编撰反复发出谕旨，还亲自撰写了一系列诗文，以及历史考证文字。这部书之所以称“钦定”，是因为是乾隆皇帝亲自审定的。此外，参加编撰工作的还有两名外国人，即两次西域地理勘测时参与的葡萄牙人傅作霖和高慎思。他们是勘测专家，在勘测之后绘图和撰写初稿时，也一定做了不少工作，其工作成绩不容小觑，应该说，他们也是《西域图志》的参撰人员。

所谓资料全，不仅指书中所征引的各种历史资料，还包括书中记载的西域各地的地图、地理方位、历史沿革、疆域，山脉河流湖泽的高低大小走向，清乾隆间在西域各地设置的文武官职，各地的驻军，屯田的各种情况，各地贡赋状况，西域铸钱的情况，开办学校和科举考试的数量与成绩，各少数民族首领的封爵、人口、管理体制、文化、风俗、服饰等等。西域最早的最全的数据资料，尽在《西域图志》中。

所谓考证精，笔者在上节已经谈了许多，最关键的是，撰写诸臣在书中对西域历史上所涉及的地名、人名、事件、民族、文化等各种问题都拿出来进行考证，并且下了断语。虽然从今天的视野看，书中还有遗漏与讹误，但那是因其时代局限决定的。从历史角度看，《西域图志》编纂者确实已经竭尽全力了，他们的成绩不仅超越往古，甚至后来的许多学者也难以企及。

所谓涉及面广，指的是《西域图志》中举凡自西汉以后直到乾隆四十余年间的各种人和事都有叙说。凡是18世纪后期人们所关注的西域各种问题都涉及了，都可以从中找到答案或提供解决问题的线索，这些在一部地方志中是不容易做到的。

正因为如此，我们认为《西域图志》为新疆史和中亚史研究奠定了坚实的基础，也开创了新疆史和中亚史研究的成功范例，影响极其深远。

二、推动了新疆方志的编修

清朝统治者对地方志资治育人化民的重要性有深刻认识。乾隆间，在《四库全书》撰修的同时，朝廷十分重视各种典籍尤其是地方志的撰述。乾隆皇帝亲自带头抓实地方志的写作，首先进行《西域图志》的写作，指出："是西域志之书，必应及是时成之，用开历代之群疑，垂千秋之信录，间亦涉及诸史，以存述古……惟是筹耕牧计久长图，所以永乾贶奠丕基。"[①]在皇帝的亲自指导与参与下，该书自乾隆二十一年（1756）启动，至四十七年（1782）成书。在从事撰修《西域图志》的过程中，乾隆皇帝受其成就的鼓舞，陆续于乾隆三十九年（1774）诏令开始京都城市志《日下旧闻考》的写作，乾隆四十三年（1778）诏令开始龙兴之地《满洲源流考》的写作，乾隆四十四年（1779）诏令开始旧京《盛京通志》的写作，乾隆四十六年（1781）诏令开始"神皋奥区"[②]《热河志》的写作。仅从这些"钦定"地方志写作的时间就可以看出，《西域图志》之为先、为范的带动意义。

乾隆二十九年（1764），御史曹学闵就上疏，请求将西域内容增入《大清一统志》中。乾隆皇帝谕令"可即令方略馆按照各条厘订纂辑，一并纂出稿本"[③]。自此，重修《一统志》的工作启动。《西域图志》在乾隆二十七年（1762）撰成初稿。乾隆四十二年（1777）皇帝下旨增纂，乾隆四十七（1782）方才告成，并予以刊刻和抄入《四库全书》中。于是《大清一统志》便据之补充，撰成卷四百十四至卷四百二十的《新疆统部》及《新疆藩属》部分，并补入滇南整欠、景海及两金川诸内容，乾隆五十四年（1789）完成了乾隆《大清一统志》的重纂工作。

1763年，乾隆皇帝敕命大学士傅恒等人在充分利用《西域图志》的基础上，编撰了《西域同文志》，经乾隆皇帝审阅修订后，更名为《钦定西域同文志》。

《钦定西域同文志》共两函24卷，包括新疆、青海和西藏地区的地名、山名、水名及各部统治者人名。其中，关于新疆的部分十三卷，它们是：卷一《天山北路地名》，卷二、卷三《天山南路地名》，卷四《天山南北路

①钟兴麒等校注：《西域图志校注》卷前《御制皇舆西域图志序》，新疆人民出版社，2002年，第2页。

②［清］永瑢著：《四库全书提要》卷六八，中华书局，2013年，第603页。

③《大清一统志》卷首《谕旨》，上海古籍出版社，2008年，第5页。

山名》，卷五《天山北路水名》，卷六《天山南路水名》，卷七、八、九、十《天山北路准噶尔部人名》，卷十一、十二、十三《天山南路回部人名》。“首列国书，以为枢纽，次以汉书详注其名义，次以三合切音，曲取其声音，次列蒙古字、西番字、托忒字、回字，排比连缀，各注其译语对音，使纲举目张，丝连珠贯。”[①]

《钦定西域同文志》具有很高的学术价值。

第一，《钦定西域同文志》是一部具有辞典性质的工具书，与《西域图志》相辅为用。书中对《西域图志》一书中的地名、山名、水名以及人名等专有名词语源、语义的解释，对西域少数民族语言中的专有名词有“谙其字形，悉其文义”[②]的作用。

第二，《钦定西域同文志》展示了西域地名形成的规律和特点。从《钦定西域同文志》（卷一至卷六）的专有名词的记载中我们可以看出，由于清代天山以北以蒙古族为主，天山以南以维吾尔族为主，因而形成了北疆多用蒙古语命名，南疆多用维吾尔语命名的地名特点。同时，由于西域多民族、多语种的存在，一部分地名是由不同的语言联合构成的。如有的专有名词是维吾尔语和蒙古语构成的，有的是维吾尔语和波斯语构成的，还有的是蒙古语和哈萨克语、柯尔克孜语构成的。此外，有些地名还沿用了古老的历史地名，如库车、喀什噶尔、和田、哈密等。

第三，《钦定西域同文志》是一部内容丰富的综合性文献资料，它包含历史、地理、语言、植被、矿产等方面的内容，对西域研究和治理，具有重要的参考价值。

我们在肯定《钦定西域同文志》学术价值的同时，也应当看到它的不足，主要是有些专有名词的词源或者词义解释有误。如《钦定西域同文志》卷一：

---

①［清］傅恒等著，额尔木图整理：《钦定西域同文志》，内蒙古人民出版社，2015年，第2页。

②［清］傅恒等著，额尔木图整理：《钦定西域同文志》，内蒙古人民出版社，2015年，第3页。

天山北路地名　　巴尔库勒路

[汉字] 巴尔库勒　回语，巴尔，有也。库勒，池也。城北有池，故名。转音为巴里坤。古匈奴东蒲类王兹力支地。池即匈奴中蒲类海也。后汉为伊吾卢地。魏入蠕蠕，隋属伊吾郡，后入突厥，唐属伊州，明属瓦剌，《后汉书·班超传注》蒲类海在敦煌郡北。①

“巴尔库勒”，即今巴里坤，历史上，巴里坤居民的民族成分变化很大。秦汉时期，这里的居民以匈奴人为主。魏晋以后，铁勒、突厥曾居住于此，蒙元时期，成为蒙古和硕特部的游牧地，明清时期，准噶尔部又进入这里。清康熙年间开始，迁入了大量的汉人。1883年中俄《塔尔巴哈台界约》签订后，居住塔城、阿勒泰一带的哈萨克牧民迁入巴里坤草原。

“巴里坤”是由“巴尔库勒”一名音转而来的。《钦定西域同文志》对“巴里坤”的语源解释正确，但语义解释是错误的。“巴里库勒”是突厥语，清代有“巴尔库勒”“巴里库勒”等名称。巴里坤的“巴里”为“蒲类”的音转，而蒲类系突厥语bars之译音，意为“虎”，“库勒”系突厥语“湖”“池”之意。“巴尔库勒”即“虎湖”的意思。②原文解释为“巴尔，有也。库勒，池也”，巴尔库勒就是“有湖”的意思，按突厥语的语法规律，应该说成“湖有”，而不该说成“有湖”。

在《西域图志》成功榜样的带动下，乾隆、嘉庆间成为中国古代地方志撰作的鼎盛时期，各省府州县长官及地方士绅无不以修志为务，成就惊人。据不完全统计，截至1949年，我国历代撰修并得以保存的地方志为8200余种③，清代修成的约5600种④，占总数的近70%，其中很大部分为乾隆中期以后的作品。

在数量众多的新疆方志中，质量高、影响较大的属徐松所纂的三部方

---

①［清］傅恒等著，额尔木图整理：《钦定西域同文志》，内蒙古人民出版社，2015年，第4页。

②牛汝辰著：《新疆地名概说》，中央民族大学出版社，1994年，第123页。

③中国科学院北京天文台编：《中国地方志联合目录·凡例》，中华书局，1985年，第3页。

④史念海：《论历史地理学和方志学》，载《中国地方志通讯》，1981年第5、6期。

志，即《钦定新疆识略》《西域水道记》《新疆赋》。《钦定新疆识略》上承乾隆《西域图志》，下接宣统《新疆图志》，具有承上启下的历史地位，反映了清朝中期对新疆的经营与管理成就，是一部兼具西北边疆史地学的新疆方志文献；《西域水道记》是嘉庆时期一部有关新疆的地理水系专志；《新疆赋》则是体裁罕见的赋体志书。这三部志书，都大量借鉴了《西域图志》。如在《钦定新疆识略》中采用了《西域图志》的两个编纂方法：一是借鉴了《西域图志》图表互用、经纬互参的编纂方法，绘舆图23幅，各图系以图说，并开列有诸表。《钦定新疆识略·凡例》指出："考证地理，非图绘不明，高宗纯皇帝《钦定皇舆西域图志》、《钦定河源纪略》上稽星度，下列土方，山水钩联，道涂经纬，提纲挈领，缕析条分。是故此次辑纂《钦定新疆识略》，谨首编新疆总图一卷，次北路舆图一卷，南路舆图一卷，伊犁舆图一卷，南北路各城，每城各为一图。伊犁疆域较广，非一图所能尽，特绘总图一，分图四，以期详悉具备，无少遗漏。"二是地理标注采用"晷度"说，主要坐标晷度都来自《西域图志》。

《新疆图志》是新疆建立通志局以后组织编纂的大型、多卷本省志。在编纂体例上，也借鉴了图、志、表相结合的方法。《新疆图志》1911年付印，116卷、200多万字。书前开列《西域图志》等50种参考书①，内容也多有引用《西域图志》且明文注出，更有辨正《西域图志》疏误之处。如《新疆图志》对《西域图志》关于"哈密"的辨正云："案《西域图志》以伊吾与哈密音不相类，意扞罙国人尝居此，因转托采为哈密……此益见《西域图志》之为凿空矣。"②《新疆图志》卷六十二"库克雅尔山"条载："《西域图志》，在裕勒阿里克东南，听杂布谔斯腾发源山中"③。此类引证之例在《新疆图志》中有很多，此处不再赘述。

---

①［清］王树枬著：《新疆图志》卷首《凡例》，台湾文海出版社影印本，1965年，第5页。

②［清］王树枬著：《新疆图志》卷二《建置二》，台湾文海出版社影印本，1965年，第488页。

③［清］王树枬著：《新疆图志》卷六二《山脉六》，台湾文海出版社影印本，1965年，第376页。

《西域图志》之所以能为全国地方志的撰修树立榜样，是因为第一，其在前无可参考、无可利用志书的边陲之地，写出如此质量高、涉及面广、内容丰富的方志，对全国大部分没有前志可鉴的地方志书修撰有巨大的鼓舞；第二，其撰写班子的模式，即皇帝指导参与、重臣全力以赴、史臣具体负责，给各地方志撰写班子的组构和责任有示范作用；第三，其科学测量先行，资料搜集完整，考据细致卓越，因地制宜的体例，造就了该志的高质量，引导了全国尤其是民族地区和文化相对落后地区地方志撰修方法的改进；第四，《西域图志》作为一部边疆地区的地方志，其明确的寻求长治久安的目标和内地西域合为一体的国家意识，提高了各级地方志撰修者的思想认识和政治责任感。

三、开启了中国西北边疆史地学研究之风

学界论及清代西北边疆史地学，往往以清嘉庆年间为起源时期。如梁启超《中国近三百年学术史》中认为洪亮吉在嘉庆时所撰《伊犁日记》《天山客话》“实为言新疆事之嚆矢”[①]。我们认为，这种观点有违西北边疆史地学发展的历史事实。《西域图志》问世之前，我国学者研究西域历史，多借助于《汉书·西域传》，但能知而不能“晰”，能晓而“莫能详”[②]。《新唐书·艺文志》中虽著录有许敬宗的《西域图志》六十卷，但早已失传。因此，研究西域的学者多叹“边地书籍罕征”[③]。“史地学是以地域沿革、地理考察为纲领，融入社会历史内容的有机组成，其特点是系史于地、以史释地。”[④]《西域图志》是西域历史上第一部记述新疆历史、地理、疆域、经济、政治、民族、文化的集大成之作，它以实地勘察测绘的科学方法，全面、系统的历史地理的详细记述，历史文献的考订、汇

①梁启超著：《中国近三百年学术史》，北京中国书店1985年影印1936年中华书局出版本，第321页。

②［清］王芑孙：《西陬牧唱词六十首》，［清］和瑛：《三州辑略》，民国间九卷抄本（国家图书馆馆藏）。

③［清］汪廷楷：《西陲总统事略·序》，中国书店出版社，2010年，第7页。

④乔治忠、侯德仁：《乾隆官修〈西域图志〉考析》，《载清史研究》，2005年第1期。

总，为西北边疆史地学奠定了基础。白寿彝主编的《中国通史》中，将《西域图志》列为“清人新疆史地著述”的第一部，认为清人边疆史地书籍，“既与一般地方志有很多类似之处，也有不少差异，可以说是一种特殊的方志”。[①]学者乔治忠在其研究《乾隆官修〈西域图志〉考析》中指出：“《西域图志》无疑为清代西北边疆史地学的开山之作，它对新疆地区的勘察记述，对历史文献的清理考订，对当代所有文献的汇总，就其全面性、系统性而言，不仅前所未有，而且后亦罕见，为西北边疆史地学奠定继续探索的基础。”[②]上述观点否定了清代西北边疆史地学以清嘉庆年间为起源时期的说法。

《西域图志》是否是清西北边疆史地学的开山之作，学界尚有不同的看法。但这部方志对清西北边疆史地学有重要影响，是毋庸置疑的。《西域图志》开启了边疆史地学新的研究之风，如《西域图志》对罗布泊考察的记述，引发黄河之源的探讨，批评唐代杜佑、宋代欧阳忞等人的说法乃“徒以其所及见者，执此一隅，概彼全局，有如东面而不见西墙者矣”[③]。后来，清廷组织了实地考察，并将“所有两汉迄今，自正史以及各家河源辩证诸书，允宜通行校阅，订是正讹，编辑《河源纪略》一书”[④]，这是《西域图志》研究方式的继续。官修《热河志》《日下旧闻考》《盛京事迹图》等等历史地理著述，亦皆采取《西域图志》这种立足实地考察、参订历史记载的研究方法，正如清高宗在《热河考》一文中所指出的，地理问题记载参差，传闻驳杂，“苟非命使亲履其地，焉知此之为是而彼之为非乎？”[⑤]

---

①白寿彝著：《中国通史》（修订本）卷一七《中古时代·清时期》（上册），上海人民出版社，2004年，第27页。

②乔治忠、侯德仁：《乾隆官修〈西域图志〉考析》，载《清史研究》，2005年第1期。

③钟兴麒等校注：《西域图志校注》卷二七《水四》，新疆人民出版社，2002年，第392页。

④［清］庆桂等著，左步青点校：《国朝宫史续编》卷九一《书籍·志乘》，北京古籍出版社，1994年，第1567页。

⑤［清］乾隆：《热河考》，［清］庆桂等著，左步青点校：《国朝宫史续编》卷九一《书籍·志乘》，北京古籍出版社，1994年，第1577页。

《西域图志》开启了史地学研究的治学之路。该书从对西域地方的全面调查勘测入手，以西域历史资料的全面系统搜集为基础，以对西域社会历史和国家需要有充分了解的学者来从事历史考据工作，对西域历史和地理进行了充分的考据调查，从而对西域的历史和现状进行了全面的描述和记录。不仅为学者进一步从事西域历史的研究扫除了障碍，减轻了西域历史地理研究的负担，提出了许多西域历史研究的新课题，开阔了学者对西域历史和现实的视野，使西域历史的研究成为一个持久日兴的热门学术课题，清代西北边疆史地学研究较有成就的学者洪亮吉、祁韵士、徐松、龚自珍等莫不受此影响。

洪亮吉（1746—1809） 字君直，一字稚存，号北江。乾隆进士，授翰林院编修，后官贵州学政。嘉庆四年（1799），洪氏因越职上书指陈政事，被遣戍伊犁，次年赦还原籍。他本来精通文史地理，此次得到出塞的机会，便以探究西北史地为己任，撰成《昆仑山考》《西海郡》《与安西州守胡纪谟书》等论说，对西域史地的几个重大问题进行了深入的思考。诸文收入洪氏《更生斋文甲集》卷一，可见洪氏对这些研究成果的重视。

祁韵士（1751—1815） 他很早就潜心于边疆史地的研究，于乾隆五十四年（1789）撰成《外藩蒙古回部王公功绩表传》，奠定了其在西域史地学中的地位。嘉庆十年（1805）被罪戍伊犁，在那里，他撰成《西陲要略》四卷，叙述了新疆的疆域、山川、卡伦、军台、城池、职官、驻军、屯牧、水利，以及蒙古、哈萨克、布鲁特（今柯尔克孜族）等族的历史、宗教信仰和风俗习惯等。《西域释地》一卷，分述新疆所属各地的疆域、山川、沿革、物产等，是研究新疆史地的重要著作。在新疆期间，祁韵士还应伊犁将军松筠之邀，将知县汪廷楷的初稿加以改撰，并由宗室赓宁绘图，松筠最后定稿作序，成《伊犁总统事略》十二卷，卷一为乾隆时期清朝平定反叛统一新疆的事迹，卷二系新疆总图和天山南北两路、伊犁各图十九幅，卷三为疆域、山川和卡伦，卷四至卷九叙述伊犁本境的职官、城池、粮饷、军务、屯务、牧场、钱法等，卷十叙乌鲁木齐、塔尔巴哈台、南疆各城，卷十一、十二叙土尔扈特蒙古、哈萨克、布鲁特等族的历史、宗教信仰和风俗习惯。这是一部新疆历史的重要著作。其作于《西域图志》成书26年之后，所记史实和资料对前者多有补充。离开新疆后，他还撰成《皇朝藩部要略》十六卷，主要叙述蒙古各部、回部（今维吾尔族）、西藏的封爵、建置等，是一部西部边疆民族历史的著述，而新疆民族是其中最重要的部分。

徐松（1781—1848） 嘉庆十年（1805）进士，授翰林院编修，又为湖南学政。任全唐文馆提调时，曾从残存的《永乐大典》中辑成《宋会要辑稿》五百卷。嘉庆十七年（1812）因事贬戍伊犁，在伊犁将军松筠支持下，他对新疆各地进行了认真的实地考察，“每有所适，携开方小册，置指南针，记其山川曲折，下马录之。至邮舍，则进仆夫、驿卒、台弁、通事，一一与之讲求。积之既久，绘为全图，盈遍稽旧史、方略及案牍之关地理者笔之为记”[①]。根据这些资料和研究，他用十年时间，仿《水经注》体例，撰成《西域水道记》五卷。该书以水为经，自为作注，内容丰富，方位准确，且附以地图，是西域历史地理研究的重要著作，影响和价值极大。其选题应该是来自《西域图志》之“水”门，书中对诸地“晷度”的记载，更是直接引自《西域图志》，可见《西域图志》对徐松《西域水道志》的影响。

在新疆期间，他受命将祁韵士修订过的《西陲总统事略》加以续补、修订，由松筠署名，于道光元年（1821）奏进，皇帝赐名《新疆识略》。徐松本人于嘉庆二十四年（1819）被释放回原籍，道光元年（1821）回京，因撰述《新疆识略》之功，被赏给内阁中书之职。其后他又撰成《汉书西域传补注》《汉书地理志集释》等书。

龚自珍（1792—1841） 他将西北史地学视为自己“天地东西南北之学”的一部分，曾协助程同文修《大清会典》，完成其中“理藩院”一门及青海西藏各图。独立撰成《蒙古图志》一书，可惜毁于火灾。还撰成《御试安边绥远疏》。他最有价值的研究成果，是嘉庆二十五年（1820）撰成的《西域置行省议》。他通过对西域历史和现状的研究，在高度评价清朝

---

① ［清］龙万育著：《西域水道记·序》，中华书局，2005年，第5页。

对西域经营的同时，建议适应形势，在新疆建立行省以代替军府制，将内地大量的无业游民移徙到新疆去从事农业生产，废除效果不大的屯田办法，将土地分给屯田兵、回部人和遣犯等，对新疆进行大规模的开发，并对新疆民族问题的处理、新疆与内地的贸易、移民和当地居民的文化教育、军事布防、官员待遇、对阿富汗等藩国的联系管理等发表了有益的意见，以安定西部边疆，防止分裂主义者和外国势力的侵蚀阴谋。他的许多建议，当时未被重视，他自信“五十年中言定验”[①]。果然，在光绪十年（1884）新疆正式建省。龚自珍在西域设置行省的意见，显然来自对《西域图志》的认真研读，其中所用西域现状与制度材料全都来自该书。如文中言，西域“地纵数千里，部落数十支，除沙碛外，屯田总计，北才二十三万八千六百三十二亩，南才四万九千四百七十六亩，合计才二十八万八千一百零八亩；田丁，南北合计才十万三千九百零五名，加遣犯有名无实者，二百零四名”[②]，就来自《西域图志》卷三十二、三十三《屯政》。

从洪亮吉到龚自珍，他们所从事的西北史地之学，重点多在新疆，讨论的问题多是《西域图志》涉及的新疆历史、地理、民族、文化教育和社会治理问题，虽然嘉道间的西北史地学研究领域更宽广了，见解和考据结论更准确了，但是这些成果显然是在《西域图志》影响下做出的，是《西域图志》之学在新时期的延续和创新。

民国年间，新疆历史研究和著述更是风起云涌，数量渐大。以罗振玉《高昌麴氏年表》和英人斯坦因《西域考古记》开头，如杨增新《补过斋文牍》，裴文中《新疆之史前考古》，徐炳昶《西游日记》，黄文弼《高昌砖集》《高昌陶集》《吐鲁番考古记》，吴蔼宸《新疆种族宗教风俗记》，洪涤尘《新疆史地大纲》，王日蔚《维吾尔（缠回）民族名称演变考》，李符桐《撒里畏兀尔部族考》，里克《漫谈新疆各种族》，关震华《新疆回部王公世系之研究》，曾问吾《中国经营西域史》，周东郊《新疆十年》，秦翰才《左文襄公在西北》，张西曼《乌孙即哈萨克考》，袁复礼《新疆之哈萨克民

① ［清］龚自珍著：《定庵文集·己亥杂诗》，清光绪万本书堂刻本。

② ［清］龚自珍著：《定庵文集·西域置行省议》，清光绪万本书堂刻本。

族》等。

1949年以后，新疆历史研究更呈迅速发展之势，高质量的著述不断涌现。其中，余太山主编的《西域通史》就是影响很大的一部。《西域通史》深受《西域图志》的影响，在许多地方引用了《西域图志》的观点、内容。如《西域通史》写到天山北路准噶尔部及其属民布鲁特、哈萨克等民族的衣食住行皆取自牲畜时，引用《西域图志》“饮食其肉，渴饮其酪，寒衣其皮，驰驱资其用，无一事不取给于牲畜”[①]；在谈到天山北路具有发展农业的良好条件时，引用《西域图志》“准部不乏泉甘土肥，性宜生殖之地”[②]；在谈到清代维吾尔族农业生产中已广泛使用铁制和钢铁合制的农具时，引用《西域图志》农具“恰特满，形似铁镢，其头甚圆，以枣木为直柄，用以垡土开沟，并引沟水灌田”[③]；在写维吾尔人所造之纸时，引用《西域图志》“以桑枝嫩条捣烧为之，色微带碧，其光洁者略似高丽纸”[④]；在写准噶尔改铸的新钱等内容时，引用《西域图志》“凡台吉新立，则于钱面易名改铸。其法：先铸新钱一万，换易旧钱。新者以一当二，旋换旋铸，旧钱销尽乃已”[⑤]。《西域通史》中，还大量引用《西域图志》“屯政”“兵防”和“官制”的内容。如在论述乌鲁木齐军事布防时将《西域图志》“兵防”和“屯政”内容概括引述“乌鲁木齐驻有满、蒙八旗携眷官兵3000余名，乾隆三十七年（1772）调自凉州、庄浪，编为八旗二十四佐领，驻防巩宁城。乌鲁木齐市新疆绿营屯驻重地，当地驻防、屯田绿营官兵总计将近1万名”[⑥]。在论述清朝统一后的行政管理制度时引用“乾隆二十一年晋镇国公，旋晋贝子。二十二年赐贝勒品级。二十三年授多罗贝勒，旋赐郡王品级”[⑦]。论述伯克制时首引《西域图志》“官制”门：“按回部官职大小旧有

①余太山著：《西域通史》，中州古籍出版社，2003年，第421页。
②余太山著：《西域通史》，中州古籍出版社，2003年，第421页。
③余太山著：《西域通史》，中州古籍出版社，2003年，第423页。
④余太山著：《西域通史》，中州古籍出版社，2003年，第424页。
⑤余太山著：《西域通史》，中州古籍出版社，2003年，第424页。
⑥余太山著：《西域通史》，中州古籍出版社，2003年，第434页。
⑦余太山著：《西域通史》，中州古籍出版社，2003年，第437页。

等差，伯克其统名也。”[①]上述情况说明，《西域图志》对当代的西北史地研究仍具有很大的影响力。

①余太山著：《西域通史》，中州古籍出版社，2003年，第439页。

第十章
《西域图志》的社会价值

《西域图志》编纂的动因，虽然是为了彰显乾隆皇帝统一西域的历史功绩，寻求西域治理的方略，但《西域图志》本身却具有巨大的社会价值，主要体现在四个方面。

第一节　西域历史疆域的权威文献

在对新疆历史的关注中，有两个根本性的节点：其一是新疆（西域）自西汉起就是中国领土的一部分；其二乾隆皇帝平定反叛奠定的西域疆界是学界所称的中国历史疆域。《西域图志》着力宣扬和证明这两点，具有深远的历史意义和现实意义。

一、论证了汉以来新疆就是中国领土的一部分

任何一个国家领土的确认，有历史和疆域两个最关键的因素。历史资料证明其拥有这片领土的历史，而疆域则是用无可辩驳的资料说明领土的范围，不容他人侵犯。中国古代自《史记》以来的千百种史书，对西域与内地的联系以及中国王朝对西域的控制和管理的记录，无不证明了这一广袤地区两千年来始终是中国的领土，始终同建都于内地的历代中央王朝有着程度不一但从未断绝过的联系。

考古发掘和历史传说证明，还在远古时期，西域就与中原地区有紧密

的联系。传说众仙居住的圣山昆仑山就位于新疆境内，先秦古籍《山海经》《穆天子传》《楚辞》有许多关于西域山水、人文、特产的记载，曾经的商朝都城河南安阳殷墟发掘的新疆和田玉制品，都充分说明了中原同西域的政治、文化联系远在汉通西域之前的数百千年。汉初天山南北存在着许多分裂、割据的城邦国家，史称西域三十六国，一度受奴役于匈奴。汉武帝为了断匈奴右臂，解除其对汉王朝安全的威胁，派张骞两次出使西域，李广利进击大宛，细君公主远嫁乌孙，将西域各族从匈奴的奴役下解放出来，并于公元前59年设立西域都护府，以名将郑吉为首任都护，加强对西域的管理，从此天山南北正式纳入祖国版图。此后，随着中国历史大势的演进，中国大地有统一有分裂，西域与中原的关系也是有合有分，然而不变的是西域永远是中国领土的一部分，“合”始终处于主导的地位，“分”都是暂时的，而且是为再一次“合”做准备的。即便在西域分裂成若干小国的时代，各小国也依然争相向中央王朝朝贡或接受中央王朝的册封。在汉、晋、北魏、唐、元等朝，西域地区更是直接置于朝廷委派的行政官员治理之下，唐朝设安西、北庭两大都护府，元设别失八里尚书省、别失八里元帅为其明证。天山南北的残烽古堡、断碑荒墟之中，无处没有中央王朝管理西域、在当地行使主权的证据。

《西域图志》中，通过大量的史书征引和考证以及西域古今地名的辩证，雄辩地证明了自从西汉神爵三年（前59）设置西域都护，西域地区就正式纳入中国版图，成为中国领土不可分割的一部分。尽管历代中央王朝对西域的管理时紧时松，未必尽如人意，但正如父母对儿女的管教和控制虽有不同，而其血缘关系却是无法否认的。正因为《西域图志》的考证和研究，使西域（新疆）是中国领土不可分割的一部分的观点早就深入人心，被全世界各国视为共识。

基于西域（新疆）是中国领土的一部分这一共识，《西域图志》深情地回顾了历代中原王朝的西域治理史：

西域在古为西戎，自汉孝武始通其境。厥后二千年来，向背靡常，前史备载其事。大抵文弱之世，规模不远，外夷酋长，各君其国，以长世称雄，互相吞噬，不奉朝命。及当中国强盛，锐意外攘，职贡所通，稍受约束。三代以降[①]，宋时隔越西夏，并不获与接境。明则弃地闭关，退葸已甚。其长驾远驭，号称阔大者，莫如汉唐。然考其时，仅设都护府，置羁縻州，虚存统率之名，初无服属之实。夷酋之称王称汗，画地以守者自若。是以旋服旋叛，反复无定。英君谊辟，力征经营，讫不能以混一。[②]

文中指出，自汉武帝通西域以来的两千年间，西域对中央王朝时向时背。大抵在中央王朝实力弱的时候，缺乏对西域的管控，故而地方民族首领自称君王，互相兼并，不服从朝廷的指挥。当中央王朝强盛时，加强对边远地区的经营，即使距都畿千百里的地方，也能实施有效管理。

《西域图志》为了突出乾隆皇帝统一和治理西域之功，对历史上诸王朝治理西域的成绩有颇多贬抑，但有一点是非常重要的，即该书通过历史研究，证明了两千年来，西域始终是中国领土的一部分。

二、彰显了乾隆平定西部边疆的历史功勋

一个国家的疆土，是国民赖以生存的土壤。从20世纪50年代初开始，中国史学界曾经展开中国历史上疆域的讨论，白寿彝先生《论历史上祖国国土问题的处理》一文建议："对于本国史上祖国国土的处理，一个办法是，以今天的中华人民共和国的国土为范围，由此上溯，研求自有历史以来，在这土地上的先民的活动。"[③]许多学者对此提出不同意见。著名历史地理学家谭其骧先生撰文，认为"现在的中国疆域，已经不是历史上自然形成的那个范围了，而是一百多年来资本主义列强、帝国主义侵略宰割我们的部分领土的结果，所以不能代表我们历史上的中国疆域了"，而"1840

---

①"三代以降"之"三"字疑应为"五"字，因宋朝以前的后梁、后唐、后晋、后汉、后周习称五代，而夏商周之三代距宋朝过远，且该文前已回顾了汉武帝以后的相关历史，此处不应回到遥远的三代去。

②钟兴麒等校注：《西域图志校注》卷一《西域全图说》，新疆人民出版社，2002年，第61页。

③白寿彝：《论历史上祖国国土问题的处理》，载《光明日报》，1951年5月5日。

年以前的中国范围是我们几千年来历史发展所自然形成的中国，这就是我们历史上的中国”。因此处理历史上的中国疆域，只能是“从18世纪50年代到19世纪40年代鸦片战争以前这个时期的中国版图作为我们历史时期的中国的范围”①。谭先生所主张的作为历史时期中国疆域的从18世纪50年代到19世纪40年代的中国版图，正是《西域图志·皇舆全图》所绘制的中国版图。该图陆上中国的西部疆域，北自准部，向西沿着阿勒坦鄂拉、额尔齐斯郭勒、左哈萨克、右哈萨克，直至腾吉斯鄂谟；自此处向南，经塔什罕、葱岭西、布哈尔，至爱乌罕北境，南接卫、藏。这一西部疆界，正是乾隆皇帝平定准部和大小和卓木反叛后收复的西域地区。

在《西域图志》中，对乾隆平叛、统一的盛举颇多赞誉，评价极高。如在《皇舆全图说》中称：

> 中华当大地之东北，西域则中华之西北，为大地直北境也。自嘉峪关西，迄准部回部，外列藩部，圆广二万余里，其疆圉之阔远，几与中土埒。自古英君谊辟，声教有所不通。有时力征经营，而羁縻服属，卒未闻有混而一之者。……我皇上神灵天亶，举尧舜禹汤文武之所以为君者，集其大成以宰制寓内，夫固清和咸理矣。而无穷之德量，犹恢恢乎有余地焉。于是乎帝心攸眷，乾贶弥隆。用创鸿规以翊我圣人未有之奇功于前古后今之际，而后中土之与西域，始合为一家。抚斯图者，当凛然于千秋功烈之骏，惟我皇之德与量有以致之。此固以尧舜禹汤文武之为君，而不能得于中天之世者也。②

这一段言简意赅肯定乾隆皇帝平定反叛、一统西域功勋的文字，先指出西域的方位及其纵横二万余里的地域，继而检讨自西汉以来，尽管西域属于中华大地的一部分，却几乎没有一个君主能真正在全西域实行有效的行政管理。只有乾隆皇帝在康乾盛世的支持下，用心于西域，终于使中土与西域重新合为一体，从而开创了远逾三皇五帝的千古奇功。

---

①谭其骧著：《长水粹编》，河北教育出版社，2000年，第38页。

②钟兴麒等校注：《西域图志校注》卷一《图考一》，新疆人民出版社，2002年，第59页。

西域地区，从元代以后，一直处于分裂割据和混乱之中。成吉思汗带领蒙古大军西征后，在欧亚两洲的广大地区，建立钦察汗国（也称金帐汗国）、察合台汗国、窝阔台汗国和伊儿汗国等四大汗国。其中成吉思汗次子察合台被分封于天山南北及今阿姆河、锡尔河之间的广大地区，建立了察合台汗国。14世纪初，察合台汗国分为东、西两部分，西察合台占有阿姆河和锡尔河之间的河中地区，东察合台则拥有现在的新疆。秃黑鲁·帖木儿统治时期（1346—1363），东、西察合台一度统一。然而到公元1370年，非察合台系的蒙古封建主帖木儿占据撒马尔罕，在中亚建立帖木儿帝国，东、西察合台再度分裂。帖木儿帝国建立后，不断扩张。

洪武二十四年（1391），明军攻克西域门户哈密后，设置了哈密卫，封归顺的元宗室哈密安克帖木儿为忠顺王。明政府对哈密及其他卫实行羁縻政策，对它们之间的攻伐不做调解而是想坐收渔翁之利。可这种无休止的争斗又削弱了诸卫的力量和加大了它们之间的隔阂，而使得吐鲁番贵族势力将关西七卫各个击破。弘治十八年（1505）明朝所立忠顺王拜牙被吐鲁番诱叛而去，吐鲁番速檀满速儿控制哈密。此后多次侵犯甘肃，给明朝西部安全造成威胁，明朝的防线不得不大幅度内移。嘉靖八年（1529），明朝正式决定据守嘉峪关，而“置哈密不问，吐鲁番许之通贡，西陲藉以息肩”①。17世纪40年代，蒙古准噶尔贵族在西域建立包括当地厄鲁特各部和其他各民族在内的民族政权准噶尔汗国，主要活动在伊犁河谷、额尔齐斯河两岸、塔尔巴哈台以及乌鲁木齐地区。

顺治四年（1647），蒙古赤斤部和西域畏吾儿遣使表示对清效忠。康熙十一年（1672），清廷曾应蒙古准噶尔部噶尔丹之请开放肃州市场。其后，噶尔丹竟多次兴兵东侵青海、西藏，北扰喀尔喀蒙古，一直深入距北京仅数百里的乌兰布通。康熙三十五年（1696）清军全歼噶尔丹的有生力量，取得第一次平准作战的胜利。乾隆二十三年（1758）清军收复北疆，乾隆二十四年（1759）粉碎了大小和卓的叛乱，彻底剪除分裂势力，完成对新疆地区的统一，将西域各族人民从混乱和奴役中解放出来，纳入清朝的直

①《明史》卷三二九《西域传一》，中华书局，1974年，第8526页。

接统治之下，是乾隆皇帝建立的一大历史功绩。

《西域图志》中追踪了汉以后历代王朝对西域难以控制的历史和元以后西域地区长期陷入分裂混乱的局面，描述了分裂割据给西域各族人民带来的苦难。如书中所录《御制花门行》诗，记载了雍正、乾隆间，回部人受准噶尔蒙古贵族残酷压迫剥削的情景："准噶尔昔全盛日，役使若辈如奴佃。令弃故居来伊犁，课其引水种稻籼。服劳供赋不敢怠，讵知隐恨已有年。"①

除了在各章按语中随处歌颂乾隆皇帝平定反叛、安定西域的历史功勋外，《西域图志》还异乎寻常地在卷首辟"天章"，以四卷篇幅，"恭录"乾隆皇帝在平定反叛和在西域建政过程中的大量诗文，包括各种碑文、论略、功臣像赞和古今体诗三百二十五首。这些不仅是对乾隆皇帝神武功绩的真实历史记录，更是乾隆皇帝及其文武大臣安定和建设西域的第一手资料。

第二节　清代新疆治理的重要依据

西域收复后，如何推动西域经济社会的发展，实现长治久安，成为清政府最为紧迫的问题。《西域图志》正是为解决这一问题而编纂的地方志文献。正如吴福环先生在《中国地域文化通览·新疆卷》中记述《西域图志》并指出："该书内容全面，为当时清政府和新疆地方官员上下所急需，起到'开历代之群疑'，为在新疆'筹耕牧计长久'的作用。"②

一、宣示了新疆主权

在《西域图志》中，通过对西域历史的钩稽和皇朝对西域治理措施的记载，宣示国家对西域的主权并强化朝廷对西域管理的决心。

①钟兴麒等校注：《西域图志校注》卷一二《疆域五》，新疆人民出版社，2002年，第210页。

②吴福环著：《中国地域文化通览·新疆卷》，中华书局，2015年，第257页。

《西域图志》在回顾中原王朝西域治理史的曲折后，盛赞乾隆皇帝前无古人的统一西域之功：

> 皇上乾纲独断，神武布昭。初因机会之可乘，嗣以根株之必绝，星驰电扫，雷厉风行。遂使数千年阻深汶昧之区，子臣其民，版籍其地，咸得耀于光明。视大禹之叙西戎，只以织皮通贡，其难易广狭何如，而自汉以下，益无论矣。①

这段文字指出，乾隆皇帝神武布昭，一开始就抓住有利时机出兵平叛，其后更坚决地斩草除根，如星驰电扫般地雷厉风行，终于使得几千年屡受阻隔的西域地区得以回归王朝版图。认为这样的壮举，超过大禹以及任何一个王朝。

通过《西域图志》中这段文字的解读，我们可以认识到，乾隆皇帝平定西域、控制西域的功绩确实是前无古人的伟大事业，且为随之而来的对西域的治理提供了基础。而书中这么大张旗鼓地记载和赞许清朝对西域平定和管理之功，是在宣示清朝对西域的主权，并以之强化朝廷对西域管理的决心。当然，历史功过的定性，不能离开对其历史背景的讨论，更不能因之否定前人的努力。因为无论中国的统一和治理也好，或王朝对西域的统一和治理也好，都不是凭空而来的，必有一代代前人成功的经验或失败的教训作为基础，只有站在巨人肩膀上才可能比巨人看得更远。从这个角度说，在高度肯定乾隆皇帝平定西域、管理西域之功时，必须肯定汉以来历代王朝经营西域为其奠定的基础，尤其是西汉设西域都护将西域正式纳入中华版图之功。在这方面，乾隆皇帝和《西域图志》的撰修大臣过分否定前人之功，显得其气量不足。

二、展示了乾隆朝新疆治理的成效

在清军平定反叛、收复西域之际，《西域图志》的编纂就开始了，在该书二十多年的撰写过程中，清廷在西域的政治、经济、文化、军事部署也

①钟兴麒等校注：《西域图志校注》卷一《图考一》，新疆人民出版社，2002年，第61页。

基本完成。换句话说，随着《西域图志》的研究和撰述，清廷完成了在西域的一系列治理手段的构建和实施。书中编纂大臣们写了很多描述和吹嘘皇帝丰功伟绩、神思睿智的话语，对树立皇帝在西域各族臣民中的崇高威望、宣示王朝对西域的主权和治理决心有重要意义。而其中某些过分乃至肉麻的吹捧，在专制时代也是无法避免的。该书真正的编写目的，还得从乾隆皇帝那儿去找。他在乾隆二十七年（1762）十二月为该书所作序直言不讳道："惟是筹耕牧计久长图，所以永乾贶奠丕基，思日孜孜，持盈益懔，予安得有功成无事之说哉？"[①]意思是说，他在提出编撰该书以及在其初稿完成之时，始终思考的，是在平定西域反叛之后，如何筹划好地方的治理和生产的发展，以维持朝廷对西域的长久统治。

我们从书中看到，随着清军在西域平叛的进展，朝廷在西域因地制宜建立地方政权设官职守，进而将伊犁将军由"总管伊犁等处将军"改为"总统伊犁等处将军"，成为西域地区的最高军政长官，且陆续设立诸将军及府州县官，实行了以军事管制为特色的军政统治。同时，在西域各地部署满营、绿营，建立卡伦、哨所，以保证军事威慑、维持治安、守卫边防的要求。给归附的回部或准噶尔部首领以封爵和赏赐，任命其为原部族长官，因俗而治，以安定各少数民族。同时，从内地往西域移民，在西域实行屯政，征收贡赋，设局造钱，奖励农耕和商业活动，发展西域经济"以边养边"。努力办学校，行科举，以儒家思想教化各族民众，培育西域居民在清朝治下的国民意识和中华民族认同意识。《西域图志》中记载的这些措施，实现了对西域地区的治理，推动了当地经济的发展、城镇的兴起和社会的和谐。乾隆三十七年（1772）陕甘总督文绶记载道："巴里坤……城州禾稼盈畴，颇为丰美。城关内外，烟户铺面比栉而居，商贾毕集，晋民尤多。该处地广粮贱，谋生甚易，故各处民人相率而来，日益辏集。""乌鲁木齐天气和暖，地土肥美，营屯地亩，日以开辟。兵民众多，商贾辐辏。比之巴里坤城内，更为殷繁。又西行，即昌吉、瑚图壁、玛那斯等处，其

①钟兴麒等校注：《西域图志校注》卷前《御制皇舆西域图志序》，新疆人民出版社，2002年，第2页。

地肥水饶，商贾众多，计与乌鲁木齐相似。”[①]

第三节　西部边疆安全的历史借鉴

一、强调了新疆在维护国家领土完整中的重要位置

一个国家是因其拥有领土和人民才得以存在的，故而领土问题是国家及其政权生命攸关的根本问题。乾隆皇帝平定反叛，收复了中国历史疆域的重要组成部分——西域。统一后的西域地区从地理位置上来说有两大特点：一是地域辽阔，二是强邻窥伺。显然，这里是清朝维护国家安全和领土完整的重要地区。1840年鸦片战争以后，清朝之内外蒙古、新疆、西藏、云南、广西均成为西方列强劫掠的目标，边疆形势吃紧。时人多主张保海防而弃塞防，予英、俄以新疆等地。唯左宗棠等人特具慧眼，认为：“重新疆者，所以保蒙古；保蒙古者，所以卫京师。西北臂指相连，形胜完整，自无隙可乘。若新疆不固，则蒙古不安，非特陕甘晋各边，时虞侵轶，防不胜防；即直北关山，亦将无晏眠之日。”[②]左宗棠指出必须加强塞防以抵御沙俄，此乃刻不容缓之急务。随后，在左宗棠领导下，西域军民对入侵之阿古柏政权予以坚决打击，又从沙俄手中收复了伊犁，保卫了祖国西部领土的安全。

《西域图志》以文字和地图，勾画出作为清朝疆土的西域地区，记载道：“中华当大地之东北，西域则中华之西北，为大地直北境也。自嘉峪关西迄准部、回部，外列藩部，圆广二万余里，其疆圉之阔远，几与中土埒。”[③]称西域的面积纵横二万里，几与中土埒。当然这里所谓的中土，并

---

①［清］贺长龄著：《清经世文编》卷八一《兵政十二塞防下：陈嘉峪关外情形疏》，上海古籍出版社，1992年，第789页。

②［清］左宗棠著：《左文襄公奏稿》卷四六，上海古香阁，2014年，第75-76页。

③钟兴麒等校注：《西域图志校注》卷一《图考一：皇舆全图说》，新疆人民出版社，2002年，第59页。

不是当时清朝的全部疆土，而是指其统治中心的黄河、长江流域。但清乾隆时西域面积之大则是确定无疑的。

在《西域图志》之“西域全图”及相关记载中，对西域的范围有非常清楚的记载，称：“其地在肃州嘉峪关外，东南接肃州，东北直喀尔喀（蒙古），西接葱岭，北抵俄罗斯，南接番藏，轮广二万里。”[①]

二、记载了保证地方安定和加强边防守卫的宝贵经验

在完全领有了西域地区以后，维护国家在西部的主权，保护国家西域地区的领土完整则显得尤为重要。《西域图志》的撰述者们，因其同时是指挥和讨平西域的文臣武将，也是当时国家政策的制定者和执行者，他们对在西域地区保证国家主权和领土完整的重要性有清醒认识，也有坚强的信心和决心，故而在书中以相当篇幅关注这一问题。乾隆君臣充分认识到，要维护国家安全和领土完整，首要的是对西域的开发建设，使之更为富庶和安定。《西域图志》以很大篇幅铺陈乾隆君臣从多方面着手，构建西域的管理体制、处理民族关系、发展经济生产、建学校行科举重教化，要以发展和安定的西域，来作为保卫边疆、对抗强邻的坚强后盾，维护国家主权和领土完整。当然更重要的是军事建设和部署。《西域图志》不仅将清朝西域的疆土予以详细记载，而且不厌其烦地记载了清朝在西域各地的驻军、设置的卡伦和台站，为我们明确了解18世纪中后期中国西部的军事要地和边境线，提供了充分的根据。清朝在西域总计驻扎了41076名包括满族、蒙古、锡伯、察哈尔在内的军队，大部分驻扎于各重要城镇以及边境地区，是稳定西域社会、保卫边防的重要力量。关于清朝在西域的军事防御体系部署，以西部和北部沿边地区为重点。《西域图志》中记载道：

> 准噶尔壤，内接巴尔库勒，外界俄罗斯、哈萨克、布鲁特诸蕃。疆域辽远，袤延数千里。设立台站卡伦，顿兵防守。自乌鲁木齐改镇设提后，郁为重地。由是西迄伊犁，其驻防满洲、蒙古诸部兵，数自一二千

①钟兴麒等校注：《西域图志校注》卷一《图考一》，新疆人民出版社，2002年，第61页。

至三四千不等，声势尤壮。……至塔尔巴噶台，地居北境，边防较重。亦分驻满营诸部兵，以壮牧圉而严征缮，控扼形势之道备焉。①

西域北部面临强邻沙俄，在这一带驻守了战斗力很强的喀尔喀蒙古兵。《西域图志》言：

自乌鲁木齐至阿尔泰诸处，以旧设阿济、必济，至阿尔泰卡伦移置，兼理台务，以喀尔喀兵驻守，为喀尔喀武弁专辖。此又因势利便，职要职详，不虚縻（靡）而收实效务。②

为了维护地方安定和守卫边防，清朝在西域设立了许多驻扎军队的台站和卡伦。《西域图志》载“今台站、卡伦之制，于古为亭障、为斥堠”③，讲明台站如古代之亭障，是驻扎基层部队的营防；卡伦如古之斥堠，即驻有小队军人的哨所。对台站、卡伦的部署，书中记载：

我朝德威遐布，通道荒陬。如安西、哈密、巴尔库勒，为甘凉门户。早经置亭设障，棋布星罗。洎乎荡平西域，全隶版图，地周二万余里，为之遍置军台。而于其岩疆要隘，设卡伦以资捍卫。……军台以营员、及笔帖式领之。卡伦则领以前锋校、骁骑校，而以待卫统之。其驻兵多寡则视其地之大小简要为差。驼马车夫，分别安设，复以时酌量增裁移置。……务俾制周遐徼，边圉永固，斥堠无警，纳万里于闱闼，岂不休哉！④

这里最值得我们今人注意的是，卡伦并非设置于边境一线，而是包括边境地区的军事要地（岩疆要隘）。后来俄国为了吞并我国领土，硬说西域的卡伦是清朝的边界，要将卡伦外的地方都划给俄国，就是扩张主义者的

①钟兴麒等校注：《西域图志校注》卷三一《兵防》，新疆人民出版社，2002年，第436页。

②钟兴麒等校注：《西域图志校注》卷三一《兵防》，新疆人民出版社，2002年，第439页。

③钟兴麒等校注：《西域图志校注》卷三一《兵防》，新疆人民出版社，2002年，第447页。

④钟兴麒等校注：《西域图志校注》卷三一《兵防》，新疆人民出版社，2002年，第438页。

强词夺理了。

在卷三十一“兵防”门之末，附西域所设全部162处台站和102所卡伦的名单，并在每一台站之后皆标有距上一台的方向和里数。如伊犁属台站有：伊犁底台；巴图孟克台，自伊犁底台南至此六十里；海努克台，自巴图孟克台南至此五十里；索郭尔台，自海努克台南至此九十里；博尔台，自索郭尔台南至此七十里；和讷海台，自博尔台南至此九十里；特刻斯台，自和讷海台南至此一百里；沙图阿满台，自特刻斯台南至此八十里，又西南接阿克苏所属噶克察哈尔海台界；塔勒奇阿满台，自伊犁底台北至此六十里；博尔齐尔台，自塔勒奇阿满台东北至此五十里；鄂尔追图博木台，自博尔齐尔台东北至此六十里；呼苏图布拉克台，自鄂尔追图博木台东至此七十里，又东接晶河属托和木图台界。伊犁属卡伦，在伊犁北境设有：塔勒奇卡伦、干珠罕卡伦、硕波图卡伦、达兰沁卡伦、莎达巴卡伦、哈布齐垓卡伦、库克托木卡伦；在伊犁西境设有：霍尔郭斯卡伦、奇齐克卡伦、奎屯卡伦、博罗呼济尔卡伦、烘郭尔鄂笼卡伦、惠番卡伦；在伊犁南境设有：沙布尔托海卡伦、托里卡伦、春济卡伦、塔木哈卡伦、特木尔里克卡伦、格根卡伦、呼图克拜卡伦、鄂尔和珠尔卡伦、哈尔奇拉卡伦；在伊犁东境设有：博罗布尔噶苏卡伦、库克木锡克卡伦、纳拉特卡伦、乌努固特卡伦。而且注明“自特木尔里克至乌努固特九处卡伦，春季雪消安顿，冬季雪后撤回”。显然这些卡伦都设在自然条件极为恶劣的地方，冬季人类在此难以生存，故而驻卡伦军人必须撤回基地。这样，在安西、哈密、镇西府、迪化州、昌河、塔尔巴噶台、伊犁、辟展、哈喇沙尔、库车、赛喇木、阿克苏、乌什、喀什喀尔各属所设的280余个台站和卡伦，星罗棋布于西域各地，构成严密的军事防卫网络。他们平常与当地各民族同胞一起守卫台站、卡伦，巡查边界，一旦地方或边界有警，附近台站、卡伦的驻军就可以迅速出动，以保证地方安定和边防安全。

《西域图志》中的这些记载，不仅当时据以守护了西域安全，维护了国家领土主权，也为以后的外交斗争提供了证据。

第四节　新疆稳定发展的重要启示

通过对《西域图志》的研究，我们对新疆的稳定发展至少可以得出两个方面的启示。

一、新疆的发展稳定直接影响着国家稳定发展

纵观新疆近代以来的历史，乾隆二十一年（1756）《西域图志》开始撰修到道光十九年（1839）鸦片战争爆发前的80余年，是清朝建设西域的时期；从1840年鸦片战争到1884年新疆建省前，是西域领土不断丧失的时期；从新疆建省到21世纪初的百余年，则是新疆曲折发展进步的时期。

为了加强新疆的建设和防御，光绪三年（1877）左宗棠提出："为新疆画久安长治之策，纾朝廷西顾之忧，则设行省，改郡县，事有不容已者。"[①]随后，又多次上疏请求，并应朝廷要求具体筹划新疆建省事宜。光绪六年（1880），左宗棠上疏清廷：

> 取我固有之地而自治之，疆索秩然，行国居国，相芘以安，异类无从搀越，一也；中外交涉事件，差以毫厘，谬以千里，有督抚近驻其地，抚臣治内，督臣治外，凡可以防患未形者，可先事绸缪，绝其祸本，不至暗长潜滋，难以收拾，二也；防营未撤，将士用命，既可壮疆臣之声威，即将来设立制兵，亦可就中挑选久经战阵之才，错落布置其间，士气既扬，军威自壮，三也；回民素性虽悍，新出水火，当为急谋安插，结以恩信，则感激易生，施之教化，则污染渐涤，四也；从前兴作各事，借资于勇力者居多，而不可无官以善其后，督抚睹闻亲切，黜陟分明，乐事劝功，人知自奋，五也。否则，民方有须臾无死之心，而顾等诸羁縻勿绝之列，万一强邻窥伺，暗煽拼飞，后患方兴，前功

① ［清］左宗棠著：《左文襄公奏稿》卷五〇《遵旨统筹全局折》，上海古香阁，2014年，第92页。

尽弃。[①]

在这份奏章中，左宗棠提出了新疆建省的五大好处：一是我们国家治理自己的领土，可以采取各种措施，安定西域各族百姓；二是新疆中外交涉事件较多，关系重大，有驻守督臣既可以防患于未然，又可以随时妥善处置；三是新疆的驻军和新设省州县官员可以互壮声威；四是将刚刚经历战乱的回民予以安插，施以教化，可以结其恩信，涤其污秽；五是各种建设事项不再借助勇力，而是由总督、巡抚亲自管理，严明赏罚，大家会更努力进行。否则，那些有侥幸之心的人在强横邻国的煽动下，就可能铤而走险，使我对西域的长期经营前功尽弃。于是，清廷决定新疆建省，在全疆设置郡县，光绪十年（1884）十月，正式任命刘锦棠为甘肃新疆巡抚，魏光焘为甘肃新疆布政使[②]，以迪化（今乌鲁木齐）为省会，新疆正式建省。建省的实现，使“新疆由此完成了和我国其他地区融为一体的进程”[③]，新疆的建设和防务从此走上了正常的轨道，保证了丝绸之路的安全和畅通。

建省以后，随着中国百余年历史发展的进程，新疆也在不断前进和发展。19世纪末，清廷实行新政，新疆也编练新军，兴办学校，“奖励实业，广开利源”，新建的库尔喀喇乌苏独山子油矿、伊犁制革厂、塔城喀图山金矿等，成为新疆近代民族工业的先驱。铺设了由兰州至哈密、迪化（今乌鲁木齐）的电报线路，以及自乌鲁木齐西北接俄线，绕恰克图通库伦以达北京的线路。20世纪30年代，国民政府在新疆修筑灌溉干渠支渠，千万亩田地得到灌溉，完成了新疆至绥远（今内蒙古）的公路，还修建了全长1895公里的迪（化）伊（宁）、迪（化）哈（密）公路横贯北疆的国际交通线。盛世才（1897—1970）任新疆边防督办和政府主席期间（1930—1944），在苏联和中共的支持下，提出八大宣言、九项任务和六大政策，发

---

①［清］左宗棠著：《左文襄公奏稿》卷五九《新疆行省宜议设关外防军难以遽裁折》，上海古香阁，2014年，第106页。

②《清德宗实录》卷一九五“光绪十年十月癸酉”条，中华书局，1987年，第1862页。

③马大正：《新疆历史发展中的五个基本问题》，载《学术探索》，2006年第2期。

展农牧业，兴修水利灌溉工程，进行工矿业建设，修筑了东自星星峡横贯新疆东西中苏交界之霍尔果斯公路，开辟了兰州至哈密、哈密至阿拉木图的航线。

1949年，9月25、26日新疆军政长官陶峙岳、鲍尔汉先后通电和平起义，12月新疆省人民政府成立，新疆历史翻开了崭新的一页。

西域两千年的历史告诉我们，国家强大发展是新疆繁荣发展的基本保证。没有国家的强大，就没有新疆的安定；没有国家的繁荣，就没有新疆的发展。同时，新疆安定发展也直接影响国家安全，必须高度重视新疆的稳定发展。

二、民族问题始终是影响新疆经济社会发展的重大课题

新疆历来是一个多民族聚集地。清政府统一西域前，新疆的民族格局是南回北准。天山以南以回部即维吾尔族为主，天山以北以准噶尔蒙古族为主。

乾隆在平定西域的过程中，对回部采取了优厚安抚政策。准噶尔统治南疆时，“回部役属准噶尔时，旧曾迁辟展人户于乌什，因以辟展为名，名乌什之地。如哈喇和卓、森尼木、托克三、洋赫、布干、鲁克察克、连木齐木、雅木什之属。至今彼此相同，示不忘本意也”①。鉴于这种状况，乾隆帝在平定准噶尔后，采用以回治回的方针，派大小和卓去招降叶尔羌等地的居民，以和平方式招抚南疆，然后以大小和卓为回人头目，作为自己的代理人管理南疆，定期交纳贡赋。

乾隆二十二年（1757）十二月，准噶尔大规模的叛乱活动基本平息后，乾隆帝即对次年进兵南疆的将军、大臣就进兵方略做了具体的部署和安排。乾隆谕示：来年进剿回部，宜先传旨晓谕，以波罗泥都、霍集占兄弟在噶尔丹策零时，获罪拘禁，大兵平定准噶尔始行释放。因系回部头目，令其仍归故土，安集所属，以承恩泽。伊等自应感激图报，永矢恭顺之忱，乃

①［清］傅恒、英廉等著：《西域图志》卷四八《杂录二》，文海出版社，1970年，第14页。

敢戕害使臣，称兵抗拒，情罪难逭。但闻诸事皆霍集占阴谋不规，至波罗泥都，颇图安静，其属下人等亦系一时被胁，非其本心。今大兵进剿，惟正霍集占之罪，若波罗泥都能将霍占缚献，亦必宥罪加恩。如此一面晓谕，即一面进剿，不可按兵俟衅。若伊等果相猜忌，自于军事有益。[①]这一谕示虽然指明了清军进兵南疆的“剿”“抚”兼施政策，但从中不难看出其重在“抚”，希图“不劳师旅”即行解决的想法。

清军平定南疆后，乾隆帝本着治理南疆“循其旧制”的原则，沿用了南疆地区存在已久的伯克制，从随军效力的伯克中，择其有功且可以信赖的人为阿奇木伯克，管理地方政务。南疆各城驻扎大臣，不仅肩负着镇抚地方的重任，而且还担负着建设地方政权的艰巨任务。

第一次平定准噶尔，清政府也是采取招抚政策。如准噶尔部首领达瓦齐被俘押送至京后，乾隆加恩封为亲王，入旗籍，赐地京师。阿睦尔撒纳等战败后率部众两万余口、兵士五千余名东投清朝，被安置于扎布汗河一带驻牧，封赏阿睦尔撒纳为双亲王，食双俸，萨喇尔为一等超勇公，霍吉斯为郡王。班珠尔等为郡王、公爵等。出兵之前，乾隆就决定对厄鲁特蒙古采取“众建而分其势，俾之各自为守”[②]的政策，“俟平定准噶尔后，分封四卫拉特”[③]。封阿睦尔撒纳为辉特汗，班珠尔为和硕特汗，车零为杜尔伯特汗，噶勒藏多尔济为绰罗斯汗。

但阿睦尔撒纳觊觎准噶尔汗位，志在统辖准部全境，多次建议清朝“于噶尔丹策零亲戚中，不论何姓，择众心诚服，能御哈萨克、布鲁特者，公同保奏，俾领其众”[④]。同时，四处招兵买马，密谋叛乱。乾隆二十年

---

①［清］傅恒著：《平定准噶尔方略》卷四七，乾隆三十五年（1770）武英殿刻本，第36–37页。

②《清高宗实录》卷五二七“乾隆二十一年十一月”条，中华书局影印本，1985年，第1134页。

③《清高宗实录》卷四八一“乾隆二十年正月”条，中华书局影印本，1985年，第986页。

④［清］赵翼著：《皇朝武功纪盛》卷二《平定准噶尔前编述略》，乾隆五十七年（1792）刻本。

（1755），阿睦尔撒纳分裂割据的迹象日益暴露，清政府采取相应对策，命其入觐热河避暑山庄，企图消患于萌芽。不料阿睦尔撒纳在半道上把定边左副将军印交给同行的喀尔喀亲王额琳沁多尔济后，逃回塔尔巴哈台，唆使同党袭击清军台站哨所，围攻驻军将领，将军班第、鄂容安兵败自杀。在阿睦尔撒纳煽动下，各部上层“喇嘛、宰桑蜂起应之”[①]，西域陷入战乱之中。

阿睦尔撒纳叛乱不久，喀尔喀封建主青衮杂卜也自军营逃归，发动了叛乱。受清朝册封的准噶尔绰罗斯汗、辉特汗、杜尔伯特汗也因为家属被留热河，实际上成为人质而心怀不满，也相继为乱。此后，清政府发动了第二次平定准噶尔的战争。

新世纪以来，新疆经济社会发展的总体形势不错，但也存在影响稳定发展的因素。借鉴《西域图志》记述的经验教训，笔者以为：

第一，国家要加大对新疆安定发展的支持。中央召开的两次新疆工作座谈会，专门制定了一系列特殊支持政策，安排部署援疆工作，全方位加大对新疆的支持力度，是新疆社会稳定和长治久安的坚强后盾。同时，要正视新疆与内地经济发展水平的差距，以及新疆各地区、各民族之间经济发展水平的差距，采取各种得力措施和优惠政策，强力支持和帮助新疆发展经济，精准扶贫，让不同民族的群众一个都不落地走上小康之路，这是解决新疆问题最根本的办法。

第二，对分裂势力和暴恐活动要精心预防和严厉打击。当年，西域准部贵族发动叛乱，乾隆坚持出动大军，平定叛乱，并狠追穷寇，终于统一西域，使西域各族获得和平安宁。当今，要精准预防和严厉打击分裂势力和暴恐活动。

第三，民族平等团结是新疆安定和发展的保障。面对多民族聚居的现实，《西域图志》记载，乾隆皇帝采取对归顺少数民族头领封爵厚赏的拉拢办法，用他们来管理本族百姓，再以皇朝的将军大臣对其进行监督，又大力号召和组织内地居民移民西域，垦种经商，收到了使西域稳定和发展的

---

① ［清］魏源著：《圣武记》卷四《乾隆荡平准部记》，中华书局，1984年，第278页。

效果。当代新疆仍是多民族聚居的地区，少数民族人口占较大比例，从制度和政策上来说，应该各民族一律平等，对汉族和各少数民族都应如此。既要大胆放手使用各民族干部，又要防止地方民族主义的滋生。各民族人士都要尊重其他民族的生活习惯和文化风俗，同时也不允许强迫别的民族遵从自己民族的习惯和风俗，更不允许任何民族欺凌、歧视别的民族。在制定或实行政策时，要从大局出发，考虑到该政策的近期效果及长远实行后可能产生的弊病，而进行预防或予以调整。建议国家有计划地从内地引进各种人才和普通群众支持新疆，参加地方科教文化和经济建设，促进新疆和谐稳定发展。只有各民族和睦相处，共同致力于新疆的建设和进步，国家的统一、社会的安定、边疆的巩固才能真正得到保障。

第四，正确处理宗教信仰问题。《西域图志》中收有乾隆皇帝揭露准部首领利用格鲁派反叛的《御制伊犁喇嘛行》诗。如今，境外分裂势力打着宗教的旗号，迷惑群众。我们在保护各族群众宗教信仰自由的同时，要理直气壮地依法管理宗教，打击分裂势力，维护国家安全。

第五，大力发扬民族优秀文化，加强文化教育工作，增强中华民族凝聚力。伟大的中华民族是由汉族和各少数民族共同构成的。汉族和各少数民族都有自己的特色文化，同时各族文化又包含相互渗透的内容，它们共同构成了中华文化。在《西域图志》中对准部和回部的历史、语言、文字、音乐、故事等有许多记载，保存了西域各民族的优秀历史文化。当今，新疆的各级学校和宣传文化部门，要全方位地加强中华文化的教育和中华民族是一家的思想教育，引导广大学生和各族群众摒除狭隘的民族观和文化观，发扬各民族优秀传统文化，培养中华民族认同意识，增强中华民族的凝聚力和向心力，从根本上挫败国内外敌对势力的阴谋，确保民族团结和边疆稳定，推动新疆社会的现代化。

结 语

清乾隆四十七年（1782）撰成的《西域图志》，是中国古代编纂规格最高、学术水平较高的一部官修地方志文献，也是新疆历史文化的集大成之作。

本书通过对《西域图志》编纂背景、资料来源、作者成书、版本体例的研究，认为该书是在清乾隆时期平定准噶尔部和大小和卓之乱，完成西域统一，新疆治理取得一定成效，科学测绘西域地图，增修《大清一统志》的历史文化背景下，为了记载乾隆皇帝的丰功伟绩，探寻西域治理的长治久安之策而编纂的。该书由乾隆皇帝亲自主导，朝廷36人组成的编纂团队，历时27年编纂完成。资料来源主要是古籍文献、勘察测绘和实地调查资料、乾隆皇帝御制诗文三个方面。成书后传世有武英殿版、四库全书抄本、石印本、铅印本、影印本和校注本6种版本。通过各种版本的对比研究，指出了各本内容和编排之差异，认为校注本是相对准确的本子，但仍存在少量瑕疵。

《西域图志》列表钩稽了西域政区历史沿革，绘制了西域的政区图和历史地图，梳理了西域诸山川、河流、湖泊，记述了西域农业经济区和牧业经济区各自不同的地理条件和物产，展现了西域地区翔实而丰富的历史文化画卷。该书以科学的"晷度"代替传统的"分野"，运用西方先进技术的测绘成果，标注了重要地点的经纬度，体现了地理科学的巨大进步。通过对该书所记载的维吾尔族（回部）、准噶尔蒙古族、哈萨克族、柯尔克孜族、霍罕诸部、拔达克山等部的历史地理、宗教信仰、社会生活、语言文字、风俗物产、饮食服饰、音乐体育等的深入研究，阐述了乾隆时期西域地区的主要民族及其文化。同时，笔者对书中黄河源于冈底斯，至罗布淖尔（即罗布泊）后潜行地下流入中国的观点进行了考证，认为真正的黄河源在巴颜喀拉山北麓的约古宗列曲，与新疆无涉。对书中维吾尔族由阿拉伯东迁而来，回回历法以穆罕默德生年为元年，将古藏文与梵文混为一谈等问题进行了驳正。

通过乾隆时期西域治理问题的研究，笔者将这一时期清廷治疆措施总结为“恩威并用”之策，即军事镇摄为主的军府管理制度，驻防和屯田相辅的治安力量，爵禄、自治和轻赋的地方管理，办学校行科举培养地方人才。笔者认为，伊犁等处将军的前冠从“总管”改为“总统”，标志了西域军府制度的形成，“因俗而治”和“分而治之”是清廷对西域少数民族的主要统治措施。为了让西域各族百姓休养生息，也为了收抚西域人心，清廷在西域实行了轻赋税政策，效果较好。但清廷在西域推行学校和科举，试图达到潜移默化“遍西域而同归”的目标，成效甚微。通过对西域屯田的种类、形式、人口的研究，总结了西域屯田的五大意义，并计算出了乾隆四十年（1775）前后西域的各种屯田者为7万～8万人；依据“藩属”门的记载，推算出乾隆四十三年（1778）前后清朝登记的西域人口为1004392人。

作为《西域图志》重要组成部分的乾隆西域诗歌，展现了西域军事、西域民族、西域治理三大主题，题材丰富，形式多样，纪事翔实，清正典雅，多视角展示了西域民族文化，具有较高的文学和史学价值，带动了清代边塞诗的创作。

《西域图志》编纂规格高、资料全、考证精、涉及面广，为后来新疆史及中亚史研究奠定了基础，推动了新疆地方志的编修，开启了清代西北史地研究之风，学术影响极其深远。同时，该书也具有丰厚的社会价值，笔者将其归纳为四个方面：一是为西域历史疆域和民族文化研究提供了重要的权威文献；二是为清代西域治理提供了依据；三是为保障西北边疆安全提供了借鉴；四是为新疆经济社会的可持续发展提供了启示。根据《西域图志》提供的经验教训，笔者提出了五项政策建议，对新疆经济社会发展有一定的借鉴意义。

总之，本书通过对清《西域图志》的系统研究，论证了该书的编纂背景、成书经过、版本体例、主要内容、学术价值、社会价值，构建了对该书全面评判的基本框架。但囿于学术水平，诸如西域民族文化、乾隆诗歌的文学价值等方面，尚有较大的拓展空间。

参考文献

一、史籍类

[1] 方韬.山海经［M］.北京：中华书局，2009.

[2]［汉］司马迁.史记［M］.北京：中华书局，1959.

[3]［汉］班固.汉书［M］.［唐］颜师古，注.北京：中华书局，1962.

[4]［汉］许慎.说文解字［M］.北京：中华书局，2013.

[5]［晋］陈寿.三国志［M］.［宋］裴松之，注.北京：中华书局，1982.

[6]［南朝宋］范晔.后汉书：卷47：班梁列传［M］.［唐］李贤，等注.北京：中华书局，1965.

[7]［北朝］魏收.魏书［M］.北京：中华书局，1974.

[8]［唐］房玄龄，等.晋书［M］.北京：中华书局，1974.

[9]［唐］玄奘，辩机.大唐西域记［M］.季羡林，等校注.北京：中华书局，1985.

[10]［唐］杜佑.通典［M］.王文锦，等校.北京：中华书局，1988.

[11]［唐］李泰.括地志辑校［M］.贺次君，辑校.北京：中华书局，1980.

[12]［唐］姚思廉.梁书［M］.北京：中华书局，1973.

[13]［唐］李延寿.北史［M］.北京：中华书局，1974.

[14]［唐］李吉甫.元和郡县图志［M］.贺次君，校.北京：中华书局，

2008.

［15］［宋］欧阳修，宋祁.新唐书［M］.北京：中华书局，1975.

［16］［宋］乐史.太平寰宇记［M］.王文楚，等校.北京：中华书局，2007.

［17］［宋］郑樵.通志［M］.北京：中华书局，1987.

［18］［宋］马端临.文献通考［M］.北京：中华书局，2011.

［19］［宋］王应麟.玉海［M］.南京：江苏古籍出版社，1987.

［20］［明］宋濂，等.元史［M］.北京：中华书局，1976.

［21］［明］陈诚.西域番国志［M］.周连宽，王继光，等校注.北京：中华书局，1991.

［22］［清］张廷玉，等.明史［M］.北京：中华书局，1974.

［23］［清］王漠.汉唐地理书钞·总目［M］.北京：中华书局，1961.

［24］［清］景印文渊阁四库全书：第500册：钦定皇舆西域图志［M］.台北：台湾商务印书馆，1986.

［25］［清］褚廷璋，英廉，等.西域图志校注［M］.钟兴麒，王豪，韩慧，校注.乌鲁木齐：新疆人民出版社，2002.

［26］［清］傅恒，等.钦定西域同文志［M］.额尔木图，整理.呼和浩特：内蒙古人民出版社，2015.

［27］［清］松筠.西陲总统事略［M］.影印本.台北：台北文海出版社，1965.

［28］［清］杨守敬，熊会贞.水经注疏［M］.段熙仲，点校.陈桥驿，复校.南京：江苏古籍出版社，1989.

［29］［清］永瑢.四库全书总目［M］北京：中华书局，2013.

［30］［清］和珅，等.钦定大清一统志［M］.文渊阁四库全书影印本.台北：台湾商务印书馆，1986.

［31］［清］清世祖实录［M］.北京：中华书局，1985.

［32］［清］大清圣祖仁皇帝实录［M］.台北：台湾新文丰出版社，1978.

[33]［清］清高宗实录［M］.北京：中华书局，1985.

[34] 康熙御制文集［M］.文渊阁四库全书影印本.台北：台湾商务印书馆，1986.

[35]［清］张廷玉，等.世宗宪皇帝实录［M］.北京：中华书局，1985.

[36] 清高宗御制诗文全集［M］.文渊阁四库全书影印本.台北：台湾商务印书馆，1987.

[37] 中国第一历史档案馆乾隆朝上谕档［M］.北京：北京档案出版社，1999.

[38]［清］庆桂，等.国朝宫史续编［M］.周宅仁，改纂.北京：北京古籍出版社，1994.

[39]［清］椿园七十一.西域总志［M］.台北：台北文海出版社，1966.

[40]［清］椿园七十一.西域闻见录［M］.刻本，1777（清乾隆四十二年）.

[41]［清］清实录［M］.中华书局影印本，1986.

[42]［清］格琫额.清代新疆稀见史料汇辑［M］.吴丰培，整理.全国图书馆缩微文献复制中心，1990.

[43]［清］徐松.西域水道记［M］.朱玉麒，整理.北京：中华书局，2005.

[44]［清］王树枏，等.新疆图志［M］.上海：上海古籍出版社，2015.

[45]［清］永贵，固世衡.回疆志［M］.苏尔德，增纂.影印本.台北：台北成文出版社，1968.

[46]［清］达林，龙铎.乌鲁木齐事宜［M］.吴丰培，整理.边疆丛书续编油印本，1950.

[47]［清］和宁.回疆通志［M］.民国十四年（1925）外交部铅印本，1925.

[48]［清］徐松.钦定新疆识略［M］.武英殿刻本，1821（清道光元年）.

[49]［清］祁韵士.清朝藩部要略稿本［M］.哈尔滨：黑龙江教育出版

社，1997.

［50］［清］赵尔巽，等.清史稿［M］.北京：中华书局，1977.

［51］［清］黄文炜.重修肃州新志［M］.酒泉市博物馆翻印本，1984.

［52］［清］祁韵士.西陲要略［M］.同文馆刊本，1878（清光绪四年）.

［53］高启安.肃镇华夷志校注［M］.兰州：甘肃人民出版社，2006.

［54］吴兴贵.肃州新志校注［M］.北京：中华书局，2006.

［55］王钟翰.清史列传［M］.北京：中华书局，1987.

［56］吴忠匡.满汉名臣传［M］.哈尔滨：黑龙江人民出版社，1991.

［57］吴蔼宸.历代西域诗钞［M］.乌鲁木齐：新疆人民出版社，1982.

［58］吕钟.重修敦煌县志［M］.王渊，张仲，等整理.兰州：甘肃人民出版社，2002.

［59］张献廷.新疆地理志［M］.山东高等师范学校石印本，1914（民国三年）.

二、著作类

［1］朱士嘉.中国地方志综录［M］.增订本.北京：商务印书馆，1958.

［2］梁方仲.中国历代户口、田地、田赋统计［M］.上海：上海人民出版社，1980.

［3］周轩.谈乾隆皇帝的平准诗篇［M］.长春：吉林人民出版社，1981.

［4］冯承钧.西域地名［M］.陆峻岭，增订.北京：中华书局，1982.

［5］曾问吾.中国经营西域史［M］.新疆方志总编辑室影印本，1983.

［6］王宏钧.准噶尔的历史与文物［M］.西宁：青海人民出版社，1984.

［7］《准噶尔史略》编写组.准噶尔史略［M］.北京：人民出版社，1985.

［8］中科院北京天文台.中国地方志联合目录［M］.北京：中华书局，1985.

［9］曾问吾.中国经营西域史［M］.北京：商务印书馆，1986.

［10］萧一山.清代通史［M］.北京：中华书局，1986.

［11］《柯尔克孜族简史》编写组.柯尔克孜族简史［M］.乌鲁木齐：新疆人民出版社，1986.

［12］万桐书.维吾尔族乐器［M］.乌鲁木齐：新疆人民出版社，1986.

［13］中央民族学院少数民族文学艺术研究所.中国少数民族乐器志［M］.北京：新世界出版社，1986.

［14］周箐葆.丝绸之路的音乐文化［M］.乌鲁木齐：新疆人民出版社，1987.

［15］王复兴.方志学基础［M］.济南：山东大学出版社，1987.

［16］新疆社科院历史研究所.新疆历史资料选辑［M］.北京：人民出版社，1987.

［17］苏北海.西域历史地理［M］.乌鲁木齐：新疆大学出版社，1988.

［18］黄爱平.四库全书纂修研究［M］.北京：中国人民大学出版社，1989.

［19］费孝通.中华民族多元一体格局［M］.北京：中央民族学院出版社，1989.

［20］曹婉如，郑锡煌，等.中国古代地图集［M］.北京：文物出版社，1990.

［21］陈延琪.西域书目研究［M］.乌鲁木齐：新疆人民出版社，1991.

［22］［日］佐口透.新疆民族史研究［M］.章颖，译.乌鲁木齐：新疆人民出版社，1993.

［23］王锦贵.中国历史文献学［M］.北京：北京大学出版社，1994.

［24］牛汝辰.新疆地名概况［M］.北京：中央民族大学出版社，1994.

［25］马大正，等.西域考察与研究［M］.新疆人民出版社，1994.

［26］余太山.西域文化史［M］.北京：中国友谊出版公司，1996.

［27］范秀传.中国边疆古籍题解［M］.乌鲁木齐：新疆人民出版社，1995.

［28］冯承钧.西域地名［M］.北京：中华书局，1995.

［29］乔治忠.清朝官方史学研究［M］.台北：文津出版社，1995.

［30］于维诚.新疆建制沿革与地名研究［M］.乌鲁木齐：新疆人民出版社，1996.

［31］吴存浩.中国农业史［M］.北京：警官教育出版社，1996.

［32］谭其骧.中国历史地图集：清时期［M］.北京：中国地图出版社，1996.

［33］星汉.清代西域诗辑注［M］.乌鲁木齐：新疆人民出版社，1996.

［34］苏北海.哈萨克族文化史［M］.乌鲁木齐：新疆大学出版社，1996.

［35］吴丰培.吴丰培边事题跋集［M］.乌鲁木齐：新疆人民出版社，1998.

［36］白寿彝.中国通史［M］.上海：上海人民出版社，1999.

［37］管守新.清代新疆军府制度研究［M］.乌鲁木齐：新疆大学出版社，2002.

［38］杜亚雄.中国少数民族音乐概论［M］.上海：上海音乐出版社，2002.

［39］孙喆.康雍乾时期图绘制与疆域形成研究［M］.北京：中国人民大学出版社，2003.

［40］余太山.西域通史［M］.郑州：中州古籍出版社，2003.

［41］杨建新.中国西北少数民族史［M］.北京：民族出版社，2003.

［42］苗普生，田卫疆.新疆史纲［M］.乌鲁木齐：新疆人民出版社，2004.

［43］齐清顺，田卫疆.中国历代中央王朝治理新疆政策研究［M］.乌鲁木齐：新疆人民出版社，2004.

［44］侯德仁.清代西北边疆史地学［M］.北京：群言出版社，2006.

［45］万雪玉，阿斯卡尔·居努斯.柯尔克孜族：历史与现状［M］.乌鲁木齐：新疆大学出版社，2005.

［46］李秀梅.清朝统一准噶尔史料研究［M］.北京：民族出版社，

2007.

［47］郭丽萍.绝域与绝学——清代中叶西北史地学研究［M］.北京：三联书店，2007.

［48］黄中祥.哈萨克英雄史诗与草原文化［M］.北京：中央编译出版社，2007.

［49］杨学琛.中国历代民族史——清代民族史［M］.北京：社会科学文献出版社，2007.

［50］帕提曼.哈萨克族民俗文化——暨哈萨克族研究资料索引（1879—2005）［M］.北京：民族出版社，2008.

［51］张广达，荣新江.于阗史丛考［M］.增订本.北京：中国人民大学出版社，2008.

［52］新疆社会科学院历史研究所.《清实录》新疆资料辑录乾隆朝卷［M］.乌鲁木齐：新疆大学出版社，2008.

［53］新疆维吾尔自治区丛刊编辑组.哈萨克族社会历史调查［M］.北京：民族出版社，2009.

［54］罗贤佑.中国民族史纲要［M］.北京：中国社会科学出版社，2009.

［55］夏里甫罕·阿布达里.新疆哈萨克族文化转型研究［M］.乌鲁木齐：新疆人民出版社，2010.

［56］马大正，等.新疆乡土志稿［M］.乌鲁木齐：新疆人民出版社，2010.

［57］贺灵，努尔巴哈提·吐尔逊.哈萨克族民间信仰与社会研究资料汇编［M］.北京：民族出版社，2012.

［58］胡小鹏，张嵘，张荣.西北少数民族史教程［M］.兰州：甘肃人民出版社，2013.

［59］［苏联］伊·亚·兹拉特金.准噶尔汗国史［M］.马曼丽，译.修订版.兰州：兰州大学出版社，2013.

［60］吴福环.中国地域文化通览：新疆卷［M］.北京：中华书局，

2014.

［61］赵海霞.清代新疆民族关系研究［M］.北京：民族出版社，2014.

［62］汪受宽.历史研究基础［M］.兰州：兰州大学出版社，2015.

［63］程妮娜.中国历代边疆治理研究［M］.北京：经济科学出版社，2017.

三、论文类

［1］周轩.献马无过聊表愫，同舟真是大联情——谈乾隆皇帝关于哈萨克的诗篇［J］.新疆大学学报，1980（1）：41-45.

［2］薛宗正.读《钦定皇舆西域图志》［J］.新疆师范大学学报，1983（2）：74-82.

［3］丛冬梅.《钦定皇舆西域图志》五十二卷提要［J］.西域图书馆论坛，2012（1）：54.

［4］王记录.清代西北边疆史地研究述论［J］.兰州学刊，1989（6）：80-85.

［5］杨铭.吐蕃简牍中所见的西域地名［J］.新疆社会科学，1989（1）：87-94.

［6］马大正.新疆地方志与新疆乡土志稿［J］.中国边疆史地研究导报，1989（6）：4-8.

［7］魏鉴勋.论乾隆皇帝的诗歌［J］.满族研究，1990（4）：23-33.

［8］乌依古尔·沙依然.正确认识维吾尔族形成和发展的历史——兼谈人种、氏族及其相关问题［J］.新疆大学学报，1991（4）：35-42.

［9］牛汝辰.新疆地名研究史概略［J］.中国边疆史地研究，1992（4）：89-95.

［10］王嵘.西域文化艺术研究的新格局［J］.西域研究，1993（2）：52-57.

［11］董琳.清代移民屯田对新疆地名的影响［J］.干旱区地理，1993

(4)：63-68.

［12］王希隆.《乌鲁木齐政略》的几个问题［J］.西域研究，1996（1）：8.

［13］黄刚.论清代西域边塞诗之特色［J］.上海师范大学学报，1996（1）：65-71.

［14］贺继宏.西域文化东传繁荣了中原文化［J］.西北史地，1996（2）：39-47.

［15］黄刚.清代边塞诗繁荣原因初探［J］.学术研究，1996（6）：77-81.

［16］周泓.新疆文化的多元性与地域性［J］.喀什师范学院学报，1998（1）：42-48.

［17］田卫疆."西域"的概念及其内涵［J］.西域研究.1998（4）：67-73.

［18］王嵘.中原文化在西域的传播［J］.新疆大学学报（社会科学版），1999（1）：65-70.

［19］张建军.论清代新疆城市的人口规模［J］.中国历史地理论丛，1999（4）：133-160.

［20］魏良.维吾尔族起源、形成和发展问题再思考［J］.民族研究，1999（4）：83-88.

［21］仲高.西域文化特征及其现代化［J］.新疆艺术，1999（5）：23-27.

［22］钱宗范.乾隆诗歌探析［J］.广西梧州师范高等专科学校学报，2000（3）：7-11+19.

［23］迪丽达·吐斯甫汗.中国西域的语言文化与翻译的关系［J］.中国翻译，2000（3）：39-44.

［24］戴良佐.乾隆与新疆地名研究及疆域地图［J］.中国边疆史地研究，2000（4）：66-69.

［25］刘桂腾.清代乾隆朝宫廷礼乐探微［J］.中国音乐学，2001（2）：

43–67.

［26］陈国光.清代维吾尔族中的伊斯兰教［J］.新疆社会科学，2001（3）：64–70.

［27］郎樱.论西域与中原文化交流［J］.西域研究，2001（4）：70–75.

［28］牛海祯.清代西北边疆史学兴起的历史背景［J］.兰州大学学报（社会科学版），2001（4）：43–49.

［29］海滨，张朴.西域文化研究的新探索——《西域文化论稿》评介［J］.昌吉学院学报，2001（4）：51–53.

［30］贺萍.试论新疆地区伊斯兰教的民族特色［J］.新疆大学学报（社会科学版），2003（4）：77–81.

［31］苗普生.新疆历史研究需要阐明的几个问题［J］.西域研究，2004（2）：1–13+124.

［32］巴兆祥.论《大清一统志》的编修对清代地方志的影响［J］.宁夏社会科学，2004（3）：67–73.

［33］李竞成.丝绸之路与西域文化特质［J］.新疆艺术学院学报，2004（4）：67–70.

［34］乔治忠，侯德仁.乾隆官修《西域图志》考析［J］.清史研究，2005（1）：104–113.

［35］贺灵.西域历史地名浅论［J］.西北民族研究，2005（1）：48–54.

［36］贺萍.新疆多元民族文化特征论［J］.中国边疆史地研究，2005（3）：86–90+149.

［37］贺萍.新疆多元民族文化流变述略［J］.西北工业大学学报（社会科学版），2005（3）：21–25+53.

［38］张文灿.清朝治理新疆的民族政策评析［J］.新疆大学学报（社会科学版），2005（4）：63–66.

［39］郭成康.清朝皇帝的中国观［J］.清史研究，2005（4）：1–18.

［40］史礼心．“十全老人”“十全诗”——清高宗乾隆的诗歌创作［J］.民族文学研究，2005（4）：29–32.

[41] 李国荣.乾隆皇帝与紫光阁 [J].紫禁城，2005（6）：118-123.

[42] 牛海祯.清代西北史地学研究的贡献和成就 [J].甘肃联合大学报，2006（6）：8-12.

[43] 高健.《西域闻见录》异名及版本考述 [J].中国边疆史地研究，2007（1）：118-122+150.

[44] 陈世明.清代《西域图志》维汉蒙汉合璧地名 [J].民族语文，2007（1）：52-55.

[45] 魏长洪，美丽班.维吾尔族名汉译名称新考 [J].新疆大学学报，2007（1）：66-70.

[46] 宾静.中国清朝中期的人口迁移 [J].西北人口，2007（2）：93-96.

[47] 陈旭.多元文化背景下的新疆民族文化 [J].中南民族大学学报（人文社会科学版），2007（2）：144-145.

[48] 周永华.论西域文化与民族关系的发展 [J].西北民族研究，2007（3）：37-43+104.

[49] 贺菊莲.西域饮食文化初探 [J].新疆大学学报（哲学社会科学版），2007（4）：73-78.

[50] 夏雷鸣.西域薄馕的考古遗存及其文化意义——兼谈波斯饮食文化对我国食俗的影响 [J].新疆大学学报（哲学社会科学版），2005（1）：94-100.

[51] 田卫疆.民国时期新疆省政府确定维吾尔族汉译名称的来龙去脉 [J].新疆社会科学，2007（6）：96-100+108.

[52] 牛润珍，张慧.《大清一统志》纂修考述 [J].清史研究，2008（1）：136-148.

[53] 张莉.《西域图志》所载镇西府、迪化州户口资料考述 [J].中国历史地理论丛，2008（2）：142-147.

[54] 崔岩.乾隆帝御制诗史学价值探微 [J].求是学刊，2008（5）：132-137.

［55］周轩.乾隆帝关于布鲁特的诗篇［J］.新疆大学学报（哲学社会科学版），2008（6）：65-69.

［56］田卫疆.清代伊犁惠远城建史初识［J］.中国边疆史地研究，2009（1）：89-96+149.

［57］钱伯泉.维吾尔族的形成和发展初探［J］.新疆社会科学，2009（1）：121-128+130.

［58］贾建飞.论《西域图志》与清代西北史地学的兴起［J］.吐鲁番学研究，2009（2）：123-130.

［59］黄达远.清代新疆政区变革与城市发展［J］.西域研究，2009（3）：90-97+138.

［60］王东平.《西域地理图说》库车、沙雅尔户口数勘误［J］.西域研究，2009（4）：107-108.

［61］成珊娜、张玲玲.清前期新疆民族分布格局的演变与民族政策的制定［J］.新疆大学学报（哲学社会科学版），2009（4）：59-66.

［62］李树辉.维吾尔族的族源及其形成过程（一）（二（上）（下））［J］.喀什师范学院学报，2009（2）：34-44，2009（5）：42-44，2010（1）：40-45.

［63］窦中平.布鲁特在清藩属体系中的地位［J］.新疆地方志，2010（1）：54-58.

［64］张双智.清朝外藩体制内的朝觐年班与朝贡制度［J］.清史研究，2010（3）：106-115.

［65］王子今."西域"名义考［J］.清华大学学报，2010（3）：100-105+160-161.

［66］何魏.新疆地名中的地域文化浅析［J］.西安社会科学，2010（4）：105-106.

［67］史国强.乾隆时期土尔扈特回归事件相关诗作研究［J］.新疆大学学报（哲学社会科学版），2010（5）：63-67.

［68］唐艳华.试论新疆治新政策在西域诗歌中的反映［J］.新疆大学学

报（哲学社会科学版），2010（6）：121-124.

［69］何荣.乾隆时期的新疆移民措施［J］.咸阳师范学院学报，2011（3）：121-124.

［70］刘全波.唐《西域图志》及相关问题考［J］.中华文化论坛，2011（5）：93-98.

［71］周轩.乾隆帝关于土尔扈特东归的诗文［J］.新疆大学学报（哲学·人文社会科学版），2012（1）：134-140+157.

［72］陈剑平，李建平.清代伊犁将军研究概述［J］.伊犁师范学院学报（社会科学版），2012（2）：43-49.

［73］周轩.从乾隆西域诗看新疆与中亚之关系［J］.西域研究，2012（2）：30-37.

［74］周艳玲.文学视野中的西域民俗景观——以清代西域诗为视角［J］.新疆社科论坛，2012（5）：66-69+92.

［75］牛传彪.清代民族政策：鉴往、务实和理性［N］.中国民族报，2012-07-20（007）.

［76］黄祥生.《西域图志》与《新疆图志》比较研究［J］.伊犁师范学院（社会科学版），2013（1）：48-52.

［77］龙群，吴秀菊.试析《回疆则例》的编纂与修订［J］.黑龙江民族丛刊，2013（4）：100-104.

［78］陈海龙，冯勰.东西布鲁特分界考［J］.清史研究，2013（4）：104-110.

［79］伊力夏提·艾沙.论“维吾尔”名称的来源［J］.文学教育，2013（5）：80.

［80］李国平，张芳.西域民族民间信仰简论［J］.西藏大学学报，2014（3）：41-45.

［81］玉努斯江·艾力.“塔兰奇”名称研究述评［J］.伊犁师范学院学报，2014（6）；52-56.

［82］李鹏.乾隆御制诗中的紫光阁曲宴外藩［J］.中国典籍与文化，

2015（4）：147-155.

［83］吴铁群.清代新疆喀什噶尔人口变迁探析［J］.西域研究，2016（4）；50-56.

［84］王斌、杨圣敏.从蒙古人种典型体质特征发生率谈维吾尔族人种构成及演化［J］.人类学学报，2017（2）；227-235.

［85］陈跃.从乾隆朝满文寄信档看乾隆帝对布鲁特的治理［J］.玉溪师范学院学报，2017（5）：23-32.

［86］吴铁群.清代新疆人口研究［D］.乌鲁木齐：新疆大学，2001：1-37.

［87］张艳玲.三部《大清一统志》比较研究［D］.北京：中国社会科学院研究生院，2003：1-33.

［88］顾红艳.《西域图志》中察合台地名研究［D］.乌鲁木齐：新疆大学，2006；1-81.

［89］盛刚.从《西域图志》看准噶尔与蒙古的关系［D］.乌鲁木齐：新疆大学，2008：1-36.

［90］乌日娜.从和谐文化视角论繁荣少数民族文化［D］.呼和浩特：内蒙古师范大学，2009：1-44.

［91］窦忠平.1697-1760年布鲁特与清朝政治关系研究［D］.乌鲁木齐：新疆师范大学，2010：1-45.

［92］白苏俠.《钦定新疆识略》研究［D］.乌鲁木齐：新疆大学，2011：1-60.

［93］吕常颖.《西域图志》编纂与成书研究［D］.乌鲁木齐：新疆大学，2012；1-55.

［94］王洁.清朝治理新疆的民族经济政策研究［D］.北京：中央民族大学，2012：1-140.

［95］高健.新疆方志文献研究［D］.南京：南京师范大学，2014，1-340.

［96］李丽娜.文化多样性视域下我国少数民族文化建设研究［D］.沈

阳：辽宁大学，2014：1-126.

［97］杨明.清高宗西域诗研究［D］.西宁：青海师范大学，2015：1-73.

［98］张峰峰.清代新疆布鲁特历史研究（1758—1864）［D］.兰州：兰州大学，2016：1-327.

后　记

2014年至2017年，我在西北民族大学历史文化学院师从尹伟先教授，攻读博士研究生。尹老师是甘肃省历史学会副会长，西北地区著名的历史学、民族学专家。尹老师学识渊博，睿智谦和，《清代〈西域图志〉研究》凝聚了他大量的辛劳。

文献研究是历史工作者的基本功。之所以选“清代《西域图志》研究”作为研究课题，是想通过这个课题研究进一步锤炼自己的治学能力，为自己的学研道路奠定坚实的基础。选题确定以后，我在仔细研读《西域图志》的同时，开始全面搜集有关西域研究的史料。为了增加对西域地区的感性认识，我专程赴新疆进行了考察，亲身领略了西域风情。在新疆考察期间，有幸拜见了年逾七旬的清史研究专家、新疆社科院齐清顺研究员。齐老师在百忙中帮助查找资料，使我收获颇丰。

清乾隆四十七年（1782）撰成的《西域图志》，是中国古代编纂规格最高、学术水平较高的一部官修地方志文献，也是新疆历史文化的集大成之作。《西域图志》问世以来，出现了不少相关的研究论文，但至今没有出版研究专著。要全面研究这部著作，涉及民族学、历史学、地理学、文学、语言学、民俗学等多个学科的知识。对一个年轻学者来说，难度之大，远远超出选定课题时的预想！每一个问题的解决，每一个难题的突破都异常艰辛！

通过近三年夜以继日的钻研，终于完成了对清《西域图志》的系统研究，论证了该书的编纂背景、成书经过、版本体例、主要内容、学术价值、社会价值，构建了对该书全面评判的基本框架。毕业以后，我又对论文进行了系统修改、完善。

“师恩难忘意深浓，桃李人间茂万丛。历苦耕耘勤育李，谆谆教诲记心中。”在本课题的研究过程中，由于涉及学科面广，我还向兰州大学汪受宽老师立雪求道。汪老师博学多识，百忙中不吝赐教，使我的研究受益匪浅。还有其他各位评审老师也提出了诸多宝贵的意见，通过不断雕琢趋向完善。在此借出版之机，再次向给予帮助和指教的各位老师致以敬谢！

通过对《西域图志》这部历史文献的研究，我完成了难忘的一次学术历练，感悟了治学道路上的苦与乐！学海无涯，本书的出版仅仅是我治学道路上一个起点，我当不忘初心，砥砺前行！囿于学识水平，本书疏漏定然不少，敬请专家学者批评指正！

张 瑛

2020年4月